Zu diesem Buch

Dieses Buch dokumentiert das größte aller faschistischen Konzentrations- und Vernichtungslager: die Hölle von Auschwitz.

- Entstehungsgeschichte des Lagers: Bau, Entwicklung und Auflösung, Struktur der Lagerleitung und Außenlager
- Die Häftlinge: Verhaftung und Transport ins Lager, Aufnahme und Kennzeichnung im KZ, sanitäre Verhältnisse, Kleidung, Ernährung, Tagesablauf, Kontakte mit der Außenwelt
- Ausrottung: Methoden der indirekten Vernichtung durch Hunger, Arbeit und Krankheiten; Methoden der direkten Vernichtung, Sterilisierungsversuche und pseudomedizinische Experimente
- Widerstand im Lager und in der Umgebung
- Die Befreiung des KZ Auschwitz und Hilfsaktionen für die Häftlinge
- Die Prozesse gegen die Verbrecher von Auschwitz

Hinweise auf die Autoren finden sich auf S. 303

Auschwitz

Geschichte und Wirklichkeit des Vernichtungslagers

rororo
Rowohlt

Die Originalausgabe erschien unter dem Titel «Auschwitz – faschistisches Vernichtungslager» im Verlag Interpress, Warszawa 1978
Wissenschaftliche Beratung: Prof. Dr. Józef Buszko
Redaktion der polnischen Ausgabe: Wanda Michalak
Skizzen und Pläne: Tadeusz Kinowski
Aufnahmen: Archiv des Staatlichen Museums Auschwitz

Die vorliegende Ausgabe entstand in Zusammenarbeit mit dem Verlag Interpress. Sie wurde um den Beitrag von Andrzej Strzelecki: «Die Befreiung des KZ Auschwitz und die Hilfsaktion für die befreiten Häftlinge» und um einige Abbildungen erweitert.

Redaktion der Taschenbuchausgabe Wolfgang Müller
Umschlagentwurf Werner Rebhuhn
Veröffentlicht im Rowohlt Taschenbuch Verlag GmbH,
Reinbek bei Hamburg, Februar 1980
Lizenzausgabe des Verlags Interpress, Warszawa

Satz Times (Linotron 404)
Gesamtherstellung Clausen & Bosse, Leck
Printed in Germany
980-ISBN 3 499 17330 1

Inhalt

bersichtskarte der Städte, us denen die Häftlingstransporte ir Auschwitz kamen

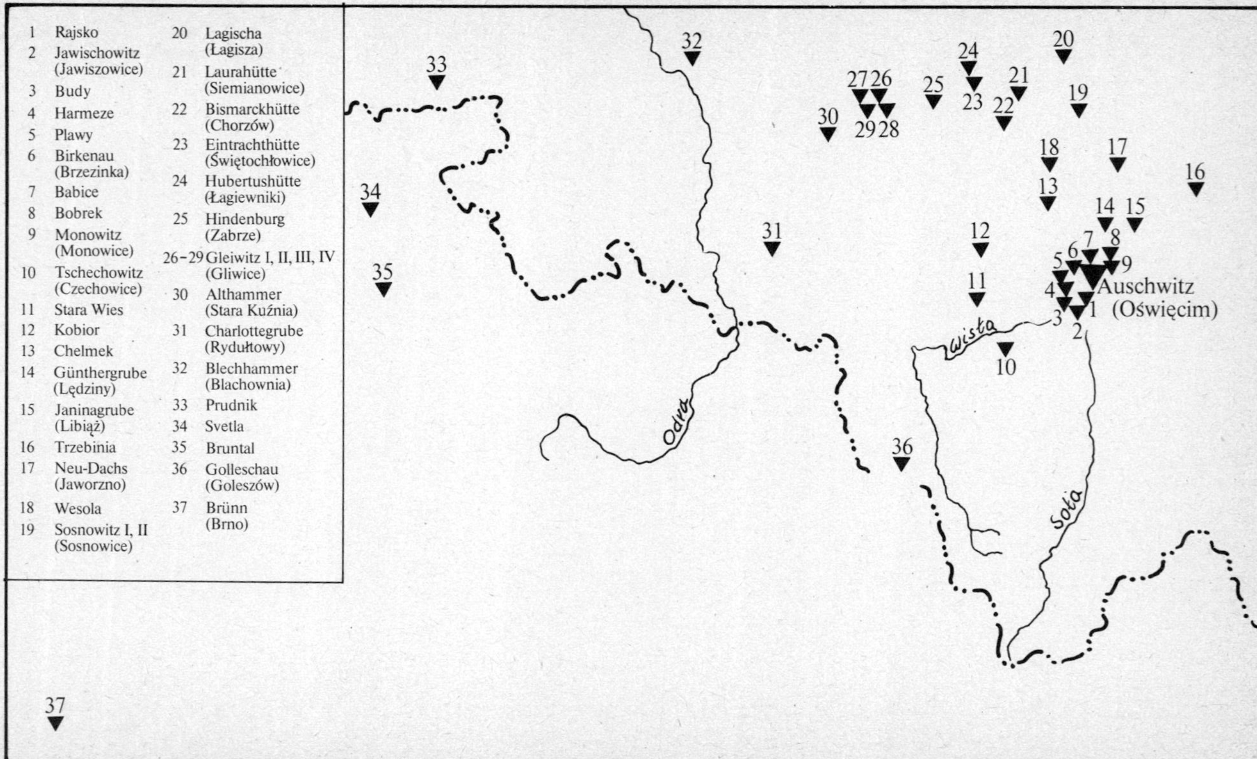

Das Lager in Auschwitz und seine Außenlager

Vorwort

Der Internationale Militärgerichtshof in Nürnberg hat die faschistischen Konzentrationslager als schändlichste Instrumente des Terrors gegenüber der Bevölkerung der besetzten Gebiete bezeichnet und die dort begangenen Verbrechen als Verbrechen gegen die Menschheit.

Im Regierungsapparat des Dritten Reiches waren die Konzentrationslager das Hauptinstrument zur Verwirklichung der nationalsozialistischen Terrorpolitik, zur Ausnutzung der Arbeitskraft und zur physischen Vernichtung der unterjochten Völker, vor allem der slawischen, darunter besonders des polnischen Volkes und der Völker der UdSSR, sowie der Juden und jener Menschen, die nach den Nürnberger Gesetzen von 1935 als Juden angesehen wurden.

Nach den faschistischen Plänen zur künftigen «Einrichtung» Europas – nach der siegreichen Beendigung des Krieges – sollte das polnische Volk zuerst aus den Gebieten entfernt werden, die zur Eindeutschung und Einbeziehung in das «Großdeutsche Reich» bestimmt waren. Die in den Jahren 1939–1945 am polnischen Volk begangenen Verbrechen waren der Auftakt zur Realisierung des Programms zur Vernichtung der Völker Osteuropas, enthalten im Generalplan Ost, der vom Reichssicherheitshauptamt ausgearbeitet worden war.

Die Veröffentlichung der Wahrheit über das Konzentrationslager Auschwitz, das größte aller Konzentrations- und Vernichtungslager, die die nationalsozialistische Regierung in gigantischem Maßstab geschaffen hat, ist als ein besonders wichtiges, nicht nur ausschließlich wissenschaftliches, sondern auch als ein bedeutend größeres, allgemein menschliches Unternehmen zu betrachten. Eine Schilderung – selbst in knappster und synthetischer Form – aller Faktoren, die dem fast fünfjährigen Bestehen dieses Vernichtungszentrums und Friedhofs von etwa 4 Millionen Menschen zugrunde lagen, ist eine elementare Pflichterfüllung der historischen Literatur sowie ein moralisches Gebot und zugleich eine Warnung vor jeder verbrecherischen Ideologie.

Gegründet im Mai 1940 am Rande der Stadt Oświęcim, die nach dem Anschluß an das Dritte Reich den Namen Auschwitz erhielt, sollte das Konzentrationslager ursprünglich ein Instrument des Terrors gegenüber dem unterjochten polnischen Volk sein, eine Stätte der Isolierung und später der Ausrottung Hunderttausender polnischer Patrioten. Allmählich jedoch wurde es ausgebaut und in ein riesiges internationales «Todeskombinat» verwandelt, in dem massenweise Menschen aus allen von Hitlerdeutschland besetzten Ländern umgebracht wurden. Von März 1942 bis zum Ende des Bestehens des Konzentrationslagers wurden dort sowohl Polen als auch Amerikaner, Belgier, Bulgaren, Deutsche, Engländer, Franzosen, Griechen, Holländer, Italiener, Juden, Kroaten, Letten, Litauer, Norweger, Österreicher, Russen, Rumänen, Schweizer, Serben, Slowaken, Slowenen, Spanier, Tschechen, Türken, Ungarn und Zigeuner gefangengehalten.

Unter den Gefangenen verschiedener Nationalitäten bildeten stets Polen sowie polnische Bürger jüdischer Abstammung die größte Gruppe; danach kamen Bürger der UdSSR, Jugoslawen und Franzosen. Besonders zahlreich waren neben den polnischen Juden ungarische, tschechische und slowakische, deutsche, griechische und holländische Juden vertreten.

Im Lager wurden Männer und Frauen, Erwachsene, Kinder, Jugendliche und Greise untergebracht, Personen mit unterschiedlichen politischen Überzeugungen und Berufen sowie verschiedenen Glaubens. Die meisten von ihnen waren Menschen, die nichts mit irgendeiner politischen Tätigkeit zu tun gehabt hatten. Sie waren nur wegen ihrer Volks- oder Rassenzugehörigkeit ins Lager gebracht worden.

Im März 1942 entstand, etwa 3 km vom Stammlager KZ Auschwitz I entfernt, ein großes Lager in Brzezinka, genannt KZ Auschwitz II – Birkenau, dann wurde das Außenlager Auschwitz III ausgebaut, zu dem das KZ Monowitz gehörte, sowie etwa 40 Außenlager, hauptsächlich in Oberschlesien. In diesem gigantischen Lager spielte Birkenau eine besondere Rolle. Dort befand sich außer dem Konzentrationslager, das zur allmählichen Ausrottung der dort untergebrachten Männer und Frauen bestimmt war, seit dem Frühjahr 1942 ein Lager zur sofortigen Vernichtung. In Spezialkammern wurden Menschen massenweise durch Gas getötet und ihre Leichen vergraben, später wurden die Leichen in Krematorien oder auf Scheiterhaufen verbrannt. Vom Ausmaß dieser Ausrottungsaktion zeugt die Tatsache, daß die Zahl der Ermordeten und später Verbrannten im Sommer 1944, d. h. zur Zeit der zahlreichen Transporte, etwa 20000 Personen täglich betrug. Die Gesamtzahl der im KZ Birkenau vergasten Opfer beträgt 3,5 Millionen Personen.

Außer Gefangenen, die von der Lagerkartei nicht erfaßt, sondern direkt von der Eisenbahnrampe in die Gaskammern gejagt wurden, waren im Konzentrationslager Auschwitz über 400000 Personen registriert und mit Nummern versehen. 340000 von ihnen starben an Krankheit und Hunger, an unmenschlicher Behandlung, übermäßiger und kräftezehrender Arbeit sowie durch Massenhinrichtungen, standrechtliche Erschießung und Einzelexekutionen.

Der Lagerkomplex wurde ständig und systematisch ausgebaut, um in Zukunft etwa eine Viertelmillion Häftlinge fassen zu können, die für verschiedene Unternehmen der SS und deutscher Industriekonzerne als Arbeitskräfte vorgesehen waren. In das Lager – wie übrigens in alle Vernichtungsstätten – kamen ständig Transporte mit Häftlingen, die von der Gestapo zusammengestellt wurden, nach Massenrazzien in den Straßen der Städte, Verhaftungen in den Häusern oder nach Aussiedlung der Bevölkerung bestimmter Wohnviertel und ganzer Gebiete.

Das grundsätzliche und endgültige Ziel aller faschistischen Konzentrationslager war der Tod aller Häftlinge nach ihrer vollständigen Ausnutzung als Arbeitskräfte. Unerhört schwere Lebensbedingungen, Hunger, Krankheiten, unmenschliche Behandlung sowie menschliche Möglichkeiten übersteigende Arbeit führten zu äußerster physischer und psychischer Erschöpfung, auf die unweigerlich der Tod folgte.

Selbst wenn im Lager Auschwitz Häftlinge nicht gefoltert worden wären, wenn keine Hinrichtungen und Massenmorde stattgefunden hätten, wenn kein Zwang zu vernichtender physischer Arbeit bestanden hätte, wären allein die Wohn- und Verpflegungsbedingungen eine ausreichende Ursache für die riesige Sterblichkeit gewesen, die im KZ Auschwitz bedeutend höher war als in anderen faschistischen Konzentrationslagern. Das hat selbst der ehemalige Lagerkommandant Rudolf Höß in seinen Erinnerungen festgestellt.

Bei der Verpflegung im Lager konnten die meisten Häftlinge – je nach Art der ausgeführten Arbeit – 3 bis 6 Monate überleben.

Das Lager Auschwitz lieferte Tausende von Arbeitern für Sklavenarbeit. Wenn die Häftlinge abends von der Arbeit zurückkehrten, unmenschlich übermüdet, mißhandelt, oft blutig, schleppten sie auf ihren Rücken oder zogen sie auf Karren ihre Gefährten, die vor Erschöpfung umgefallen oder an Ort und Stelle von SS-Männern erschossen worden waren. Es war eine Prozession von Schatten und Leichen, und dazu mußte das aus Häftlingen bestehende Lagerorchester spielen. Die Leichen der Ermordeten wurden auf den Appellplatz gelegt, denn der Lagerführung war vor allem daran gelegen, daß die Zahl der Häftlinge unmittelbar nach Rückkehr ins Lager mit der Kartei übereinstimmte. In den Verordnungen der Lagerführung wurde der Mord an Häftlingen eindeutig begünstigt und belohnt.

Die Arbeitsbedingungen der Häftlinge, die in deutschen Unternehmen außerhalb des Lagers beschäftigt waren, wurden von der Direktion dieser Unternehmen bestimmt, waren aber in der Regel genauso schwer wie im Konzentrationslager. Schwache, unterernährte und arbeitsunfähige Häftlinge wurden aussortiert und in die Gaskammern geschickt, und an ihre Stelle wurden neue Kontingente geliefert. Auf diese Weise wurde die im Kontrakt zwischen der SS und dem Unternehmen vereinbarte Zahl der Arbeitskräfte ständig ergänzt.

Hunger, äußerst erschöpfende Arbeit und unbeschreiblich mangelhafte hygienische Verhältnisse verursachten unaufhörlich Epidemien von Infektionskrankheiten: Fleck- und Paratyphus, Tuberkulose, Hautkrankheiten usw. Auf besondere Art nahm man sich der kranken Häftlinge im Lagerkrankenhaus an. Am Anfang des Bestehens des Lagers war die Behandlung dort Fiktion, später, als die Nachfrage nach Arbeitskräften für die Rüstungsindustrie ständig wuchs, behandelte man zwar, aber nur diejenigen Kranken, bei denen Aussicht auf schnelle Rückkehr zum Arbeitsplatz bestand, die anderen wurden durch Phenolspritzen getötet oder in die Gaskammern geschickt.

Außerdem muß betont werden, daß die SS-Ärzte entgegen den elementarsten Grundsätzen der ärztlichen Ethik nicht nur die Kranken nicht heilten, sondern verbrecherische Experimente an ihnen vornahmen, die den Tod oder bleibende Verstümmelungen verursachten. Eines der Hauptziele dieser Experimente bestand darin, eine Möglichkeit zur Massensterilisation zu finden, die der biologischen Ausrottung ganzer Völker dienen sollte.

Die SS-Ärzte nahmen auch an der Tötung von Häftlingen teil. Sie inspizierten Kranke in Krankenhäusern und Blocks und entschieden dann über Leben oder Tod eines Menschen ohne jegliche ärztliche Untersuchung, ausschließlich nach dessen Äußerem. Ein Häftling, der auf den ersten Blick schon den Eindruck eines Ausgezehrten oder Kranken machte, wurde von dem faschistischen Arzt zur Vernichtung vorgesehen.

Die Auswahl von Menschen, die für die Gaskammern bestimmt waren, war im Lager eine ständige, sich systematisch wiederholende Prozedur. Die Selektionen dienten zur Tötung von bereits vollständig ausgenutzten Sklaven, an deren Stelle immer wieder neue eintrafen. Dieses Schicksal war nicht nur kranken und alten Menschen beschieden, sondern auch völlig gesunden Kindern, die jedoch wegen ihres jugendlichen Alters für die Arbeit ungeeignet waren. Ähnlich verfuhr man auch mit schwangeren Frauen.

Auf besonders bestialische Art wurden im Lager von Auschwitz sowjetische Kriegsgefangene gequält. Sie starben sehr schnell an den Folgen allgemeiner Erschöpfung und Krankheiten, die ihr Organismus nicht mehr abwehren konnte, oder sie wurden von SS-Schergen ermordet.

Vom Frühjahr 1942 an war das Lager Auschwitz eine Massenvernichtungsstätte jüdischer Bevölkerung, die aus ganz Europa hierhergebracht wurde. Direkt von den Eisenbahnwagen wurden riesige Transporte in die Gaskammern geleitet. Nur junge, kräftige und gesunde Menschen wurden für einige Zeit in das Lager gebracht und als Arbeitskräfte benutzt, wonach auch sie das Los ihrer Brüder teilten.

Aus unmittelbar nach dem Krieg gesammelten Unterlagen geht hervor, daß der ganze Komplex von Gaskammern und Krematorien mit dem Gedanken an systematische Tätigkeit und Vernichtung von menschlichen Wesen in einem in der Geschichte unbekannten Ausmaß gebaut worden ist. Bereits seit dem ersten Versuch, Menschen durch Gas zu töten, bis zum Ende des Bestehens des Lagers wurden ständig fieberhafte Versuche unternommen, die Vergasungsaktion maximal zu vervollkommnen, unter Anwendung aller technischen Verbesserungen.

Die Vernichtungsaktion wurde streng geheimgehalten. Um die Spuren zu verwischen, versuchte die SS-Lagerführung alle Beweise der begangenen Verbrechen zu vernichten, aber die Ruinen der in die Luft gesprengten Gaskammern und Krematorien sowie erhaltene Pläne und andere Dokumente geben ein Bild vom Ausmaß dieser Vernichtungseinrichtungen und ermöglichen es, die Art ihrer Anwendung zu rekonstruieren.

Heute ist das Lagergelände ein Denkmal des Martyriums des polnischen Volkes und anderer Völker, hier ist das Staatliche Museum Oświęcim untergebracht.

Die Zielsetzung des vorliegenden Werkes ist die Vermittlung von grundsätzlichen Informationen – in möglichst kompakter Form – über die Tätigkeit des Konzentrationslagers Auschwitz, das ohne Übertreibung den Namen »Hölle von Auschwitz» verdient. Das Werk umfaßt sechs Abhandlungen, die in ihrem Aufbau und thematisch eng miteinander verbunden sind. Die erste bespricht die Entstehungsgeschichte des Lagers, die Geschichte seines Baus und weiteren Ausbaus, die zweite beschreibt die Lebensbedingungen im Lager, die dritte konzentriert sich auf verschiedene Formen und Methoden der Häftlingsausrottung, die vierte beschreibt die Organisationsstruktur und Erscheinungsformen der Widerstandsbewegung im Lager und in der Umgebung, die fünfte die Befreiung des Lagers und die Versorgung der Überlebenden, die sechste betrifft die Verfolgung und Bestrafung der Verbrecher von Auschwitz.

Es darf festgestellt werden, daß der erste Versuch einer synthetischen Zusammenfassung der Geschichte des Lagers in Auschwitz ein Buch von Jan Sehn war, dessen dritte Ausgabe vor über 20 Jahren erschienen ist. Seit dieser Zeit ist die Erforschung der Problematik der faschistischen Besatzung von Polen bedeutend vorangekommen. Unter diesen Umständen entstand die Notwendigkeit, ein neues Werk zum Thema Auschwitz zu erarbeiten, das die Forschungsergebnisse der letzten Jahrzehnte berücksichtigt, eine Reihe von Fakten präzisiert und sie vollständiger erläutert.

Dieses Werk wendet sich an einen weiten – nicht nur polnischen – Leserkreis, der über den Krieg und die faschistische Besatzung Polens nicht immer genügend informiert ist. Den Verfassern und Verlegern liegt besonders daran, diese Problematik der jüngeren Lesergeneration vorzutragen, die die Ereignisse des letzten Krieges vor allem aus Berichten und Erinnerungen der älteren Generation kennt.

Die Enthüllung des Mechanismus der verbrecherischen faschistischen Tätigkeit ist – wie schon erwähnt – eine Warnung vor jeder verbrecherischen Ideologie, die eine Glorifizierung des Nationalismus anstrebt,

Haß unter den Völkern verbreitet, zum Krieg anstachelt, der unter den heutigen Bedingungen mit totaler Vernichtung droht. In diesem Zusammenhang darf man nicht vergessen, daß die symbolische Parole «nie wieder» weit inhaltsreicher war und ist, als es unmittelbar nach der Niederlage Hitlerdeutschlands im ersten Moment scheinen konnte. Heute verstehen wir, daß diese Parole allen Menschen guten Willens die Pflicht zum Kampf um die Sicherung einer friedlichen Koexistenz der Völker auferlegt.

Die Erinnerung an Verbrechen, die in faschistischen Konzentrationslagern begangen wurden, stört die Normalisierung der internationalen Verhältnisse nicht, sondern im Gegenteil, eine richtig verstandene Normalisierung dieser Verhältnisse ist nicht möglich ohne Bewußtseinsveränderung, ohne daß aus der Vergangenheit Konsequenzen gezogen werden, ohne vollständiges Verständnis und Beurteilung der Konsequenzen der verbrecherischen Ideologie des Hitlerfaschismus. Dieser Standpunkt kollidiert auch nicht mit der Notwendigkeit, diejenigen Naziverbrecher zu verfolgen und zu bestrafen, die bisher nicht vor Gericht gestellt und bestraft worden sind.

Eine moralische Pflicht gegenüber all denen, die bestialisch ermordet worden sind, eine Pflicht, die dem Gerechtigkeitsgefühl entspringt, das in jedem anständigen Menschen tief verwurzelt ist, besteht im Wissen um das tragische Schicksal ungezählter Opfer des Hitlerismus und darin, ihrer zu gedenken.

Józef Buszko

Danuta Czech

Konzentrationslager Auschwitz Abriss der Geschichte

1. Entstehungsgeschichte des Lagers

Das Projekt, in Auschwitz ein Konzentrationslager anzulegen, entstand im Amt des Höheren SS- und Polizeiführers Südost in Wrocław, damals Breslau, dessen Chef der SS-Gruppenführer Erich von dem Bach-Zelewski war. Der ihm unterstellte Inspektor der Sicherheitspolizei und des Sicherheitsdienstes (Sipo und SD), SS-Oberführer Arpad Wigand, stellte einen solchen Antrag Ende 1939, veranlaßt durch Berichte von der Überfüllung der Gefängnisse in Oberschlesien und im Revier von Dąbrowa, was die Terroraktionen und Repressalien der Sicherheitspolizei unter der polnischen Bevölkerung erschwerte. SS-Oberführer Wigand hatte in seiner Begründung unterstrichen, daß sich der Widerstand in Schlesien und im Generalgouvernement verstärke. Deshalb müßten Massenverhaftungen stattfinden; die bestehenden Konzentrationslager reichten aber nicht aus, alle Verhafteten dort unterzubringen.

Wigand schlug Auschwitz als geeigneten Ort für das künftige Konzentrationslager vor. Er war der Ansicht, man könnte in den bereits vorhandenen Kasernen sofort Gefangene unterbringen. Die außerhalb der eigentlichen Stadt, in der Gabelung der Flüsse Weichsel und Soła gelegenen Kasernen – Stadtteil Zasole – gestatteten einen eventuellen späteren Ausbau des Lagers sowie seine Isolierung von der Außenwelt. Ein weiteres Argument waren günstige Eisenbahnverbindungen von Auschwitz nach Schlesien, dem Generalgouvernement, der Tschechoslowakei und Österreich.

Anfang Januar 1940 schickte der Inspekteur der Konzentrationslager, SS-Oberführer Richard Glücks, eine Kommission nach Auschwitz, die von dem damaligen Schutzhaftlagerführer in Sachsenhausen, SS-Sturmbannführer Walter Eisfeld, geleitet wurde. Nach der Besichtigung erklärte die Kommission, die Kasernen in Auschwitz seien zur Einrichtung eines Lagers ungeeignet.[1] Das Amt des Höheren SS- und Polizeiführers in Wro-

1 Erklärung des Angeklagten Rudolf Höß. Archiv des Staatlichen Museums in Oświęcim (APMO) – Prozeß gegen den ehemaligen Kommandanten des Konzentrationslagers Auschwitz Rudolf Höß vor dem Obersten Nationalgerichtshof in Warszawa (weitere Zitate: Höß-Prozeß), Bd. 21, Bl. 26

cław war anderer Ansicht, denn am 25. Januar 1940 berichtete der Chef des SS-Hauptamtes dem Reichsführer SS Heinrich Himmler: «In der Art der staatlichen Konzentrationslager ist beabsichtigt, in Kürze ein Lager bei Auschwitz einzurichten. Sobald Einzelheiten hierüber festliegen, wird SS-Gruppenführer v. d. Bach die befohlenen Angaben melden.»[2]

Um zu einem endgültigen Entschluß zu kommen, an welchem Ort das geplante Lager errichtet werden sollte, hat der Reichsführer SS Himmler am 1. Februar 1940 eine Inspektion der folgenden Objekte angeordnet: des Polizeigefängnisses in Welzheim, des Durchgangslagers Kislau (beide im Bereich des Höheren SS- und Polizeiführers Südwest), des Lagers in Frauenberg bei Admont (im Bereich des Höheren SS- und Polizeiführers Alpenland), des Lagers in Sosnowitz Ost O/S und des Lagers in Auschwitz O/S (beide im Bereich des Höheren SS- und Polizeiführers Südost).[3] Am 21. Februar 1940 berichtete SS-Oberführer Glücks Himmler, man habe nach der Inspektion beschlossen, daß die ehemaligen polnischen Artilleriekasernen in Auschwitz nach Einbau einiger sanitärer Einrichtungen und Bauveränderungen als Quarantänelager geeignet seien, und wenn die vom Chef der Sicherheitspolizei angeordneten Verhandlungen über die Abtretung des Objekts durch die Wehrmacht beendet seien, werde das Quarantänelager sofort in Betrieb genommen.[4]

Im Ergebnis der Verhandlungen gab der General der Flieger Halm am 8. April 1940 seine endgültige Zustimmung zur Verpachtung des Lagergebiets Auschwitz und zu einem Vertrag über seine Übergabe an die Leitung der SS.[5]

Zu den endgültigen Verhandlungen zwischen der Wehrmacht und SS kam am 18. und 19. April 1940 eine weitere Kommission nach Auschwitz, geleitet von SS-Hauptsturmführer Rudolf Höß[6], der nach Eisfeld

2 APMO (Archiv des Staatlichen Museums in Oświęcim), Fotokopie, Gruppe «Allgemeine Erlasse des Reichssicherheitshauptamtes» (weitere Zitate: Gruppe «Allgemeine Erlasse RSHA»), Zeichen D-RF-3/RSHA/117a, Bl. 59

3 ebenda, Bl. 55

4 ebenda, Bl. 55–57

5 Wojewodschafts-Staatsarchiv in Katowice, Zespół Rejencja Katowice (Gruppe Regierungsbezirk Katowice), weitere Zitate: WAP Katowice, Gruppe RK/2905, Fol. 119

6 Rudolf Höß wurde am 1. Dezember 1934 zum Dienst in Konzentrationslagern berufen. Im Laufe von 4 Dienstjahren wurde er vom Rang des SS-Unterscharführers bis zum SS-Hauptsturmführer befördert. Am 4. Mai 1940 wurde er zum Kommandanten des KZ Auschwitz ernannt. Auf diesem Posten wurde er am 30. Januar 1941 zum SS-Sturmbannführer befördert. Im November 1943 wurde Höß vom Posten des Lagerkommandanten in Auschwitz abberufen. Vom 10. November 1943 an war er kommissarischer Chef des Amtes DI in der Gruppe Ämter D in der SS-WVHA. Formell wurde er am 1. Mai 1944 auf diesen Posten berufen. Durch Urteil des Obersten Nationalgerichtshofes in Warszawa vom 2. April 1947 wurde er zum Tode verurteilt.

die Funktion des Leiters des Konzentrationslagers Sachsenhausen innehatte. Auf der Durchreise durch Wrocław traf die Kommission mit Wigand zusammen und studierte ausführlich sein Projekt zur Organisierung eines Quarantänelagers für polnische Häftlinge in Auschwitz vor ihrer Überführung in Konzentrationslager im Inneren des Reiches. Nach Wigands Projekt sollte dies ein Lager für 10000 Häftlinge sein.[7] Auf Grund des Inspektionsberichtes, den Höß Glücks unterbreitete, gab der Reichsführer SS Himmler am 27. April 1940 den Befehl, in Auschwitz ein Konzentrationslager anzulegen und es mit Hilfe von Häftlingen auszubauen.

Höß wurde von Glücks wieder nach Auschwitz abkommendiert und erschien dort am 30. April mit fünf SS-Männern, um die Vorbereitungsarbeiten zu leiten. Am 4. Mai 1940 wurde er offiziell zum Kommandanten des Konzentrationslagers Auschwitz ernannt.[8]

Höß begann die Vorbereitungsarbeiten damit, daß er den Landrat im Kreisamt Bielsko (Bielitz) – zu dem auch Auschwitz gehörte – von der Notwendigkeit in Kenntnis setzte, etwa 1200 Personen auszusiedeln, die die Baracken in unmittelbarer Nähe des Lagers bewohnten, da dieses Gebiet in den Lagerbereich einbezogen würde.[9] Zur Gebietsbereinigung des künftigen Lagers erhielt er vom Bürgermeister von Auschwitz 300 ortsansässige Juden, die den ganzen Monat Mai und den halben Monat Juni dort arbeiteten. Bei Bauarbeiten im Lager wurden mehrere polnische Arbeiter beschäftigt, die in der Nähe wohnten.

Am 20. Mai 1940 brachte Rapportführer Gerhard Palitzsch[10] 30 Häftlinge nach Auschwitz, kriminelle Verbrecher deutscher Nationalität, die auf Wunsch von Höß unter den Häftlingen des Konzentrationslagers Sachsenhausen ausgesucht worden waren. Diese Häftlinge wurden mit den laufenden Nummern von 1 bis 30 gekennzeichnet und im Block Nr. 1 untergebracht. Sie wurden zu Funktionshäftlingen ernannt, die die

7 APMO, Höß-Prozeß, Bd. 21, Bl. 27, Photokopie, Gruppe «Allgemeine Erlasse RSHA», Zeichen D-RF-3/RSHA/117a, Bl. 55–57

8 Jan Sehn, Einleitung zu «Wspomnienia Rudolfa Hössa, komendanta obozu oświęcimskiego». (Erinnerungen von Rudolf Höß, Kommandant des Lagers Auschwitz), Warszawa 1965, S. 16

9 WAP Katowice, Gruppe RK 2910. Fol. 4

10 Gerhard Palitzsch war Wachmann im KZ Lichtenburg, KZ Buchenwald und KZ Sachsenhausen, anfangs als Blockführer, später Rapportführer. Im Mai 1940 wurde er in das KZ Auschwitz versetzt. Er zeichnete sich durch besonderen Sadismus aus, erschoß perönlich Häftlinge mit Kleinkaliberwaffen an der Todeswand im Hof des Blocks Nr. 11. Nach der Errichtung des Familienlagers für Zigeuner (BIIe) war er Leiter dieses Lagers. Er hat sich viel Geld, Wertsachen und Kleidung von zum Tode verurteilten Menschen angeeignet. Nachdem ihm die Leitung des Lagers in Brünn übertragen worden war, wurde er verhaftet und vor ein SS-Gericht gestellt. Sein weiteres Schicksal ist unbekannt.

Verlängerung des SS-Apparates bildeten und über Häftlinge im Lager und in den Arbeitskolonnen eine direkte und grausame Kontrolle ausübten. In der gleichen Zeit wurden 15 SS-Männer des SS-Reitersturms aus Kraków als Mitglieder der künftigen bewaffneten Wachmannschaft nach Auschwitz entsandt.

Am 9. Mai 1940 wurde aus dem Konzentrationslager Dachau eine Gruppe von Häftlingen, ein sogenanntes Außenkommando, unter der Leitung von SS-Unterscharführer Beck nach Auschwitz abkommandiert. Das Kommando bestand aus einem deutschen Häftling (Kapo) sowie 39 polnischen Häftlingen, jungen Männern, vorwiegend Gymnasiasten aus Łódź. Das Kommando brachte einen Waggon Stacheldraht zur Einzäunung des künftigen Lagers. Die Häftlinge wurden in der Küchenbaracke der ehemaligen Kasernen untergebracht und beim Bau des ersten provisorischen Zaunes des Lagers beschäftigt. Täglich wurden sie über den Kasernenplatz (die ehemalige Reitbahn) hinter die Baracken geführt, an der Straße von Auschwitz nach Rajsko. Dort verspannten sie Stacheldraht an Holzpfählen. Die Häftlinge hatten keine Bewegungsfreiheit, es war ihnen verboten, mit den arbeitenden Juden und Zivilarbeitern Kontakt aufzunehmen. Letztere haben ihnen heimlich Lebensmittel hinterlassen. Die Häftlinge aus dem KZ Dachau erfuhren von einem kriminellen Häftling aus dem KZ Sachsenhausen, daß polnische Häftlinge aus Tarnów in das Lager gebracht werden sollten. Die Häftlinge durften in der Kantine für SS-Männer einkaufen. Daher baten sie ihren Kommandoführer Beck, sich um die Überweisung ihrer Geldeinlagen zu bemühen, sowie um eine ständige Verlegung in das Lager Auschwitz. Die Geldeinlagen trafen Mitte Juni ein, die Häftlinge wurden jedoch in das Konzentrationslager Dachau zurückgeschickt. Als sie am 14. Juni abfuhren, sahen sie auf dem Nebengleis am Lager einen Zug mit einem Häftlingstransport aus Tarnów. Die Häftlinge aus dem KZ Dachau verließen Auschwitz ungern. Hier konnten sie auf Hilfe ihrer Mitbürger rechnen, hier waren sie in der Heimat. Damals erklärte ihnen SS-Unterscharführer Beck, sie könnten von Glück reden, daß aus dem KZ Dachau keine Erlaubnis zu ihrem Verbleiben in Auschwitz eingetroffen sei, denn dieses Lager werde die Hölle auf Erden sein.[11]

Am 14. Juni 1940 wurden aus dem Gefängnis in Tarnów die ersten Polen – politische Häftlinge – in das Konzentrationslager Auschwitz gebracht. Es waren 728 Männer, die vom Leiter der Sipo und des SD in Kraków überwiesen wurden. Die Häftlinge bekamen die laufenden Nummern von 31 bis 758 und mußten eine Zeitlang im Haus des ehemaligen polnischen Tabakmonopols in Quarantäne gehen, das in der Nähe

11 Bericht des ehemaligen Häftlings im KZ Dachau, Edward Flakiewicz. Sammlung Danuta Czech

des Nebengleises gelegen und von den übrigen Gebäuden mit Stacheldraht abgezäunt war.

In der gleichen Zeit kamen zur Verstärkung der Mannschaft 100 SS-Männer sowie Offiziere und Unteroffiziere verschiedener Dienstgrade an und übernahmen leitende Funktionen im Lager. Adjutant des Lagerkommandanten wurde SS-Obersturmführer Josef Kramer[12] (abkommandiert aus dem KZ Mauthausen). Schutzhaftlagerführer waren: als erster SS-Obersturmführer Karl Fritzsch (abkommandiert aus dem KZ Dachau) und als zweiter SS-Untersturmführer Franz Xaver Maier (abkommandiert von der SS-Totenkopf-Division). Leiter der Verwaltung wurde SS-Untersturmführer Max Meyer (abkommandiert vom Inspektorat der Konzentrationslager), Kassenleiter SS-Oberscharführer Herbert Minkos (abkommandiert aus dem KZ Buchenwald), Sachbearbeiter für Verpflegung war SS-Untersturmführer Willi Rieck (abkommandiert aus dem KZ Dachau), die Unterkunftsverwaltung unterstand dem SS-Hauptscharführer Otto Reinicke (abkommandiert aus dem KZ Flossenbürg). Als Lagerärzte waren tätig: SS-Hauptsturmführer Max Popiersch und SS-Obersturmführer Robert Neumann.[13]

Leiter der Politischen Abteilung – der Lagergestapo – wurde SS-Untersturmführer Maximilian Grabner[14], dem dieser Posten vom Geheimen Staatspolizeiamt – Gestapo – in Katowice zugeteilt worden war.

Fünf Tage nach Ankunft der ersten polnischen Häftlinge aus dem Gefängnis in Tarnów begann man mit der Aussiedlung der in der näheren und weiteren Umgebung der Kasernen wohnenden Bevölkerung.

Zuerst wurden die Bewohner der Barackenkolonie am Nebengleis des Polnischen Tabakmonopols ausgesiedelt, da die Nachricht von den beabsichtigten Verhaftungen und der Liquidierung der Siedlung zu den Betroffenen vorgedrungen war und ein Teil von ihnen nachts heimlich

12 Josef Kramer bekleidete die Funktion eines Adjutanten bis November 1940, dann wurde er zum Leiter des KZ Dachau ernannt. Im April 1941 übernahm er den Posten des Leiters und im Oktober 1942 des Kommandanten im KZ Natzweiler. Vom 8. Mai bis 25. November 1944 war er Kommandant des KZ Auschwitz II und dann des KZ Bergen-Belsen. Laut Urteil des britischen Militärgerichts in Lüneburg vom 17. November 1945 wurde er im Prozeß der SS-Wachmannschaft des Lagers Bergen-Belsen zum Tode verurteilt. Das Urteil wurde am 13. Dezember 1945 in Hameln vollstreckt.

13 APMO, Fotokopien, Gruppe «Allgemeine Erlasse RSHA», Zeichen D-RF-=/RSHA/117/2, Bl. 166. Alle oben erwähnten Namen sind im Funktionsverzeichnis der Kommandantur des KZ Auschwitz vom 1. Juli 1940 angegeben.

14 Maximilian Grabner war Leiter der Politischen Abteilung bis Dezember 1943. Dann wurde er seines Postens enthoben, verhaftet und 1944 von einem SS-Sondergericht zu 12 Jahren Gefängnis verurteilt. Laut Urteil des Obersten Nationalgerichtshofes in Kraków vom 22. Dezember 1947 wurde er zum Tode verurteilt.

die Siedlung verlassen hatte. Bis zum 18. Juni flüchteten 38 Familien, nachdem sie einige der von ihnen bisher bewohnten Baracken demontiert hatten. Die Aussiedlungsaktion begann am 19. Juni 1940. Daran beteiligte sich das dortige Arbeitsamt, unterstützt von örtlichen Polizeikräften. Damals wurden 500 Personen verhaftet, von denen 250 zur Zwangsarbeit nach Deutschland geschickt wurden. In der Kolonie verblieben vorläufig 30 arbeitsunfähige Personen und Kinder bis zu 14 Jahren sowie Mitglieder von 8 Familien, die von der Lager-SS angestellt wurden, und 15 Familien, deren Mitglieder in der benachbarten Kohlengrube in Brzeszcze arbeiteten. All diese Personen sollten aus dem Gebiet des Lagers umgesiedelt werden.[15] Ein Teil der Verhafteten wurde in das Polizeilager in Sonowiec gebracht, von dort aus wurden sie später in das Konzentrationslager Auschwitz abtransportiert.

Am 8. Juli 1940 wurden mehrere Familien aus den schönsten Häusern in der Legionów-Straße, der Krótka-Straße und der Polna-Straße im Stadtteil Zasole ausgesiedelt. Die Aussiedlungsaktion wurde von der Stadtverwaltung und der Lager-SS geleitet. Die Ausgesiedelten wurden zur Zwangsarbeit in das Sudetenland geschickt, und ihre Häuser mitsamt der ganzen Einrichtung wurden der Lagerkommandantur für Offiziere und Unteroffiziere sowie ihre Familien überwiesen. Zum zweitenmal wurde im November 1940 im Stadtviertel Zasole eine Aussiedlungsaktion durchgeführt. Ein Teil der Häuser wurde Familien von SS-Männern der bewaffneten Lagermannschaft zugeteilt. Die um das Lager herum entstandene SS-Siedlung bildete eine Zone, die das Lagergebiet von der polnischen Bevölkerung isolierte. Um Polizeiaktionen im Falle von Gefangenenflucht zu erleichtern, sind 123 Häuser abgerissen worden. Beim Abbruch der Häuser sind Häftlinge aus dem sogenannten Abbruchkommando beschäftigt worden, und das gewonnene Material wurde in Lagermagazinen für den künftigen Ausbau des Lagers zurückbehalten.

Weitere Aussiedlungen polnischer Bevölkerung aus der Umgebung von Auschwitz standen in enger Verbindung mit folgenden Projekten:

1. Reichsführer SS Himmlers Projekt über die Schaffung eines Gutsbezirks um das Lager, wo zu Versuchszwecken Ackerbau, Viehzucht und Fischzucht betrieben werden sollte,

2. das Projekt des Chefs des Reichssicherheitshauptamtes RSHA SS-Obergruppenführer Reinhard Heydrich,[16] über die Errichtung eines

15 WAP Katowice, Gruppe RK 2910, Fol. 11 und 12

16 Reinhard Heydrich war gleichzeitig Protektor von Böhmen und Mähren. Nach seiner Tötung durch die tschechische Widerstandsbewegung am 5. Juni 1942 wurde im Januar 1943 SS-Obergruppenführer Ernst Kaltenbrunner zum Chef des RSHA ernannt. Er wurde 1946 vom Internationalen Militärgerichtshof (weit. Zitat: MTW) in Nürnberg zum Tode verurteilt und am 16. Oktober 1946 gehenkt.

zweiten Konzentrationslagers in Auschwitz für schwerer belastete Häftlinge,

3. das Projekt des Reichsmarschalls und zugleich Beauftragten des Führers für den Vierjahresplan des Reichsministers der Luftfahrt und Reichsforstmeisters Hermann Göring, betreffend die Absicht der Interessengemeinschaft Farbenindustrie A. G. in Auschwitz, ein Werk für synthetischen Kautschuk und Benzin zu errichten.[17]

Den Entschluß, um das Lager einen SS-Gutsbezirk zu schaffen, auf Grund von Versuchsergebnissen und Berichten des Kommandanten Höß, hat Himmler bereits im November 1940 gefaßt.[18]

Der Chef des RSHA Heydrich hat in einem Erlaß vom 2. Januar 1941 bekanntgegeben, der Reichsführer SS Himmler habe seine Zustimmung zu der Einteilung der Konzentrationslager in verschiedene Stufen erteilt, die der Persönlichkeit der Häftlinge und dem Grad der Gefährdung für den Staat Rechnung trügen.

Das Lager Auschwitz wurde von Heydrich «Konzentrationslager Auschwitz I» benannt und mitsamt den Lagern Dachau und Sachsenhausen zur I. Stufe gezählt, bestimmt für «wenig belastete und unbedingt besserungsfähige Schutzhäftlinge». Lager der II. Stufe bestimmte er für «schwerer belastete, jedoch noch erziehungs- und besserungsfähige Schutzhäftlinge». Zu dieser Kategorie zählte er die Lager Buchenwald, Flossenbürg, Neuengamme und Auschwitz II, das damals noch gar nicht bestand und von dem Kommandant Höß angeblich nicht wußte, daß es geplant war. Zur III. Stufe, bestimmt für «schwer belastete Schutzhäftlinge» und besonders für Vorbestrafte und Asoziale, zählte Heydrich das Konzentrationslager Mauthausen.[19]

Aus dem Erlaß geht hervor, daß bereits Ende 1940 das Projekt der Schaffung eines weiteren Lagers in Auschwitz – Auschwitz II – entstanden sein mußte.

Am 10. Februar 1941 kam eine spezielle Kommission nach Auschwitz, die unter der Leitung des Lagerkommandanten Höß die Hauptrichtlinien betreffend Territorium und Zahl der auszusiedelnden Personen ausarbeitete.

Am 8. März 1941 wurde die Bevölkerung des Dorfes Pławy innerhalb von 15 Minuten ausgesiedelt. Am 9. März wurde die jüdische Bevölkerung aus Auschwitz nach Chrzanów umgesiedelt und am 1. April die noch in der Legionów-Straße, der Krótka-Straße, der Polna-Straße und

17 Bereits im Januar 1941 hat Dr. Otto Ambros, Vorstandsmitglied der IG-Farben, im Planungsamt in Katowice die Landkarten der umliegenden Gebiete studiert und Auschwitz als den günstigsten Platz zum Bau neuer chemischer Werke anerkannt.

18 APMO, Höß-Prozeß, Bd. 21, Bl. 31, 32

19 APMO, Fotokopie, Gruppe «Erlaß-Sammlung RKPA», Zeichen D-RF-3/RSHA/118/9, Bl. 607

der Kolejowa-Straße verbliebene Bevölkerung ausgesiedelt und die frei gewordenen Wohnungen Familien von SS-Männern zugeteilt sowie Familien von Facharbeitern der neu erbauten Kautschuk- und Benzinfabrik, genannt Bunawerke, in Dwory bei Auschwitz. Vom 7. bis 12. April wurde die Bevölkerung der Dörfer Babice, Broszkowice, Brzezinka, Budy, Harmęże und Rajsko ausgesiedelt.

Im Ergebnis dieser Aussiedlungsaktionen sind in Brzeszcze und Jawiszowice in der dortigen Kohlengrube beschäftigte Arbeiter und ihre Familien angesiedelt worden. 500 Personen jüdischer Herkunft wurden nach Chrzanów umgesiedelt, 1600 Polen in das Generalgouvernement gebracht. Allen wurde ihre gesamte Habe genommen.

Das etwa 40 km^2 große entvölkerte Gebiet nannte man das Interessengebiet des Lagers. Diese Zone bestand aus dem Gebiet in der Gabelung der Flüsse Weichsel und Soła, von Broszkowice entlang der Soła bis zum Dorf Bielany, weiter über Łęki, Skidzin, Wilczkowice, Brzeszcze bis zur Weichsel, und weiter an ihrem Lauf entlang bis zur Mündung der Soła bei Broszkowice. Das Gebiet wurde ständig von SS-Männern, Funktionären der örtlichen Gestapo und Polizei patrouilliert.

Ein so großes Interessengebiet des Lagers wurde mit wirtschaftlichen und Sicherheitsbedingungen des Lagers begründet, denn – wie Höß an den Inspekteur der Konzentrationslager Glücks schrieb:

«Die Bevölkerung des Ortes ist fanatisch polnisch, und wie durch V-Männer in Erfahrung gebracht wurde, zu jedem Vorgehen gegen die verhaßte Bewachungsmannschaft bereit. Auch hat jeder Häftling, dem die Flucht gelingt, alle Hilfe zu erwarten, sobald er das nächste polnische Gehöft erreicht hat.»[20]

Das Konzentrationslager Auschwitz zählte bei seiner Gründung 20 gemauerte Gebäude, davon 14 Parterregebäude und 6 mehrstöckige. In der Zeit zwischen dem 20. Mai 1940 und 1. März 1941 wurden hier 10900 Häftlinge untergebracht, hauptsächlich Polen.

Reichsführer SS Himmler kam am 1. März 1941 zum erstenmal nach Auschwitz. Es begleiteten ihn: der Gauleiter und Oberpräsident von Oberschlesien, SS-Brigadeführer Fritz Bracht, der Höhere SS- und Polizeiführer Südost in Wrocław, SS-Obergruppenführer Ernst Schmauser, SS-Oberführer Glücks, die Regierungspräsidenten und führende Persönlichkeiten der IG-Farben. Nach genauer Lagerinspektion und Besichtigung des gesamten Geländes erteilte Himmler dem Lagerkommandanten Höß folgenden Befehl:

1. Das Lager in Auschwitz so auszubauen, daß es 30000 Häftlinge fassen könne,

2. auf dem Gebiet des Dorfes Brzezinka ein Lager für 100000 Kriegsgefangene zu errichten,

20 APMO, Höß-Prozeß, Bd. 12, Bl. 10

3. den IG-Farben 10000 Häftlinge für den Bau von Industriewerken in Dwory bei Auschwitz zu liefern,

4. das gesamte Gebiet landwirtschaftlich zu bewirtschaften,

5. die Lager-Werkstätten auszubauen.

Er verwies auch darauf, daß in der Nähe des Lagers Unternehmen der Rüstungsindustrie entstehen sollten, damit die SS auch bei der Versorgung der deutschen Wehrmacht mit Waffen den führenden Platz einnehmen könne. Nach der Inspektion übermittelte Glücks am 5. März 1941 den Kommandanten der Konzentrationslager die Empfehlung des Reichsführers SS Himmler, noch während des Krieges aus dem Kommandoamt der Waffen-SS geeignete Reserveführer und Unterführer zu übernehmen, die zum Dienst in Konzentrationslagern fähig seien. Gleichzeitig setzte Glücks die Kommandanten über den von Himmler beabsichtigten Bau einer Siedlung für SS-Männer auf dem Gebiet von Auschwitz in Kenntnis.[21]

2. Bau, Ausbau und Entwicklung des Lagers und seiner Außenlager

Die erste Skizze des generellen Ausbauplans des Lagers Auschwitz, genannt Stammlager, war in allgemeinen Umrissen schon im Juni 1941 fertig. Der endgültige genaue Plan wurde vom Wirtschaftsverwaltungshauptamt – WVHA – im Dezember 1942 bestätigt und der Kommandantur zur Ausführung überwiesen.[22]

Das zum Ausbau bestimmte Gebiet grenzte im Süden an die Straße Auschwitz-Rajsko, entlang der Soła, und reichte im Norden bis zu den Eisenbahngleisen von Auschwitz nach Jawiszowice. Der Ausbauplan sah die Schaffung von vier Bereichen vor. Der erste Bereich, westlich des Lagers, war für eine SS-Siedlung bestimmt, mit Grünflächen, Sportplatz und Reitbahn, der zweite für die Kommandantur mit wirtschaftlichen und industriellen Einrichtungen (Lager, Wasserleitung, Werkstätten und andere), der dritte, an die Kommandantur und die industriellen und Wirtschaftseinrichtungen angrenzende Bereich für das eigentliche Konzentrationslager, der vierte, östlich des Lagers, für Kasernen der SS-Garnison.

Für das Lager selbst war ein Gebiet von 1000 m Länge und 400 m

21 APMO, Fotokopie, Gruppe «Allgemeine Erlasse RSHA», Zeichen D-RF-3/RSHA/117/1, Bl. 91

22 APMO, Lichtpausen, «Konzentrationslager Auschwitz Generalbebauungsplan» vom 12. November 1942, bestätigt am 5. Dezember 1942, am 18. Januar 1943 zum KZ Auschwitz überwiesen.

Breite vorgesehen. Die für die Häftlinge bestimmten Gebäude sollten zwei durch einen Platz voneinander getrennte Komplexe bilden. Der erste Komplex bestand aus vorhandenen und zum Ausbau vorgesehenen gemauerten Gebäuden des Stammlagers. Dort sollte es 33 Wohnblocks geben. Nach Abbruch der Wirtschafts- und Werkstattbaracken zwischen dem ersten und zweiten Komplex wurde dort ein großer Appellplatz geplant. Die beiden Komplexe sollten insgesamt 78 einstöckige Wohngebäude für Häftlinge zählen.

Mit dem Ausbau des Stammlagers wurde im Sommer 1941 begonnen. Unter Ausnutzung der Arbeitskraft der Häftlinge und des aus dem Abbruch der Häuser im Wohnviertel Zasole stammenden Baumaterials begann man mit dem Bau von 8 einstöckigen Häusern auf dem Appellplatz (der ehemaligen Reitbahn), bei 14 Parterrehäusern wurde ein Stockwerk aufgesetzt und eine Lagerküche errichtet. Außerhalb der Einzäunung wurde ein Verwaltungsgebäude für die SS gebaut.

Bis zum Herbst 1944 wurden gebaut: eine Brücke über die Soła mit einer Straße, die zur Chaussee Auschwitz-Kęty-Bielsko führte, eine neue Straße zum Bahnhof in Auschwitz, das zum Ausbau des Lagers bestimmte Gebiet wurde kanalisiert, es wurde mit dem Bau einer Pumpstation und Gebäuden für Wasserwerk und Fernheizung begonnen. Von dem geplanten zweiten Komplex der Unterkünfte für Häftlinge wurden 20 einstöckige Häuser in der sog. Schutzhaftlagererweiterung erbaut. Bereits im Frühjahr 1944 wurden dort in fünf Gebäuden Lagerräume und Bekleidungswerkstätten eingerichtet. Zwei Gebäude wurden dem SS-Arzt Professor Dr. Carl Clauberg zur Verfügung gestellt. Im Mai wurde dorthin aus dem Block Nr. 10 des Stammlagers die Versuchsstation verlegt. Auch weibliche Häftlinge, an denen Sterilisierungsexperimente vorgenommen werden sollten, wurden von dort überführt. In weiteren Blocks wurden im Oktober 6000 Häftlinge aus dem Frauenlager Birkenau untergebracht.

Außerdem wurde ein Aufnahmegebäude errichtet. Im Sommer 1944 wurden dort Badeeinrichtungen sowie Desinfektionskammern in Betrieb genommen.

Sowohl der Plan zum Ausbau des Lagers als auch seine teilweise Realisierung gestatten die Feststellung, daß das Stammlager Auschwitz als ständiges Objekt erbaut worden ist, das in Zukunft viele Jahre lang zur Festsetzung von Häftlingen oder Vernichtung von Gegnern des Hitlerreiches dienen sollte.

Gleichzeitig mit dem Ausbau des Stammlagers begann man mit der Projektierung des Umbaus der Stadt Auschwitz, um ihr einen möglichst deutschen Charakter zu verleihen.

Der Bau der IG-Farben in Dwory bei Auschwitz war durch folgende Faktoren bedingt: Sicherheit vor Bombenangriffen, die Nähe von Kohlengruben und vor allem die Existenz des Konzentrationslagers in

Auschwitz mit der Möglichkeit, dieses weiterhin auszubauen und somit eine große Anzahl von Arbeitskräften zur Verfügung zu haben.

Im Ergebnis der Verhandlungen zwischen Vertretern der IG-Farben, Repräsentanten des WVHA und der Lagerkommandantur in Sachen Bereitstellung billiger Arbeitskräfte zum Bau der geplanten Werke für synthetischen Kautschuk und Benzin wurde vereinbart, daß das KZ Auschwitz noch im Jahre 1941 etwa 1000 Fach- und Hilfsarbeiter unter den Häftlingen auswählt und überweist, im Jahre 1942 zusätzlich 3000 Häftlinge, daß diese Zahl je nach Bedarf bis zu 8000 ansteigen sollte und daß in den darauf folgenden Jahren die Zahl der so beschäftigten Häftlinge sich vergrößern sollte. Weiterhin wurde vereinbart, die Häftlinge mit der Eisenbahn zum Arbeitsplatz zu befördern und daß das Lager zu diesem Zweck eine Eisenbahnbrücke über den Fluß Soła errichten werde. Die tägliche Arbeitszeit wurde auf 10 bis 11 Stunden festgelegt, im Winter 9 Stunden. Weiterhin wurde vereinbart, daß die IG-Farben der Kommandantur des KZ Auschwitz als Tagesentgelt für Facharbeiter 4 Mark und für Hilfsarbeiter 3 Mark zahlen werde.

Im Ergebnis dieser Vereinbarungen begannen die Häftlinge aus Auschwitz im April 1941 mit dem Bau der Bunawerke in Dwory bei Auschwitz. Anfangs legten die Häftlinge den Weg zum Arbeitsplatz zu Fuß zurück, in einer Richtung etwa sieben Kilometer, später wurden sie mit der Bahn befördert. Am Arbeitsplatz trafen die Häftlinge mit großer Verspätung ein, da Truppentransporte vorrangig abgefertigt wurden. Im August 1942 wurden Häftlingstransporte zum Arbeitsplatz unterbrochen, weil im Lager eine Flecktyphusepidemie ausgebrochen war.

Schwierigkeiten mit Häftlingstransporten zum Arbeitsplatz, Erschöpfung der Häftlinge, die zu einem Absinken der Arbeitsleistung führten, bewogen die IG-Farben, im ausgesiedelten Dorf Monowice in der Nähe der Bunawerke ein Sonderlager für die Häftlinge zu errichten. Ende Oktober 1942 wurden die Häftlinge dorthin überführt. Dieses Lager trug bis November 1943 den Namen Bunalager und gehörte als Außenlager zum Bereich des KZ Auschwitz.

Im Frühjahr 1941 wurden im KZ Auschwitz mehrere Häftlingskommandos zu Feldarbeiten zusammengestellt. Ihre Aufgabe war es, Heu, Getreide und Hackfrüchte zu ernten, und zwar auf Gebieten, die durch die ausgesiedelten Bauern im sog. Interessengebiet des KZ Auschwitz bestellt worden waren. Später wurden große Bauernhöfe und Unternehmen für Ackerbau und Viehzucht organisiert. Im Februar 1942 kam SS-Obersturmbannführer Joachim Caesar auf Weisung des Chefs des SS-WVHA nach Auschwitz und übernahm die Leitung der landwirtschaftlichen Betriebe des KZ Auschwitz.

Auf Grund der Verordnung Himmlers wurden in den Jahren 1941/43 im Interessengebiet des Lagers, in den ausgesiedelten und zerstörten Dörfern und Siedlungen – Babice, Budy, Harmęze, Pławy – große Bauernhöfe und landwirtschaftliche Betriebe angelegt. In Rajsko entstand eine Versuchsstation für Pflanzenzucht, die sich vor allem mit der Zucht von Kok-Saghys beschäftigte – einer Pflanze, deren Wurzeln eine gummiähnliche Substanz enthalten. Bei den Bauernhöfen und Farmen wurden Baracken errichtet oder bereits bestehende Gebäude als Unterkünfte für männliche und weibliche Häftlinge hergerichtet. Auf diese Weise entstanden Außenlager in Babice, Budy, Harmęże, Pławy und in Rajsko.

Im Laufe des Jahres 1941 wurden bereits im Lager bestehende Handwerksbetriebe sowie ein Unternehmen der SS unter dem Firmennamen Deutsche Ausrüstungswerke – DAW ausgebaut, die später Reparaturaufträge von der Wehrmacht erhielten.

Der Bau des Lagers in Birkenau begann im Oktober 1941. Der Lagerbestand in Auschwitz stieg zu diesem Zeitpunkt auf 20000 Häftlinge, denn zwischen dem 7. und 25. Oktober wurden aus dem Gefangenenlager in Lamsdort, heute Łambinowice, etwa 10000 sowjetische Kriegsgefangene überführt und in einem abgesonderten Teil des Stammlagers untergebracht.

Man begann mit dem Abbruch landwirtschaftlicher Gebäude in Birkenau und der Sammlung von Baumaterial für die Errichtung des künftigen Lagers. Die SS setzte zu diesem Zweck Häftlinge und Gefangene ein, die täglich aus dem vom Stammlager etwa drei Kilometer entfernten Birkenau zur Arbeit getrieben wurden. Wegen der ungeheuren Überfüllung des Stammlagers wurde das Lager Birkenau – das 100000 Kriegsgefangene fassen sollte – in äußerster Eile gebaut, ohne Kanalisation usw.

Als Bauleiter in Birkenau wurde von der Amtsgruppe C im SS-WVHA in Berlin der SS-Sturmbannführer Karl Bischoff abkommandiert. Anfangs war er Bevollmächtigter der Sonderbauleitung für Einrichtung eines Kriegsgefangenenlagers der Waffen-SS in Auschwitz, später wurde er Leiter der Zentralbauleitung der Waffen-SS und Polizei in Auschwitz. Im Jahr 1944 übernahm er die Stellung des Leiters der Bauinspektion der Waffen-SS und Polizei für das Gebiet von Schlesien und Böhmen.

Der Lageplan des Kriegsgefangenenlagers in Birkenau vom 14. Oktober 1941 wurde von Bischoff am nächsten Tag bestätigt und durch den Kommandanten des KZ Auschwitz Höß unterzeichnet. Nach diesem Plan war das Lager durch den Hauptlagerweg in zwei Teile geteilt. Neben dem Lagerweg war ein Nebengleis der Eisenbahn geplant. Links vom Hauptweg und dem Nebengleis sollte das Quarantänelager sein, rechts zwei Lager (I und II). Das ganze Gebiet war ein Rechteck, umgeben von einem Stacheldrahtzaun und Wachtürmen. Die Seiten des Rechtecks sollten 720 beziehungsweise 1130 Meter betragen. Laut Plan sollten in allen drei Lagern 174 gemauerte Wohnbaracken errichtet werden.

Die Bauarbeiten begannen mit der Nivellierung und Entwässerung des sumpfigen Gebietes. Anschließend wurden Gefangene und Häftlinge beim Bau des Weges von der Eisenbahnbrücke bis zum Tor des künftigen Lagers beschäftigt sowie bei der Entnahme von Sand aus der Kiesgrube, der Entladung des angefahrenen Baumaterials und beim Bau der Fundamente für die Baracken.

Die Kosten des fast gleichzeitigen Ausbaus des Stammlagers, der Werkstätten und der Bewirtschaftung des Interessengebiets des Lagers, der Errichtung der Bunawerke und schließlich des Lagers in Birkenau waren äußerst hoch.

Zwischen März 1941 und Februar 1942 verloren viele Tausende polnische Häftlinge und sowjetische Kriegsgefangene ihr Leben beim Bau und Ausbau aller dieser Objekte.

Aus überlieferten Lagerdokumenten kann entnommen werden, daß zwischen dem 20. Mai 1940 und dem 31. Januar 1942 im KZ Auschwitz 26288 Häftlinge und 9997 Kriegsgefangene inhaftiert waren – insgesamt 36285 Personen. Im gleichen Zeitraum wurden 2435 Häftlinge in andere Konzentrationslager überführt, 76 Häftlinge entlassen. Fünf Häftlingen gelang die Flucht aus dem Lager. Ermordet, erschossen oder durch Phenolspitzen oder Zyklon B getötet wurden 1755 Häftlinge und Gefangene. Insgesamt beliefen sich die Todesfälle unter Häftlingen und Gefangenen auf 4271 Personen. Diese Angaben betreffen nur Häftlinge und Gefangene, die in der Lagerkartei geführt wurden, d. h. diejenigen, die laufende Lagernummern erhielten.

Nach obigen Angaben müßten sich am 31. Januar 1942 32014 Häftlinge und Gefangene im Lager befunden haben, aber der Lagerbestand an Häftlingen und Gefangenen betrug an diesem Tage nur 11449.[23] Was war also mit den fehlenden 20565 Häftlingen und sowjetischen Kriegsgefangenen geschehen?

Schutzhaftlagerführer Fritzsch begrüßte neue Häftlinge im Stammlager mit folgenden Worten: «Ihr seid hier nicht ins Sanatorium, sondern in ein deutsches Konzentrationslager gekommen, aus dem es keinen anderen Ausgang gibt als durch den Schornstein des Krematoriums!»[24] Hinter diesen Worten ist die Antwort auf die oben gestellte Frage verborgen. In der ersten Phase – das heißt zwischen Juli 1940 und März 1941 – trieb die SS 2500 Häftlinge in den Tod, und zwar durch Hunger und Schikanen. Vom 1. März 1941 bis 31. Januar 1942 starben etwa 18000 Häftlinge und Gefangene an Hunger, Mißhandlungen und Sklavenarbeit, hauptsächlich beim Ausbau des Stammlagers, beim Bau der Bunawerke und bei der Errichtung des Lagers in Birkenau.

23 APMO, Stärkebuch, Zeichen D-AuI-3/I, Bd. 1, Bl. 25

24 APMO «Mat. oboz. Ruchu Oporu» (Dokumente der Lagerwiderstandsbewegung), Bd. VII, Bl. 464

Am 1. März 1942 wurde im Stammlager das sowjetische Kriegsgefangenenlager liquidiert und die noch am Leben verblieben 945 Gefangenen[25] und ein Teil der Häftlinge in das noch in Bau befindliche Lager in Birkenau überführt. Im Stammlager hingegen wurden zehn Blocks abgesondert und von einer Mauer umgeben. Dort wurde eine Frauenabteilung eingerichtet, die anfangs der Kommandantur des Frauenkonzentrationslagers in Ravensbrück unterstellt war. Im Juli 1942 wurde sie dem Lagerkommandanten des KZ Auschwitz unmittelbar unterstellt.

In die neu angelegte Frauenabteilung des KZ Auschwitz wurden am 26. März 1942 999 deutsche weibliche Häftlinge aus dem KZ Ravensbrück sowie 999 jüdische weibliche Häftlinge aus Poprad in der Slowakei übernommen. Diese weiblichen Häftlinge erhielten die Nummern 1 bis 1998. Im Laufe eines Monats wurden über 6000 Häftlinge in die Frauenabteilung eingewiesen.

Die ersten Polinnen – politische Häftlinge – wurden am 27. April 1942 aus dem Montelupich-Gefängnis in Kraków und aus dem Gefängnis in Tarnów – insgesamt 127 Personen – überstellt und erhielten die laufenden Nummern von 6784 bis 6910.

Am 17. und 18. Juli 1942 inspizierte Himmler zum zweitenmal das Lager Auschwitz in Begleitung von Bracht, Schmauser sowie dem Chef der Amtsgruppe C im WVHA, SS-Gruppenführer Heinz Kammler, dem die Leitung des Baus von Konzentrationslagern und Lagern für Wehrmacht, SS, Polizei und Rüstungsindustrie unterstand. Inspiziert wurden landwirtschaftliche Betriebe, Züchtereien und die Versuchsstation für Pflanzenzucht in Rajsko, Laboratorien, Meliorationsvorhaben sowie das Lager in Birkenau, wo zwei Bunker zur Tötung mit Zyklon B in Betrieb genommen wurden.

Die Bunker waren zwei abseits im Wald gelegene und zu diesem Zweck umfunktionierte Bauernhöfe in der Nähe von Birkenau, deren ehemalige Eigentümer die ausgesiedelten Landwirte Harmata und Wichaj waren. Besichtigt wurden ebenfalls die Bunawerke, das Stammlager für männliche Häftlinge, die Frauenabteilung, die Werkstätten, der Schlachthof, die Bäckerei, der Lagerplatz für Baumaterial und die von den Häftlingen «Kanada» genannten Lagerräume mit geraubten persönlichen Effekten sowie Magazine der SS und andere.

Im Ergebnis der Inspektion erteilte Himmler Höß den Befehl, den Ausbau des Lagers in Birkenau zu beschleunigen, arbeitsunfähige jüdische Häftlinge zu liquidieren und die Rüstungsbetriebe auszubauen.

Bis August 1942 wurden in Birkenau, dort wo das Quarantänelager vorgesehen war, zwei Sonderlager errichtet, und zwar Bauabschnit Ia (BIa) und das Lager BIb. Das Lager BIb war für männliche Häftlinge vorgesehen und funktionierte ab März desselben Jahres als Filiale des

25 APMO, Stärkebuch, Zeichen D-AuI-3/I, Bd. 1, Bl. 91

KZ Auschwitz. In das Lager BIa wurden in der ersten Hälfte des Monats August die Frauenabteilung aus dem Stammlager überführt und ein Frauenkonzentrationslager geschaffen, das ebenfalls eine Filiale des KZ Auschwitz bildete.

Die Baupläne vom 14. Oktober 1941 für das Lager in Birkenau wurden nur teilweise verwirklicht und mußten geändert werden, denn bereits im Sommer 1941 bestimmte Himmler Auschwitz zum Massenvernichtungslager für Juden, der Lagerkommandant Höß dagegen war der Ansicht, dazu eigne sich am besten das Lager Birkenau.

Die Ausrottung der Juden in Birkenau begann im Januar 1942. Während seiner Inspektion in Birkenau beobachtete Himmler den ganzen Ablauf der Vernichtung von Juden. Er war anwesend bei der Entladung von Juden aus dem Zug, der Selektion auf der Rampe, der Tötung durch Gas im Bunker und der Entfernung von Leichen aus dem Bunker. Die bei dieser Vernichtungsaktion gesammelten Erfahrungen und daraus gezogenen Konsequenzen waren zweifellos Gegenstand der Lagebesprechung nach der Inspektion. Man suchte nicht nur nach technischen Lösungen, die den Massenmord ermöglichten, sondern gleichzeitig eine schnelle Vernichtung der Leichen zwecks Beseitigung aller Spuren des Verbrechens. Im Plan der Massenvernichtung von Millionen von Juden spielte demnach Birkenau eine besondere Rolle, was wiederum grundsätzlich den Charakter des Lagers und die ursprünglichen Baupläne veränderte.

Im nächsten Plan vom 15. August 1942, der ebenfalls durch Bischoff bestätigt wurde, war deshalb in Birkenau der Bau eines Lagerkomplexes für 200000 Häftlinge sowie der Bau von Vernichtungsanlagen vorgesehen. Aus dem ersten Plan wurde nur der Bauabschnitt I mit den Lagern BIa sowie BIb übernommen. Rechts vom Hauptweg und Nebengleis der Eisenbahn war der Bauabschnitt II vorgesehen (II), daneben der Bauabschnitt III (BIII), der später von den Häftlingen «Mexiko» genannt wurde. Der Bauabschnitt IV (BIV) sollte links vom Bauabschnitt I liegen. Die Reihenfolge der einzelnen Abschnitte von links nach rechts war: BIV, BI, BII, BIII. Bauabschnitt IV sollte 60000 Personen fassen, Bauabschnitt I – d. h. die Lager BIa und BIb – zusammen 20000 Personen, Bauabschnitt II 60000 und Bauabschnitt III ebenfalls 60000 Personen.

Jeder Bauabschnitt, mit Ausnahme des bereits fertigen BI, sollte in sechs Einzelteile unterteilt werden – durch Umzäunung abgegrenzte Lager mit gesonderten Eingangstoren. Bei jedem Tor sollte eine Blockführerstube für die SS-Mannschaft stehen.

Das ganze Wohnlager sollte ein Rechteck von 720 × 2340 m sein. In zwei Rechtecken, die an der Westseite des Lagers herausragten, entlang des verlängerten Hauptweges und Eisenbahnnebengleises, war der Bau von zwei Krematorien vorgesehen. In Wirklichkeit wurden vier Krematorien mit Gaskammern errichtet, geplant war der Bau eines weiteren Krematoriums, aber dazu kam es nicht mehr.

In den Bauunterlagen sowie der Korrespondenz wurde das Lager in Birkenau wie folgt bezeichnet: Kriegsgefangenenlager – KGL. Diese Bezeichnung wurde erst am 31. März 1944 abgeschafft.

Die Verwirklichung der Baupläne vom 15. August 1942 setzte bereits zu einem weit früheren Zeitpunkt ein. Schon im Juli 1942 begann die Bauleitung, umbenannt in Zentralbauleitung der Waffen-SS und Polizei in Auschwitz – die sich mit dem Bau der Lager in Auschwitz und Birkenau befaßte –, Verhandlungen mit verschiedenen Firmen über die Errichtung nicht zweier, sondern vier großer Krematorien mit Gaskammern. Ein Angebot mit Kostenanschlag in Höhe von 133756,65 Mark für den Bau eines Krematoriums (ohne Verbrennungsanlagen) machte am 13. Juli die Firma Hoch- und Tiefbau-AG in Katowice. Den Bau von Verbrennungöfen im Krematorium sowie die Installierung und Montage von Anlagen in den Gaskammern übernahm die Firma J. A. Topf und Söhne aus Erfurt.

Sowohl die Zentralbauleitung als auch zivile Baufirmen kauften ihre Arbeitskräfte von der Lagerleitung. Im Jahr 1942 z. B. waren täglich im Durchschnitt 8000 Häftlinge beim Ausbau der Lager eingesetzt. Allein zu Konstruktions- und Bauarbeiten sowie in der Planung wurden aus der Gruppe der Häftlinge und Zivilangestellten Hunderte von Ingenieuren und Technikern herangezogen sowie mehrere hundert SS-Männer.

Das Bautempo war äußerst hoch. Zwischen März und Juni 1943 wurde der Bau von vier großen Krematorien mit Gaskammern in Birkenau beendet, nach Erprobung wurden diese von der Kommandantur des KZ Auschwitz in Betrieb genommen.

Im Laufe des Jahres 1943 wurde der Bauabschnitt II (BII) fertiggestellt. In diesem Abschnitt wurden sechs Wohnlager errichtet, die folgende Lagerbezeichnungen erhielten: BIIa, BIIb, BIIc, BIId, BIIe, BIIf sowie das Effektenlager mit geraubtem jüdischem Eigentum, das die Lagerbezeichnung BIIg erhielt.

Die Lager BIIb, BIIc, BIId und BIIe umfaßten je 32 Wohnbaracken. Das Lager BIIa hatte 16 Wohnbaracken vom Typ der «Pferdestallbaracken» OKH-Typ 260/9. Jede dieser Baracken sollte ursprünglich 52 Pferde fassen, jetzt waren darin 800 bis 1000 Häftlinge zusammengepfercht.

Als erstes wurde das Lager BIIe eröffnet und dort im Februar 1943 ein Lager für Zigeunerfamilien errichtet. Zwischen dem 26. Februar 1943 und dem 21. Juli 1944 wurden im Zigeunerlager insgesamt 20967 Männer, Frauen und Kinder untergebracht. Ungefähr 1700 Personen wurden nicht in der Lagerkartei erfaßt, sondern als Flecktyphusverdächtige sofort in die Gaskammern geschickt. Am 2. August 1944 wurde das Zigeunerlager durch die Lagerleitung liquidiert und die noch am Leben verbliebenen 2897 Männer, Frauen und Kinder in Gaskammern getötet.

Im Juli 1943 wurden die Lager BIId sowie BIIf in Betrieb genommen. Das Lager BIId war für gesunde Häftlinge vorgesehen, die in verschiedenen Arbeitskommandos beschäftigt waren. Dorthin wurden aus dem bisherigen Männerlager BIb alle Häftlinge überwiesen, die von der SS als gesund und arbeitsfähig eingestuft worden waren. Die Durchschnittsbelegschaft des Männerlagers BIId belief sich in den Jahren 1943/44 auf etwa 13000 Häftlinge.

Im Lager BIIf wurde ein Krankenhaus für männliche Häftlinge errichtet, in das am 23. Juli 1943 kranke Häftlinge aus dem Lager BIb überwiesen wurden. Dieses Lager bekam die Bezeichnung «Häftlingskrankenbau – Lager BIIf». Mangelhaft ausgerüstet und stets überfüllt, wurde es für viele Häftlinge zum «Vorzimmer zum Krematorium». Anfangs gab es dort etwa 2000, später 2500 Plätze in Betten und auf Gemeinschaftspritschen. Die SS-Ärzte reduzierten die Überzahl an kranken Häftlingen durch Selektion, was Tod in den Gaskammern bedeutete.

Im August 1943 wurde im Lager BIIa ein Quarantänelager für neu eingelieferte Häftlinge eingerichtet. Die Quarantäne dauerte mehrere Wochen und bedeutete für die Häftlinge eine Probe körperlicher Ausdauer. Durchschnittlich war das Quarantänelager BIIa mit 4000–6000 Häftlingen belegt.

Im Lager BIIb wurde ein Lager für Judenfamilien aus dem Ghetto in Theresienstadt (Terezin) in der Tschechoslowakei eingerichtet. Das Lager erhielt die offizielle Bezeichnung Familienlager Theresienstadt oder Familienlager BIIb. Am 9. September 1943 wurden in dieses Lager 5006 und vom 16. bis 20. Dezember 4964 Männer, Frauen und Kinder aus dem Ghetto Theresienstadt überführt. Bis zum März 1944 starben aus dem Septembertransport infolge von Hunger, Krankheiten und schlechten sanitären Verhältnissen etwa 1100 Personen. Am 9. März 1944 wurden 3791 Männer, Frauen und Kinder aus diesem Transport in Gaskammern umgebracht. Am Leben verblieben nur etwa 75 Häftlinge, die Ärzte waren, und Zwillinge, an denen der Lagerarzt SS-Hauptsturmführer Josef Mengele pseudomedizinische Experimente durchführte.*

Anschließend – zwischen dem 16. und 19. Mai 1944 – wurden im Familienlager BIIb 7449 Männer, Frauen und Kinder eingesperrt, die in drei Eisenbahntransporten aus dem Ghetto in Theresienstadt überführt worden waren. Die Belegschaft des Lagers betrug damals etwa 11000 Häftlinge. Anfang Juli 1944 wurden nach der von Mengele durchgeführten Selektion 3080 junge und gesunde Männer und Frauen in andere Konzentrationslager überführt. Die verbliebenen etwa 7000 Männer, Frauen und Kinder wurden am 11. und 12. Juli 1944 in Gaskammern umgebracht und das Familienlager BIIb auf diese Weise liquidiert.

Die Baracken im Lager BIIc wurden anfangs als Effektenlager für ge-

* s. S. 139

raubtes persönliches Eigentum von Juden benutzt, die in das KZ Auschwitz zwecks Vernichtung überwiesen worden waren.

In der Verlängerung des Bauabschnitts II (BIIg), zwischen der Gaskammer mit dem Krematorium II und der Gaskammer mit dem Krematorium IV, wurden im Dezember 1943 eine Entlausungsanstalt und eine Badeanstalt (genannt Sauna) sowie ein Effektenlager (genannt «Kanada II») in Betrieb genommen. Das Effektenlager im Bauabschnitt BIIg umfaßte 30 Baracken. Dort wurden für einige Zeit alle Habseligkeiten der zur Vernichtung eingelieferten Häftlinge aufbewahrt. Diese Habe wurde gesichtet, sortiert und verpackt und an verschiedene Nazidienststellen überwiesen. Gold, Wertgegenstände, Edelsteine und Devisen wurden über das Wirtschafts- und Verwaltungshauptamt (WVHA) an die Reichsbank überwiesen. Die Baracken waren ständig bis ans Dach gefüllt, und Berge nicht sortierter Gepäckstücke lagen zwischen den Baracken. Die SS beschäftigte dort über 2000 männliche und weibliche Häftlinge.

Mitte Mai 1944 beendete die Zentralbauleitung den Bau des Eisenbahnnebengleises sowie der Verladerampe im Lager. Gleis und Rampe befanden sich am Lagerhauptweg zwischen den Lagern BIa und BIb sowie den Lagern BIIa, BIIb, BIIc, BIId, BIIe und BIIf. Innerhalb des Lagers hatte das Eisenbahnnebengleis drei gesonderte Gleise.

Im Juni 1944 wurde im Lager BIIc sowie auf dem Gebiet des noch nicht beendeten dritten Bauabschnitts (BIII) – der später von den Häftlingen den Namen «Mexiko» erhielt – ein Durchgangslager geschaffen, das später auch Depotlager genannt wurde, und zwar für weibliche jüdische Häftlinge, in der Hauptsache aus Ungarn. Junge, gesunde und arbeitsfähige Jüdinnen wurden – nach Selektion an der Rampe – in das Lager BIIc geleitet. In das Lager BIII («Mexiko») kamen Jüdinnen, die noch nicht durch die Selektion gegangen waren. Weibliche jüdische Häftlinge in den Lagern BIIc sowie BIII wurden nicht registriert und erhielten keine Lagernummer. Sie verblieben in Birkenau als «Deposit». Unter unmenschlichen Verhältnissen erwarteten sie wochenlang die endgültige Entscheidung der SS über ihr weiteres Schicksal. Als der Bedarf an Arbeitskräften stieg, wurden einige gesunde jüdische Frauen in Arbeitslager der Rüstungsbetriebe im Reichsgebiet überwiesen. Kranke, schwache und erschöpfte Häftlinge warteten auf Platz in den Gaskammern. Die SS-Ärzte Josef Mengele und Heinz Thilo führten wöchentlich eine Selektion unter den Häftlingen der Lager BIIc und BIII durch. Kleinere Gruppen bereits selektierter Häftlinge, etwa je 100 Frauen, wurden neben den Öfen der Krematorien II und III erschossen. Die Belegschaft des Lager BIIc wurde ständig durch Frauen aus neuen Transporten ergänzt und hielt sich etwa auf 30000, war aber im Lager BIII bedeutend höher.

Ende September 1944 begann die SS mit der Liquidierung der weiblichen Häftlinge in den Lagern BIIc und BIII. Innerhalb von 10 Tagen wurden in den Gaskammern mehr als 40000 jüdische Frauen umgebracht. Am 3. Oktober verblieben noch 17202 Jüdinnen am Leben, die in den vorhergehenden Monaten als «Deposit» in den Lagern BIIc und BIII gehalten wurden. Am 6. Oktober wurde das Lager BIII («Mexiko») liquidiert und 12799 Frauen sowie 961 Mädchen, in der Hauptsache weibliche jüdische Häftlinge aus Ungarn, in das Lager BIIc überführt.

Das bisher von Männern belegte Lager BIb wurde – nach Überstellung der Häftlinge Ende Juli 1943 in die Lager BIId und BIIf (Häftlingskrankenbau) und Errichtung des Lagers BIIa (Quarantänelager) – zur Erweiterung des Frauenkonzentrationslagers in Birkenau benutzt. Im Lager BIb waren in der Hauptsache weibliche Häftlinge untergebracht, die außerhalb des Lagers beschäftigt waren.

Die Lager BIa sowie BIb – vorgesehen für 20000 Personen – faßten im Januar 1944 über 27000 weibliche Häftlinge. Trotz hoher Sterblichkeit infolge unmenschlicher Verhältnisse und ständiger Selektionen befanden sich im Frauenlager am 12. Juli 1944 31406 und am 22. August 39234 weibliche Häftlinge. Am 3. Oktober waren – unter Einbeziehung von 17202 Jüdinnen aus dem «Deposit» im Lager «Mexiko» – im Frauenlager Auschwitz II 43462 weibliche Häftlinge zusammengepfercht.

Faschistische Konzentrationslager, darunter auch das KZ Auschwitz, waren ein riesiges Reservoir billiger Arbeitskräfte. In Ausführung der Verordnung Hitlers vom September 1942, keine neuen Rüstungsbetriebe auf dem Gebiet von Konzentrationslagern anzulegen, sondern Konzentrationslager neben bereits bestehenden Industriebetrieben zu errichten, wurden von der Kommandantur des KZ Auschwitz in den Jahren 1942–1944 etwa 40 Zweiglager, sogenannte Nebenlager, eingerichtet. Sie erhielten folgende Bezeichnungen: Arbeitslager, Nebenlager, Außenlager, Zweiglager, Arbeitskommando, Außenkommando. Einer besonderen Organisationsstruktur entsprachen diese Bezeichnungen nicht. Die Nebenlager dienten unmittelbar der wirtschaftlichen Tätigkeit der SS (z. B. landwirtschaftliche Betriebe im Lagerinteressengebiet), in der Mehrzahl jedoch dienten sie Fabriken, Bergwerken und Hütten großer deutscher Konzerne wie z. B. IG-Farben, Berghütte, Oberschlesische Hydrierwerke AG, Energieversorgung Oberschlesien AG, Hermann-Göring-Werke, Siemens-Schuckert, Rheinmetall-Borsig sowie der Deutschen Reichsbahn.

Von insgesamt 40 Außenlagern des KZ Auschwitz wurden 28 in der Nähe von Industrieunternehmen angelegt, die direkt oder indirekt für die Rüstungsindustrie arbeiteten. Neun Lager entstanden neben Werken der Hütten- und Metallindustrie, sechs bei Steinkohlengruben, sechs bei Werken der chemischen Industrie, drei bei Fabriken der

Leichtindustrie, zwei beim Bau von Elektrokraftwerken, eins bei einem Werk der Bauindustrie und eins bei einer Fabrik der Lebensmittelindustrie. In den restlichen Außenlagern arbeiteten die Häftlinge bei der Reparatur und dem Bau verschiedener Objekte, in der Forstwirtschaft, in landwirtschaftlichen Betrieben, in Versuchsstationen usw.

1942 wurden bei folgenden Industriebetrieben Außenlager eröffnet: Golleschauer Portland-Zement AG Oberschlesien, Steinkohlenbergwerk Brzeszcze – Schachtanlagen Brzeszcze und Jawiszowice, Bau der Bunawerke in Monowice und Schuhfabrik von Chełmek.

1943 wurden fünf weitere Außenlager in der Nähe folgender Industriebetriebe errichtet: Eisenverhüttung in der Eintrachthütte in Swiętochłowice, Grube und Bau des Kraftwerks in Neu-Dachs (Jaworzno), Grube in Libiąz (Janina-Grube), Grube in Wesoła bei Mysłowice, Bau des Elektrizitätswerks in Lagischa (Łagisza) sowie Bau einer technischen Hochschule der SS und Polizei in Brünn.

1942 zwischen dem Krupp-Konzern und dem SS-WVHA aufgenommene Verhandlungen über die Errichtung einer Fabrikhalle zur Herstellung von Flugzeugteilen und Zündern für Granaten auf dem Industriegebiet des Stammlagers zur Vermietung an die Friedrich Krupp AG wurden ebenfalls im Jahr 1943 beendet. Die Halle wurde errichtet, und am 7. Juni 1943 begann die Montage von Maschinen und technischen Anlagen. Im Oktober 1943 übernahm die Firma Weichsel-Union-Metallwerke auf Veranlassung des Oberkommandos der Wehrmacht die Fabrikhalle von der Kommandantur des KZ Auschwitz sowie Maschinen und technische Einrichtungen vom Krupp-Konzern und begann mit der Montage eigener Maschinen und der Herstellung von Zündern für Artilleriemunition.

So wurden im Laufe der Jahre 1941, 1942 und 1943 alle Pläne und Vorhaben des Reichsführers SS Himmler, des Reichssicherheitshauptamtes sowie des Bevollmächtigten Hitlers für den Vierjahresplan realisiert oder in Angriff genommen, die mit folgenden Vorhaben verbunden waren: der Schaffung eines landwirtschaftlichen Nutzungsgebietes für die SS in der Umgebung des Lagers, dem Ausbau des Stammlagers, dem Bau eines zweiten Konzentrations- und Vernichtungslagers in Birkenau, mit der Lieferung von Häftlingen als Arbeitskräfte für den Bau und dann die Produktion in den Bunawerken bei Auschwitz, dem Bau von Rüstungsbetrieben in der Nähe des Lagers und schließlich der Errichtung von Außenlagern in Schlesien und in der Tschechoslowakei in der Nähe von Rüstungsbetrieben, die männliche und weibliche Häftlinge des KZ Auschwitz als Arbeitskraft nutzten.

3. Unterteilung des Lagers in Auschwitz

Unter Leitung des Kommandanten Höß erreichte das Konzentrationslager Auschwitz bis zum November 1943 das Ausmaß eines riesigen Kombinates, das sich aus folgenden Lagern zusammensetzte: Männerlager (Stammlager) in Auschwitz, Männerlager (BIId), Quarantänelager für Männer (BIIa), Männerkrankenbau (BIIr) in Birkenau, Frauenlager (BIa sowie BIb) in Birkenau, Zigeunerfamilienlager (BIIe) in Birkenau, Familienlager Theresienstadt für Juden (BIIb) in Birkenau, ein Vernichtungslager mit vier Krematorien und Gaskammern in Birkenau, Außenlager bei landwirtschaftlichen Betrieben in Babice, Budy, Harmęże und Rajsko, Außenlager bei Industriebetrieben in Monowice, Jaworzno, Jawiszowice, Świętochłowice, Łagisza, Wesoła, Goleszów, Libiąż, Sosnowiec und Brünn.

Höß leitete das gesamte Kombinat von Auschwitz mit Hilfe ihm unterstellter Schutzhaftlagerführer. Seine SS-Vorgesetzten sahen in ihm einen guten Organisator und Landwirt sowie einen vorbildlichen deutschen Vorkämpfer in den Ostgebieten. Er hatte bereits neun Dienstjahre in verschiedenen Konzentrationslagern hinter sich. Die Abberufung von Höß als Lagerkommandant von Auschwitz zwang deshalb die Leitung des SS-WVHA zur Dezentralisierung der Machtbefugnisse im KZ Auschwitz.

Im Herbst 1943 wurde das KZ Auschwitz auf Veranlassung des Chefs des SS-WVHA SS-Obergruppenführer Oswald Pohl[26] in drei Lager unterteilt, und es wurden Veränderungen in den leitenden Posten durchgeführt.

Den Posten von Höß übernahm am 11. November 1943 der bisherige Chef des Amtes DI im SS-WVHA, SS-Obersturmbannführer Arthur Liebehenschel[27], der am 22. November im Standortbefehl Nr. 53/43 folgende Teilung des Lagers verfügte:

Konzentrationslager I	– Stammlager
Konzentrationslager II	– Birkenau
Konzentrationslager III	– Außenlager.

26 Oswald Pohl wurde vom amerikanischen Militärtribunal in Nürnberg am 3. November 1947 im Prozeß gegen die Mitarbeiter des SS-WVHA zum Tode verurteilt. Das Urteil wurde am 8. Juni 1951 in Landsberg vollstreckt.

27 Arthur Liebehenschel war im Jahr 1934 Adjutant im KZ Lichtenburg, wechselte im Jahr 1936 zum Inspektorat der Konzentrationslager. Anfangs arbeitete er in der Politischen Abteilung, später wurde er Chef dieser Abteilung (späteres Amt DI im SS-WVHA). Im November 1943 übernahm er den Posten des Kommandanten des KZ Auschwitz und wurde dienstältester Lagerkommandant und SS-Standortältester des SS-Standortes Auschwitz. Am 8. Mai 1944 wurde er Kommandant des KZ Lublin (Majdanek), nach Evakuierung dieses Lagers im Juli 1944 wechselte er nach Triest zum Amt des Höheren SS- und Polizeiführers von Odilo Globocnik. Am 22. Dezember 1947 wurde er vom Obersten Nationalgerichtshof in Kraków zum Tode verurteilt.

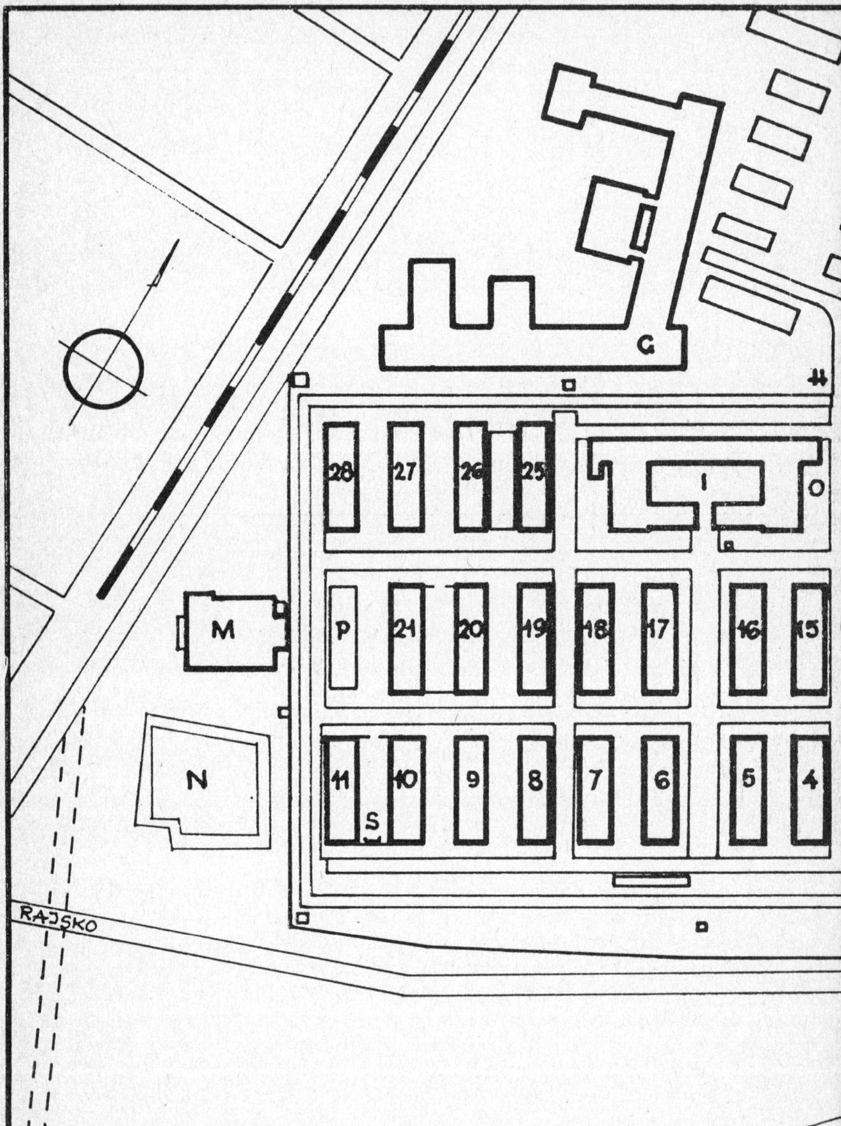
G
28
27
26
25
1
O
M
P
21
20
19
18
17
16
15
N
11
10
9
8
7
6
5
4
S
RAJSKO

KZ Auschwitz I

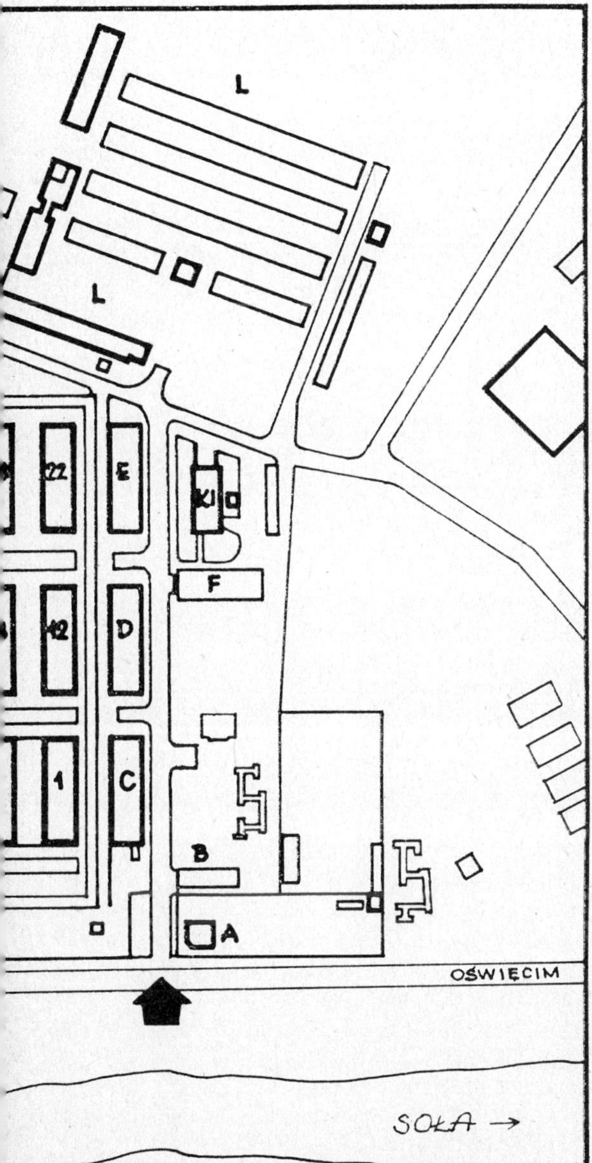

- A Haus der Lagerkommandanten
- B Hauptwache
- C Büros der Lagerkommandantur
- D Büros der Lagerverwaltg.
- E SS-Krankenhaus
- F Büros der Politischen Abteilung (Lager-Gestapo)
- G Aufnahmegebäude
- H Eingangstor mit der Aufschrift «Arbeit macht frei»
- I Küche
- KI Gaskammer und Krematorium I
- L Wirtschaftgebäude und Werkstätten
- M Lagerhallen für Effekten, die verstorbenen Häftlingen abgenommen wurden
- N Kiesgrube – Hinrichtungsstätte
- O Ort, an dem das Lagerorchester spielte
- P Wäschereibaracken für die SS
- R Blockführerstube
- S Hinrichtungswand
- 1–28 Wohnblocks für Häftlinge

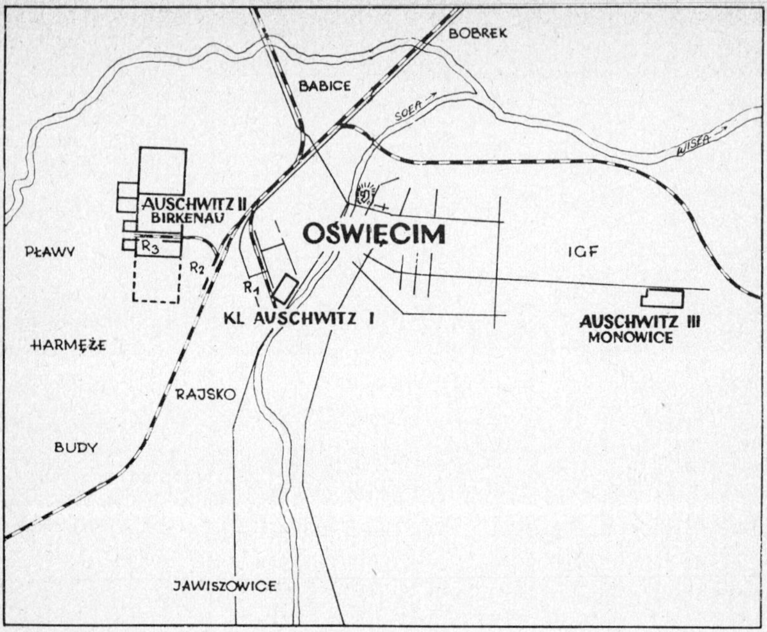

Lageplan
R1 – Nebengleis im KZ Auschwitz I
R2 – Nebengleis zum Ausladen von Transporten mit jüdischen Häftlingen (Judenrampe)
R3 – Nebengleis im Lager Auschwitz II (Birkenau)
IGF – Bauplatz chemischer Werke des IG-Farben-Konzerns

Das KZ Auschwitz I war das Stammlager. Sein Kommandant war SS-Obersturmbannführer Liebehenschel.

Das KZ Auschwitz II umfaßte alle Lager in Birkenau sowie die Nebenlager bei landwirtschaftlichen Betrieben. Kommandant des KZ Auschwitz II wurde SS-Sturmbannführer Fritz Hartjenstein. Den Posten des ersten Schutzhaftlagerführers des Männerlagers übernahm SS-Untersturmführer Johann Schwarzhuber, der erste Schutzhaftlagerführer des Frauenlagers war SS-Untersturmführer Franz Hößler.

Das KZ Auschwitz III umfaßte 10 Nebenlager in Monowice, Jaworzno, Jawiszowice, Świętochłowice, Łagisza, Wesoła bei Mysłowice, Goleszów, Libiąz, Sosnowiec und Brünn. Kommandant des KZ Auschwitz III wurde SS-Hauptsturmführer Heinrich Schwarz, Sitz der Lagerkommandantur war das Außenlager in Monowice.

Dem Kommandanten von KZ Auschwitz I unterstanden als Dienstältestem die Kommandanten vom KZ Auschwitz II und III. Die Verwaltung der Lager wurde weiterhin zentral durch die Kommandantur KZ Auschwitz I geführt. Der Kommandant von KZ Auschwitz I blieb weiterhin SS-Standortältester des SS-Standortes Auschwitz und wurde außerdem zum Betriebsdirektor[28] der SS-Wirtschaftsbetriebe im Lagerinteressengebiet mit Ausnahme der landwirtschaftlichen Betriebe ernannt.

Die Gesamtbelegschaft der Lager in Auschwitz betrug am 20. Januar 1944 80839 männliche und weibliche Häftlinge, darin Auschwitz I 18437, Auschwitz II 49114 (Männerlager 221061, Frauenlager 27053), Auschwitz III 13288 (darin Monowice 6571).[29] Einen Monat später belief sich die gesamte Belegung der Lager in Auschwitz auf 73669 männliche und weibliche Häftlinge.[30]

Die zahlenmäßige Stärke der Häftlingsbelegung in den Lagern von Auschwitz unterlag ständigen Schwankungen. Sie verringerte sich auf Grund hoher Sterblichkeit, verursacht durch ständigen Hunger, die Kräfte übersteigende Arbeit und vollkommene Erschöpfung des Organismus, sie stieg nach Ankunft neuer Massentransporte von Häftlingen. So z. B. wurden zwischen dem 12. August und 17. September 1944 in vier Transporten aus dem Durchgangslager in Pruszków 13000 Männer, Frauen und Kinder eingeliefert, die in Warszawa nach Ausbruch des Aufstandes verhaftet worden waren.

Am 12. Juli 1944 erreichte die Gesamtzahl der Lagerinsassen von Auschwitz die Höhe von 92208 männlichen und weiblichen Häftlingen, am 22. August belief sie sich auf 105168 männliche und weibliche Häftlinge. Außer Häftlingen, die in der Lagerkartei registriert waren, befanden sich zu dieser Zeit als «Deposit» in den Übergangslagern BIIc, BIIe sowie BIII in Birkenau nicht weniger als 50000 jüdische männliche und weibliche Häftlinge.[31] Die Zahl aller Häftlinge der Lager in Auschwitz überschritt damit im August 1944 155000 Personen.

28 Standortbefehl Nr. 57/43 vom 30. Dezember 1943, in: APMO, Zbiór rozkazów garnizonowych KL Auschwitz, Zeichen D-AuI-1/53

29 In: APMO, Mat. oboz. Ruchu Oporu (Dokumente der Lagerwiderstandsbewegung), Bd. I, Bl. 60

30 ebenda, Bd. VII, Bl. 175

31 ebenda, Bd. II, Bl. 94

4. Stufenweise Auflösung des Lagers

Als Ergebnis der ständigen Niederlagen an der Ostfront und des ebenfalls ständigen Rückzuges der Naziwehrmacht vor der vorrückenden sowjetischen Armee befahlen die zentralen Behörden des Dritten Reiches den Kommandanten der Konzentrationslager und Gefängnisse, Evakuierungspläne vorzubereiten und die Spuren der Verbrechen zu tilgen.

Die SS-Lagerleitung begann im August 1944 mit der stufenweisen Liquidierung der Lager von Auschwitz und der Vernichtung der Beweise der dort vollbrachten Verbrechen.

Liquidierung der Lager bedeutete Vernichtung «nichtproduktiver Elemente» in Gaskammern, beziehungsweise Abtransport gesunder und arbeitsfähiger Häftlinge in Konzentrationslager im Innern des Reiches.

Zwischen dem 11. August und 4. Oktober wurden 10000 polnische, russische und tschechische Häftlinge in die Konzentrationslager Buchenwald, Sachsenhausen und Flossenbürg transportiert. In der gleichen Zeit (29. August bis 29. Oktober) wurden allein aus dem männlichen Quarantänelager BIIa in Birkenau 3824 Häftlinge in Gaskammern umgebracht.

Am 1. November 1944 wurde das männliche Quarantänelager BIIa liquidiert. Gesunde Häftlinge, Funktionshäftlinge sowie ein Teil der im dortigen Krankenbau beschäftigten Häftlingsärzte und -pfleger wurden in das Männerlager BIId überführt, Kranke hingegen, auch mehrere Ärzte und Pfleger, wurden in den Männerkrankenbau BIIf überwiesen. Am 24. November wurden die Lager BIa und BIb liquidiert, wobei die am Leben verbliebenen weiblichen Häftlinge in die Lager BIIb sowie BIIe überstellt wurden. Am 25. November wurde das Konzentrationslager Auschwitz II – Birkenau auf Befehl des Chefs des SS-WVHA Pohl in das Stammlager Auschwitz I eingegliedert und erhielt erneut die Bezeichnung Konzentrationslager Auschwitz, das Konzentrationslager Auschwitz III wurde in Konzentrationslager Monowitz umbenannt.

Dieses Mal war die Reorganisierung der Lager in Auschwitz mit großen Verlusten unter den Häftlingen verbunden, verursacht durch Evakuierung in das Innere des Reiches und Liquidierung mehrerer Lager in Birkenau (BIa, BIb, BIIa, BIII).

Als einziges vergrößerte sich nur das KZ Monowitz. Im Laufe des Jahres 1944 entstanden 20 Nebenlager, das letzte – Hubertushütte – bei Łagiewniki. Es begann seine Tätigkeit am 20. Dezember mit 200 Häftlingen. Sie wurden in verschiedenen Abteilungen der Hütte bei schwersten und schmutzigsten Arbeiten eingesetzt (Kokerei, Kiesgrube). Die Gesamtbelegung des KZ Monowitz betrug im Dezember 1944 etwa 35000 Häftlinge, darunter über 2000 Frauen.

Im Oktober 1944 wurde der Ausbau des Stammlagers in Auschwitz unterbrochen, die Bebauung des Bauabschnitts BIII in Birkenau gestoppt und der geplante Ausbau des Bauabschnitts BIV nicht in Angriff genommen, dagegen begann die Evakuierung der Baustofflager, die zu den größten gehörten, die in der Nähe von Konzentrationslagern im Dritten Reich angelegt worden waren.

Das Einrücken sowjetischer Truppen in das Gebiet von Lublin, die Befreiung des Konzentrationslagers Majdanek (24. Juli 1944) und die Gefangennahme mehrerer SS-Männer, die zur dortigen Lagerwachmannschaft gehörten, zwang die Führung der SS, Aktionen zu unternehmen, um Spuren und Beweise von Verbrechen zu verwischen, die im Lager Auschwitz an etwa vier Millionen Menschen verübt worden waren.

Bereits Ende Juli 1944 begann die Politische Abteilung (Lager-Gestapo) mit der Verbrennung von Namenslisten von Personen, die in den Gaskammern von Auschwitz umgebracht worden waren. Auch andere Verwaltungszellen der Lagerleitung begannen mit der Vernichtung von Kartotheken und Namenslisten von Häftlingen sowie anderer Lagerakten und Dokumente.

Mitte Oktober begann die Demontage des Krematoriums IV, das durch Häftlinge eines Sonderkommandos während des Aufstandes vom 7. Oktober 1944 zerstört worden war.* Im November wurden Vernichtungsaktionen in Gaskammern eingestellt, und der Reichsführer SS Himmler befahl die Zerstörung der Krematorien. Im Laufe der Monate November und Dezember wurden technische Anlagen in den Gaskammern demontiert sowie die Ofenanlagen in den Krematorien II und III, um sie in das Konzentrationslager Groß-Rosen zu transportieren. Es wurden besondere Kommandos aus männlichen und weiblichen Häftlingen zusammengestellt, deren Aufgabe es war, Gräben zur Verbrennung von Leichen oder Gruben zur Aufnahme menschlicher Asche aus den Öfen der Krematorien zu reinigen, zuzuschütten und mit Grassoden abzudecken. Die Baracken im Lager BIII («Mexiko») wurden demontiert und die Einzelteile nach Groß-Rosen verfrachtet. Baracken mit Effekten, die Juden geraubt worden waren, wurden eiligst geleert, Wertgegenstände per Bahn in das Innere des Reiches abtransportiert, der Rest wurde vernichtet.

Aus dem Bericht des Leiters der Häftlings-Bekleidungs-Kammern im Stammlager, SS-Oberscharführer Karl Reichenbach, ist zu ersehen, daß allein vom 1. Dezember 1944 bis zum 15. Januar 1945 komplette Ober- und Unterbekleidung für insgesamt 514843 Personen, für Männer, Frauen und Kinder, abtransportiert worden ist.

Am 17. Januar 1945 traten 67012 männliche und weibliche Häftlinge zum letzten Appell an, darin: im KZ Auschwitz-Birkenau 31894 Personen, in den Außenlagern des KZ Monowitz 35118 Personen.[32] Am 18.

* s. S. 127

32 In: APMO, Mat. oboz. Ruchu Oporu (Dokumente der Lagerwiderstandsbewegung), Bd. III, Bl. 208

Januar 1945 wurde im Stammlager die letzte Lagernummer vergeben: 202499. Diese Nummer erhielt ein deutscher Häftling, ein Krimineller, der an diesem Tage aus dem KZ Mauthausen überstellt wurde.

Insgesamt umfaßte die Lagerkartei über 400000 Personen.

Von der Gesamtzahl der männlichen und weiblichen Häftlinge, die in der Lagerkartei erfaßt und mit Lagernummern versehen worden waren – darunter Personen, die in andere Konzentrationslager überstellt oder evakuiert oder in den Lagern von Auschwitz befreit worden waren – überlebten etwa 60000 männliche und weibliche Häftlinge.

Im Verhältnis zu 4 Millionen Opfern beläuft sich die Zahl der 60000 Häftlinge, die das Konzentrationslager Auschwitz überlebt haben, nur auf 1,5 Prozent. Trotz ihrer ungeheuren Aussage können alle diese Zahlen die Tragödie von Millionen Menschen, die umgekommen sind, und weiteren Millionen, die sie noch heute betrauern, nicht wiedergeben.

5. Struktur und Charakteristik der Lagerleitung

Im Staatsapparat des Dritten Reiches regulierten zwei Ämter der Reichsführung SS Heinrich Himmlers die Tätigkeit des Konzentrationslagers Auschwitz sowie anderer Konzentrationslager. Es waren das Wirtschafts- und Verwaltungshauptamt der SS (WVHA), das über Wirtschafts- und Verwaltungsangelegenheiten entschied, sowie das Reichssicherheitshauptamt (RSHA), das durch seine Amtsstellen Häftlinge in ein Konzentrationslager überstellte und somit über ihr weiteres Schicksal entschied (Entlassung, Hinrichtung beziehungsweise Vernichtung).

Das SS-WVHA war in Amtsgruppen unterteilt: A, B, C, D, W, wobei die Amtsgruppe D für die Konzentrationslager von wesentlichster Bedeutung war. Die Amtsgruppe D setzte sich wie folgt zusammen: DI – Zentralamt, DII – Arbeitseinsatz, DIII Sanitätswesen und Lagerhygiene, DIV – KZ-Verwaltung. Die Befugnisse der Amtsgruppen DI–DIV entsprachen der organisatorischen Struktur des Konzentrationslagers.

Der Kommandant des KZ Auschwitz Höß hat während seiner Haft im Gefängnis die Organisationsstruktur des Lagers aus dem Gedächtnis rekonstruiert.[33]

Auf Grund dieses Schemas und überlieferter faschistischer Dokumente kann man die ganze Organisationsstruktur des Konzentrationslagers in Auschwitz rekonstruieren.

33 Rudolf Höß, «Meine Psyche. Werden, Leben u. Erleben», S. 289–299

I. Kommandantur

An der Spitze des Konzentrationslagers stand der Lagerkommandant, der für die Gesamtheit aller Angelegenheiten des Lagers verantwortlich war, vor allem aber für die Gewährung vollster Sicherheit für das Lager. Der Kommandant war gleichzeitig SS-Standortältester des SS-Standortes im Lagergebiet und Betriebsdirektor der Wirtschaftsunternehmen der SS.

Erster Kommandant des KZ Auschwitz war SS-Obersturmbannführer Rudolf Höß (vom 4. Mai 1940 bis November 1943), zweiter – SS-Obersturmbannführer Arthur Liebehenschel (vom 11. November 1943 bis 8. Mai 1944), dritter – SS-Sturmbannführer Richard Baer[34] (11. Mai 1944 – bis zum Ende des Lagers).

In der Kommandantur waren beschäftigt: der Adjutant des Kommandanten, ein Stabsscharführer, ein Gerichtsoffizier, außerdem umfaßte die Kommandantur die Postzensurstelle.

Nach Unterteilung des Lagers Auschwitz in drei getrennte Lager fungierten als Kommandanten des KZ Auschwitz II (Birkenau): SS-Sturmbannführer Fritz Hartjenstein (vom 22. November 1943 bis 8. Mai 1944), dann SS-Hauptsturmführer Josef Kramer (vom 8. Mai 1944 bis 25. November 1944, d. h. bis zur Reorganisierung). Kommandant des KZ Auschwitz III (Konzentrationslager Monowitz) war SS-Hauptsturmführer Heinrich Schwarz (vom 22. November 1943 bis zur Auflösung des Lagers im Januar 1945).

II. Politische Abteilung

Die Politische Abteilung fungierte im Lager als Vertretung des Reichssicherheitshauptamtes (RSHA), war in ihren Entscheidungen über das

34 Richard Baer begann seinen Dienst in Konzentrationslagern im Jahr 1933 in der Wachabteilung des Konzentrationslagers Dachau. Im Jahr 1939 wurde er zur SS-Totenkopf-Division überwiesen und kam von dort – nach Verwundung – im Jahr 1942 als Adjutant in das KZ Neuengamme, später im Jahr 1943 zum Konzentrationslager Auschwitz. Nach drei Tagen wurde er als Adjutant Pohls in das SS-WVHA abberufen und übernahm im November 1943 den Posten des Chefs des Amtes DI. Am 11. Mai 1944 wurde er zum Kommandanten des KZ Auschwitz ernannt. Am 27. Juni 1944 wurde Baer SS-Standortältester des SS-Standortes in Auschwitz. Nach Evakuierung der Lager in Auschwitz wurde er zum Kommandanten des KZ Mittelbau ernannt. Vor der Kapitulation setzte er sich in die Steiermark (Österreich) ab. Bis Dezember 1960 lebte er unter falschem Namen als Waldarbeiter in der Gegend von Hamburg. Nach Verhaftung und Einlieferung in das Untersuchungsgefängnis in Frankfurt a. Main starb er plötzlich im Juli 1963.

Schicksal der Häftlinge vom Kommandanten unabhängig, mußte ihn aber unterrichten.

Die Politische Abteilung war in folgende Referate eingeteilt: Registratur, Aufnahmeabteilung, Standesamt, Vernehmungsabteilung, Rechtsabteilung und Erkennungsdienst. Die Politische Abteilung hatte ihre Dienststellen in den einzelnen Lagern von Auschwitz.

Das Tätigkeitsgebiet der Politischen Abteilung umfaßte: Führung der Personalakten der Häftlinge sowie der Korrespondenz mit den RSHA, den einweisenden Dienststellen der Gestapo und der Kripo, die Häftlinge in das Lager einwiesen, Annahme von Häftlingstransporten, Überwachung der Sicherheit im Lager (Bekämpfung konspirativer Tätigkeit unter den Häftlingen), Vernehmung der Häftlinge, Führung der Akten des Standesamtes sowie Verwaltung der Krematorien.

An der Spitze der Politischen Abteilung stand ein von der Gestapo delegierter SS-Führer.

Erster Leiter der Politischen Abteilung war SS-Untersturmführer Maximilian Grabner. Am 1. Dezember 1943 übernahm SS-Untersturmführer Hans Schurz den Posten.

III. Schutzhaftlagerführung – Abteilung III

Die Schutzhaftlagerführung befaßte sich mit allen Angelegenheiten der unmittelbaren Lagerverwaltung, d. h. Unterbringung, Verpflegung und Einkleidung der Häftlinge, Arbeit und Ordnung im Lager. Der Schutzhaftlagerführer – nach Ansicht der Häftlinge die wichtigste Person im Lager – war Stellvertreter des Kommandanten, verantwortlich für Meldungen zum Bestand des Lagers, verantwortlich für innere Ordnung im Lager. Er stellte Beurteilungen aus und schlug dem Lagerkommandanten die Art der Strafen für die Häftlinge vor, war bei der Ausführung der Strafen und bei Hinrichtungen anwesend. Er wurde unterstützt von Rapportführern, Blockführern und SS-Aufseherinnen im Frauenlager.

Erste Schutzhaftlagerführer im Stammlager und später im KZ Auschwitz I waren der Reihe nach: SS-Hauptsturmführer Karl Fritzsch (bis Ende 1941), SS-Hauptsturmführer Hans Aumeier (bis 18. August 1943), SS-Hauptsturmführer Heinrich Schwarz (bis 22. November 1943), SS-Obersturmführer Franz-Johann Hofmann (bis Juni 1944), SS-Hauptsturmführer Franz Hößler (bis zur Liquidierung und Evakuierung des Lagers). Erster Schutzhaftlagerführer des Männerlagers im KZ Auschwitz II war SS-Obersturmführer Johann Schwarzhuber und des Frauenlagers vom August 1943 bis Januar 1944 Franz Hößler. Die ersten Lagerführer hatten ihre Vertreter, die zweite Schutzhaftlagerführer genannt wurden.

Im Frauenkonzentrationslager Birkenau war vom 26. März bis 8. Oktober 1942 Johanna Langefeld Oberaufseherin, was der Funktion eines Schutzhaftlagerführers im Männerlager entsprach, vom 8. Oktober 1942 bis November 1944 Marie Mandel, vom 25. November 1944 bis 18. Januar 1945 Elisabeth Volkenrath. Der Oberaufseherin standen Aufseherinnen zur Seite als Leiterinnen der Wohnblocks und Arbeitskommandos, was der Funktion der Blockführer und Kommandoführer im Männerlager entsprach.

Kommandant Höß schätzte jedoch die organisatorischen Fähigkeiten der deutschen Aufseherinnen sehr negativ ein und teilte ihnen Offiziere und Unteroffiziere der SS zur Unterstützung zu, die im Frauenkonzentrationslager die Funktion von Lagerführern, Rapportführern und Kommandoführern übernahmen.

IIIa. Arbeitseinsatz – Abteilung IIIa

Dieser Abteilung unterstand die Beschäftigung der Häftlinge, die Arbeitsorganisation und die Kartothek, die Aufstellung von Arbeitskommandos sowie die Berechnung der Beträge für die von den Häftlingen für verschiedene Unternehmen und Firmen ausgeführte Arbeit. Die Bewachung der Häftlinge während der Arbeit übernahmen Postenführer und Kommandoführer der SS-Wachmannschaft.

IV. Verwaltung – Abteilung IV

Zu den Aufgaben dieser Abteilung gehörte die Verwaltung des gesamten Lagervermögens, die Versorgung der SS-Männer und der Häftlinge mit Lebensmitteln und Bekleidung, Heizung sowie Unterhalt und Konservierung der Wohngebäude, aber auch der Krematorien, sowie Finanzen. Der Abteilung unterstanden alle Lagerräume, darunter auch Lagerräume für Effekten der Ermordeten, Bekleidungswerkstätten, Reparaturwerkstätten sowie die Verwaltung des Kraftfahrzeugparks. Bis Juni 1943 bildete die Verwaltung die Abteilung IV der Schutzhaftlagerführung. Am 1. Juli wurde ein selbständiges Amt geschaffen, das die Bezeichnung SS-Standortverwaltung erhielt. Diese Bezeichnung wurde im September 1944 in Zentralverwaltung der Waffen-SS umgeändert. Das Amt unterstand im Juli 1943 unmittelbar dem SS-WVHA. Leiter der Verwaltung waren der Reihe nach: SS-Hauptsturmführer Rudolf Wagner (bis Ende 1941), SS-Sturmbannführer Willi Burger (bis Juni 1943) und SS-Obersturmbannführer Karl Möckel (ab Juli 1943).

V. SS-Standortarzt – Abteilung V

Der SS-Standortarzt war für den Gesundheitszustand der SS-Männer, die ärztliche Betreuung der Häftlinge und den Stand aller sanitären Anlagen zuständig, anfangs nur im Stammlager, später auch in den Außenlagern, und nach Unterteilung des Lagers Auschwitz ebenfalls in den Konzentrationslagern Auschwitz, I, II und III. Der SS-Standortarzt übte seine Tätigkeit mit Hilfe von SS-Truppenärzten, die für die Behandlung von SS-Männern verantwortlich waren, und mit Hilfe von SS-Lagerärzten, die den Gesundheitszustand der Häftlinge im Lager überwachen sollten, SS-Zahnärzten und dem SS-Lagerapotheker aus. Den SS-Lagerärzten wurden geschulte oder angelernte Sanitätsdienstgrade (SDG) zur Hilfe zugeteilt.

Standortärzte waren der Reihe nach: SS-Hauptsturmführer Dr. Max Popiersch (bis September 1941), SS-Hauptsturmführer Dr. Siegfried Schwela (bis Mai 1942), SS-Obersturmführer Oskar Dienstbach (bis August 1942), SS-Hauptsturmführer Dr. Kurt Uhlenbrock (ab 17. August 1942), SS-Obersturmbannführer Dr. Eduard Wirths (vom 6. September 1942 bis 18. Januar 1945).

VI. Truppenbetreuung – Abteilung VI

Diese Abteilung befaßte sich mit der Schulung der SS.

Andere Organisationseinheiten:

Die Abteilung Landwirtschaft befaßte sich mit der Entwicklung von Landwirtschaft und Viehzucht und Untersuchungen zwecks Einführung entsprechender landwirtschaftlicher Kulturen. An der Spitze dieser Abteilung stand SS-Obersturmbannführer Joachim Caesar, der mit umfassenden Vollmachten ausgestattet war. Die Kompetenzen des Lagerkommandanten hinsichtlich dieser Abteilung waren durch das WVHA nicht festgelegt.

Die Zentralbauleitung der Waffen-SS und Polizei in Auschwitz unterstand direkt dem WVHA und befaßte sich mit der Planung, dem Ausbau und der Errichtung der Lager und Vernichtungsanlagen in Auschwitz. Ihr Leiter war SS-Sturmbannführer Karl Bischoff und 1944 SS-Obersturmführer Werner Jothann. Seit Juli 1943 führte die SS-Standortverwaltung die Angelegenheiten der Zentralbauleitung.

Im nationalsozialistischen Polizei- und Regierungsapparat des Dritten Reiches erfüllte das Lager von Auschwitz zwei Funktionen:

1. eines Konzentrationslagers, in dem die Extermination von Häftlingen stufenweise realisiert wurde,

2. eines Vernichtungslagers, in dem Tausende von Menschen sofort nach ihrer Einlieferung umgebracht wurden.

Die Lagerführung des Konzentrationslagers Auschwitz, seine Verwaltung und Wachmannschaft bildeten insgesamt «eine verbrecherische Organisation, ins Leben gerufen zum Zweck der Realisierung des nationalsozialistischen Programms der Versklavung, körperlichen und moralischen Degradierung und stufenweisen biologischen Vernichtung – bis zur endgültigen Ausrottung – der unterjochten Völker unter Anwendung des zur Erreichung dieser Ziele im Konzentrationslager Auschwitz geschaffenen Systems des Terrors, raffinierter Foltern sowie totaler Ausnutzung der Häftlinge durch unbegrenzte Ausbeutung ihrer Arbeitskraft zu Lebzeiten, massenweisen Raub ihrer Habe sowie Verwendung ihrer Leichen für Zwecke der Kriegswirtschaft des Dritten Reiches».[35]

Am 18. Januar 1945 verfügte die Lagerleitung hastige Räumung des Konzentrationslagers. Aus Auschwitz und Birkenau wurden alle zu einem Fußmarsch fähigen Häftlinge herausgeführt und bis zur Ortschaft Wodzisław Śląski getrieben. Von dort aus wurden sie ins Innere des Reiches befördert. Ein Teil der Häftlingskolonnen, insbesondere aus dem KZ Monowitz und dessen Außenlagern, wurde zu Fuß in andere bei Auschwitz gelegene Lager gejagt. Die Evakuierung von insgesamt über 58000 männlichen und weiblichen Häftlingen war der Schlußakt, eine der größten Tragödien im KZ Auschwitz. Die Evakuierungsrouten waren mit Leichen erschossener Häftlinge besät, die nicht imstande waren, die Strapazen eines Fußmarsches zu ertragen.

In den Lagern von Auschwitz wurden ohne Lebensmittelversorgung und ohne ärztliche Hilfe über 8000 kranke und vollkommen ausgezehrte männliche und weibliche Häftlinge zurückgelassen, darunter mehrere hundert Kinder. Die Entscheidung fiel für diese Häftlinge Ende Januar 1945. Im Ergebnis der Winteroffensive der Hauptkräfte der Sowjetarmee zwischen Weichsel und Oder – und zwar acht Tage vor dem geplanten Termin – gelangte Auschwitz in den Operationsbereich der I. Ukrainischen Front.

An jenem für die Häftlinge unvergessenen Tag, am 27. Januar 1945, besetzten Soldaten der 60. Armee der I. Ukrainischen Front Auschwitz und befreiten etwa 1200 Häftlinge im Stammlager, etwa 4000 Frauen und 1800 Männer in Birkenau sowie etwa 650 Häftlinge in Monowitz, insgesamt etwa 7650 Personen.

Bei den unmittelbaren Kämpfen zur Befreiung der Häftlinge des Konzentrationslagers Auschwitz und der Bewohner der Ortschaft Auschwitz und Umgebung verlor die 60. Armee der I. Ukrainischen Front 231 Soldaten, aber sie vereitelte die von der SS geplante weitere Liquidierung der kranken Häftlinge sowie die Zerstörung einiger noch bestehender Anlagen des Lagers.

35 APMO, Urteil des Obersten Nationalgerichtshofes in Kraków vom 22. Dezember 1947 im Prozeß gegen Mitglieder der SS-Wachmannschaft des Konzentrationslagers Auschwitz-Birkenau. Zeichen Dpr.-ZOp/1a, Bl. 13

Tadeusz Iwaszko

Die Häftlinge

1. Verhaftung und Festsetzung im Lager

Der nach der Machtübernahme durch die Nazis in Deutschland herrschende Terror, der sich gegen die politischen Gegner des Regimes richtete, bedurfte einer scheinbar rechtlichen Sanktionierung der Massenverhaftungen und Einlieferung der Häftlinge in Konzentrationslager. Zur Sanktionierung dieses Unrechts wurde die «Schutzhaft» eingeführt, deren theoretische Grundlage der Erlaß vom 28. Februar 1933 «zum Schutze von Volk und Staat» bildete. Genauer präzisiert waren die Grundlagen zur Anwendung der Schutzhaft im Erlaß des Reichsinnenministeriums vom 25. Januar 1938, in dem festgestellt wurde: «Die Schutzhaft kann als Zwangsmaßnahme der Geheimen Staatspolizei zur Abwehr aller volks- und staatsfeindlichen Bestrebungen [. . .]» verordnet werden und betreffe Personen, «[. . .] die durch ihr Verhalten den Bestand und die Sicherheit des Volkes und Staates gefährden.»[1] Personen, die in «Schutzhaft» genommen wurden, sollten in Konzentrationslager eingeliefert werden. Zu betonen wäre hierbei, daß die «Schutzhaft» prinzipiell zeitlich nicht begrenzt war. (Im Erlaß war zwar die Möglichkeit einer Entlassung erwähnt, die aber nur dann erfolgen konnte, «[. . .] als ihr Zweck es erfordert». Durch diese Formulierung wurden die Bedingungen für eine eventuelle Entlassung nicht genau festgelegt. Daher war es möglich, die Häftlinge für unbegrenzte Zeit im Konzentrationslager festzusetzen.)

Dieser Erlaß wurde in den folgenden Jahren durch eine Anzahl von Ergänzungen erweitert, die die Anwendung der «Schutzhaft», insbesondere gegenüber Polen und Bürgern anderer besetzter Länder, vereinfachten. Ein Beispiel dafür ist der Erlaß des RSHA vom 27. August 1941 (im Zusammenhang mit dem Überfall auf die UdSSR), in dem die Einstellung jeglicher Entlassungen aus den Konzentrationslagern befohlen wurde und unter Berufung auf einen Befehl Himmlers die Weisung erging, daß «[. . .] sämtliche hetzerische Pfaffen, deutschfeindliche Tschechen und Polen sowie Kommunisten und ähnliches Gesindel grundsätzlich auf längere Zeit

1 APMO, Fotokopie, «Erlaß-Sammlung RKPA», Zeichen D-RF-3/RSHA 118/9, Bl. 626

2 APMO, Fotokopie, «Erlaß-Sammlung RKPA», Zeichen D-RF-3/RSHA/118/9, S. 629

einem Konzentrationslager zugeführt werden sollen».[2] Durch Erlaß vom 9. Mai 1944 wurde das Verfahren gegenüber mit Massentransporten eingelieferten «Ostvolksangehörigen» auf ein Minimum vereinfacht, denn die Registrierung dieser Häftlinge sollte nur in den Konzentrationslagern selbst erfolgen.[3]

Eine formale, aber nicht immer eingehaltene Bedingung zur Anwendung von Schutzhaft und anschließender Einlieferung des Häftlings in das KZ Auschwitz war ein schriftlicher »Schutzhaftbefehl», der durch das Amt IV beziehungsweise Amt V der Berliner Zentrale der Gestapo das Reichssicherheits-Hauptamt (RSHA) – erteilt wurde. Ab Mai 1943 wurde die Berechtigung dazu – was Polen anbetraf – den örtlichen Organen der Gestapo im besetzten Polen übertragen.

Das Amt IV erließ Schutzhaftbefehle für politische Häftlinge, Homosexuelle, Bibelforscher und bestimmte Personen, die gebessert und erzogen werden sollten, sogenannte »Besserungshäftlinge», sowie Häftlinge, die auf Grund ihrer Staatsangehörigkeit an andere Länder ausgeliefert werden konnten oder die nach Deutschland zurückkehrten. Zur Kompetenz des Amtes V gehörte hingegen die Inhaftierung von Berufsverbrechern, Zigeunern, sogenannten asozialen Elementen sowie Häftlingen, die als «Sicherungsverwahrte» galten, in «Vorbeugungshaft». Häftlinge in Vorbeugungshaft wurden nach Entlassung aus dem Gefängnis, in dem sie ihre Strafe auf Grund eines gerichtlichen Urteils verbüßt hatten, in Konzentrationslager eingewiesen.

Der Schutzhaftbefehl enthielt – außer Angaben zur Person des Verhafteten – eine kurze Aufzählung der Gründe, die z. B. für Stanisława Olewnik – Polin und KZ-Häftling – folgendermaßen formuliert waren: «Sie gefährdet nach dem Ergebnis der staatspolizeilichen Feststellungen durch ihr Verhalten den Bestand und die Sicherheit des Volkes und Staates, indem sie mehreren flüchtigen Juden Unterschlupf gewährte und sie dem Zugriff der Polizei entzog.»[4]

Die in Konzentrationslagern auf Grund eines Schutzhaftbefehls festgesetzten Häftlinge wurden als «Schutzhäftlinge» bezeichnet. Es sei betont, daß Vorschriften über Ausfertigung und Vorweisung eines Schutzhaftbefehls meistens nur gegenüber Personen eingehalten wurden, die aus dem Reichsgebiet selbst oder aus dem Reich einverleibten Gebieten stammten. Für andere Häftlinge wurde der Schutzhaftbefehl überhaupt nicht ausgefertigt oder erst nach längerer Zeit an das Lager gesandt. Der Befehl traf oft erst dann ein, wenn der Häftling nicht mehr am Leben war.

3 APMO, «Sammlung von Erlassen des SS-WVHA», Zeichen D-RF-9/WVHA/8/2, S. 51

4 APMO, Fotokopie der Personalakte des Häftlings Stanisława Olewnik (am 21. April 1944 im KZ umgekommen), Zeichen IZ-11 (Gestapo Ciechanów), S. 16

Die Massenvernichtung sowjetischer Kriegsgefangener und haftierung im KZ Auschwitz erfolgten auf Grund entsprechender le des Oberkommandos der Wehrmacht sowie eines Erlasses RSHA. Im Erlaß vom 27. August 1941 verfügte der Chef der Sich heitspolizei und des Sicherheitsdienstes: «Die Exekutionen sollen nur den nächstgelegenen Konzentrationslagern vorgenommen werden. Entsprechende Weisungen für die Kommandanten dieser Lager werden ausgegeben. Man muß eine Unterbringung für diejenigen sowjetrussischen Gefangenen finden, die vernichtet werden sollen, und den Transport auf eine solche Weise organisieren, daß eine Flucht unmöglich wird.»[5]

Auf der Grundlage von Sonderverordnungen aus den Jahren 1940 und 1941, die in den darauffolgenden Jahren erweitert wurden, entstanden die «Arbeitserziehungslager» (AEL), die der Gestapo unterstanden. Im Erlaß vom 12. Dezember 1941 hieß es u. a.: «In die Arbeitserziehungslager dürfen nur Arbeitsverweigerer sowie Arbeitsvertragsbrüchige und arbeitsunlustige Elemente, deren Verhalten einer Arbeitssabotage gleichkommt oder die die allgemeine Arbeitsmoral gefährden und aus diesem Grunde polizeilich festzunehmen waren, eingewiesen werden.»[6]

Dieser Erlaß richtete sich insbesondere gegen Tausende und aber Tausende von Zwangsarbeitern, die zur Sklavenarbeit für die deutsche Kriegswirtschaft gezwungen wurden.

Auf Grund der erwähnten Erlasse begannen örtliche Behörden der Polizei bereits ab Juli 1941, «Erziehungshäftlinge» (EH) in das KZ Auschwitz zu einem «Arbeitserziehungsaufenthalt» bis zu 56 Tagen zu überweisen, nachdem sie aus dem Konzentrationslager entlassen wurden. Im KZ Auschwitz verstarben über 10 Prozent der zum «Arbeitserziehungsaufenthalt» überwiesenen Häftlinge – Männer und Frauen.

Auf Grund eines am 7. Dezember 1941 von Hitler und dem Oberbefehlshaber der Wehrmacht erteilten – und vom Chef des Oberkommandos der Wehrmacht Wilhelm Keitel unterzeichneten – Befehls wurden ab 1942 weitere Häftlinge im Rahmen der Aktion «Nacht und Nebel» (NN) ebenfalls in das Konzentrationslager Auschwitz eingeliefert. In diesem Befehl wurde u. a. angegeben: «In den besetzten Gebieten haben mit Beginn des russischen Feldzuges kommunistische Elemente und andere deutschfeindliche Kreise ihre Angriffe gegen das Reich und die Besatzungsmacht verstärkt. Der Umfang und die Gefährlichkeit dieser Umtriebe zwingen aus Abschreckungsgründen zu schärfsten Maßnahmen gegen die Täter [. . .]

5 »Biuletyn Głównej Komisji Badania Zbrodni Niemieckich w Polsce» (Bulletin der Hauptkommission zur Untersuchung der Naziverbrechen in Polen), Poznań 1949, Bd. V, S. 133

6 APMO, Fotokopien, Zespół «Akta różnych urzędów III Rzeszy» (Akten verschiedener Ämter des Dritten Reiches), Zeichen D-RF-3/141a, S. 164

... den besetzten Gebieten ist bei Straftaten von nichtdeutschen Zivilpersonen, die sich gegen das Reich oder die Besatzungsmacht richten und deren Sicherheit oder Schlagkraft gefährden, grundsätzlich die Todesstrafe angebracht.»[7] Dieses Los traf fast alle französischen Gefangenen, die im Rahmen der Aktion «Nacht und Nebel» am 8. Juli 1942 in das KZ Auschwitz deportiert wurden – insgesamt 1170 Personen.

Vor Beginn der Massenvernichtungen erfolgte die Überweisung jüdischer Häftlinge in das KZ Auschwitz auf Grund der geltenden Erlasse und der Anwendung der «Schutzhaft». Ab 1942 erließ das RSHA besondere Erlasse, auf deren Grundlage laufende Aktionen im Rahmen der «Endlösung der Judenfrage» durchgeführt und Massentransporte von Juden aus allen von den Nazis besetzten Ländern nach Auschwitz geleitet wurden.

Die Errichtung eines gesonderten «Zigeunerlagers», in dem über 20000 Personen festgesetzt wurden, im KZ Auschwitz erfolgte auf Grund eines Befehls vom 29. Januar 1943, erlassen durch das Amt V der Berliner Gestapozentrale.[8]

2. Transport

Der erste Transport von 30 Häftlingen wurde am 20. Mai 1940 in das KZ Auschwitz geleitet. Es waren Berufsverbrecher deutscher Nationalität, die aus dem KZ Sachsenhausen nach Auschwitz überwiesen wurden. Gemäß der in den faschistischen Konzentrationslagern üblichen Praxis wurden ihnen im neu eröffneten Lager Hilfsfunktionen übertragen. Die Rolle, die sie jedoch wirklich spielen sollten, geht aus einer SS-Information an diese Verbrecher hervor, in der ihnen mitgeteilt wurde, im KZ Auschwitz würden sie mit polnischen «Verbrechern» zu tun haben. Das war eine im voraus geplante zynische Provokation. Alle Erinnerungen und Berichte von Häftlingen, die zur damaligen Zeit im Lager waren, enthalten zahlreiche Beschreibungen von Grausamkeiten und verschiedenen Schikanen, die von der SS-Mannschaft und den sogenannten «Grünen», den Funktionshäftlingen, an den polnischen Häftlingen verübt wurden. Lange Zeit verging, bis es – durch die Tätigkeit der Widerstandsbewegung im Lager – gelungen war, die Hegemonie der «Grünen»* zu brechen und es dahin zu bringen, daß politische Häftlinge allmählich immer mehr Funktionen im Lager übernehmen konnten.

7 »Der Prozeß gegen die Hauptkriegsverbrecher vor dem Internationalen Militärgerichtshof» (weitere Zitate: Der Prozeß . . .), Nürnberg 1949, Bd XXXVII, S. 572

8 Hans-Joachim Döring, – «Die Zigeuner im NS-Staat», Verlag für Kriminalistische Fachliteratur, Hamburg 1964, S. 214–218

* s. S. 61

Seit dem 14. Juni 1940 (an diesem Tage wurden 728 politische Häftlinge polnischer Nationalität eingeliefert) wurden Häftlinge entweder in Einzeltransporten oder Sammeltransporten, die mehrere Dutzend Personen zählten, immer häufiger in das KZ Auschwitz überstellt. Während des Transportes wurden bestimmten Häftlingen (insbesondere Polen) Handschellen angelegt oder die Hände gefesselt, wodurch sich die ohnehin schon schweren Transportbedingungen noch mehr verschlechterten. Nur aus näher gelegenen Ortschaften wurden Häftlinge in Lastwagen transportiert, andere wurden in der Regel per Eisenbahn in geschlossenen Viehwagen befördert.

Überfüllte Waggons, in die jeweils etwa 80 Personen gepfercht wurden, und eine Fahrt in geschlossenen, ungelüfteten Wagen, die manchmal mehrere Tage dauerte, stickige Luft, Gestank und quälender Durst waren aber nur der Beginn dessen, was sie nach der Entladung an der Lagerrampe erwartete. Die Leiden der Häftlinge steigerten sich, wenn der Transport mehrere Tage dauerte. So dauerten z. B. die Transporte von Juden aus dem von den Nazis besetzten Frankreich, Belgien, Holland, Griechenland, Italien und anderen besetzten Ländern in das KZ Auschwitz bis zu 6 Tagen.

Alle Transporte wurden von einer starken Wachmannschaft begleitet, deren Aufgabe es war, Fluchtversuche zu verhindern. Trotz außergewöhnlicher Vorsichtsmaßnahmen gelang es jedoch einigen besonders kühnen Häftlingen, aus den Waggons zu entkommen.

Die in das KZ Auschwitz eingelieferten Häftlinge waren vorher meistens Insassen anderer Konzentrationslager, Gefängnisse, Durchgangslager (Dulag) oder lebten in Ghettos, was natürlich großen Einfluß auf ihre körperliche und psychische Verfassung hatte, besonders bei den Häftlingen, die Torturen und Verhöre in den Folterkammern der Gestapo mitgemacht hatten. Das betraf insbesondere Personen, die der Mitgliedschaft in einer Widerstandsbewegung verdächtigt und auf Grund von Verrat oder Provokationen verhaftet worden waren, Partisanen, Widerstandskämpfer, die mit der Waffe in der Hand festgenommen worden waren oder bei denen Material gefunden wurde, das als Beweis für ihre antifaschistische Tätigkeit angesehen werden konnte. Solche Häftlinge wurden monatelang in überfüllten Gefängniszellen gehalten, wo sie bei fast völligem Mangel an Bewegung und Hungerrationen sowie unter häufigen Torturen in einen Zustand äußerster Erschöpfung verfielen.

In welchem fatalen Zustand sich Häftlinge befanden, die in das KZ Auschwitz aus anderen Konzentrationslagern überstellt wurden, davon zeugen erhaltengebliebene Fragmente eines Schriftwechsels, der u. a. den Transport von 1500 Häftlingen betraf, die am 8. Juli 1943 aus dem KZ Majdanek überstellt und als Arbeitskräfte vorgesehen waren. Nach Eintreffen dieses Transports untersuchte der SS-Lagerarzt Dr. Bruno Kitt die Neuankömmlinge und stellte fest, daß nach vierwöchiger Quarantäne von 750 Männern nur 424 zur Arbeit eingesetzt werden konnten, und stufte die restlichen 326 Häftlinge als vollkommen arbeitsunfähig ein. Von 750 weiblichen Häftlingen, die mit dem gleichen Transport überstellt worden waren, starben 5 sofort bei der Ankunft im KZ Auschwitz, der Zustand der übrigen weiblichen Häftlinge war ähnlich wie der der Männer (wobei die Frauen zusätzlich an Krätze litten).

Bei der Beschreibung von Häftlingstransporten müssen auch die Bedingungen erwähnt werden, unter denen die letzte Evakuierung männlicher und weiblicher Häftlinge aus dem KZ Auschwitz in Konzentrationslager im Innern des Reiches im Januar 1945 durchgeführt wurde. Die meisten weiblichen und männlichen Häftlinge mußten viele Kilometer zu Fuß zu Sammelstellen marschieren, wo sie auf offene Kohlenwaggons geladen wurden. Auszüge aus Aussagen eines der Häftlinge schildern die tragischen Folgen dieser Transporte, die im Winter bei mehreren Grad Frost durchgeführt wurden.

«In den Waggons herrschte schreckliches Gedränge. Keiner der Häftlinge war imstande, sich zu bewegen oder seine einmal eingenommene Stellung zu verändern . . . Es fällt mir schwer, genau zu beschreiben, was während der Fahrt passierte. Ungeschützt vor dem Frost, verloren die Häftlinge ihre letzten Kräfte. Es kam zu höllischen Szenen. Jeder kämpfte um den Platz, den er einnahm. Schwächere und ausgemergelte Häftlinge starben und sanken auf den Boden des Waggons . . . Herzzerreißendes Stöhnen der Sterbenden mischte sich mit Schreien anderer Häftlinge, die vom Wahnsinn ergriffen wurden. Beißend, kratzend und um sich schlagend, wurden sie zur Gefahr für ihre Nachbarn.»[9]

3. Aufnahme und Registrierung der Transporte

Die Entladung von Eisenbahntransporten mit Häftlingen erfolgte auf der Lagerrampe, die sich in der Nähe der Wohnblocks des KZ Auschwitz I befand. 1942 wurde eine zweite Rampe, die sogenannte «Judenrampe», in Betrieb genommen, für Transporte mit zur Vernichtung bestimmten Juden (nur ein Teil dieser Transporte wurde nach Selektion in das Lager überführt und dort registriert). Ab Mai 1944 wurden Eisenbahntransporte auf einer besonderen Rampe entladen, die sich innerhalb der Umzäunung des KZ Birkenau – zwischen den Abschnitten BI und BII – befand.

Häftlinge wurden auch – wie bereits erwähnt – mit Lastkraftwagen an-

9 Aussage des ehemaligen Häftlings aus dem KZ Auschwitz Józef Tabaczyński. APMO, Zespål «Oświadczenia» (Sammlung von Aussagen), Bd. 44., Bl. 62

geliefert, die gewöhnlich am Lagertor hielten. Dort wurden die Häftlinge entladen und der SS übergeben. Transporte trafen zu verschiedenen Tageszeiten ein, oft auch nachts, und dann steigerten die Lichter der Scheinwerfer, Schläge mit Gewehrkolben, Geschrei und Flüche der SS-Männer und das Bellen von auf die Häftlinge gehetzten Hunden den schrecklichen Eindruck des ersten Kontaktes mit der Lagerwirklichkeit.

Im Lager wurden die Neuankömmlinge («Zugang») in Gebäude geführt, in denen sich «Badeanstalten» befanden. Im Lager Auschwitz I war dies der Block Nr. 26, in Birkenau hatte man in den Abschnitten BIa sowie BIb besondere gemauerte Gebäude errichtet, die im Lagerjargon «Sauna» hießen. War der Transport nachts eingetroffen, dann verbrachten die Häftlinge den Rest der Nacht in diesen Blocks oder in einer Ersatzbaracke. Erst in den Morgenstunden erfolgte die Aufnahme und Registrierung des Transports.

Als erstes mußten die Neuankömmlinge Wäsche und Zivilkleidung, Wertsachen, Personalausweise und alle Kleinigkeiten abliefern. Es war ihnen nur erlaubt, ein Taschentuch zu behalten. Die Männer behielten außerdem einen Hosengürtel. Alle übrigen Sachen wurden in Papiersäcke gesteckt und in die «Effektenkammer» überwiesen, wo sie während des Aufenthaltes des Häftlings im Lager verbleiben sollten. Selbstverständlich wurden keine Quittungen ausgestellt, auch dann nicht, wenn sich im Deposit des Häftlings Wertgegenstände aus Gold, Uhren oder größere Geldsummen befanden. Dann erhielt der Häftling eine Karte, auf der die Lagernummer vermerkt war, und er wurde in einen anderen Raum gejagt, wo weitere Aktionen folgten. Friseure entfernten den neu angekommenen Häftlingen sämtliche Haare am ganzen Körper. Das war ein unangenehmer Eingriff, sowohl wegen der großen Eile, in der er erfolgte, sowie auch wegen der stumpfen Werkzeuge, mit denen er ausgeführt wurde. Die ausrasierten Stellen wurden mit einem in Flüssigkeit getauchten Lappen desinfiziert.

Nach Entkleidung und Scheren wurden die Häftlinge in Räume gejagt, wo sie Brausebäder zu nehmen hatten. Das war gewöhnlich seit langer Zeit die erste Möglichkeit, den Durst zu stillen. Aber auch dieses durch die Mehrheit der Häftlinge nach langem Transport mit Ungeduld erwartete Bad war mit verschiedenen Schikanen verbunden. Meistens wurde zu heißes oder eiskaltes Wasser auf die Häftlinge niedergelassen. Die der Brause entfliehenden Häftlinge wurden durch Schläge zur Rückkehr gezwungen. Ununterbrochenes Antreiben, Schläge und Flüche versetzten die Häftlinge in einen Schockzustand. Besonders hart war es für Frauen und Mädchen, die sich in Anwesenheit von höhnenden und spottenden SS-Männern entkleiden mußten. Hier ein Ausschnitt aus den Erinnerungen eines weiblichen Häftlings:

«Als ‹Zugang› gingen wir durch die Tür der ‹Sauna›. In der ‹Sauna› kommandierten deutsche Häftlinge – Berufsprostituierte . . . Alle waren alt, fett, häßlich, mit zottigem Haar, wie Hexen aus Kindermärchen, allein ihr Anblick versetzte uns in Angst und Abscheu. Diese ‹schwarzen Winkel› – im Lagerjargon auch ‹Puffmamas› genannt – begrüßten uns mit gemeinen Flüchen und Spott und trieben uns an, uns möglichst schnell auszuziehen. In der ‹Sauna› befand sich außerdem ein junger, ziemlich dumm aussehender SS-Mann, der ‹Unterscharführer› und ‹Chef› der ‹Sauna›. . . . Wie sollte man sich da ausziehen, wenn der ‹Uscha› durch die ‹Sauna› spazierte . . . und nicht die Absicht hatte, sich zu entfernen. Damals kannte ich die Sitten im Lager noch nicht. Beschämt standen wir herum, sahen uns an und warteten, welche von uns zuerst anfangen würde, sich auszuziehen . . . Ich entkleidete mich ebenfalls, aber bückte mich und hob eine Decke auf, die neben mir auf der Erde lag, und hüllte mich ein. Da kam die ‹Kapo› zu mir gelaufen, riß mir die Decke von den Schultern, schlug mir hart ins Gesicht und schrie: ‹Heilige Madonna›, was bedeuten sollte, seht euch nur die heilige Jungfrau an! Der SS-Mann lachte laut, die ‹Kapo› fügte noch einige Unflätigkeiten hinzu, und alle Deutschen lachten hämisch auf . . . So lustig fanden sie die Tatsache, daß man mich ‹Heilige Madonna› genannt hatte . . . Der Deutsche trat plötzlich an mich heran und schlug mich mit einem Stock auf den nackten Hintern. Er quittierte seine Heldentat mit einem dummen und hoffnungslosen Lachen.»[10]

Nach dem Bad wurde die Lagerkleidung ausgegeben, wozu man sich in die nächsten Räume begeben mußte. Wegen der Eile und der gewöhnlich großen Zahl der Neuankömmlinge wurden den aus der Badeanstalt gejagten Häftlingen im Lauf einzelne Teile der Lagerausrüstung zugeworfen. So entstand in kurzer Zeit eine Häftlingsgruppe, die in nicht passende, meistens schmutzige und verlauste Streifenanzüge gekleidet war. Holzpantinen, die anstelle von Schuhen ausgegeben wurden, erschwerten die Bewegung, besonders auf vereisten Wegen im Winter.

Während dieser «Behandlung», die selbstverständlich in ungeheizten Gebäuden im Durchzug stattfand (im KZ Auschwitz I entkleideten sich die Häftlinge und warteten unter freiem Himmel auf Kleiderausgabe), ging auf die Häftlinge, die die deutschen Befehle und Anweisungen meistens nicht verstanden, ein Hagel von gemeinen Flüchen und Schlägen nieder, sowohl von seiten der SS-Männer als auch der Funktionshäftlinge. Die durch die brutale Behandlung zutiefst erschrockenen Häftlinge erkannten in den geschorenen und in unpassende Kleidung gesteckten Gestalten nur schwerlich ihre Angehörigen, Kollegen und Freunde wieder.

10 Erinnerungen des ehemaligen Häftlings des KZ Auschwitz Maria Oyrzyńska (im Lager unter dem Namen Slisz registriert). APMO, Zespół «Wspomnienia» (Sammlung von Erinnerungen), Bd. 63, Bl. 28

Die Registrierung der Neuankömmlinge erfolgte sofort nach Bad und Kleiderausgabe und beruhte auf der Ausfüllung von Rubriken eines vorgedruckten Häftlings-Personalbogens. Außer Angaben zur Person verlangte man die Anschrift des nächsten Familienangehörigen. Die Häftlings-Personalbogen wurden in der Politischen Abteilung des Lagers aufbewahrt und dienten als Unterlage zur Aufstellung einer «Zugangsliste» in mehreren Kopien, die den einzelnen Lagerabteilungen zugestellt wurden, wo man sie als Hauptinformationsquelle über die Häftlinge benutzte. Auf dieser Grundlage wurden Hilfskarteien angelegt, die die Führung von Häftlingsregistern sowie die Zusammenstellung von Tages- und Zeitabschnittsberichten erleichterten. Der auf diese Weise registrierte Häftling erhielt die laufende Lagernummer, die während seines gesamten Aufenthaltes im KZ Auschwitz anstelle des Namens benutzt wurde. Nach Beendigung der Registrierungsprozedur wurde die zugeteilte Lagernummer auf dem linken Unterarm des Häftlings eintätowiert.

Das Konzentrationslager Auschwitz war das einzige, in dem die Häftlinge durch Tätowierung gekennzeichnet wurden. Der Grund dafür war die große Sterblichkeit unter den Häftlingen, manchmal mehrere hundert Personen täglich. Bei so zahlreichen Todesfällen entstanden Schwierigkeiten bei der Identifizierung der Leichen. Es genügte schon, die Leiche zu entkleiden – und da sich die Lagernummer auf der Jacke befand, war es dann unmöglich festzustellen, wer der Tote war und welche Nummer er hatte. Es begann damit, daß man im «Häftlingskrankenbau» (HKB), wo viele Häftlinge starben, den Kranken die Lagernummer mit einem Kopierstift auf die Brust schrieb. Die Schwierigkeiten bei der Identifizierung von Leichen erhöhten sich im Herbst 1941, als man in Auschwitz mit der Massenvernichtung sowjetischer Kriegsgefangener begann. Damals faßte die Lagerleitung den Entschluß, die Tätowierung einzuführen. Zum erstenmal wurde sie an mehreren tausend sowjetischen Kriegsgefangenen angewandt und in der Praxis erprobt. Tätowiert wurde mit einem besonderen Metallstempel mit auswechselbaren Zahlen, die aus ungefähr zentimeterlangen Nadeln bestanden. Diese Vorrichtung ermöglichte es – mit einem Schlag in den oberen Teil der linken Brust – die ganze Nummer auf einmal einzutätowieren. In die blutenden Wunden wurde Tusche geschmiert. Die Kriegsgefangenen waren aber so schwach, daß man sie zu diesem Vorgang an die Wand lehnen mußte, damit sie bei dem Schlag an die Brust nicht umfielen. Im März 1942 wurden andere ausgemergelte Häftlinge auf ähnliche Weise im KZ Birkenau tätowiert, denn ihr Zustand ließ einen baldigen Tod vermuten (aus dieser Zeit überlebten nur wenige polnische Häftlinge, denen die Lagernummer auf der Brust eintätowiert worden war).

Da sich die Anwendung des Metallstempels als unpraktisch erwies, wurde die Tätowierung mit einzelnen Nadeln eingeführt: Es wurden

Punkte eintätowiert, die die einzelnen Zahlen der Lagernummer ergaben. Verändert wurde auch die Stelle: Es wurde der linke Unterarm tätowiert. Auf diese Art begann man bereits ab 1942 Juden im Lager Birkenau zu tätowieren, und im Frühjahr 1943 erließ die Lagerleitung den Befehl, allen Häftlingen, sowohl den bereits registrierten als auch den Neuankömmlingen, die Lagernummern einzutätowieren. Nicht tätowiert wurden deutsche Häftlinge und «Erziehungshäftlinge». Häftlingen einer bestimmten Kategorie wurden vor der Nummer auch andere zusätzliche Symbole eintätowiert, z. B.: Juden (aber nicht allen) ein Dreieck, Zigeunern der Anfangsbuchstabe «Z» und ab Mai 1944 jüdischen Häftlingen die Buchstaben «A» oder «B», Bezeichnungen für die einzelnen Nummernserien dieses Zeitabschnitts. Aus unbekannten Gründen wurden 1943 Häftlingen mehrerer Transporte die Lagernummern auf die Innenseite des linken Arms eintätowiert.

Nach Einführung der Tätowierung wurden die Häftlinge auf Grund ihrer auf dem Unterarm sichtbaren Lagernummer identifiziert. In Birkenau wurden die Toten in Reihen vor die Blocks gelegt, so daß der Arm mit der tätowierten Nummer sichtbar war.

Bei der Registrierung wurden den Häftlingen nicht nur die Lagernummern eintätowiert, sondern sie wurden auch fotografiert, und zwar in drei Stellungen. Das erste Bild war eine Profilaufnahme mit Lagernummer sowie Buchstabensymbol für Kategorie und Nationalität. Jüdische Häftlinge, die ab Frühjahr 1942 in Massentransporten überstellt wurden, wurden nicht fotografiert. Ab 1943 wurde das Fotografieren der Häftlinge wegen Schwierigkeiten bei der Versorgung mit Fotomaterial eingeschränkt, und auf Grund einer Verfügung der vorgesetzten Behörden wurden nur «besonders» gefährliche Häftlinge fotografiert, z. B. Funktionäre der Widerstandsbewegung. Die im KZ Auschwitz gemachten Fotografien wurden getrennt als Negative und Kontaktabzüge aufbewahrt. Mit ihrer Registrierung und Aufbewahrung befaßte sich der «Erkennungsdienst der SS», eine Abteilung der Lager-Gestapo.

Selbst bei diesen scheinbar einfachen Vorgängen waren die Neuankömmlinge verschiedenen Schikanen ausgesetzt. Der zu fotografierende Häftling wurde auf einen besonderen Drehstuhl gesetzt, der durch einen Hebel in Bewegung gesetzt wurde. Wurde dieser Hebel nach dem dritten Lichtbild plötzlich losgelassen, fiel der Häftling zu Boden, zum allgemeinen Vergnügen der Bedienungsmannschaft.

4. Kennzeichnung der Häftlinge

Jeder im KZ Auschwitz registrierte Häftling erhielt eine Lagernummer, die er auf der gestreiften Häftlingskleidung an einem genau vorgeschriebenen Platz zu tragen hatte. Die auf einem kleinen weißen Stück Leinen gedruckte Nummer war in Höhe der linken Brust auf die Jacke und an die äußere rechte Hosennaht genäht. Alle Nummernserien des KZ Auschwitz begannen mit der Ziffer 1.

Durch die erste Serie wurden männliche Häftlinge, die zwischen Mai 1940 und Januar 1945 eingeliefert wurden, gekennzeichnet, insgesamt 202499 Nummern. Nummern aus dieser Serie erhielten bis Mitte Mai 1944 auch jüdische Häftlinge.

Im Oktober 1941 wurde eine neue Nummernserie eingeführt, die bis Ende des Jahres 1944 lief und die auch etwa 12000 sowjetische Kriegsgefangene umfaßte. (Ein Teil der im KZ Auschwitz getöteten Kriegsgefangenen wurde nicht registriert und auch nicht numeriert.)

Ab Januar 1942 wurde eine gesonderte Serie für «Erziehungshäftlinge» eingeführt, die bis dahin Nummern aus der allgemein für Männer vorgesehenen Serie erhielten. Die neu eingeführte Serie umfaßte auch bereits verstorbene oder entlassene Häftlinge dieser Kategorie, die vorigen Nummern dieser Häftlinge wurden erneut an andere Häftlinge vergeben. Das war der einzige Fall in der Geschichte des Konzentrationslagers Auschwitz, daß Häftlingsnummern zweimal vergeben wurden. In der Nummernserie für «Erziehungshäftlinge» wurden etwa 10000 Häftlinge registriert. Weibliche Häftlinge dieser Kategorie erhielten ab 1943 Nummern einer gesonderten Serie, die ebenfalls mit der Ziffer 1 begann. Registriert wurden in dieser Kategorie etwa 2000 Frauen.

Die ersten am 26. März 1942 in das KZ Auschwitz eingelieferten weiblichen Häftlinge erhielten Nummern einer neuen Serie, die bis zum Ende des Bestehens des Lagers lief. In dieser Serie wurden etwa 90000 Frauen registriert, darunter – bis Mai 1944 – auch weibliche jüdische Häftlinge.

Die ab Februar 1943 in das KZ Auschwitz überwiesenen Zigeuner erhielten Nummern in zwei getrennten Serien: Männer bis zum August 1944 insgesamt 10094 Nummern, Frauen 10873 Nummern.

Ab Mitte Mai 1944 wurden für neu eingelieferte und registrierte jüdische Häftlinge besondere Serien eingeführt (um das Vergeben zu großer Nummern der allgemeinen Serien zu vermeiden). Diese Serien begannen mit dem Buchstaben «A» und sollten von der Ziffer 1 bis 20000 laufen. Nach Vergabe aller Nummern der Serie «A» sollten neue Serien mit den laufenden Buchstaben des Alphabets beginnen. Das traf für männliche Häftlinge zu, die auch Nummern der Serie mit dem Buchstaben «B» erhielten (von 1 bis etwa 15000), dagegen wurde die Serie «A» bei weiblichen Häftlingen aus Versehen über 20000 hinaus, bis etwa 30000 weitergeführt.

Wegen Vernichtung der Lagerakten durch die SS können heute die letzten Nummern jeder Serie nicht mehr genau festgestellt werden. Insgesamt wurden innerhalb der hier erwähnten Serien über 405000 Nummern vergeben, davon etwa 3000 Nummern für sogenannte «Polizeihäftlinge» (PH)*, die in den täglichen «Stärkemeldungen» nicht erwähnt wurden.

Die Lagernummern dienten der SS – wie bereits erwähnt – zur Karteiführung, und die Tätowierung erleichterte eine Identifizierung der Leichen getöteter oder verstorbener Häftlinge sowie – im Falle einer Festnahme – die Identifizierung entlaufener Lagerinsassen. Daher wurden auch ab 1944 in Fluchtmeldungen aus dem KZ Auschwitz Lagernummern der Häftlinge als «besondere Kennzeichen» veröffentlicht.

Die auf der gestreiften Lagerkleidung sichtbare Nummer gab auch Auskunft darüber, wie lange der Häftling bereits im Lager war. Im Laufe der Jahre verblieben nur wenige Häftlinge mit niedrigen, in den Jahren 1940, 1941 oder 1942 vergebenen Lagernummern. Eine niedrige Nummer zeugte auch davon, daß der Häftling viel durchgemacht und Erfahrungen gesammelt hatte, die es ihm – wenn er Glück hatte – ermöglichten, mehrere Jahre im Lager auszuhalten. Es war also nicht verwunderlich, daß die SS-Lagerleitung solche Häftlinge loswerden wollte und sie in Transporte einreihte, die in andere Konzentrationslager im Innern des Reiches abgingen. Dort wurde der Häftling wieder zum «Zugang».

In den faschistischen Konzentrationslagern gab es verschiedene Kategorien von Häftlingen. In welche Kategorie der Häftling eingestuft war, ging aus der Farbe des Dreiecks hervor, das auf der gestreiften Lagerkleidung getragen wurde. Dreiecke wurden anfangs getrennt aufgenäht, später wurden sie im KZ Auschwitz neben der Nummer auf ein rechtekkiges Stück Leinen gemalt.

Ein rotes Dreieck kennzeichnete politische Häftlinge, die in «Schutzhaft» genommen waren, und daraus entstand die in den Lagerakten benutzte Bezeichnung «Schutzhäftling». Bis 1944 bildeten sie die zahlreichste Kategorie unter den Häftlingen im KZ Auschwitz. Die meisten waren Polen, verhaftet wegen antifaschistischer Tätigkeit (Mitglieder der Widerstandsbewegung) oder im Zuge von Vergeltungsmaßnahmen. Zu dieser Kategorie zählte man auch polnische Häftlinge, die z. B. 1940 in den Straßen von Warszawa verhaftet worden waren und denen man eine antideutsche Tätigkeit überhaupt nicht nachweisen konnte – und auch nicht bemüht war, sie nachzuweisen. Ähnlich war die Lage von Polen aus der Gegend von Zamość, die Ende 1942 und Anfang 1943 ausgesiedelt und in das KZ Auschwitz überführt worden waren. Hier ist zu betonen, daß sich unter der polnischen Landbevölkerung aus der Ge-

*s. S. 60

gend von Zamość auch Kinder befanden, die im Lager mit Phenolspritzen ins Herz getötet wurden. Zur gleichen Kategorie zählte man im August 1944 mehrere tausend Männer, Frauen und Kinder beiderlei Geschlechts, die nach dem Ausbruch des Aufstandes in Warszawa nach Auschwitz gebracht wurden. Es war die polnische Zivilbevölkerung von Warszawa, die evakuiert und mit Massentransporten in faschistische Konzentrationslager überstellt wurde.

1943 wurden im KZ Auschwitz Frauen und Kinder aus den besetzten Gebieten der Sowjetunion – aus den Gegenden von Minsk und Witebsk – festgesetzt. Auch diese Personen wurden in der Kategorie «Schutzhäftling» registriert. Die Anzahl der Häftlinge in dieser Kategorie war also von der aktuellen Lage in den einzelnen besetzten Gebieten abhängig. Im Zuge steigender Vergeltungsmaßnahmen gegen die Zivilbevölkerung sandten die Nazibehörden zahlreiche Transporte in das KZ Auschwitz, wo sie zur Kategorie der politischen Häftlinge gezählt und mit einem roten Dreieck gekennzeichnet wurden.

Ein grünes Dreieck kennzeichnete die nächste Häftlingskategorie, die als «Berufsverbrecher» (BV) bezeichnet wurde. Obwohl es eine verhältnismäßig kleine Gruppe war, anfangs – im Jahre 1940 – fast ausschließlich deutscher Nationalität, ernannte die Lagerführung gerade aus ihrer Mitte Funktionshäftlinge, die für einige Ordnungsfragen im Lager und in den Wohnblocks verantwortlich waren und die anderen Häftlinge während der Arbeit beaufsichtigten. Die «Grünen», Funktionshäftlinge mit großer Lagererfahrung und durch langjährigen Aufenthalt in faschistischen Gefängnissen und Konzentrationslagern demoralisiert, wurden bald zum Schrecken ihrer Mithäftlinge. Es ist also nicht verwunderlich, daß sich hinter der Bezeichnung «Funktionshäftling» für die meisten Häftlinge im KZ Auschwitz ein rücksichtsloses und verbrecherisch veranlagtes Individuum verbarg, das die ihm übertragene Funktion zu seinem eigenen Vorteil nutzte, was in der Praxis bedeutete, daß ein Funktionshäftling andere Häftlinge ihrer Hungerration beraubte und sie durch Schläge und Terror zum Gehorsam zwang. Eine gewisse Anzahl deutscher Funktionshäftlinge unterhielt sehr enge Beziehungen zu SS-Männern, die im Lager verantwortungsvolle Posten innehatten (dazu gehörte u. a. SS-Rapportführer Gerhard Palitzsch). Das betrifft besonders die bereits erwähnte Gruppe von 30 Häftlingen deutscher Nationalität, Berufsverbrecher, die am 20. Mai 1940 aus dem KZ Sachsenhausen überwiesen worden waren, sowie die nächste, etwa 100 Personen starke Gruppe ebenfalls aus diesem Lager, die am 29. August 1940 in Auschwitz eintraf. Diese Häftlinge bildeten eine geschlossene Clique, die von der Lagerleitung favorisiert wurde. Sie erfüllten die ihnen gestellten Aufgaben mit Hingabe und waren somit ein Werkzeug der verbrecherischen Tätigkeit der SS.

In den faschistischen Konzentrationslagern wurde eine besondere Kategorie sogenannter «asozialer» Häftlinge (ASO) geschaffen und mit einem schwarzen Dreieck gekennzeichnet. Der Begriff «asozial» war nicht genau präzisiert und wurde durch die faschistischen Behörden ziemlich weitläufig interpretiert. Im KZ Auschwitz zählten zu dieser Kategorie sowohl Prostituierte (in der Hauptsache deutscher Nationalität) als auch über 20000 Zigeuner. Hier muß jedoch erklärt werden, daß sich unter den Zigeunern viele seßhafte Familien befanden, die vor der Verhaftung regulärer Arbeit nachgingen und ein geregeltes Leben führten. Auch männliche Zigeuner, die vor ihrer Verhaftung und Festsetzung im KZ Auschwitz Dienst in der deutschen Armee geleistet hatten, wurden mit dem schwarzen Dreieck gekennzeichnet.

Bibelforscher (Internationale Bibelforscher-Vereinigung – IBV) und Geistliche bildeten im KZ Auschwitz eine kleine Gruppe. Die Bibelforscher wurden mit violetten Dreiecken gekennzeichnet. Die katholischen Geistlichen – mit einem roten Dreieck gekennzeichnet – waren vor allem polnische Priester und Ordensbrüder, die im Zuge verschiedener Vergeltungsmaßnahmen gegen die polnische Intelligenz durch faschistische Behörden in das Konzentrationslager geschickt worden waren. Ein großer Teil von Priestern und Ordensbrüdern ist im KZ Auschwitz umgekommen, die Verbliebenen wurden in das KZ Dachau überwiesen – im Lager blieben nur einzelne Personen.

Eine ebenfalls kleine Gruppe bildeten im Lager mit einem rosa Dreieck gekennzeichnete Häftlinge, die wegen Homosexualität verhaftet worden waren. In Wahrheit war die Gruppe im Lager viel zahlreicher, da unter den langjährigen Häftlingen, insbesondere den Berufsverbrechern deutscher Nationalität, Homosexualität oft angetroffen wurde, wobei die Berufsverbrecher, die verschiedene Funktionen ausübten, sich andere Häftlinge mit Gewalt oder Versprechungen gefügig machten.

Häftlinge in «Sicherungsverwahrung» (SV, PSV), d. h. Personen, die nach Verbüßung ihrer durch ein Gericht verhängten Strafe im Konzentrationslager festgesetzt wurden, waren mit einem grünen Dreieck gekennzeichnet, dessen Spitze nach oben zeigte.

Ab Juli 1941 gab es im KZ Auschwitz eine neue Kategorie: «Erziehungshäftlinge». Diese wurden nicht mit einem Dreieck, sondern mit dem Buchstaben «E» vor der Lagernummer gekennzeichnet. Laut Erlaß sollten diese «Erziehungshäftlinge» in «Arbeitserziehungslager» (AEL) geschickt werden. Selbstverständlich wurde dieser Erlaß gegenüber Häftlingen dieser Kategorie im KZ Auschwitz nicht eingehalten, sie erhielten nur einen Teil eines Wohnblocks. Anfangs beließ man Erziehungshäftlingen beim Rasieren des Kopfes eine Haarsträhne in der Mitte des Schädels, und daraus entstand im Lagerjargon die Bezeichnung «Hähne». Sie wurden im Lager – wie andere Häftlinge auch – von der SS bewacht, zu schwersten Arbeiten angetrieben, es galten für sie alle Vorschriften eines faschistischen Konzentrationslagers, und sie unterschieden sich in nichts von anderen Häftlingen. Besonders tragisch gestaltete sich das Schicksal von Erziehungshäftlingen im KZ Auschwitz in den Jahren 1941 und 1942. Wegen der primitiven Verhältnisse, unter denen sie zu leben hatten, und der Hungerrationen sowie der sich ausbreitenden Typhusepidemien verstarb ein großer Teil dieser Häftlinge an Erschöpfung und Krankheiten vor Ablauf der 56 Tage, nach denen sie angeblich aus dem Lager entlassen werden sollten. Ab Januar 1943 entstand auf dem Gebiet des Lagers Monowitz (späteres KZ Auschwitz III – Monowitz) ein Lager für Erziehungshäftlinge. Dazu wurden vier Baracken geräumt. Weibliche Häftlinge dieser Kategorie – die seit 1943 im Lager waren – wurden in das Frauenlager des KZ Auschwitz II-Birkenau überwiesen.

Russische Kriegsgefangene (RKG) zählten zu einer besonderen Kategorie, erste Transporte wurden in der Lagerkartei im Oktober 1941 registriert. Für diese Gefangenen wurden im Stammlager neun Blocks bereitgestellt, über dem Eingangstor dieses abgeteilten Lagers wurde die Bezeichnung angebracht: «Russisches Kriegsgefangenen-Arbeitslager». Diese Bezeichnung diente selbstverständlich nur der Tarnung, denn die sowjetischen Kriegsgefangenen unterstanden der gleichen Lagerleitung wie die Häftlinge des KZ Auschwitz, und Bestimmungen über die Behandlung von Kriegsgefangenen wurden ihnen gegenüber nicht angewandt. Sowjetische Kriegsgefangene behielten ihre Uniform, die durch Streifen in Ölfarbe und die Buchstaben «SU» (Sowjetunion) gekennzeichnet wurde, aber praktisch hatte das überhaupt keine Bedeutung, denn die Art, wie sie behandelt wurden, zeugte davon, daß sie zwecks schneller Vernichtung in das KZ Auschwitz eingeliefert worden waren. Im März 1942 wurden noch am Leben verbliebene sowjetische Kriegsgefangene in das KZ Birkenau überführt und damit das angebliche «Kriegsgefangenenlager» liquidiert, aber in der Lagerkartei und den Tagesberichten über die «Lagerstärke» wurden sie weiterhin in der Sonderkategorie «Sowjetische Kriegsgefangene» geführt.

Für Juden, die in Lagerstatistiken als besondere Häftlingskategorie geführt wurden und seit 1943 die zahlreichste Gruppe im KZ Auschwitz bildeten, wurde als Kennzeichnung ein sechszackiger Stern eingeführt, zusammengesetzt aus zwei Dreiecken in verschiedener Farbe, wobei gelb einen jüdischen Häftling bedeutete und die zweite Farbe einer der oben erwähnten Häftlingskategorien entsprach. Ab Mitte 1944 wurde die Kennzeichnung von jüdischen Häftlingen geändert, und Juden wurden genauso wie Häftlinge anderer Kategorien gekennzeichnet, über dem Dreieck trugen sie jedoch einen rechteckigen Streifen in gelber Farbe.

Ab 1944 gab es in den faschistischen Konzentrationslagern noch eine weitere Kategorie – sogenannte «Zivilarbeiter» (ZA). Laut Erlaß vom

14. Februar sollten zu dieser Kategorie «Russen und nichteindeutschungsfähige Polen» gezählt werden.[11] Unter der geringen Anzahl erhaltengebliebener Akten des ehemaligen KZ Auschwitz, besonders anhand von Sammelberichten, konnte nicht festgestellt werden, ob eine derartige Häftlingskategorie tatsächlich in Auschwitz eingeführt wurde. Mit absoluter Gewißheit gab es sie jedoch in anderen faschistischen Konzentrationslagern, wie z. B. im KZ Mauthausen, KZ Flossenbürg usw. Der erwähnte Erlaß diente wahrscheinlich als Grundlage zur später praktizierten Änderung von Kategorien bei Häftlingen, die aus dem KZ Auschwitz in andere Konzentrationslager überführt wurden. So wurde z. B. ein Pole oder ein Russe, der in der Kartei des KZ Auschwitz als politischer Häftling geführt wurde, nach Überstellung in das KZ Mauthausen dort als «Zivilarbeiter» erfaßt und war sich dessen überhaupt nicht bewußt, denn auf der gestreiften Häftlingskleidung trug er weiterhin sein bisheriges Kennzeichen: ein rotes Dreieck mit dem Buchstaben «P». So wurde nicht nur die Häftlingskategorie, sondern auch die Nationalität verändert. Häftlinge, die aus den dem Reich angegliederten Gebieten stammten (z. B. Schlesien und das Gebiet von Poznań), wurden gegen ihren Willen als «Deutsche» registriert. Viele wurden jahrelang im KZ Auschwitz gefangengehalten und erklärten sich trotz des großen Druckes, der auf sie ausgeübt wurde, nicht einverstanden, die «Deutsche Volksliste» (DVL) zu unterschreiben. Aus diesem Grunde sind statistische Angaben aus Konzentrationslagern (z. B. dem KZ Mauthausen) zu Häftlingskategorien und zur Nationalität der Häftlinge als gefälscht und mit der Wirklichkeit nicht übereinstimmend zu betrachten.

Ab 12. Februar 1943 wurden im KZ Auschwitz sogenannte «Polizeihäftlinge» (PH) festgesetzt, die wegen Überfüllung des Untersuchungsgefängnisses in Mysłowice in das Lager überführt worden waren. Anfangs wurden sie im ersten Stock des Blocks Nr. 2 und später im Erdgeschoß des Blocks Nr. 11 festgehalten. «Polizeihäftlinge» durften ihre Räume nicht verlassen. Das Lager war für sie weiterhin ein Untersuchungsgefängnis. Polizeihäftlinge behielten ihre Zivilkleidung und wurden nicht mit Lagernummern tätowiert. Sie erhielten zwar Nummern, die sie jedoch nicht sichtbar auf ihren Anzügen tragen mußten. Die Nummern waren auf Papier gedruckt. Man trug sie in der Tasche. Nach Beendigung der Untersuchung und der «Verhandlung» (die gewöhnlich nur wenige Minuten dauerte) vor dem «Polizei-Standgericht» wurden Todesurteile auf der Stelle vollstreckt. Nur wenige Häftlinge dieser Kategorie wurden in die Lagerkartei eingetragen, und zwar dann, wenn das Polizei-Standgericht Festsetzung im Konzentrationslager verfügte. Dann durchlief ein solcher Häftling die ganze vorgeschriebene Prozedur: Abgeben der Zivilkleidung, Zuteilung von gestreifter Häftlingskleidung usw.

11 APMO, «Sammlung von Erlassen», Zeichen D-RF-9/WVHA/8/1, S. 38–39

Im KZ Auschwitz gab es außerdem eine zahlenmäßig nicht sehr starke Kategorie sogenannter «Bevorzugter Häftlinge». Theoretisch konnte jeder Häftling, der sich längere Zeit im Konzentrationslager einwandfrei und vorschriftsmäßig führte, in die Kategorie der «Bevorzugten» aufrücken. In der Praxis jedoch milderte die SS den Druck nur für eine kleine Gruppe von Funktionshäftlingen, vor allem deutscher Nationalität, denen man das Tragen längerer Haare erlaubte, eine Uhr beließ und ihnen sogar gestattete, am Sonntag – im Zivilanzug, jedoch unter Aufsicht eines SS-Mannes – außerhalb des Lagers spazierenzugehen. Zu dieser Gruppe privilegierter Häftlinge gehörte z. B. im KZ Auschwitz der langjährige Funktionshäftling und Berufsverbrecher deutscher Nationalität, Bruno Brodniewicz, der jahrelang die Funktion eines «Lagerältesten» innehatte.[12]

Ende 1943 oder gegen Anfang 1944 wurde im KZ Auschwitz I aus mehreren Häftlingen deutscher Nationalität eine «Lageraufsicht» gebildet. Diese Häftlinge erhielten eine gesonderte Unterkunft und gelbe Armbinden mit der Aufschrift «Lageraufsicht». Zu ihren Aufgaben gehörte die Überwachung von Häftlings-Arbeitskommandos. In Wirklichkeit konnten sie ihre Aufgaben nicht erfüllen, denn sie waren an ihren Armbinden leicht kenntlich, und bei ihrem Herannahen täuschten die Häftlinge selbstverständlich «fleißige» Arbeit vor.

Zusätzliche Kennzeichen mußten in den faschistischen Konzentrationslagern Häftlinge tragen, die in «Strafkompanien» (SK) eingewiesen wurden. Ihr Kennzeichen war ein kleines rundes schwarzes Stück Leinen, das auf der gestreiften Jacke getragen wurde. Häftlinge, die als gefährlich angesehen wurden oder bei denen Fluchtverdacht bestand, wurden mit einem roten Kreis gekennzeichnet und dazu mit den Buchstaben «iL», d. h. «im Lager», was wiederum bedeutete, daß es diesen Häftlingen untersagt war, das eingezäunte Lagergelände zu verlassen und daß sie unter besonderer Bewachung standen. Die Konsequenzen dieser Kennzeichnungen waren für Häftlinge im KZ Auschwitz oft tragisch, besonders während der ersten Jahre des Bestehens des Lagers. 1942 wurde auf diese Weise eine große Anzahl polnischer politischer Häftlinge gekennzeichnet, die nach Birkenau überführt und sofort in die Strafkompanie eingewiesen wurden. Nach einem Aufruhr in der Strafkompanie am 10. Juni 1942 wurden über 300 polnische, mit roten Kreisen gekennzeichnete Häftlinge von der SS in Gaskammern liquidiert.[13]

Auf die Dreiecke, die die Kategorie des Häftlings kennzeichneten, wurde mit Tusche der erste Buchstabe seiner Nationalität in deutscher

12 Aussage des ehemaligen Häftlings im KZ Auschwitz – Erwin Olszówka. APMO, Zespół «Oświadczenia» (Sammlung von Aussagen), Bd. 72, Bl. 135

13 Aussage des ehemaligen Häftlings im KZ Auschwitz Józef Kret. APMO, Zespół «Oświadczenia» (Sammlung von Aussagen), Bd. 4, Bl. 591–595

Sprache gemalt oder gestanzt. So z. B. bedeutete der Buchstabe «P» (Pole) also einen Häftling polnischer Nationalität. Häftlinge deutscher Nationalität wurden nicht mit Buchstaben gekennzeichnet.

In den täglichen Lagerstärkemeldungen und Rapporten wurde ebenfalls die Unterteilung der Häftlinge in verschiedene Kategorien berücksichtigt. Durch die Tätigkeit der Lager-Widerstandsbewegung sind drei derartige Aufstellungen erhalten geblieben: vom 20. Januar 1944 über die Häftlinge im KZ Auschwitz I sowie vom 22. August 1944 und 2. September 1944 für alle Teile des KZ Auschwitz.[14]

Wie aus «Stärkemeldungen» vom August 1944 hervorgeht, war die Kategorie jüdischer Häftlinge im KZ Auschwitz die größte, die zweitgrößte die Kategorie politischer Häftlinge. In vorhergehenden Zeitabschnitten war die Situation umgekehrt. Vor Beginn der Massenvernichtung jüdischer Bevölkerung bildeten die politischen Häftlinge (vor allem Polen) die zahlenmäßig stärkste Kategorie. Die Zahl der Häftlinge in den übrigen Kategorien war schwankend und in großem Maße von der Politik der faschistischen Behörden im gegebenen Zeitabschnitt abhängig. Leider vernichtete die SS-Lagerleitung im Januar 1945 fast alle Personalakten, so daß eine genaue Darstellung dieses Problems im Verhältnis zur gesamten Zeit, in der das KZ Auschwitz bestand, unmöglich ist.

5. Nationalitäten- und Altersstruktur der Häftlinge

Im KZ Auschwitz wurden Häftlinge verschiedener Nationalität, religiöser Zugehörigkeit und Berufe gefangengehalten, darunter Amerikaner, Ägypter, Belgier, Bulgaren, Chinesen, Deutsche, Engländer, Franzosen, Griechen, Holländer, Italiener, Juden, Jugoslawen, Kroaten, Letten, Litauer, Norweger, Österreicher, Perser, Polen, Rumänen, Russen (eigentlich Bürger verschiedener Nationalität aus der Sowjetunion), Schweizer, Slowaken, Spanier, Tschechen, Türken, Ungarn, Zigeuner u. a.

Die Zahl der Häftlinge in den verschiedenen Nationalitätengruppen änderte sich ständig und hing von den Transporten ab, die ins Lager geleitet wurden. Wie aus einer Quellenanalyse hervorgeht, bestand in der ersten Zeit des Lagers (besonders 1940 und 1941) die Mehrzahl der Insassen aus polnischen Häftlingen, die auch in den späteren Jahren gemeinsam mit polnischen Bürgern jüdischer Abstammung die zahlenmäßig stärkste Nationalitätengruppe bildeten. Eine in gewissen Zeiträu-

14 APMO, Mat. oboz. Ruchu Oporu (Dokumente der Lagerwiderstandsbewegung), Bd. II, Bl. 16, 116, 133

men notierte Verringerung der Zahl polnischer Häftlinge beruhte u. a. auf Massentransporten (manchmal Tausende von Personen) in faschistische Konzentrationslager im Innern des Reiches: Buchenwald, Groß-Rosen, Mauthausen, Neuengamme, Sachsenhausen und andere. Ein Beispiel: Ab August 1944 wurden – im Zusammenhang mit dem Warschauer Aufstand – die meisten polnischen und russischen Häftlinge eiligst aus dem KZ Auschwitz in andere Konzentrationslager befördert, weil die SS sich auf diese Weise vor der Gefahr eines Aufruhrs oder eines Aufstandes im Lager selbst absichern wollte.

Einfluß auf die Nationalitätenstruktur der Häftlinge hatten auch folgende Faktoren: hohe Sterblichkeit sowie Selektionen, nach denen Zehntausende von Häftlingen in kürzester Zeit umkamen. Besonders hoch war die Sterblichkeit in den ersten Jahren des Bestehens des Lagers (nach mehreren Monaten Aufenthalt starben über 80 Prozent der in das Lager gebrachten Häftlinge), aber auch in den nächsten Jahren war die Lage in dieser Hinsicht nur wenig verändert. Ein Beispiel dafür ist die Tatsache, daß von 12757 jüdischen Häftlingen – Frauen und Männer –, die vom 20. März 1943 bis zum 16. August 1944 aus Griechenland deportiert und im Lager registriert wurden, am 21. August 1944 nur noch 1838 Personen am Leben waren.[15]

Alle oben angeführten Ursachen bewirkten, daß sich die Nationalitätenstruktur der Häftlinge im KZ Auschwitz fast von Tag zu Tag veränderte. Leider ist durch das Fehlen von Unterlagen eine genaue Analyse der Veränderungen in der Nationalitätenstruktur der Häftlinge unmöglich. Die wenigen erhaltengebliebenen Beweise gestatten es nur, dieses Problem mit Hilfe einiger zufälliger Daten zu analysieren.

In den Transporten, die in das KZ Auschwitz geleitet und dort registriert wurden, befanden sich Häftlinge verschiedenen Alters: Kinder, Jugendliche, Erwachsene und Greise. Auf Grund einer Verfügung der vorgesetzten Behörden wurden in den Schreibstuben der Konzentrationslager (Abteilung III – Schutzhaftlagerführung) monatliche Stärkemeldungen zusammengestellt, in denen eine Unterteilung der Häftlinge in Altersstufen vorgenommen wurde: bis zu 20 Jahren, 20 bis 30 Jahre, 30 bis 40, 40 bis 50, 50 bis 60, 60 bis 70, 70 bis 80 und über 80 Jahre. Diese Stärkemeldungen wurden nach dem Stand am letzten Tag des Monats für zur Zeit im Lager befindliche Häftlinge zusammengestellt. Gesonderte Meldungen auf den gleichen Vordrucken wurden für die im gegebenen Monat im Lager verstorbenen Häftlinge angefertigt.

Eine Bestätigung der Tatsache, daß außer Erwachsenen auch Jugendliche und Greise in das KZ Auschwitz überführt wurden, stellen die teilweise erhaltenen «Zugangslisten» der neu angekommenen und im Lager

15 APMO, Mat. oboz. Ruchu Oporu (Dokumente der Lagerwiderstandsbewegung), Bd. IV, Bl. 262–271

registrierten Häftlinge dar. So befanden sich z. B. in einem Transport von 525 polnischen Häftlingen aus Lublin – die am 9. Januar 1941 im Lager registriert und mit den Nummern der Serie 8608–9132 gekennzeichnet wurden – außer Jugendlichen im Alter von etwa 17 Jahren auch Greise; der mit diesem Transport eingelieferte Häftling Szczepan Cyrulski (Lagernummer 8806) war 83 Jahre alt.

Das Schicksal sowohl der ältesten als auch der jüngsten Häftlinge war besonders tragisch. Außer polnischen Kindern wurden russische Kinder, die teilweise aus der Gegend von Minsk und Witebsk stammten, sowie Kinder von Zigeunern und jüdische Kinder in das KZ Auschwitz überführt. Die meisten kamen entweder in Gaskammern um (Zigeuner- und Judenkinder) oder wurden mit Phenolspritzen liquidiert (polnische Kinder aus der Gegend von Zamość).

Das Fehlen einer kompletten Lagerdokumentation erschwert bzw. macht die Feststellung der genauen Zahl der Kinder, die im KZ Auschwitz registriert wurden, unmöglich. Dasselbe trifft auf Berechnungen über die Zahl der Kinder in den einzelnen Zeitabschnitten des Bestehens des Lagers zu. Auf Grund teilweise erhaltengebliebener Akten läßt sich jedoch feststellen, daß die faschistischen Behörden im Sommer und Herbst 1944 im KZ Birkenau etwa 1000 Kinder unter 14 Jahren festhielten. Ab August 1944 wurden mehrere hundert polnische Kinder, die nach Ausbruch des Aufstandes in Warszawa von dort nach Auschwitz transportiert worden sind, im Lager festgesetzt. Die meisten dieser Kinder verblieben bis Januar 1945 im Lager, d. h. bis zum Zeitpunkt der Schlußevakuierung. Ein Teil von ihnen (die Jungen) wurde zu Fuß nach Wodzisław evakuiert und von dort mit offenen Eisenbahnwaggons in das Konzentrationslager Mauthausen befördert.[16]

Am Tag der Befreiung des Lagers, am 27. Januar 1945, befanden sich dort polnische und russische Kinder sowie jüdische Kinder aus verschiedenen Ländern. Es waren Kinder darunter, die noch sehr jung waren und ihren Namen nicht kannten. Sie suchen bis heute ihre Eltern und Verwandten.

Außer Kindern waren im KZ Auschwitz auch jugendliche Häftlinge im Alter von 14–18 Jahren eingesperrt, ihre genaue Zahl läßt sich jedoch mangels Unterlagen nicht feststellen. Als Beispiel kann aber angegeben werden, daß in der zweiten Hälfte des Jahres 1944 – wahrscheinlich wegen plötzlich gesteigerten Bedarfs an Arbeitskräften – jugendliche Häftlinge in zahlreiche Nebenlager des KZ Auschwitz III überwiesen und zu schwersten Arbeiten eingesetzt wurden, wie z. B. der Förderung von Kohle in der «Fürstengrube». Im Nebenlager Trzebinia stellten Jugendliche in dieser Zeit etwa 14 Prozent der beschäftigten Häftlinge. Darun-

16 Aussage des ehemaligen Häftlings im KZ Auschwitz Ignacy Mrożewski. APMO, Zespół «Oświadczenia» (Sammlung von Aussagen), Bd. 68, Bl. 103

ter befanden sich auch Häftlinge im Alter von 14 bis 15 Jahren (unter 813 beschäftigten Häftlingen waren 19 Jugendliche 14–15 Jahre und 101 Häftlinge 16–17 Jahre alt).

6. In Quarantäne

Die Isolierung der neuangekommenen Häftlinge sowie ihre Unterbringung in der sog. Quarantäne sollten der Verbreitung von Infektionskrankheiten im Lager vorbeugen. So war es zumindest in der Theorie. Als Quarantäne-Unterkünfte wurden je nach Bedarf eine oder mehrere Behausungen zur Verfügung gestellt: Wohnblocks, Baracken und sogar Zelte für mehrere hundert Personen (zwei dieser Zelte waren für Quarantäne-Häftlinge im KZ Auschwitz III – Monowitz bestimmt). 1943 wurde einer der Bauabschnitte im KZ Birkenau (BIIa) Quarantäne-Gebiet: In 16 Stallbaracken aus Holz lebten jeweils mehrere tausend Häftlinge. Eine gesonderte Quarantäne für Neuankömmlinge wurde auch im Frauenlager eingerichtet.

Der Quarantäne-Aufenthalt war für jeden Häftling ein erschütterndes Erlebnis. Dort erkannten die Neuankömmlinge gewöhnlich zum erstenmal die in faschistischen Konzentrationslagern in der Häftlingsgemeinschaft herrschenden Gesetze, wo der SS-«Blockführer» mit Hilfe von Funktionshäftlingen – den «Blockältesten» und dem «Stubendienst» – uneingeschränkte Gewalt ausübte.

Die Tagesordnung wurde rigoros eingehalten: morgens brutales Wekken – die Häftlinge wurden von den Pritschen gejagt – dann stundenlang Übungen, die «Sport» genannt wurden, Exerzieren auf dem Appellplatz, Abnehmen und Aufsetzen der Mützen auf Kommando, «Gesangsunterricht» verschiedener deutscher Lieder sowie Unterricht in der Aussprache gewisser typischer deutscher Redewendungen (z. B. Erstatten von Meldungen vor SS-Leuten) – das war der Tagesablauf für Häftlinge in Quarantäne.

Primitive Ausstattung und Überfüllung der Unterkünfte, Schmutz, keine Möglichkeiten für persönliche Hygiene sowie der stets herrschende Terror übten einen destruktiven Einfluß auf die Psyche der Häftlinge aus, besonders auf jene, die ihre Quarantänezeit in Birkenau durchliefen, wo sich Massenvernichtungsanlagen befanden. Von den fatalen Folgen eines Quarantäneaufenthalts in BIIa zeugen Notizen und Dokumente, die der Häftling Dr. Otto Wolken vor der Vernichtung bewahrt hat. Dr. Wolken war im Ambulatorium als Arzt beschäftigt.[17]

17 Protokollbericht vom 24. April 1945 des ehemaligen Häftlings im KZ Auschwitz Otto Wolken. APMO, Akten der Bezirkskommission zur Untersu-

Die Zahl der Quarantäne-Häftlinge im Abschnitt BIIa betrug durchschnittlich etwa 4000–6000 Personen. Von September 1943 bis November 1944 wurden 4023 Häftlinge wegen Krankheit und schlechten Zustands aus der Quarantäne in den «Lagerkrankenbau» überführt. Außerdem wurden in diesem Zeitabschnitt 1902 Todesfälle registriert und 6717 Häftlinge – von der SS wegen Auszehrung als arbeitsunfähig eingestuft – selektiert und in Gaskammern umgebracht.

Aus dem Lager entlassene Häftlinge mußten vor Verlassen des KZ Auschwitz ebenfalls eine Quarantäne durchlaufen. Das betraf vor allem «Erziehungshäftlinge», denn die Anzahl von Entlassungen war in anderen Kategorien sehr gering. In der Entlassungsquarantäne befindliche Häftlinge wurden von SS-Ärzten untersucht. Übermäßige Abmagerung, Bewegungsschwierigkeiten, Geschwüre, Schwellungen, Hungerödeme sowie Verdacht auf Infektionskrankheiten schlossen eine Erlaubnis zum Verlassen des Lagers aus. Wenn sich der Gesundheitszustand nicht besserte, wurden die zur Entlassung vorgesehenen Häftlinge im Lager behalten. Viele von ihnen haben ihre Entlassung niemals erlebt.

Durch ihr allgemeines Aussehen und ihre abgemagerten Körper lenkten aus dem Lager entlassene Häftlinge allgemeine Aufmerksamkeit auf sich und trafen auf spontane und deutliche Zeichen von Mitleid und Hilfe seitens der polnischen Zivilbevölkerung. Der am 2. Juni 1942 aus dem KZ Auschwitz entlassene Tscheche Antonin Ćenek sagte aus:

«Als wir allein auf dem Bahnsteig waren, kamen kleine Mädchen zu uns und gaben uns Brot, den schwächeren sogar Milch. Von dieser von Polen organisierten Hilfe waren wir gerührt und wunderten uns [. . .] Im Zug, mit dem wir nach Hause fuhren, fanden weitere rührende Szenen statt. Polnische Reisende schenkten uns alles, was sie bei sich hatten.»[18]

7. Unterbringung und sanitäre Verhältnisse

Ursachen der im KZ Auschwitz häufig auftretenden Epidemien und Infektionskrankheiten waren u. a. fatale Wohnverhältnisse, die in verschiedenen Zeitabschnitten des Bestehens des Lagers und auch in jedem der drei Teile des Lagers unterschiedlich waren.

Im Stammlager KZ Auschwitz I waren 1940 20 gemauerte Gebäude ehemaliger Kasernen als Unterkünfte für Häftlinge vorgesehen; sechs

chung deutscher Verbrechen in Kraków, in der Strafsache des ehemaligen Kommandanten des Konzentrationslagers Auschwitz-Birkenau, Rudolf Höß, Bd. 6, Bl. 5ff

18 APMO, Zespół «Oświadczenia» (Sammlung von Aussagen) Bd. 22, Bl. 149

davon waren einstöckige, der Rest Parterregebäude. Die Gebäude maßen 45,38 m × 17,75 m. Wegen fehlender Wasserleitungen und sanitärer Einrichtungen waren diese Gebäude als Unterkunft für Hunderte von Häftlingen ungeeignet, eine solche Zahl von Gefangenen wurde jedoch in jedes dieser Gebäude gepfercht.

Die vorhandenen Gebäude wurden umgebaut und aufgestockt sowie acht neue Blocks errichtet. Ab August 1941 wurden die Blocks von 1 bis 28 numeriert. Das bedeutete aber nicht, daß alle Gebäude als Wohnunterkünfte für Häftlinge genutzt wurden. In einigen befanden sich Lagerräume für Häftlingskleidung und Wäsche, Räume für sogenannte Häftlingsdeposite, Bade- und Entlausungsanstalten, Lagerbüros, Kantinen usw. Beim Umbau der bestehenden Wohnblocks wurden Häftlinge in andere Blocks verlegt, wodurch sich die Wohnbedingungen im ganzen Lager verschlechterten. Die Aufstockung der alten Gebäude dauerte bis zum Frühjahr 1943.

Die Zahl der Häftlinge in einem Block war unterschiedlich und richtete sich nach der Gesamtzahl der Häftlinge im Lager. Als im Herbst 1941 mehrere tausend sowjetische Kriegsgefangene, für die neun Blocks bereitgestellt wurden, und im März 1942 weibliche Häftlinge in zehn abgesonderten Blocks festgesetzt wurden, verschlechterten sich die ohnehin sehr schweren Wohnbedingungen für Lagerhäftlinge noch mehr.

In den ersten Monaten des Bestehens des Lagers schliefen die Häftlinge im KZ Auschwitz auf Strohsäcken, die in den Räumen ausgebreitet waren. Morgens nach dem Wecken mußten die Strohsäcke gesammelt und in einer Ecke des Raumes gestapelt werden. Das Resultat war, daß das Stroh verkrümelte und daß beim Aus- und Zusammenlegen der Strohsäcke riesige Staubwolken den Raum erfüllten. In den «Stuben» genannten Schlafsälen von 5 m Breite lagen die Häftlinge in drei Reihen auf Strohsäcken, bis zu den Grenzen des Möglichen zusammengepfercht. Schlafen konnte man nur auf einer Seite. Wegen Platzmangels wurden die Häftlinge von den Funktionshäftlingen jeden Abend in ihre Schlafplätze hineingestopft. Wenn jemand nachts aufstehen mußte, um seine Notdurft zu verrichten, fand er nach seiner Rückkehr keinen freien Platz mehr zum Schlafen.

Die Lagerführung war über die katastrophalen Wohnverhältnisse genau orientiert. Davon zeugen Ereignisse, die mit der ersten Inspektion des KZ Auschwitz durch Himmler am 1. März 1941 zusammenhingen. Vor seiner angekündigten Ankunft wurden im Lager entsprechende Vorbereitungen getroffen. Im Programm vorgesehen war u. a. «ein Besuch» in einem der Häftlingswohnblocks. Ausgewählt wurde der Block Nr. 6 (später Nr. 14). Vor allem wurden alle schlecht aussehenden Häftlinge entfernt, dann wurden in diesem damals noch einstöckigen Block dreistöckige Betten aus Holz gebaut. Eine entsprechende Anzahl von Decken wurde ausgegeben. Die Betten mußten auf militärische Art gemacht, Strohsäcke und Decken auf Kante gelegt werden. Auch die Häftlinge wurden entsprechend vorbereitet und geschult, allein ihr äußerer Anblick sollte von der angeblich im Lager herrschenden Ordnung zeugen. Im Block wurden nur so viele Häftlinge belassen, wie Strohsäcke vorhanden waren, damit es so aussah, als ob jeder sein eigenes Lager hätte.[19] Alles lief nach vorbereitetem Plan ab. Himmler besichtigte mit seinem Gefolge den präparierten Block. Sobald jedoch die SS-Führer das Lager verlassen hatten, war alles wie vorher: Die Betten wurden hinausgetragen und die Strohsäcke wieder auf den Boden gelegt.

Die ersten dreistöckigen Holzpritschen wurden im KZ Auschwitz Ende Februar 1941 angeliefert, und in den darauffolgenden Monaten wurden sie von Fall zu Fall in den Wohnblocks aufgestellt.[20] Eine Pritsche maß 80 cm × 200 cm bei einer Höhe von 225 cm. Sie faßte drei Strohsäcke und war auch theoretisch für drei Häftlinge bestimmt. In Wirklichkeit jedoch schliefen auf jedem Strohsack zwei oder mehr Häftlinge. Nach abgeschlossener Aufstockung der einzelnen Blocks wurden in jedem mehrere hundert dreistöckige Holzpritschen aufgestellt. Laut Inventarverzeichnis vom 25. Januar 1943[21] waren zu diesem Zeitpunkt 21 Blocks als Wohnunterkünfte im KZ Auschwitz vorgesehen (wobei die Blocks Nr. 24 und 25 nur teilweise als Wohnunterkünfte genutzt wurden). Zum gleichen Zeitpunkt befanden sich im Block Nr. 2 234 Pritschen mit 702 Strohsäcken. Der Block war aber mit 1193 Häftlingen belegt, d. h. fast die Hälfte der Häftlinge mußte zu zweit auf einem Strohsack schlafen. In eisernen Einzelbetten schliefen nur Funktionshäftlinge, für die in den Blocks kleine gesonderte Unterkünfte abgezweigt worden waren. Ähnlich überfüllt waren die übrigen Wohnblocks.

Wegen der im KZ Auschwitz I herrschenden Überfüllung wurden vorübergehend hölzerne Stallbaracken errichtet sowie Keller und Dachböden als Wohnraum genutzt. Die Kubatur der zum Schlafen vorgesehenen Unterkünfte in den gemauerten Wohnblocks betrug etwa 2900 m^3. Wenn also in einem Block etwa 1200 Personen untergebracht waren, so entfielen auf einen Häftling etwa 2,5 m^3 Luft.

Die Ausrüstung der Wohnblocks bestand neben dreistöckigen Holzpritschen aus Kohlenöfen, mehreren Holzschränken und Tischen sowie mehreren Dutzend primitiven Schemeln. Diese Gegenstände wurden in den Blocks nach und nach aufgestellt. Jeder zweistöckige Wohnblock im Stammlager war administrativ in zwei Teile geteilt: Erdgeschoß (z. B. Block Nr. 1) und erster Stock (z. B. Block Nr. 1a). Jeder dieser Teile

19 Aussage des ehemaligen Häftlings Erwin Olszówka aus dem KZ Auschwitz. APMO, Zespół «Oświadczenia» (Sammlung von Aussagen), Bd. 72, Bl. 130

20 Bericht des Leiters der Abteilung Häftlingsarbeitseinsatz – SS-Hauptsturmführer Heinrich Schwarz. APMO, Zeichen D-AuI-3a/1, Inventarnummer 29720

21 APMO, Zeichen D-AuI-4/34, Inventarnummer 161197

bildete eine selbständige Verwaltungseinheit, wobei sich in den meisten Blocks im ersten Stock nur zwei große hallenartige Säle befanden, während das Erdgeschoß in der Regel in kleinere Zimmer aufgeteilt war. Sanitäre Anlagen befanden sich gewöhnlich im Erdgeschoß (Toilette mit 22 Sitzen und Pissoirs sowie Waschbecken mit Abflußrinnen aus Steingut und insgesamt 42 Wasserhähnen). Zu betonen ist hierbei, daß alle diese Anlagen erst nach Errichtung des Lagers angelegt wurden. Für mehrere tausend Häftlinge gab es im Sommer und Herbst 1940 nur zwei Brunnen, aus denen Wasser zum Waschen entnommen wurde, und ihre Notdurft verrichteten die Häftlinge in einer provisorischen Feldlatrine. Die Benutzung der in den Wohnblocks errichteten Toiletten war jedoch eingeschränkt, da die Funktionshäftlinge verschiedene Verbote erließen.

Im KZ Auschwitz II (Birkenau) gab es als Wohnraum zwei verschiedene Typen von Baracken, gemauerte und aus Holz. Die in großer Hast errichteten gemauerten Baracken des Bauabschnitts BI (das spätere «Frauenlager») waren auf nassem Grund aufgestellt, und zwar ohne entsprechende Isolierung. Diese Baracken maßen 36,25 m × 11,40 m, bei einer Höhe von 5,80 m (Fläche: 413,25 m^2 – Rauminhalt: 2395 m^3). Sie hatten 17 eingelassene Fenster, die sich nicht öffnen ließen, zwei Kippfenster und einen Eingang. Zu beiden Seiten des Eingangs befanden sich zwei kleine Räume, wovon einer die «Stube» des «Blockältesten» war und der zweite als Brotlager diente. Innerhalb der Baracke gab es 60 Zwischenwände (gemauert), dazwischen befanden sich dreistöckige Pritschen, insgesamt 180 Liegeplätze mit je 4 m^2, auf denen laut Anordnung der SS-Führung je vier Häftlinge schlafen sollten. Bei einer Dichte von über 700 Personen in einer Baracke entfielen auf jeden nur etwa 1,7 m^3 Luft. Die Baracken besaßen in Wirklichkeit keinerlei Heizmöglichkeit, obwohl darin zwei Eisenöfen aufgestellt waren. Der Fußboden bestand anfangs aus festgestampftem Lehm, der später mit Ziegeln belegt oder mit einer dünnen Schicht Beton ausgegossen wurde. Sanitäre Anlagen gab es nicht. Erst 1944 wurden kleine Räume zum Waschen und als Toiletten abgesondert. Diese Arbeiten wurden jedoch vor der Befreiung des Lagers nicht mehr beendet. Am Anfang gab es in den Baracken auch keine elektrische Beleuchtung.

Ein zweiter Typ von Unterkünften in Birkenau waren die Pferdestallbaracken, OKH-Typ 260/9, die aus ins Lager gelieferten Fertigelementen zusammengesetzt wurden. Diese Baracken maßen: 40,76 m × 9,56 m, bei einer Höhe von 2,65 m (Fläche: 389 m^2 – Rauminhalt: 1030 m^3). Anstelle von Fenstern hatten diese Baracken im oberen Teil zu beiden Seiten schmale Dachluken. Die Barackenwände bestanden aus dünnen, schlecht zusammenpassenden Brettern, das Dach, das zugleich die Dekke bildete, setzte sich aus mit Pappe belegten Brettern zusammen. Das Barackendach ruhte auf den Außenwänden und zwei Reihen von Pfeilern, die die Baracke der Breite nach in drei Teile teilten. An den Giebelwänden der Baracke befanden sich Eingänge mit zweiflügeligen Türen oder eher Toren. Die Baracke war in 18 Boxen unterteilt, in denen ursprünglich 52 Pferde untergebracht wurden.

Gewöhnlich war in jeder Baracke ein Teil des Verschlags nahe dem Vordereingang für den Blockältesten vorgesehen. Hinter der Baracke, am Notausgang, befanden sich Behälter für Fäkalien. In den verbliebenen 14 Verschlägen befanden sich entweder dreistöckige Holzbetten oder Pritschen mit den Abmessen 280 cm × 185 cm, bei einer Höhe von 200 cm, in denen je 15 Häftlinge schlafen sollten, d. h. über 400 Personen pro Baracke. Ein fast den ganzen Raum durchziehendes Kaminrohr ergänzte die Einrichtung einer Holzbaracke. In diesen Baracken gab es natürlich keine Räume für sanitäre Einrichtungen. Bei voller «theoretischer» Belegung entfielen auf einen Häftling etwa 3 m^3 Luft.

Sämtliche genannten Angaben – sowohl hinsichtlich gemauerter als auch Holzbaracken – sind nur als Richtwerte zu betrachten. In Wirklichkeit war die Zahl der in den Baracken untergebrachten Häftlinge bedeutend größer und erreichte teilweise bis zu 1000 Personen, wobei sich die Lage infolge neuer Transporte mit einigen tausend Personen, die im Lager ankamen, stets veränderte. Dann schliefen auf den Holzpritschen anstatt 15 sogar etwa 45 Häftlinge. Infolgedessen brachen die Bretter, und die Häftlinge fielen zu Boden.

In den gemauerten Baracken waren die Schlafstätten der Häftlinge mit einer kleinen Lage Stroh bedeckt (oft schliefen die Häftlinge jedoch auf nackten Brettern). In den Holzbaracken gab es auf Betten oder Pritschen Strohsäcke aus Papier, die mit sog. Holzwolle gefüllt waren. Dazu wurden Decken ausgegeben.

Durch die in den Baracken herrschende Feuchtigkeit, die undichten Dächer und das von den an ständigem Hungerdurchfall leidenden Häftlingen verunreinigte Stroh verschlechterten sich die ohnehin schon unerträglichen Wohnbedingungen noch mehr. Das war um so schlimmer, da es auf Grund bestehender Vorschriften nicht erlaubt war, nachts die Türen zu öffnen und zu lüften. In den Baracken wimmelte es von Ungeziefer, und die im Lager grassierenden Ratten belästigten die Schlafenden und nagten die Leichen an. Hinzu kam ständiger Wassermangel sowie das Fehlen entsprechender sanitärer Einrichtungen.

In den ersten Monaten gab es im Bauabschnitt BI im KZ Birkenau nur in den Küchenbaracken Wasser. Die Häftlinge durften davon keinen Gebrauch machen. Da es an Waschgelegenheiten fehlte, liefen die Häftlinge monatelang ungewaschen und verschmutzt herum und mußten ihre Notdurft in primitiven und ungeschützten Feldlatrinen verrichten. Es ist also nicht verwunderlich, daß unter diesen Umständen und bei einer derartigen Überbelegung von Zeit zu Zeit Epidemien ausbrachen, die die Häftlinge im wahrsten Sinne des Wortes dezimierten. Dieser Zustand war den zentralen deutschen Behörden durchaus genau bekannt, doch anstatt die Lebensverhältnisse und sanitären Bedingungen der Häftlinge radikal zu verbessern, bedauerten diese nur, daß die Zahl der Häftlinge in den Konzentrationslagern nicht vergrößert werden konnte.[22] An Hohn grenzte ein Erlaß vom 19. August 1942, in dem den Kommandanten der Konzentrationslager befohlen wurde, darauf zu achten, daß die jüdischen Häftlinge täglich ihre Füße wüschen, wodurch die Zahl der Krankheitsfälle gesenkt und die Arbeitsproduktivität erhöht würde.[23] (Unverständlich ist hierbei, warum diese Verordnung nur jüdische Häftlinge betraf, die zu dieser Zeit z. B. im KZ Auschwitz etwa 50 Prozent der Lagerinsassen ausmachten.)

Die sanitären Bedingungen verbesserten sich erst ein wenig, als Gebäude errichtet wurden, in denen sich Bäder, Saunas sowie Desinfektionsanlagen für Kleidung und Wäsche befanden. Je eine Anlage dieser Art wurde in den Bauabschnitten BIa, BIb sowie im Bauabschnitt BII errichtet. 1943 wurden im Abschnitt BI Latrinenbaracken und Waschräume fertiggestellt. Diese Gebäude maßen 4,50 × 36,25 m, bei einer Höhe von 2,50 m und hatten entweder Abflußrinnen mit 90 Wasserhähnen in den Waschräumen oder Abflußkanäle mit Betondeckeln und 58 Klosettöffnungen (in den Klobaracken). So entfielen 1943 im Bauabschnitt BI auf 62 Wohnbaracken im «Frauenlager» nur 10 sanitäre Baracken, darunter vier Waschbaracken, vier Klobaracken und zwei Baracken, in denen sich je zur Hälfte Toiletten und Waschbecken befanden. Die weiblichen Häftlinge konnten jedoch Toilette und Waschbecken nur wenige Minuten vor Arbeitsanfang und abends nach der Rückkehr vom Arbeitseinsatz benutzen. Wegen Überfüllung und Gedränge «regelten» die weiblichen Funktionshäftlinge den Betrieb in den Toiletten und Waschräumen durch Geschrei, Schläge und Flüche.

Im Abschnitt BII des Lagers Birkenau wurden Pferdestallbaracken zu sanitären Zwecken benutzt. Im Abschnitt BIIa entfielen auf 16 Wohnbaracken drei Baracken mit Waschräumen und Latrinen, dagegen wurden in in den übrigen Abschnitten (BIIb, BIIc, BIId und BIIe) auf 32 Wohnbaracken je sechs sanitäre Baracken gebaut (3 Waschräume, 3 Latrinen). Ähnlich wie im Abschnitt BIb war die Zeit zur Nutzung dieser Anlagen sehr kurz bemessen, und wenn man die Zahl der Häftlinge berücksichtigt (mehrere tausend Personen in jedem Abschnitt), war für die Häftlinge eine Benutzung sanitärer Anlagen mit vielen Schwierigkeiten verbunden. Trotz Einrichtung von Badeanstalten wurden die Häftlinge sehr selten zum Baden geführt. Sie mußten sich in den Wohnblocks oder Baracken ausziehen und wurden von dort nackt – bei jedem Wetter –

22 APMO, «Sammlung von Erlassen», Zeichen D-RF-9/WVHA/8/1, S. 10
23 APMO, «Sammlung von Erlassen», Zeichen D-RF-9/WVHA/8/1, S. 40

zur Badeanstalt getrieben. So mancher Häftling hat diese Art von Bad mit dem Leben bezahlt.

Die Wohn- und sanitären Verhältnisse im KZ Auschwitz III (Monowitz) und in vielen Außenlagern waren ähnlich.

8. Kleidung

Neuankömmlinge im Lager erhielten bei der Registrierung besondere Häftlingskleidung, blau-weiß-gestreifte Drilliche, so daß die Häftlinge bereits von weitem erkennbar waren und ein Verstecken während der Flucht äußerst schwierig war. Männliche Häftlinge erhielten Hemd, lange Unterhose, Jacke und Hose. Je nach Jahreszeit waren es «Sommeranzüge» (gestreifte Häftlingskleidung) oder «Winteranzüge», die sich nur durch die Dicke des Stoffs voneinander unterschieden. Im Winter gab es «Mäntel» aus dickerem gestreiftem Stoff, aber ohne Futter. Als Schuhe gab es aus einem Stück Holz gefertigte Holzpantinen oder Holzpantoffeln mit einem Oberteil aus Leder. Verschmutzt und verlaust, der Figur nicht angepaßt und vom Regen steife gestreifte Häftlingskleidung und Holzpantinen, in denen die Häftlinge sich nicht zu bewegen vermochten, bildeten eine zusätzliche Erschwerung für die Insassen.

Da es im KZ Auschwitz von Anfang an Schwierigkeiten bei der Versorgung mit Kleidung und Holzpantinen gab, erhielten die Häftlinge im äußerst kalten Herbst 1940, als sogar schon Schnee fiel, zwar gestreifte «Winteranzüge», aber keine Holzpantinen. Die Häftlinge mußten also barfuß gehen, auch zur Arbeit, und stundenlang barfuß auf dem Appellplatz stehen. Unter diesen Umständen zogen sich viele schwere Erkältungen zu, die die allgemeine Erschöpfung beschleunigten. Dadurch stieg die Zahl der Todesfälle. Die sogenannten «Winteranzüge» schützten die Häftlinge nicht vor Kälte, insbesondere während der damals ungewöhnlich strengen Winter. Um sich vor Kälte und Frost zu schützen, stopften sich viele Häftlinge Teile von Zementsäcken aus Papier unter die Jacke, obwohl das streng geahndet wurde. Erst auf Grund eines Erlasses vom 24. September 1941 wurde es den Häftlingen erlaubt, ihre Familien über die Möglichkeit in Kenntnis zu setzen, Pakete mit warmer Unterwäsche und Pullovern in das Lager zu schicken.[24]

Die von Jahr zu Jahr wachsenden Schwierigkeiten bei der Lieferung von Stoff und gebrauchten Drillichen zur Herstellung von Häftlingsanzügen zwangen die SS, den Häftlingen zu gestatten, in Konzentrationslagern Zivilkleidung zu tragen. Laut Rundschreiben vom 9. Februar

24 ebenda, S. 18

1943[25] wurde die Erlaubnis erteilt, zu diesem Zweck Zivilkleidung von Polen und Russen zu nutzen, die sich im sogenannten «Depot» befand, und in einem Rundschreiben vom 26. Februar 1943 wurde allgemein verfügt, den im Lager beschäftigten Häftlingen besonders gezeichnete Zivilkleidung auszuhändigen.[26] Von da an sollte die gestreifte Häftlingskleidung nur noch an Häftlinge ausgegeben werden, die außerhalb des Lagers beschäftigt waren, sich also an Orten aufhielten, wo Zivilkleidung zur Flucht verhelfen konnte oder das Erkennen von Häftlingen erschwerte.

In einem Rundschreiben vom 26. Mai 1943[27] erging die Verfügung, allen Häftlingen im Sommer die Mützen wegzunehmen und sie zu gegebener Zeit wieder auszuhändigen. Am drastischsten war die Verfügung vom 7. November 1944, auf Grund derer nur eine Art von gestreifter Häftlingskleidung ausgegeben und die Ausgabe von Mänteln oder wärmerer Kleidung für im Lager verbleibende oder zur Arbeit eingesetzte Häftlinge verboten – und gleichzeitig die Nutzung von Zivilkleidung in größerem Maßstab verfügt wurde.[28] In dieser Verordnung wurde zwar die Möglichkeit erwähnt, daß Häftlinge Leibbinden und Pullover tragen durften, wie aber die Praxis faschistischer Konzentrationslager zeigte, waren derartige Kleidungsstücke für Häftlinge unerreichbar.

Im KZ Auschwitz war die Praxis den hier zitierten Erlassen weit voraus, denn bereits im Frühjahr 1942 wurden in diesem Lager neu eingewiesenen Häftlingen und registrierten weiblichen Häftlingen Uniformen getöteter sowjetischer Kriegsgefangener ausgehändigt. Auf die gleiche Art nutzte man Wäsche, Kleidung und Schuhwerk von Personen, die in Gaskammern umgebracht wurden. Wie bereits erwähnt, war die Zivilkleidung mit Streifen aus Ölfarbe oder auf den Rücken genähten Stückchen von Häftlingskleidung besonders gekennzeichnet. Gestreifte Häftlingskleidung trugen weiterhin nur außerhalb des Lagers oder mit Zivilarbeitern eingesetzte Häftlinge (z. B. Häftlinge der Außenlager oder im Lager der IG-Farben in Monowitz). In Übereinstimmung mit den bestehenden Vorschriften wurden in andere Konzentrationslager überwiesene Häftlinge in gestreifte Lagerkleidung gesteckt.

Die im KZ Auschwitz herrschende Überfüllung und die Überbelegung in den Baracken, das Fehlen sanitärer Anlagen und die Krankheiten, von denen die Häftlinge geplagt wurden, wie z. B. der Hungerdurchfall, vor allem aber die mangelnden Möglichkeiten zur persönlichen Hygiene bewirkten, daß die Kleidung der Häftlinge zerrissen, schmutzig, verlaust und oft durch Kot und Harn verunreinigt – also stin-

25 APMO, «Sammlung von Erlassen», Zeichen D-RF-9/WVHA/8/, S. 20
26 ebenda, S. 23–24
27 ebenda, S. 43
28 ebenda, S. 79–80

kend und ekelerregend war. In sauberer Häftlingskleidung konnten nur diejenigen Häftlinge antreten, die während ihrer Arbeit direkten Kontakt mit SS-Männern hatten, die eine panische Furcht vor Läusen als Typhusüberträgern hatten.

Im KZ Auschwitz gab es anfangs keine Wäscherei. Später installierte Waschmaschinen reichten nicht aus. Wäsche und Häftlingskleidung wurden also in Wäschereien nach Bielsko gebracht. Die ungenügende Zahl von Wäschereien, ihre geringe Leistungsfähigkeit und mangelnde Desinfektionsanlagen für verlauste Wäsche und Kleidung waren der Grund dafür, daß die Häftlinge ihre Wäsche wochenlang, manchmal sogar monatelang nicht wechseln konnten.

Die Notmaßnahmen gereichten den Häftlingen in der Konsequenz zum Nachteil, wie z. B. die berüchtigten Entlausungsaktionen, bei denen sowohl männliche als auch weibliche Häftlinge den ganzen Tag nackt außerhalb der Baracken verbringen mußten. In der Zwischenzeit wurden die Baracken mit Zyklon B desinfiziert, Wäsche und Kleidung wurden in große Bottiche mit einer Zyklonlösung getaucht. Man kann sich gut vorstellen, welche Folgen derartige Aktionen für ausgezehrte und kranke Häftlinge hatten, besonders wenn sie bei Regenwetter durchgeführt wurden. Wenn Häftlinge während der Arbeit oder beim Appell vom Regen durchnäßt wurden, mußten sie in nasser Kleidung schlafen, die durch die Körperwärme trocknete. Der Mangel an Wasser (selbst an Trinkwasser) machte den Häftlingen das Waschen ihrer Kleidung unmöglich.

Schuhwerk war ein besonderes Problem, vor allem für jene Häftlinge, die tagsüber größere Entfernungen zurücklegen mußten. Schlecht sitzende Holzpantinen verursachten während des Marsches schmerzhafte Blasen an den Füßen, was bei Avitaminose und allgemeiner Auszehrung zu eiternden und schwer heilenden Wunden führte, die bei Tausenden von Häftlingen oft zur mittelbaren Todesursache wurden. Während der Selektion, die von SS-Ärzten durchgeführt wurde, waren Fußwunden u. a. ein Vorwand dafür, um einen Häftling als arbeitsunfähig einzustufen. In der Folge wurden diese Häftlinge mit Phenolspritzen ins Herz oder in Gaskammern umgebracht.

9. Ernährung

Lagerhäftlinge erhielten drei Mahlzeiten täglich: morgens, mittags und abends. Der Nährwert der Mahlzeiten schwankte vor allem je nach den in den faschistischen Konzentrationslagern angewandten Normen, die sich mehrere Male änderten. Auf Grund dieser Normen wurden pro Woche und Tag Speisezettel angefertigt, in denen alle Nahrungsbestandteile und Nahrungsmittel, aus denen Mahlzeiten zubereitet wurden, sowie ihr Kaloriengehalt einzeln angeführt wurden. So lauteten die Vorschriften, die Wirklichkeit sah jedoch ganz anders aus.

Lebensmittellager und Küchen unterstanden der SS. Wie aus Angaben und Berichten ehemaliger Häftlinge hervorgeht, schleppten SS-Männer wertvolle Lebensmittel wie z. B. Fleisch, Margarine, Zucker, Graupen, Mehl und Wurst aus diesen Lagern fort. So wurden also schon zur Zubereitung der Mahlzeiten weniger Produkte ausgegeben, als in den Normen vorgesehen war.

Auf Grund der Akten des SS-Hygieneinstituts in Rajsko, in das nach 1943 Lebensmittelproben und Proben von Häftlingsmahlzeiten überwiesen wurden, wurde festgestellt, daß z. B. für Suppen etwa 60 bis 90% weniger Margarine benutzt wurde, als in der offiziellen Rezeptur vorgesehen war. Brot war sauer und schwer verdaulich, Wurst für Häftlinge enthielt lediglich die Hälfte an Fettmasse im Vergleich mit Wurst für die SS-Mannschaft, obwohl sie in der gleichen Schlachterei hergestellt wurde.[29]

Ein besonderes Problem war die Ausgabe von Mahlzeiten und Lebensmitteln. Mit der Ausgabe der Mahlzeiten befaßten sich – wie es in faschistischen Konzentrationslagern üblich war – Funktionshäftlinge. Im Küchenbau und in Lebensmittellagern faßten sie Kessel mit Suppe, «Kaffee», «Tee» und andere Lebensmittel, die sie dann an die Häftlinge austeilten. Korrumpierte Funktionshäftlinge, die sich besonders zu Beginn des Bestehens des Lagers aus Verbrechern deutscher Nationalität rekrutierten, sorgten in erster Linie für sich und ihre Kumpane. Straflos kürzten sie also die ausgegebenen Rationen, insbesondere wertvolle Lebensmittel wie Brot, Zucker, Wurst und Margarine, und hatten somit die verbleibenden Lebensmittel zu ihrer eigenen Verfügung. So erhielten Häftlinge im KZ Auschwitz anstelle der in den Normen vorgesehenen 1700 Kalorien für leichte Arbeit und etwa 2150 Kalorien für Schwerarbeiter, durchschnittlich etwa 1300 Kalorien täglich bei leichterer Arbeit und etwa 1700 Kalorien bei Schwerstarbeit.

Morgens wurden den Häftlingen lediglich ein halber Liter schwarzer Kaffee (Ersatz) oder Kräuteraufguß, der «Tee» genannt wurde, zugeteilt. Diese Flüssigkeiten waren in der Regel ungesüßt.

Wie aus Berichten ehemaliger Häftlinge und erhaltengebliebenen Speisezetteln hervorgeht[30], gab es mittags viermal in der Woche soge-

29 Der deutsche Arzt Dr. Hans Münch, der während der Okkupation im SS-Hygieneinstitut in Rajsko bei Auschwitz angestellt war, schrieb auf Grund überlieferter Akten des Instituts eine Anzahl von Berichten, u. a. zum Thema der Qualität von Mahlzeiten für Häftlinge im KZ Auschwitz. APMO, Sign. «Opracowania» (Zeichen «Bearbeitungen», Münch) 103, Bd. 35

30 Ein solcher Speisezettel ist in den Akten über das Nebenlager Trzebinia,

nannte «Suppen mit Fleischeinlage» und dreimal «Gemüsesuppen» ohne Fleisch. Hierzu ist zu erklären, daß das in der Lagernorm vorgesehene «Frischgemüse» einfach Kohlrüben waren. Hauptbestandteil der Suppen waren also Kartoffeln, Kohlrüben und ein paar andere Zutaten wie z. B. Gerstengraupen, Hirsegrütze, Roggenmehl sowie «Awo-Konzentrat». Nach 1942 wurden zur Suppenzubereitung auch verschiedene Lebensmittel benutzt, die sich unter den persönlichen Effekten von in Gaskammern umgebrachten Personen befanden. Etwa dreiviertel Liter Suppe hatte einen Wert von 350 bis 400 Kalorien. Die Suppen waren geschmacklos und wässerig, und neuangekommene Häftlinge, die noch keinen großen Hunger verspürten, aßen sie oft nur mit größtem Abscheu. Nährwert und Geschmack der Suppen nahmen weiter ab, wenn sie kalt gegessen werden mußten, was sehr oft geschah, wenn z. B. die Häftlinge erst abends oder nachts in das Lager zurückkehrten (das betraf besonders beim Bau der IG-Farben-Werke beschäftigte Häftlinge).

Zum Abendessen wurden den Häftlingen etwa 300 Gramm Brot mit Zugaben – etwa 25 Gramm Wurst oder etwa 25 Gramm Margarine, ein Eßlöffel Marmelade oder auch Käse – zugeteilt. Die Lebensmittel waren oft verschimmelt und alt. Der Kalorienwert eines Abendessens betrug etwa 900 bis 1000 Kalorien. Das abends ausgegebene Brot war auch für das nächste Frühstück bestimmt, aber wegen des allgemein im Lager herrschenden Hungers konnten sich nur wenige Häftlinge dazu entschließen, ihr Stückchen Brot zu teilen und den zweiten Teil bis zum Frühstück zurückzulassen. Die meisten aßen die ganze Brotration auf einmal auf, um wenigstens für einen Moment das Hungergefühl loszuwerden.

Für Schwerarbeiter gab es eine besondere «Schwerarbeiterzulage». Sie bestand aus Brot, Margarine und Wurst nach bestehenden Normen. Auch diese Zulage wurde bei der Ausgabe geschmälert.

Bei derartigen Hungerrationen traten bei den meisten Häftlingen schon nach wenigen Wochen Anzeichen von Erschöpfung auf. Das führte dazu, daß man in der Lagersprache von «Muselmännern» sprach. Tausende verelendeter und bis zur äußersten Grenze abgemagerter Häftlinge versuchten bei jeder sich bietenden Gelegenheit, etwas zum Essen zu ergattern, und konnten nicht darauf verzichten, selbst in Müllhaufen in der Nähe von Küchen nach Abfällen zu suchen.[31] Der Verzehr von rohen Kartoffelschalen, angefaulten Kohlrüben oder Kartoffeln verminderte das Hungerfühl nicht, sondern hatte tragische Folgen – Hungerdurchfall!

In den einzelnen Teilen des KZ Auschwitz bestanden – ähnlich wie in

ein Außenlager des KZ Auschwitz III, enthalten. APMO, Zespół «Trzebinia» (Gruppe «Trzebinia»), Bd. 3/2, Bl. 12

31 APMO, Standortbefehle im KZ Auschwitz, Zeichen D-AuI-1/132

anderen faschistischen Konzentrationslagern – «Lagerkantinen». Häftlinge durften an genau bestimmten Tagen Einkäufe tätigen, wenn sie Geld (Reichsmark) besaßen, das bei der Registrierung deponiert worden war oder per Postanweisung durch die Familie überwiesen wurde. In Wirklichkeit hatten Lagerkantinen keinen positiven Einfluß auf die Lage der Häftlinge, und zwar wegen des dortigen Warenangebots. In den Kantinen wurden weder Brot noch andere wertvolle Lebensmittel verkauft. Von Zeit zu Zeit konnte man sauer eingelegte Rüben, gesalzene Schnecken, Sodawasser sowie Zigaretten, Rasierzeug, Zahnbürsten, Vordrucke für Lagerbriefe, Briefmarken und andere von Häftlingen wenig gefragte Kleinigkeiten erstehen. So war also ein Auszug aus der Lagerordnung, der auf Lagerbriefen aufgedruckt war (und u. a. besagte, Lebensmittelpakete dürften nicht geschickt werden, «da die Häftlinge im Lager alles kaufen können»), nur ein zynischer Versuch, die öffentliche Meinung irrezuführen und die Tatsache zu verschleiern, daß die Häftlinge an Hunger litten. Erst die schwere Lage an den Fronten und die Notwendigkeit, alle Arbeitskräfte maximal auszunutzen, veranlaßten die Führung der SS zur Aufhebung des Erlasses vom 29. Oktober 1942, in dem ein Verbot der Übersendung von Lebensmittelpaketen an Häftlinge in Konzentrationslagern enthalten war.[32] So verbesserte sich natürlich nur die Lage derjenigen Häftlinge, deren Familien imstande waren, Lebensmittelpakete zu schicken. Sowjetische Kriegsgefangene, jüdische Häftlinge oder Häftlinge, deren Familien sich bereits in befreiten Gebieten befanden, konnten nicht in den Genuß dieser Vergünstigung kommen.

Ab Herbst 1942 begannen im KZ Auschwitz Lebensmittelpakete einzutreffen, und da es keine Begrenzungen gab, konnte jede Menge von Paketen geschickt werden. Diese Lebensmittel retteten wenigstens einen Teil der Häftlinge vor dem Hungertode, aber die Lage aller Häftlinge, insbesondere der Juden, wurde dadurch nicht verbessert. Außer Paketen von Familien erreichten seit 1943 Pakete des Internationalen Roten Kreuzes das KZ Auschwitz. Diese Pakete waren genau adressiert, und jeder Häftling mußte den Empfang auf einem besonderen Vordruck bestätigen, der dann an den Absender zurückgeschickt wurde. Diese Aktion hatte zwar psychologische Bedeutung, in der Praxis aber spielte sie keine größere Rolle, denn das Internationale Rote Kreuz war nicht im Besitz einer ausreichenden Zahl von Adressen von Häftlingen in faschistischen Konzentrationslagern. Nach geltenden Vorschriften mußten jedoch auf dem Paket Name und Vorname des Häftlings, seine Lagernummer und die Bezeichnung des Lagers genau angegeben werden. Auf jeden Fall zeugten die ersten Pakete des Internationalen Roten Kreuzes davon, daß die Häftlinge des KZ Auschwitz nicht so von der

32 APMO, «Sammlung von Erlassen», Zeichen D-RF-9/WVHA/8, S. 52

Welt abgeschnitten waren, wie es sich die SS-Führung wünschte. Bei der Lagerführung rief diese Tatsache Beunruhigung hervor, und es wurde eine Untersuchung eingeleitet, auf welche Weise die Adressen von Häftlingen ins Ausland gelangen konnten. (Ein Teil dieser Adressen wurde von der Widerstandsbewegung im Lager zusammengestellt und abgeschickt.) Die ganze Angelegenheit war auch Gegenstand besonderen Interesses der zentralen SS-Behörden, denn mit Rundschreiben vom 1. August 1944[33] wurden die Lagerkommandanten bevollmächtigt, alle Pakete aus dem Ausland oder vom Roten Kreuz zu beschlagnahmen. Der Inhalt der Pakete sollte an die Häftlingsküchen weitergeleitet werden. Dieses Rundschreiben hatte höchstwahrscheinlich zum Ziel, den Empfang eines Auslandspaketes durch den Häftling unmöglich zu machen, denn eine Bestätigung wäre gleichzeitig ein Beweis für die Anwesenheit des Häftlings im Konzentrationslager. Das hinderte aber den Kommandanten des KZ Auschwitz nicht daran, einem Vertreter des Internationalen Roten Kreuzes (der einmal, im Herbst 1944, das Lager besuchte) zu versichern, Auslandspakete würden weiterhin individuell verteilt, und die Verteilung von Sammelpaketen für Häftlinge obliege im Lager «Vertrauensmännern» und «Judenältesten».[34] Das war eine glatte Lüge, denn im KZ Auschwitz gab es keine «Vertrauensmänner» und die durch das Internationale Rote Kreuz abgeschickten Sammelpakete wurden nicht an Häftlingsküchen weitergeleitet, sondern wanderten in die Lebensmittellager der SS.

Hungernde Häftlinge versuchten auf verschiedene Art, ihren Hunger zu stillen und sich zusätzliche Nahrung zu beschaffen. Der häufig einzige Ausweg, Nahrung zu «organisieren», ergab sich z. B. bei der Bestellung von Gemüse auf den Feldern oder beim Transport von Lebensmitteln in die Lager der SS oder bei anderen Gelegenheiten. Besonders begehrt und gefragt waren Frischgemüse und Obst, Dinge, die im Lagerspeisezettel überhaupt nicht berücksichtigt wurden. Trotz schwerster Strafen für «Organisierung» von Lebensmitteln verbreitete sich diese Art von Lebensmittelbeschaffung nicht nur im KZ Auschwitz, sondern in allen Konzentrationslagern. Diese auf «illegale» Weise gewonnenen Lebensmittel sowie verschiedene andere Gegenstände, die aus Bestandslagern «organisiert» wurden, in denen Effekten von Personen aufbewahrt wurden, die zuvor in Gaskammern umgebracht worden waren, wurden von den Häftlingen auf dem «schwarzen Markt» im Lager gehandelt.

33 APMO, Höß-Prozeß, Bd. 12, S. 141

34 Bericht über eine Lagerbesichtigung in der Broschüre: «Comité International de la Croix Rouge en faveur des civils détenus dans les Camps de concentration en Allemagne (1938–1945), I – Visite au Commandant du Camp d'Auschwitz d'un délégué du CICR» (September 1944), Genf, April 1947, S. 91–92

10. Tagesablauf

Mit der Lagerdisziplin, den Strafen und dem Tagesablauf wurde ein Häftling meistens anhand eigener, sehr oft tragischer Erfahrungen bekannt. Gute Ratschläge, die Neuankömmlingen von Bekannten, Kollegen oder einfach wohlgesonnenen Mitmenschen erteilt wurden, ermöglichten es ihnen, die Lageratmosphäre früher kennenzulernen und damit schlimmen Erfahrungen zu entgehen.

Alles im Lager geschah auf Kommando oder entsprechendes Signal. Häftlinge, die die in deutscher Sprache erteilten Befehle nicht verstanden und sie nicht schnell genug ausführten, wurden von SS-Männern und Funktionshäftlingen geschlagen und schikaniert.

Morgens, etwa um vier Uhr, erklang der Gong zum Wecken. Gehetzt, begleitet von Flüchen und Schlägen, mußten die Häftlinge möglichst schnell ihre Schlafstätten verlassen. In Baracken, in denen dreistöckige Pritschen mit Strohsäcken standen, mußten diese mit Decken zugedeckt und nach militärischer Art «gebaut» werden. Selbst die kleinste Ungenauigkeit konnte den «Schuldigen» teuer zu stehen kommen. Nach dem Wecken blieb nur wenig Zeit zur Erledigung physiologischer Bedürfnisse, zum «Waschen» sowie zum Anstellen, um das «Frühstück» zu fassen. In den einzelnen Blocks oder Baracken, in denen jeweils mehrere hundert Häftlinge lebten, wurde morgens alles in fieberhafter Eile erledigt. Zahlreiche Häftlinge hatten nicht das Glück, jemals an den Wasserhahn zu gelangen, und für die letzten gab es oft keinen Kaffee mehr.

Zum Lagerappell traten die Häftlinge in Zehnerreihen an, was den SS-Männern das Zählen erleichterte. Die Dauer des Morgenappells (und auch anderer Appelle) hing davon ab, wie schnell die Anwesenheit aller Häftlinge festgestellt werden konnte. Nach dem Appell kam der Befehl zum «Arbeitskommando formieren», die Häftlinge begaben sich an bestimmte Plätze des Lagers, von wo aus die «Arbeitskommandos» zur Arbeit abrückten. Während des Abmarsches spielten Lagerorchester, die in allen drei Teilen des KZ Auschwitz bestanden. Hinter dem Tor schlossen sich SS-Wachmänner, die die Arbeitskommandos beaufsichtigten, den einzelnen Häftlingsgruppen an.

Die effektive Arbeitszeit, die durch Befehle der Kommandantur des KZ Auschwitz geregelt war[35], betrug elf Stunden (von 6 bis 17 Uhr) mit einer halbstündigen Mittagspause. Bedeutend länger war die Arbeitszeit der Häftlinge, die z. B. in Lagerküchen und Ställen beschäftigt waren.

Wegen der großen Entfernungen zum Arbeitsplatz mußte ein Teil der Häftlinge täglich mehrere, sogar mehr als zehn Kilometer zu Fuß zurücklegen (so z. B. Häftlinge, die beim Bau der IG-Farben-Werke be-

35 APMO, Sammlung «Standortbefehle KL Auschwitz», D-AuI-1/40, 43

schäftigt waren, bevor sie in das spätere KZ Auschwitz III in Monowitz überführt wurden).

Anfangs mußte jegliche Arbeit im Lager im Laufschritt ausgeführt werden. SS-Wachmänner und Funktionshäftlinge trieben die zur Arbeit eingesetzten Häftlinge unentwegt mit Geschrei und Schlägen an. Gefürchtet, und zwar besonders von weiblichen Häftlingen, waren die speziell dressierten und auf Menschen gehetzten Wachhunde der SS, die scharf zubissen und tiefe Wunden hinterließen. Manche SS-Wachmänner, die ein paar Tage Extraurlaub haben wollten, befahlen den Häftlingen, das bewachte Gebiet zu verlassen, um sie dann zu erschießen. Nach Rückkehr des Arbeitskommandos in das Lager meldeten sie ihren Vorgesetzten, sie hätten einen Häftling «auf der Flucht erschossen», und wenn es ihnen gelang, den Vorgesetzten von ihrer «vorbildlichen Pflichterfüllung» zu überzeugen, erhielten sie eine öffentliche Belobigung oder ein paar Tage Sonderurlaub. Es ist also nicht verwunderlich, daß zahlreiche Häftlinge am Arbeitsplatz umgebracht wurden, ihre Leichen mußten von anderen Gefangenen in das Lager getragen werden.

Abends, bei der Rückkehr ins Lager, mußten die durch schwere Arbeit und Schikanen aufs äußerste erschöpften Häftlinge am Lagertor noch eine schwere Prüfung über sich ergehen lassen. Sie mußten aufrecht und im Gleichschritt, im Takt der Musik des Lagerorchesters, durch das Tor marschieren, um den SS-Männern das Abzählen zu erleichtern. Von der Arbeit zurückkehrende Häftlinge wurden am Lagertor kontrolliert. Falls irgend etwas gefunden wurde – und sei es auch nur ein Stückchen Kohlrübe –, wurde der Häftling wegen «Sabotage» und Nichteinhaltung der Lagervorschriften aufs schwerste bestraft. Nach der Rückkehr und dem Abendappell gab es Abendbrot. Ab etwa 21 Uhr war Nachtruhe, und niemand durfte die Baracken verlassen. SS-Männer, die auf Lagertürmen Wache hielten, schossen auf jeden, der diesen Befehl mißachtete. Die Nachtruhe wurde oft durch Gewehrschüsse unterbrochen, wenn ein psychisch gebrochener Häftling versuchte, «in die Drähte zu laufen». Dieses «In-die-Drähte-laufen» bedeutete im Lagerjargon, daß ein Häftling Selbstmord begehen wollte, indem er sich in die Lagerumzäunung warf. Die Wachmänner hatten Befehl, jeden anzuhalten, der sich dem Zaun näherte. Meistens wurde er einfach erschossen.

Außer der Arbeit, den Strafen und verschiedenen Schikanen haßten die Häftlinge am meisten die Lagerappelle, die oft bis über zehn Stunden dauerten, wenn z. B. ein Fluchtversuch gelungen war. Als der Häftling Tadeusz Wiejowski am 6. Juli 1940 geflüchtet war, wurde ein Strafappell angesetzt, der 19 Stunden dauerte. Über diese Appelle berichtet der ehemalige Häftling Henryk Król: [36]

36 APMO, Zespół «Oświadczenia» (Sammlung von Aussagen), Bd. 76, Bl. 199

«Es war eine schreckliche Nacht [. . .] Am Morgen zitterten alle vor Kälte [. . .] Die Strahlen der aufgehenden Sonne brachten Erleichterung, aber nur für kurze Zeit. Später wurde es glühend heiß und die Qualen immer größer. Einer nach dem anderen fiel um. Ohnmächtige wurden mit Wasser begossen. Nachts kam es zu einem sehr unangenehmen Vorfall [. . .] Der Dolmetscher, ein Häftling namens Baworowski, trat aus der Reihe und bat den SS-Wachmann, seine Notdurft verrichten zu dürfen. Der SS-Mann lehnte ab und ließ ihn ins Glied zurücktreten. Nach einiger Zeit begann es zu stinken. Baworowski hatte es nicht mehr ausgehalten und in die Hose gemacht. Als der SS-Mann feststellte, wer dieses ‹Verbrechen› begangen hatte, befahl er Baworowski, die Unterhose auszuziehen, zusammenzurollen und mit den Zähnen zu apportieren. Dazu mußte Baworowski sich niederkauern und bellen. Alle Häftlinge waren entsetzt, und wir bekamen einen Vorgeschmack dessen, was uns im Lager erwartete.»

Nach einem weiteren gelungenen Fluchtversuch im November 1940 wurden die Häftlinge vom Mittag bis tief in die Nacht auf dem Appellplatz festgehalten, und nach Beendigung des Appells wurden etwa 120 Leichen oder Ohnmächtige vom Platz fortgetragen. Während des Appells fiel Schnee, die Häftlinge waren nur in dünne gestreifte Lagerdrilliche gekleidet, ohne Schuhe, Mützen und Mäntel.

1941 wurden zumeist beim Abendappell als Strafe für gelungene Fluchtversuche mehrere Häftlinge ausgesucht und zum Hungertod verurteilt. Diese «Auswahl» wurde unter Häftlingen vorgenommen, die mit dem Geflüchteten in der gleichen Baracke lebten.

Besonders unerträglich waren für weibliche Häftlinge im KZ Auschwitz sog. Generalappelle, bei denen nicht nur die Häftlingsnummern kontrolliert, sondern auch Selektionen durchgeführt wurden: Kranke, arbeitsunfähige Frauen wurden ausgesucht und dann in Gaskammern umgebracht. «Generalappelle» dauerten meistens über zehn Stunden, die die weiblichen Häftlinge außerhalb der Baracken verbringen mußten. Zwei derartige Appelle fanden z. B. im Frauenlager Birkenau statt, und zwar am 7. und 28. Februar 1943.

Für die durch schwere Arbeit übermüdeten Häftlinge gab es selbst an Sonn- und Feiertagen keine Ruhe. Sie wurden auch dann zur Arbeit eingesetzt, und außerdem wurden sogenannte «Läuseappelle» durchgeführt.

Unter verschiedenen Terrormethoden, die von der SS angewandt wurden, gab es auch ein umfangreiches Strafsystem. Die am häufigsten angewandten Strafen waren: Verbot, Briefe zu schreiben oder zu empfangen, Strafexerzieren, Strafarbeit während der Freizeit, Hunger, d. h. «Mittagessenentzug» an bestimmten Tagen bei vollem Arbeitseinsatz, Prügel, sehr oft öffentlich, wobei der Häftling in deutscher Sprache die Schläge mitzählen mußte, Pfahlbinden, d. h. Aufhängen des Häftlings mit hinten zusammengebundenen, nach oben gedrehten Armen an einem Pfahl, Überweisung in die Strafkompanie oder Einkerkerung in Zellen des Lagergefängnisses.

Außer physischen Schmerzen und psychischer Erniedrigung beschleunigte jede dieser Strafen den Tod oder war sogar dessen unmittelbare Ursache.*

Bei der Behandlung des Problems «Strafen» sind zu unterscheiden: Strafen, die unter Beibehaltung gewisser Formalitäten verhängt wurden und über die eine «Strafmeldung» (schriftlich) und eine «Strafverfügung» angefertigt wurden, und Strafen, die von den einzelnen SS-Männern eigenmächtig verhängt wurden. Diese Strafen hinterließen natürlich keine Unterlagen, es verblieben nur Spuren am Körper des Geschädigten.

Unter den Bedingungen einer ständigen Bedrohung und minimaler Überlebenschancen sahen manche Häftlinge die einzige Möglichkeit, ihr Leben zu retten, in der Flucht. Auf Grund teilweise überlieferter Akten kann festgestellt werden, daß insgesamt 667 Häftlinge aus dem KZ Auschwitz (Lager I, II und III) und den zahlreichen Außenlagern flüchteten. 270 davon wurden wieder gefaßt.

11. Kontakt mit der Außenwelt

Bei vollkommener Isolierung der Häftlinge des KZ Auschwitz waren Briefe die einzige offizielle Möglichkeit für sie, mit ihren Nächsten Kontakt aufzunehmen. Laut Vorschrift durfte ein Häftling zweimal im Monat Briefe schreiben und erhalten. Selbstverständlich wurden erhaltene sowie abgeschickte Briefe von SS-Männern im Referat «Postzensurstelle» auf genaueste kontrolliert. Dieses Referat unterstand organisatorisch der Kommandantur.

Häftlingskorrespondenz mußte in deutscher Sprache geführt werden. Briefe mußten auf besonderen Formularen geschrieben werden, die einen Aufdruck mit dem Namen des Lagers und allgemeine Vorschriften über Korrespondenz mit Häftlingen enthielten. Briefe durften außerdem nicht mehr als 15 Zeilen umfassen. An den Tagen, an denen Briefeschreiben angesetzt war, erinnerten die Häftlinge, die die Funktion eines Blockältesten ausübten – auf Anweisung der SS – diejenigen Häftlinge, die Briefe schrieben, an ihre Pflicht, in dem Brief die Wendung zu gebrauchen: «Ich bin gesund und fühle mich gut!» und zwar ohne Rücksicht auf den tatsächlichen Gesundheitszustand. Die Zensur strich verdächtig klingende Sätze oder entfernte ganze Abschnitte aus den Brie-

* s. S. 102–117

fen. Briefe an das Lager durften keinerlei Anlagen enthalten, z. B. auch keine Fotografien. Häftlinge, die im Ergebnis der Aktion «Nacht und Nebel» (NN) in das Lager eingeliefert worden waren, durften keinerlei Korrespondenz führen, desgleichen sowjetische Kriegsgefangene, die meisten jüdischen Häftlinge, die mit ihren Familien im Lager festgesetzt waren, sowie Häftlinge, deren Familien ihren Wohnsitz in bereits befreiten Gebieten hatten.

Durch einen Erlaß vom 30. März 1942 wurde die Korrespondenz jüdischer Häftlinge sowie von Häftlingen aus den Ostgebieten (Ostvölker) auf einen Brief in zwei Monaten beschränkt, wobei Personen, die aus den Ostgebieten stammten, in ihrer Korrespondenz besondere «Karten mit Rückantwort» benutzen mußten.[37]

1943 wurde jüdischen Häftlingen die Benutzung der im Lager üblichen Briefformulare und Karten verboten. Diese Häftlinge erhielten Karten ohne Aufdruck der Adresse des KZ Auschwitz, auf denen sie zwecks Täuschung nur den nichtssagenden Namen des Aufenthaltsorts angeben durften mit der Bemerkung, daß es sich um ein Arbeitslager handele (Birkenau, Arbeitslager). Die Lagernummer durfte ebenfalls nicht angegeben werden. Ein Stempelaufdruck auf der Postkarte informierte den Empfänger, weitere Korrespondenz könne ausschließlich über die «Reichsvereinigung der Juden in Deutschland» in Berlin geführt werden.[38] Der SS-Führung ging es hierbei um eine Beruhigung der jüdischen Bevölkerung, die in Ghettos leben mußte. Unmittelbarer Beweis dafür ist die Anfang März 1944 angesetzte «Briefaktion» für Juden aus dem Ghetto Theresienstadt in der Tschechoslowakei, die in das KZ Birkenau, Lagerabschnitt BIIb eingeliefert worden waren. Am 5. März wurden ihnen Postkarten mit der Anordnung ausgehändigt, spätere Daten zu benutzen (vom 25. bis 27. März) und ihren Familien und Bekannten Grüße zu übersenden. Diese Häftlinge wurden bereits am 9. März in Gaskammern umgebracht, ihre Familien und Bekannten jedoch waren überzeugt, sie seien weiterhin am Leben und wohnten im «Arbeitslager» Birkenau bei Neu Berun.

Häftlinge des KZ Auschwitz sowie auch Häftlinge anderer Konzentrationslager versuchten, die bestehenden Verbote zu umgehen und Briefe ohne Zensur abzuschicken. Zu diesem Zweck wurden Arbeitskontakte mit Zivilarbeitern genutzt. Die Zentralbehörden der SS wiesen auf Grund von Meldungen der Abwehr auf diese Tatsache hin, und durch einen Erlaß vom 11. Dezember 1942 erging der Befehl, die Aufsicht, insbesondere über kommunistische Häftlinge, zu verstärken.[39]

37 APMO, «Sammlung von Erlassen», Zeichen D-RF-9/WVHA/8, S. 31

38 APMO, Zbiór listów i korespondentek obozowych (Lagerbriefe und Lagerpostkartensammlung), Zeichen D-AuI-1/4167, Bd. 20 (Fotokopien), S. 15

39 APMO, «Sammlung von Erlassen», Zeichen D-RF-9/WVHA/8/1, S. 7

Die Lagerführung wurde angewiesen, die Aufsicht im Lager besonders bei unerwarteten Besuchen verschiedener Persönlichkeiten und Vertreter verschiedener Institutionen im KZ Auschwitz zu verschärfen. Den Besuchern wurden nur besonders präparierte Wohnblocks und Krankenhausbaracken gezeigt, die Häftlinge erhielten bei derartigen Anlässen (so z. B. im Unterlager Fürstengrube) besseres Mittagessen.[40] Verboten waren nicht nur die Besichtigung von Lagerbordellen und Krematorien, sondern selbst Gespräche zu diesem Thema.[41]

Die Häftlinge hatten selbstverständlich keinerlei Gelegenheit, den besichtigenden Persönlichkeiten gegenüber ihre Meinung zu sagen oder sich ungehindert über die im Lager herrschenden Zustände zu äußern. Es ist also nicht verwunderlich, daß ein Vertreter des Internationalen Roten Kreuzes, der im Herbst 1944 das KZ Auschwitz besuchte, nur in Gegenwart von SS-Männern mit einigen Häftlingen sprechen konnte. Wie dieses Gespräch aussah und welche Informationen er erhielt, davon zeugt die Tatsache, daß er erst von englischen Kriegsgefangenen, die im Kriegsgefangenenlager von Cieszyn festgehalten wurden, über die Anlagen zur Massenvernichtung und Liquidierung von Häftlingen im KZ Auschwitz informiert wurde.[42]

12. Der Häftlingskrankenbau

Abends – nach der Rückkehr von der Arbeit – standen vor den Türen des Häftlingskrankenbaus lange Schlangen von Häftlingen, die um ärztliche Hilfe nachsuchten. Viele konnten sich kaum auf den Beinen halten, andere waren bereits bewußtlos und wurden einfach auf die Erde gelegt. Die im Häftlingskrankenbau beschäftigten Häftlingsärzte erteilten nach einer kurzen Voruntersuchung erste Hilfe und verbanden Wunden mit Papierbandagen oder beantragten, den Häftling in den Häftlingskrankenbau aufzunehmen. Endgültig entschied darüber der SS-Lagerarzt, der in dem ihm zugewiesenen Teilabschnitt des KZ Auschwitz für den Gesundheitszustand der Häftlinge verantwortlich war. In den Außenlagern entschieden darüber sogenannte «Sanitätsdienstgrade» (SDG) der SS.

In den ersten Monaten des Bestehens des Häftlingskrankenbaus im

40 Aussagen ehemaliger Häftlinge des KL Auschwitz, Jan Ławnicki und Józef Łabudka. APMO, Zespół «Oświadczenia» (Sammlung von Aussagen), Bd. 60, Bl. 100; Bd. 50, Bl. 94

41 APMO, «Sammlung von Erlassen», Zeichen D-RF-9/WVHA/8/1, S. 23

42 «Comité International de la Croix Rouge . . ., I – Visite au Commandant du Camp d'Auschwitz d'un délégué du CICR (September 1944), S. 93

KZ Auschwitz gab es dort keinerlei Ausrüstung, und die Arbeit der dort beschäftigten wenigen Ärzte, die selbst Häftlinge waren, beruhte nur darauf, sich als Pfleger zu betätigen und den Bau möglichst sauber zu halten. Für Ordnung in den Blocks des «Krankenbaus» (KB) oder «Häftlingskrankenbaus» (HKB) – wie das Krankenhaus im KZ Auschwitz genannt wurde – war ein Häftling verantwortlich, der die Bezeichnung «Lagerältester des HKB» führte. Ihm unterstanden die Blockältesten. Diese Funktionen erfüllten bis 1943 fast ausschließlich männliche oder weibliche (im Frauenlager) Häftlinge deutscher Nationalität, die trotz mangelnder Ausbildung sehr oft selbst über die Zulassung von Kranken in den Krankenbau entschieden und sogar in die Behandlung eingriffen. Bereits ab 1941 wurden im Häftlingskrankenbau Selektionen durchgeführt, in deren Ergebnis Kranke mit Phenolspritzen oder in Gaskammern umgebracht wurden. Im Zusammenhang damit wurde der Häftlingskrankenbau im Lagerjargon das «Vorzimmer zum Krematorium» beziehungsweise der «Wartesaal zur Gaskammer» genannt.

In ihrer Ausstattung unterschieden sich die Krankenhausblocks beziehungsweise Baracken in keiner Weise von den übrigen Wohnblocks. Die Kranken lagen auf Papiersäcken, die mit sog. Holzwolle gefüllt waren. Dreistöckige Holzbetten erschwerten den Zugang zum Kranken, und den Häftlingen selbst machten sie es geradzu unmöglich, ihr Lager zu verlassen. Die meisten Kranken litten – neben vielen anderen Beschwerden – an Hungerdurchfall, die Strohsäcke waren also durch Kot und Eiter, der sich aus den Wunden absonderte, verunreinigt. In den Krankenbau aufgenommene Häftlinge mußten Kleidung und Wäsche abgeben, die Kranken lagen nackt, meistens zu zweit auf einem Strohsack, nur mit schmutzigen und verlausten Decken zugedeckt. In den Sälen und Baracken herrschte ein unbeschreiblicher Gestank, man hörte das Stöhnen Sterbender und im Fieber Phantasierender, vermischt mit Rufen nach Trinkwasser und Hilfe.

Amtliche Zuteilungen von Arzneien waren unzureichend, sowohl hinsichtlich des Sortiments als auch der Menge. Am häufigsten gab es «Schmerztabletten», Aspirin, Pyramidon, Hustenpastillen, Kohle und Tanalbin – für Häftlinge, die an Hungerdurchfall litten. Papierbandagen und Zellstoff wurden nur in kleinen Mengen zugeteilt. Sehr empfindlich war der Mangel an Präparaten zur Behandlung von Krätze. In dieser Situation konnte selbst eine aufopferungsvolle Tätigkeit der Häftlingspfleger keine Resultate zeitigen, besonders dann, wenn im Lager Epidemien, darunter Flecktyphus und Bauchtyphus, ausbrachen. Die unhygienischen Zustände in den Häftlingskrankenbaus der einzelnen Teilabschnitte des KZ Auschwitz sowie seiner Außenlager und vor allem Wassermangel und zahlreiche Selektionen konnten die Psyche der Kranken nicht positiv beeinflussen, die sich aus diesem Grund nur im äußersten Fall in den Krankenbau meldeten.

Die SS-Ärzte nutzten den Lagerkrankenbau außerdem zur Durchführung pseudomedizinischer Experimente an Häftlingen.* Im KZ Auschwitz wurden solche Experimente an Tausenden von Häftlingen durchgeführt. Die meisten starben nach Beendigung dieser Eingriffe, und Häftlinge, die überlebten, wurden zu Krüppeln.

In den Schreibstuben des Häftlingskrankenbaus wurde eine Krankenkartei geführt. Außerdem wurden dort Todesmeldungen ausgestellt, in die nach von der SS bestimmten und gelieferten Mustern und Formulierungen fiktive Todesursachen eingetragen wurden. Vor der Verbrennung wurden den Toten künstliche Zähne ausgerissen, um die Edelmetalle weiter zu verwenden. So z. B. ergibt sich aus den teilweise überlieferten Berichten des «Leiters der Häftlingszahnstation des KZ Auschwitz», daß 1942 aus insgesamt 2904 Leichen 16325 Gold- und Platinzähne entfernt worden sind. Diese Berichte beziehen sich natürlich nur auf Leichen von Häftlingen, die vorher im Lager registriert worden waren.[43]

Unter den vielen faschistischen Konzentrationslagern gehörte das KZ Auschwitz zu jenen, in denen – vom Beginn bis zur Auflösung des Lagers – besonders schwere Bedingungen für Häftlinge herrschten, die ein Überleben im Grunde genommen unmöglich machten. Eine unerträgliche Überfüllung der Baracken und Wohnblocks, vollständig fehlende oder unzureichende sanitäre Einrichtungen, Wassermangel und fehlende Mittel zur Körperhygiene, ungeeignete, meist schmutzige Kleidung und Wäsche, geringe Lebensmittelrationen und eine unmenschliche Ausnutzung der Arbeitskraft der Häftlinge waren die Ursachen der riesigen Sterblichkeit unter ihnen. Häftlinge, die an Unterernährung, vor Kälte, an Infektionskrankheiten starben oder als bereits ausgenutzte Arbeitskraft umgebracht wurden, wurden laufend durch Häftlinge aus neuen Transporten ersetzt. In der ersten Zeit des Bestehens des Lagers waren es Polen, in den nächsten Jahren auch Häftlinge aus anderen von den Nazis besetzten Ländern.

An den wehrlosen, jeglicher ärztlichen Hilfe beraubten Häftlingen wurden oft verbrecherische Experimente durchgeführt, deren Resultate weiteren Plänen zum Völkermord dienen sollten.

Neben unmenschlichen Bedingungen, die die physische Auszehrung der Häftlinge beschleunigten, war man im KZ Auschwitz bestrebt, die psychische Widerstandskraft der Häftlinge zu brechen. Zu diesem Zweck wurde eine ganze Prozedur geschaffen, die bei der Registrierung, nach der die Häftlinge zu namenlosen Nummern wurden, einsetzte und bis zu einem ausgebauten System von Strafen und Verboten reichte. Al-

* s. S. 135–141

43 Originalberichte werden im Archiv des Staatlichen Museums in Oświęcim (Auschwitz) aufbewahrt.

le diese Maßnahmen hatten zum Ziel, aus den Häftlingen willenlose Geschöpfe zu machen, die der Möglichkeit beraubt waren, die Grundrechte eines jeden Menschen zu verteidigen, und deren einzige Bestimmung es war, schließlich vernichtet zu werden.

Franciszek Piper

Ausrottung

1. Politisch-rassistische Voraussetzungen der Ausrottung

Zielsetzung und Methoden faschistischer Konzentrationslager änderten sich im Laufe des Krieges wesentlich. Als Häftlinge fremder Nationalitäten – Bürger der von Deutschland besetzten Länder Europas – in den Lagern die Mehrzahl ausmachten, war das ursprüngliche Ziel einer Inhaftierung in Konzentrationslagern, d. h. Isolierung und «Umerziehung» oder physische Vernichtung der Gegner der Hitlerpartei, nicht mehr aktuell.

Von da an wurden nämlich Personen nicht nur wegen ihrer politischen Tätigkeit und Überzeugung in Konzentrationslagern eingekerkert, sondern vor allem wegen ihrer Zugehörigkeit zu einer als feindlich anerkannten Nationalität, sozialen Gruppe, Rasse oder Religion. Aus einem Instrument der Innenpolitik des nationalsozialistischen Staates wurden die Lager in ein Mittel der Machtausübung, der Verwirklichung einer bestimmten Bevölkerungspolitik und von Exterminierungsplänen in den besetzten Gebieten umgestaltet. Als eines der wichtigsten Elemente des polizeilichen Terrorapparates hatten sie erstens Sofortaufgaben zu erfüllen – vor allem bei der Niederschlagung jeglicher Formen des Widerstands in den besetzten Gebieten. Ab 1942 hatten sie auch den Mangel an Arbeitskräften für die deutsche Rüstungsindustrie auszugleichen. Zweitens sollten sie die Verwirklichung des Hauptzieles der Besatzer ermöglichen, d. h. eine Germanisierung Polens und anderer Länder, die auf der Linie des «Drangs nach Osten» lagen. Dieses Ziel, das der Aggression Hitlerdeutschlands gegen Polen, die Tschechoslowakei und die Sowjetunion zugrunde lag, schwebte der nationalsozialistischen Bewegung von Anfang an vor. Bereits im Programm der «Deutschen Arbeiterpartei» (DAP), die später in die Nationalsozialistische Deutsche Arbeiterpartei (NSDAP) umbenannt wurde, hieß es am 24. Februar 1920 u. a.: «Wir fordern Land und Boden (Kolonien) zur Ernährung unseres Volkes und Ansiedlung unseres Bevölkerungsüberschusses.» [1]

1 Gottfried Feder, «Das Programm der NSDAP und seine weltanschaulichen Grundgedanken», München 1932, S. 19–22 (zitiert nach Jakub Banaszkiewicz. «Die Entstehung der Nazipartei 1918–1923», Poznań 1968, S. 502)

Die Zielrichtung der angestrebten Expansion präzisierte wenige Jahre später Adolf Hitler selbst in seinem Buch «Mein Kampf», in dem er u. a. feststellte: «Wir schließen endlich ab die Kolonial- und Handelspolitik der Vorkriegszeit und gehen über zur Bodenpolitik der Zukunft. Wenn wir aber heute in Europa von neuem Grund und Boden reden, können wir in erster Linie nur an Rußland und die ihm untertanen Randstaaten denken.»[2]

Damit kein Zweifel an diesen Absichten entstehe, erklärte Hitler am 5. November 1937 auf einer Geheimkonferenz im Beisein militärischer Befehlshaber und des Reichsministers für Auswärtige Angelegenheiten: «Es handelte sich nicht um die Gewinnung von Menschen, sondern von landwirtschaftlich nutzbarem Raum.»[3] Diesen Gedanken ergänzte und entwickelte Heinrich Himmler im Juli 1942, als er sagte: «Unsere Aufgabe ist es, den Osten nicht im alten Sinne zu germanisieren, d. h. den dort wohnenden Menschen deutsche Sprache und deutsche Gesetze beizubringen, sondern dafür zu sorgen, daß im Osten nur Menschen wirklich deutschen, germanischen Blutes wohnen.»[4]

Eben diese Konzeptionen wurden zur Grundlage der Völkermordpolitik der faschistischen Besatzer gegenüber slawischen Völkern, die in den Gebieten, die sie bewohnten, als unnötiges und unerwünschtes Element angesehen wurden. Unter 50 Millionen Slawen, die in erster Linie aus den für deutsche Siedler vorgesehenen Gebieten entfernt werden sollten, waren vor allem Polen die «zahlenmäßig stärkste und deshalb gefährlichste Gruppe aller Fremdstämmigen», wie es Dr. E. Wetzel, Leiter des Rassenpolitischen Amtes der NSDAP ausdrückte, wobei die Polen außerdem «als ein besonders zur Konspiration neigendes Volk» angesehen wurden. Mit Ausnahme eines geringen Prozentsatzes, der als «eindeutschungsfähig» anerkannt worden war, sollten sie vollkommen entfernt werden.

Abgesehen sowohl von allgemeinen Konzeptionen als auch detaillierten Plänen zur Verwirklichung dieser Aufgaben, wie z. B. dem Plan, die Polen nach Sibirien auszusiedeln (die Nazis wechselten hierbei ihre Konzeptionen je nach Bedingungen und Möglichkeiten – das schlagendste Beispiel dafür war die «Endlösung der Judenfrage», der Pläne zur Aussiedlung der jüdischen Bevölkerung nach Madagaskar vorausgegangen waren), bleibt im Ergebnis einer Analyse der Tatsachen, aus denen sich das Gesamtbild der Aktivität der Besatzer auf polnischem Boden zusammensetzt, festzustellen, daß man dieses Ziel (unabhängig von solchen Methoden wie Einschränkung des natürlichen Zuwachses und Be-

2 Adolf Hitler, «Mein Kampf», München 1942, S. 742

3 Nürnberger Dokumente 386-PS, «Das Urteil von Nürnberg», München 1946, S. 30

4 Nürnberger Dokumente 2915-PS, ebenda, S. 77

schleunigung der Sterblichkeit) vor allem durch Massenausrottung zu erreichen beabsichtigte.

Eine besonders wichtige Rolle in der Vernichtungspolitik der Besatzer sollten – zwecks Entvölkerung der künftigen deutschen Siedlungsgebiete – die Konzentrationslager spielen, darunter – unter Berücksichtigung der Größe und der zur Verfügung stehenden Mittel – speziell das Konzentrationslager Auschwitz-Birkenau. Dieses Lager war vor allem für Polen bestimmt und erreichte schnell einen finsteren Ruhm als eine der schrecklichsten Hinrichtungsstätten und Ort des Martyriums Tausender polnischer Patrioten. Trotz des Zustroms von Häftlingen aus fast allen Ländern Europas blieben die Polen bis zur Liquidierung des Lagers eine der zahlenmäßig stärksten Nationalitätengruppen in Auschwitz.

Als Konsequenz der völkermörderischen Politik des Dritten Reiches gegenüber slawischen Völkern ist auch die Vernichtung vieler Tausender sowjetischer Kriegsgefangener anzusehen, die 1941 in das Lager eingeliefert und kurz darauf ermordet wurden. Nach den Polen war diese Gruppe 1941 die zweitgrößte Nationalitätengruppe unter den Häftlingen.

Einen wesentlichen Einfluß auf die Vernichtungsaktivität im Lager Auschwitz hatte seit 1942 der Beschluß, in diesem Lager die von Hitler angeordnete Vernichtung der jüdischen Bevölkerung aus ganz Europa zu konzentrieren. Vorbereitungen zu dieser Aktion wurden bereits im vorangegangenen Jahr auf Grund eines Befehls vom 31. Juli 1941 getroffen, der von Hermann Göring als Bevollmächtigter zur Lösung der Judenfrage erteilt wurde. Der ehemalige Lagerkommandant Rudolf Höß schrieb dazu in seiner Autobiographie u. a.:

«Im Sommer 1941, den genauen Zeitpunkt vermag ich z. Zt. nicht anzugeben, wurde ich plötzlich zum Reichsführer SS nach Berlin befohlen, und zwar direkt durch seine Adjutantur. Entgegen seiner sonstigen Gepflogenheit eröffnete er mir, ohne Beisein eines Adjutanten, dem Sinne nach folgendes: Der Führer hat die Endlösung der Judenfrage befohlen, wir – die SS – haben diesen Befehl durchzuführen. Die bestehenden Vernichtungsstellen im Osten sind nicht in der Lage, die beabsichtigten großen Aktionen durchzuführen. Ich habe daher Auschwitz dafür bestimmt, einmal wegen der günstigen verkehrstechnischen Lage und zweitens läßt sich das dafür dort zu bestimmende Gebiet leicht absperren und tarnen. Ich hatte erst einen höheren SS-Führer für diese Aufgabe ausgesucht; um aber Kompetenzschwierigkeiten von vornherein zu begegnen, unterbleibt das, und Sie haben nun diese Aufgabe durchzuführen. Es ist eine harte und schwere Arbeit, die den Einsatz der ganzen Person erfordert, ohne Rücksicht auf etwa entstehende Schwierigkeiten. Nähere Einzelheiten erfahren Sie durch Sturmbannführer Eichmann vom RSHA, der in nächster Zeit zu Ihnen kommt. [. . .] Nach der Unterredung mit Eichmann schicken Sie mir sofort die Pläne der beabsichtigten Anlage zu. Die Juden sind die ewigen Feinde des deutschen Volkes und müssen ausgerottet werden. Alle für uns erreichbaren Juden sind jetzt während des Krieges ohne Ausnahme zu vernichten. Gelingt uns jetzt nicht, die biologischen Grundlagen des Judentums zu zerstören, so werden einst die Juden das deutsche Volk vernichten.»[5]

Die Vorbereitungen zur «Endlösung der Judenfrage» leitete das Reichssicherheitshauptamt, an dessen Spitze SS-Obergruppenführer Reinhard Heydrich stand, der für die Durchführung des Befehls von Hermann Göring persönlich verantwortlich war. Von Heydrich wurde auch ein genauer Plan für Verhaftungen und Deportationen von über 11 Millionen Menschen jüdischer Abstammung aus Europa vorbereitet, mit dem Ziel, diese Personen in Vernichtungslager zu überführen.

Diesen Plan legte Heydrich am 20. Januar 1942 in Berlin-Wannsee auf einer Konferenz vor, an der folgende Vertreter der einzelnen Ministerien teilnahmen: Reichsinnenministerium – Wilhelm Stuckart, Auswärtiges Amt – Martin Luther, Justizministerium – Roland Freissler, Ministerium für die Ostgebiete – Alfred Meyer und Georg Leibbrandt sowie Vertreter: des Beauftragten für den Vierjahresplan – Ernst Neumann, des Generalgouvernements – Josef Bühler, der Parteikanzlei – Gerhard Klopfer, der Reichskanzlei – Friedrich Kritzinger, Vertreter der Hauptämter der SS: des Rassen- und Siedlungshauptamtes – Otto Hofmann, des Reichssicherheitshauptamtes – Heinrich Müller und Adolf Eichmann sowie Vertreter der Befehlshaber der Sicherheitspolizei im Generalgouvernement.

In dem von Heydrich vorgelegten Plan war vorgesehen, ganz Europa von West nach Ost und von Süd nach Nord zu «durchkämmen», um alle Personen jüdischer Abstammung zu verhaften und «nach Osten zu evakuieren», worunter man ihre Vernichtung verstand. Laut Heydrich sollte diese Aktion folgende Gruppen umfassen: u. a. fünf Millionen Juden aus dem Gebiet der Sowjetunion, 2684000 Juden aus Polen (Generalgouvernement und das Gebiet um Białystok), 865000 Juden aus Frankreich, 742000 aus Ungarn, 342000 aus Rumänien und 330000 aus Großbritannien.

Gemäß den auf dieser Konferenz getroffenen Entscheidungen trafen bereits in den ersten Monaten 1942 erste Transporte mit jüdischer Bevölkerung aus Oberschlesien, der Slowakei, Frankreich, dann Holland, Belgien und aus anderen Ländern in Auschwitz ein.

Eine andere von den Hitlerfaschisten zur Vernichtung vorgesehene Nationalitätengruppe waren die Zigeuner. Auf Grund einer Verordnung des Reichssicherheitshauptamtes vom 29. Januar 1943, die die

5 «KL Auschwitz in den Augen der SS, Höß, Broad, Kremer». Verlag des Staatlichen Auschwitz-Museums 1973, S. 108

Verhaftung aller Zigeuner aus dem Reich und den besetzten Gebieten und ihre Überführung in Konzentrationslager verfügte, wurden über 22000 Zigeuner – Männer, Frauen und Kinder – in das Lager Auschwitz eingeliefert. Sie wurden in einer Sonderabteilung des Lagers Birkenau untergebracht und kamen fast alle durch Hunger und Krankheiten um oder wurden getötet. Nur eine kleine Gruppe wurde in andere Konzentrationslager überstellt und in der Rüstungsindustrie eingesetzt.

In den vier Jahren und sieben Monaten des Bestehens des Konzentrationslagers Auschwitz sind dort – nach Feststellungen der Außerordentlichen Staatlichen Kommission der Sowjetunion zur Erforschung der im Lager Auschwitz verübten Verbrechen sowie des Obersten Nationalgerichtshofs in Polen – im Ergebnis einer bewußten, auf die Vernichtung der Häftlinge gerichteten Tätigkeit der faschistischen Behörden etwa vier Millionen Menschen umgekommen, die aus fast allen Ländern Europas und in einigen Fällen auch aus anderen Erdteilen stammten.

Diese Menschen starben durch unmenschliche Lebensverhältnisse und übermenschliche Arbeitsanstrengung, durch Folter und Exekutionen und an den Folgen pseudomedizinischer Experimente. Die meisten jedoch wurden in besonders zu diesem Zweck projektierten und errichteten Gaskammern umgebracht. Unabhängig von der politischen, wirtschaftlichen und militärischen Lage des deutschen Reiches, von Änderungen der Methoden der Ausbeutung der Arbeitskraft der Häftlinge wurden die für dieses Lager in den ersten Kriegsjahren ausgearbeiteten Ziele – und zwar die Vernichtung ganzer Gruppen von Menschen, die einer bestimmten Nationalität, sozialen Schicht oder Rasse zugehörten, sowie aller, die in irgendeiner Weise den Kampf gegen die Okkupanten aufgenommen hatten – konsequent bis zum Ende des Bestehens des Lagers durchgeführt.

2. Methoden der indirekten Vernichtung

2.1 Hunger und Krankheiten

Mit Rücksicht auf die damalige politische Lage in Europa hatte man sich in den Jahren 1940–41 selbst den Juden gegenüber noch nicht zur Anwendung von Methoden der unmittelbaren Massenvernichtung entschieden. Das erfolgte erst nach dem Überfall Hitlerdeutschlands auf die Sowjetunion. Anfangs wurden Häftlinge umgebracht, indem man sie der elementarsten Lebensgrundlagen beraubte, und das Hauptinstrument der Vernichtung hieß Hunger. Die Menge der den Häftlingen zugewiesenen Lebensmittel reichte zum Überleben für einen Zeitraum von 3 bis

6 Monaten. Einer entsprechenden Kalorienzufuhr beraubt, glich der Organismus der Häftlinge die negative Wärmebilanz durch Energiezufuhr aus der Fettschicht des eigenen Körpers aus. Nach Ausschöpfung dieser Quelle erfolgte ein Muskelgewebeschwund, verbunden mit einer Beeinträchtigung innerer Organe sowie einer Verringerung der Widerstandskraft des gesamten Organismus. Das Resultat waren Epidemien aller Art.

Unter den zahlreichen Krankheiten, von denen die Häftlinge heimgesucht wurden, war der Hungerdurchfall die am häufigsten zum Tode führende und unter normalen Verhältnissen vollkommen unbekannte Krankheit, die jedoch allgemein in allen Konzentrationslagern auftrat. Erscheinungsformen dieser Krankheit waren der Schwund von Verdauungsfunktionen, äußerste Auszehrung des Organismus und rapider Gewichtsverlust. Skelettähnliche Häftlinge starben auf den Lagerstraßen und in Wohnblocks und wurden massenweise während der Arbeit getötet. Nur wenige konnten in den Häftlingskrankenbau aufgenommen werden, der jedoch nur dem Namen nach an eine Einrichtung zur Rettung menschlichen Lebens erinnerte. Das Privileg jener, die schließlich in den Krankenbau aufgenommen wurden, bestand nur darin, daß sie, vom Zwang zur Arbeit und von lästigen Appellen befreit, in verhältnismäßiger Ruhe sterben konnten.

Eine weitere häufige und in ihren Folgen gefährliche Krankheit, die ebenfalls durch unhygienische Lebensbedingungen hervorgerufen wurde, war der Flecktyphus. Diese Krankheit, die von Zeit zu Zeit das Ausmaß einer großen Epidemie annahm, wütete im Lager fast ununterbrochen vom April 1941 bis zum Frühjahr 1944. Wenn sich diese Epidemien besonders verstärkten, starben monatlich Hunderte und sogar Tausende von Häftlingen. Ihren gefährlichsten Verlauf nahm die Flecktyphusepidemie 1942. Erste Krankheitsfälle wurden im März im Lager Birkenau notiert, im Juli hatte die Epidemie bereits das ganze Lager ergriffen. Die Zahl der Todesfälle stieg von Tag zu Tag. Insgesamt verstarben in diesem Lager im April 2192 Häftlinge und Gefangene, im Mai 2982, im Juni 3688, im Juli 4124 und in den ersten drei Wochen des Monats August 4113 Häftlinge.

Die sich immer weiter ausbreitende Typhusepidemie wurde zu einem großen Hindernis bei der Ausnutzung der Arbeitskraft der Häftlinge. Eine von August bis Oktober 1942 andauernde Arbeitsunterbrechung mehrerer Tausend Häftlinge, die vom IG-Farbenkonzern beim Bau der «Bunawerke» beschäftigt waren, verursachte erhebliche Verluste und Verspätungen bei der Realisierung dieses vorrangigen und für die deutsche Kriegswirtschaft äußerst wichtigen Investitionsvorhabens.

Diese Tatsache und die Befürchtung, die Epidemie könne auch auf die SS-Mannschaft und deren Familien übergreifen – eine Befürchtung, die übrigens durch zahlreiche Erkrankungen oder sogar Todesfälle unter den SS-Männern bestätigt wurde (bereits beim Ausbruch der Epidemie am 10. Mai 1942 starb der Standortarzt SS-Hauptsturmführer Siegfried Schwela an Typhus), veranlaßten die SS-Lagerleitung zu Anordnungen, die die Folgen der Epidemie begrenzen und sie teilweise liquidieren sollten.

2.2 Arbeit

Ein erprobtes und wirksames Mittel zur Vernichtung der Lagerhäftlinge war Arbeit. Arbeit war die Pflicht eines jeden Häftlings, und wenn es an sinnvoller Beschäftigung mangelte, wurde den Häftlingen befohlen, sinnlose Arbeiten auszuführen. In den ersten Jahren des Bestehens des Lagers waren die meisten Häftlinge mit seinem Ausbau beschäftigt, d. h. beim Bau von Wohnbaracken, Lagerhallen, Straßen usw. Diese Arbeit wurde mit den primitivsten Werkzeugen durchgeführt, mit Hakken, Spaten und Brecheisen, wobei andere technische Hilfsmittel fast völlig fehlten, was selbst in Kriegszeiten unbegründet war. Technik wurde ausnahmsweise nur bei sehr dringenden Arbeiten eingesetzt, so z. B. beim Bau von Gaskammern und Krematorien. Material zum Ausbau des Lagers wurde u. a. durch Demontage von Wohnhäusern jener Personen gewonnen, die aus dem an das Lager grenzenden Gebiet ausgesiedelt worden waren. Dazu wurden Balken benutzt, die als Rammböcke zum Niederreißen der Mauern dienten. Diese Arbeit war äußerst gefährlich, und oft wurden Häftlinge unter fallendem Schutt begraben.

Zwar gab es eine Kraftwagenkolonne und Pferdefuhrwerke, dennoch war es im Lager allgemein üblich, Häftlinge als Lastträger zu benutzen, manchmal auch über größere Entfernungen, oder Häftlinge vor sogenannte «Rollwagen» zu spannen – große Transportwagen, die beim Transport innerhalb des Lagers zur Beförderung von Baumaterial, Lebensmitteln, Kleidung, Fäkalien aus den Latrinen und Leichen benutzt wurden. In Lagerhallen und beim Bau der Bunawerke wurde die Methode eines «Pendeltransports» angewandt, die darauf beruhte, daß Häftlinge von einem Ort zum anderen – z. B. von Eisenbahnwaggons in Lagerhallen – Zementsäcke, Ziegel, Bretter usw. schleppen mußten und dabei durch ein Spalier von SS-Männern und «Kapos» liefen, die sie durch Stockhiebe zu fortwährender Eile antrieben.

Die gleiche Methode wurde beim Einmieten von Kartoffeln und Kohlrüben angewandt, die jeden Herbst in großen Mengen an das Lager geliefert wurden, denn sie bildeten die Grundnahrungsmittel für die Häftlinge. Zur Beförderung von Kartoffeln und Kohlrüben wurden sogenannte Tragen benutzt, große Holzkisten mit Griffen, deren Gewicht mit Ladung 150 kg überschritt. Die Häftlinge schleppten diese Tragen zu zweit. Diese Arbeit war selbst für einen gesunden und gut ernährten Menschen äußerst schwer, für die Häftlinge war sie mörderisch. Bei diesem Arbeitseinsatz kam es zu entsetzlichen Szenen. Trotz größter Anstrengungen – jeder war sich dessen bewußt, daß es hier um das eigene Leben ging – brachen die Häftlinge unter der erdrückenden Last zusammen. Wer nicht imstande war, sofort aufzustehen, wurde von den Antreibern mit Knüppeln erschlagen.

Ein entsetzlicher Anblick war der Mord an Häftlingen, die sich instinktiv noch auf den Beinen hielten, aber mit ihren blutenden Händen nicht mehr imstande waren, die Griffe der Tragen zu halten. Von Zeit zu Zeit wurden sie einzeln von einem SS-Mann oder Kapo gerufen, vor dem sie sich verneigen mußten. Mit einem bereitgestellten Schemel erhielten sie einen kräftigen Schlag ins Genick, der ihren sofortigen Tod verursachte. Die Leichen wurden in eine in der Nähe ausgehobene Grube geworfen. Entsetzte Häftlinge flohen vor den Schlägen ihrer Henker in Richtung der Postenkette, die den Arbeitsplatz umstellt hatte, denn sie wollten lieber durch die Kugel eines Postens umkommen. Täglich wurden von dort etwa 20 Leichen abtransportiert.

Bei allem waren die Häftlinge davon überzeugt, daß es dabei gar nicht um termingerechte Ausführung der Arbeit ging – oft war man früher fertig als erwartet – sondern eben darum, zu quälen und zu töten. Niemand zweifelte auch daran, daß die Benutzung einfacher Transportmittel, wie z. B. Wagen oder zumindest Schubkarren, diese Arbeit in eine zwar weiterhin schwere, aber nicht unbedingt tödliche Anstrengung umwandeln konnte.

Eine derartige «Rationalisierung» hätte jedoch offensichtlich im Widerspruch zur Losung «Vernichtung durch Arbeit» gestanden, die zum erstenmal in einem Abkommen zwischen Reichsjustizminister Thierack und Himmler im September 1942 formuliert, aber bereits seit vielen Jahren konsequent angewandt worden war. Daher wurde nach Mitte 1943, als in Deutschland ein großer Arbeitskräftemangel herrschte, beim Straßenbau im Lager Birkenau folgende Transportmethode für Baumaterialien angewandt: Die Häftlinge mußten ihre Jacken oder Mäntel mit dem Rücken nach vorn anziehen und mit beiden Händen an die Rockschöße fassen. So entstand eine Art Tragetasche, in die man Erde oder Kies schippte, die die Häftlinge mehrere hundert Meter weit zum Arbeitsplatz tragen mußten.

Die Häftlinge wurden häufig gezwungen, Arbeiten auszuführen, die nicht nur in krassem Gegensatz zu humanen Gesichtspunkten standen, sondern auch dem gesunden Menschenverstand und wirtschaftlichen Grundsätzen widersprachen. Hier ein Beispiel: Im Frühjahr 1944 wurden aus dem lagereigenen Landwirtschaftsbetrieb in Babice Pferde für die Wehrmacht abgezogen. Zur Feldarbeit spannte man Frauen vor die

Pflüge.[6] Das Bild dieser «fremdrassigen» Frauen als Zugvieh dürfte ein Symbol des Hitlerfaschismus sein, für den das Lager Auschwitz mit seinen Gaskammern und Sklavenarbeit ein eigenartiges Versuchsgelände war.

Hinsichtlich des Fehlens jeglicher Skrupel bei der Ausnutzung der Arbeitskraft der Häftlinge konkurrierten mit der SS hervorragend privat und staatlich gelenkte Industrieunternehmen, deren Anteil an der Beschäftigung von Häftlingen seit 1942 (als Hitler unter dem Druck von Wirtschaftskreisen der SS das Monopol zur Beschäftigung von Häftlingen entzogen hatte) systematisch stieg. Arbeiteten 1942 etwa 6000 Häftlinge in Industriebetrieben und 1943 etwa 17000 Häftlinge, so beschäftigten diese Industrieunternehmen 1944 bereits 41000 Häftlinge. Sie waren in 28 Außenstellen des KZ Auschwitz, sogenannten Nebenlagern, untergebracht, die hauptsächlich in Schlesien in der Nähe von Betrieben errichtet worden waren, in denen Häftlinge zur Arbeit eingesetzt wurden. Die Unternehmer, die nur einen geringen Satz für das «Entleihen» von Häftlingen entrichteten (drei bis sechs Mark pro Tag), konnten völlig frei über ihre Arbeitskraft verfügen. Diese Unternehmer regelten selbst Arbeitszeit, Arbeitsbedingungen und Art der geleisteten Arbeit und ließen die Häftlinge während der Arbeit nicht nur in fachlicher, sondern auch disziplinarischer Hinsicht überwachen. Obgleich die schweren Lebensbedingungen im Lager bekannt waren, verlangte man von den Häftlingen den gleichen Grad an Produktivität wie von frei angeworbenen Arbeitern. In monatlichen Berichten, die an das Lager geliefert wurden und die Beschäftigung von Häftlingen betrafen, wurden stets Analysen über die Arbeitsproduktivität der Häftlinge durchgeführt, die oft auf Grund ziemlich hinfälliger Kriterien auf 40 bis 60% der Produktivität anderer Arbeiter geschätzt wurde. Dabei verlangte man aber keine Verbesserung der Lebensbedingungen für die Häftlinge, sondern Verschärfung von Disziplin und Strafen. In einigen Außenlagern übertrafen die Zivilbewacher die SS an Grausamkeit. Vor allem in Bergwerken und Gruben schlugen deutsche Steiger Häftlinge, die nicht imstande waren, die ihnen zugewiesene Arbeit auszuführen, sie schlugen sie sogar tot. So verhielten sich übrigens nicht nur Bewacher niederen Ranges, sondern sogar einige Mitglieder der Bergwerksdirektionen.

6 Aussagen der ehemaligen Häftlinge Anna Zdanowska-Wiśniewska und Teresa Wicińska. APMO, Zespół «Oświadczenia» (Sammlung von Aussagen), Bd. 43, Bl. 49, Bd. 47, Bl. 90

Garantie für einwandfreies Funktionieren des Terror- und Gewaltapparates im Lager war absoluter Gehorsam der Häftlinge. Alle, auch die kleinsten Regungen offenen Widerstandes, wurden mit schärfsten Repressalien geahndet.

In der Lagerordnung des KZ Dachau vom 1. Oktober 1933, unterzeichnet von dem späteren Inspekteur der Konzentrationslager Theodor Eicke, wurde u. a. festgestellt:

«Wer einen Posten oder SS-Mann tätlich angreift, den Gehorsam oder an der Arbeitsstelle die Arbeit verweigert, andere zum Zwecke der Meuterei zu den gleichen Taten auffordert oder verleitet, als Meuterer eine Marschkolonne oder eine Arbeitsstelle verläßt, andere dazu auffordert, während des Marsches oder der Arbeit johlt, schreit, hetzt oder Ansprachen hält, wird als Meuterer auf der Stelle erschossen oder nachträglich gehängt.»[7]

Praktisch konnte also jeder SS-Mann einen Häftling umbringen, ohne die Verantwortung dafür zu tragen. Diese Haltung wurde nicht nur durch die Lagerleitung, sondern auch die höchsten Behörden im Staate akzeptiert und unterstützt. Kein anderer als Hitler persönlich begnadigte am 29. November 1935 zu Gefängnisstrafen verurteilte Aufseher des KZ Hohenstein, die sich – wie das Reichsjustizministerium anerkannte – «auf besonders schwere und grausame Weise an Mißhandlungen (von Häftlingen) beteiligt hatten».[8]

Hitler verheimlichte übrigens nicht, daß physische Gewalt und Terror seiner Meinung nach wirksame Mittel zur Ausübung von Macht seien:

«Ich wünsche nicht», so führte er aus, «daß man aus Konzentrationslagern Sanatorien macht. Terror ist die wirksamste politische Waffe. Jeder wird es sich vorher überlegen, etwas gegen uns zu unternehmen, wenn er erfährt, was ihn im Konzentrationslager erwartet [. . .] Ich brauche Leute, die hart durchgreifen und sich nicht erst überlegen müssen, wenn sie jemand umbringen sollen [. . .] Jede Tat hat ihren Sinn, genauso jede Untat [. . .] Das Gewissen ist eine jüdische Erfindung.»[9]

In diesem Geiste schulte und erzog der erste Inspekteur und – wie Höß ihn nannte – der eigentliche Schöpfer der Konzentrationslager, Theodor Eicke, die Mannschaften für die Konzentrationslager in Dachau, jener berühmten Schule der Henker mit dem Totenkopf. «Die

7 «Der Prozeß gegen die Hauptkriegsverbrecher vor dem Internationalen Militärgerichtshof», Nürnberg 1947–1949 (weitere Zitate: «Der Prozeß . . .»), Bd. 26, S. 291–293

8 Nürnberger Dokumente 785–788-PS, «Der Prozeß . . .», Bd. 26, S. 300–327

9 Hermann Rauschning, «Gespräche mit Hitler», Zürich-Wien-New York 1940, S. 79, 81, 82, 95, 211

Häftlinge sind für ihn allezeit Staatsfeinde, die sicher zu verwahren, hart zu behandeln und bei Widersetzlichkeit zu vernichten sind.»[10] Aus dieser Eicke-Schule kam auch die Führung des Konzentrationslagers Auschwitz, die sich aus folgenden Personen zusammensetzte: Lagerkommandant Rudolf Höß, ein pedantischer Verbrecher, der vom Schreibtisch aus den gesamten Vernichtungsmechanismus des Lagers leitete, der erste Lagerleiter Karl Fritzsch, Begründer des Systems des individuellen Terrors, der bis zum Ende des Lagers bestand, sein Nachfolger Hans Aumeier, der ehemalige Chef der Spezialausbildung im KZ Dachau, der Rapportführer und Vollstrecker von Todesurteilen Gerhard Palitzsch und andere.

Die Lagerordnung mit ihren Verhaltensnormen – im Sinne eines Registers von Verboten, Geboten oder Strafen, wie z. B. oben im Zusammenhang mit dem KZ Dachau erwähnt – war den Häftlingen des KZ Auschwitz unbekannt. Was erlaubt oder was unerlaubt war, wurde im Lager durch Stockschläge beigebracht. Dazu schrieb ein Arzt aus den Vorkriegsjahren, der ehemalige Häftling Czesław Jaworski, der von der Gestapo verhaftet und unter dem Verdacht der Zugehörigkeit zu einer geheimen Widerstandsorganisation in das Konzentrationslager Auschwitz eingeliefert worden war:

«An der Treppe bemerkte ich im Korridor eine Tafel mit verschiedenen Ankündigungen in deutscher Sprache. Ich suchte nach Vorschriften, die für uns im Lager Gültigkeit hätten, in der Meinung, sie seien irgendwie in Paragraphen gefaßt und zur allgemeinen Kenntnis gegeben. Leider fand ich sie nicht. Plötzlich sah ich den Blockschreiber und wandte mich also an ihn: ‹Gestatten Sie, mein Herr, gibt es irgendwelche Vorschriften für Häftlinge in diesem Lager? Ich möchte mich mit ihnen bekannt machen, um Unannehmlichkeiten zu vermeiden.› Der sah mich an wie einen Verrückten, schlug mir ins Gesicht und sagte: ‹Da haben Sie Ihre Vorschriften, Herr Ministerialrat!› Diese Erklärung kostete mich zwei Zähne.»[11]

Allgemein angewandt, obwohl in keiner Lagerordnung vorgesehen, war das Prügeln von Häftlingen am Ort des «Vergehens». Jeder SS-Mann und jeder Funktionshäftling – vom Lagerältesten bis zum Blockfriseur – hatte das Recht, einen Häftling zu schlagen oder sogar zu erschlagen. Prügel an Ort und Stelle und andere Mißhandlungen waren auch Bestandteil einer Anzahl von Ordnungsstrafen wie z. B. Strafarbeit während der Freizeit, Einweisung in die Strafkompanie oder Strafexerzieren. Diese Strafen verhängte nach Meldung durch einen SS-Mann der Kommandant oder in seiner Vertretung der Lagerleiter, in-

10 APMO, Höß-Prozeß, Bd. 21, Bl. 230

11 Czesław W. Jaworski, «Wspomnienia z Oświęcimia» (Erinnerungen aus Auschwitz), Warszawa 1962, S. 46

dem er eine besondere Strafverfügung herausgab. Auf Grund von überlieferten 275 Meldungen und 110 Strafverfügungen lassen sich die Wechselbeziehungen zwischen Verstößen seitens der Häftlinge und den dafür verhängten Strafen analysieren.

Unter den häufigsten Ursachen zur Bestrafung von Häftlingen befanden sich: Nichtantreten zur Arbeit mit dem Lagerkommando, Arbeitsverweigerung, unerlaubte Entfernung vom Arbeitsplatz, Sabotage während der Arbeit (das konnte z. B. bedeuten, daß ein Betonrohr während des Ausladens zu Bruch gegangen war), Kochen von Mahlzeiten während der Arbeit, Organisierung von Lebensmitteln oder Bekleidung, Handel mit Zivilarbeitern, illegales Absenden eines Briefes, Rauchen von Zigaretten in der Verbotszeit. Strafmeldungen werfen manchmal ein interessantes Licht auf die im Lager herrschenden Verhältnisse. Am 13. Juni 1944 erstattete der Leiter des Unterlagers in Jawiszowice, Wilhelm Kowol, eine Strafmeldung gegen den Häftling Lazar Anticola, geboren am 3. Januar 1910 in Rom, weil dieser um 11 Uhr nachts gemeinsam mit einem anderen Häftling versucht hatte, in einen Schweinestall einzubrechen, um aus dem Schweinefutter Brotreste zu entwenden. Der Schutzhaftlagerführer des KZ Auschwitz III – Vinzenz Schöttel – verhängte dafür eine Strafe von 10 Sonntagen Strafarbeit unter Aufsicht.[12] Prügel wurden auch «offiziell» und oft als Strafe verhängt. Die Prügelstrafe wurde gewöhnlich öffentlich während des Appells auf einem besonders dafür konstruierten Bock vollzogen. Die Beine des darauf liegenden Häftlings waren fest eingeklemmt. Geschlagen wurde mit einem Knüppel, seltener mit einer in den Vorschriften vorgesehenen Peitsche. Die Zahl der Schläge – die laut Vorschrift schnell, einer nach dem anderen auszuführen waren – sollte einmalig 25 Schläge nicht überschreiten. Tatsächlich hing das Strafmaß aber von der Laune des SS-Mannes ab, der die Ausführung der Strafe überwachte. Von beliebiger Auslegung der Vorschriften zur Anwendung von Prügelstrafen zeugt das öffentliche Prügeln von fünf Häftlingen, die in den ersten Fall von Lagerflucht (entlaufen war der Häftling Tadeusz Wiejowski) verwickelt waren. Diese Häftlinge sollten dreimal je 25 Schläge erhalten. Nach der ersten Serie von 25 Schlägen wurden sie in die Keller des «Todesblocks» gebracht, wo sie 21 Tage ohne jegliche ärztliche Hilfe verblieben, obwohl die Schlagwunden eiterten und faulten. Nach dieser Zeit wurden sie von Häftlingspflegern auf den Appellplatz getragen und erhielten dort auf einmal je 50 Schläge. Danach mußten die Häftlinge in den Krankenbau getragen werden, wo einer von ihnen, Stanisław Mrzygłód, an den Wunden verstarb, und ein zweiter, Bolesław Bicz, zwei Wochen lang ohnmächtig blieb.

Der Häftling Josef Engel wurde mit Prügel bestraft, weil er versucht

12 APMO, «Meldungen und Strafverfügungen», Zeichen D-Au I, II, III-2/284

hatte, Selbstmord zu verüben. Da er die schwere Arbeit und die grausame Behandlung nicht mehr aushalten konnte, versuchte er am 2. Februar 1944 im Untertagebau «Brzeszcze-Jawiszowice», sich die Kehle durchzuschneiden. Zur Strafe erhielt er 25 Schläge. Am 25. Januar 1944 erhielt der Häftling Juda Calvo die Prügelstrafe, weil er zwei sich selbst ausgerissene Goldzähne gegen in das Lager geschmuggeltes Brot tauschte.

Geprügelt wurden auch Frauen. Über einen Fall von Prügelstrafe für weibliche Häftlinge berichtet in ihren Erinnerungen Seweryna Szmaglewska:

«Zweihundert Frauen sollen die Prügelstrafe bekommen, jede 25 Schläge [. . .] In den Lichtstreifen ist der Zug der Frauen zu sehen, die sich langsam und gehorsam der Stelle nähern, an der sich jede von ihnen unter die Peitsche legt. Vor der Tür des Blocks beugt sich die Gestalt von Schultz, seine Hand mit der Peitsche bewegt sich auf und ab.

Plötzlich setzt ein Tumult ein. In der Dunkelheit versuchen nicht geschlagene Frauen, sich in die Gruppe jener zu stellen, denen die Strafe bereits erteilt wurde. Schultz bemerkt das, wirft die Peitsche weg und ergreift irgendeine ausgemergelte Gestalt, die mit Mühe durch den Schlamm watet. Er ergreift sie an den Hüften, hebt sie hoch und schleudert sie mit dem Kopf nach unten. Dann betrachtet er seine geschwollene Handfläche und kehrt wieder zum Prügeln zurück. [. . .] In der Dunkelheit des Herbstabends breiten sich Schreie, Weinen und Stöhnen aus.»[13]

Eine weitere empfindliche Strafe war das sogenannte Pfahlbinden, das darauf beruhte, daß der Häftling mit nach hinten gedrehten Armen so an einen Pfosten gehängt wurde, daß seine Füße nicht die Erde berührten. Das war eine unerhört schmerzhafte Strafe, die Häftlinge verloren vor Schmerz das Bewußtsein. Auch wegen der Folgen war diese Strafe sehr gefährlich. Nach langem Hängen am Pfosten rissen die Schultersehnen, der Häftling konnte seine Arme nicht mehr bewegen und wurde so als arbeitsunfähig ein Opfer der Selektion.

Zu den sehr schweren Strafen gehörte auch die Verlegung in eine «Stehzelle». Solche Zellen befanden sich im Stammlager Auschwitz in den Kellern des Blocks Nr. 11. Jede der vier Zellen maß weniger als einen Quadratmeter. In die Zelle führte ein niedriger Spalt im unteren Teil, der durch ein Gitter und eine dichte Tür verschlossen werden konnte. In der Zelle herrschte vollkommene Dunkelheit, denn selbst eine kleine Öffnung (5 × 5 cm), die das einzige Luftloch bildete, war mit Blech abgeschirmt. In eine Zelle wurden je vier Häftlinge eingeschlossen, was Bewegung oder Veränderung der Lage unmöglich machte.

13 Seweryna Szmaglewska, «Dymy nad Birkenau» (Rauch über Birkenau), Warszawa 1945, S. 195–196

Nach einer ganzen Nacht in der Stehzelle wurden die Häftlinge mit den anderen zur Arbeit geführt. Diese Strafe wurde oftmals für viele Nächte verhängt.

Durch Befehl vom 16. September 1943 verfügte der Kommandant des KZ Auschwitz, auch in allen Außenlagern Stehzellen einzurichten. Bekannt ist, daß es derartige Zellen z. B. in den Lagern Birkenau, Świętochłowice und Wesoła gab. Ähnlich wie andere Strafen wurde das Stehen in einer solchen Zelle selbst bei sehr geringfügigen Verstößen angeordnet.

Der Häftling Nr. 60970 erhielt zehn Nächte Stehbunker dafür, daß er in einem anderen Block versucht hatte, zum zweitenmal eine Ration Lebensmittel zu erhalten. Drei Nächte Stehzelle erhielt der Häftling Nr. 64495, weil er hinter einem Gebäude seine Notdurft verrichtet hatte. Der Häftling Nr. 104909 wurde mit zehn Nächten Stehzelle bestraft, weil er sich während der Arbeit zur Verrichtung seiner Notdurft abmeldete, aber in einem nahegelegenen Garten Obst pflückte. Der weibliche Häftling Nr. 47332 erhielt fünf Nächte Stehbunker für den gleichen Verstoß.

Häftlinge wurden außerdem in Dunkelarrest eingeschlossen, in gewöhnliche Zellen mit normaler Lagerverpflegung oder in gewöhnliche Zellen mit Lagerverpflegung jeden vierten Tag, an den übrigen Tagen bei Brot und Wasser.

Zu ungewöhnlich schweren Strafen gehörte die Überweisung in die Strafkompanie. Diese entstand im August 1940. Blockführer, die die Strafkompanie beaufsichtigten, waren der Reihe nach: SS-Unterscharführer Gerlach, SS-Rottenführer Sternberg, SS-Hauptscharführer Otto Moll, Rüf und SS-Unterscharführer Umlauf. Insgesamt gingen mehr als 6000 Personen durch die Strafkompanie, bei einem Durchschnittsstand von 150–600 Häftlingen. Sie waren gesondert untergebracht, durften mit anderen Häftlingen keine Kontakte aufnehmen und auch keine Briefe erhalten oder absenden. Schlafen mußten sie auf nackten Pritschen oder auf dem Betonboden, und zwar nur in Unterwäsche. In den Jahren 1940–1942, als sich die Strafkompanie im Block 11 im Stammlager befand, wurden die Häftlinge dieser Kompanie selbst bei schwerer Krankheit nicht in das Lagerkrankenhaus aufgenommen.

Otto Moll, der spätere Leiter der Krematorien und einer der größten SS-Verbrecher, hatte die Angewohnheit, Häftlinge bei der Aufnahme in die Strafkompanie nach der Ursache ihrer Überstellung in dieses Kommando zu fragen. Ganz gleich, wie die Antwort ausfiel, prügelte er jeden Häftling mit einem schweren Stock, und wenn der Häftling am Boden lag, versetzte er ihm Fußtritte oder hetzte den Hund, der ihn stets im Lager begleitete, auf ihn.

Häftlinge der Strafkompanie erhielten schlechtere Verpflegung, obwohl sie bei schwersten Arbeiten eingesetzt wurden, z. B. in Kiesgruben. Die Arbeit wurde stets in beschleunigtem Tempo ausgeführt. Die

Häftlinge mußten mit Kies beladene Schubkarren im Aufschritt auf schräg gelegten Brettern bis an den Grabenrand schieben. Wollten sie sich eine Weile ausruhen, dann schlugen SS-Männer und Kapos unbarmherzig zu. Falls jemand zu Boden fiel, sprangen sie ihm an die Kehle und würgten ihn. Die Leichen der Ermordeten, die die Mithäftlinge nach Beendigung der Arbeit auf ihren Schultern ins Lager tragen mußten, waren ein Beweis für den Eifer der Kapos und der «Vorarbeiter» in der Strafkompanie. Falls die SS-Männer der Lagerleitung der Ansicht waren, die Zahl der Leichen sei zu gering, gab es keinen Zweifel daran, daß die blutige Ernte am nächsten Tag noch größer sein würde.

Einer der schlimmsten Schergen der Strafkompanie war Ernst Krankemann. Er kam am 29. August 1940 mit dem zweiten Transport deutscher Krimineller in das KZ Auschwitz, die dann im Lager Funktionen von Blockältesten und Kapos übernahmen. Von Beruf war er Friseur. Dick, untersetzt, aber von starkem Körperbau, war dieser Kapo imstande, einen Häftling umzubringen, indem er seinen Kopf mit einem Faustschlag an der Mauer zertrümmerte. Krankemann war es, der auf der Deichsel einer großen Walze sitzend, von morgens bis abends vor diese Walze gespannte Priester und Juden antrieb. Wer zu Boden fiel, kam unter der schweren Walze um. Kein Häftling, bei dem Krankemann Goldzähne entdeckte, überlebte. Für seine «Goldgeschäfte» mit der SS bezahlte er übrigens selbst mit dem Leben. Als lästigen Mitwisser schickte man ihn am 28. Juli 1941 mit dem ersten Transport von Invaliden zur «Behandlung» in die Euthanasieanstalt Sonnenstein. Dort ist er jedoch nie angekommen, denn er wurde im Eisenbahnwaggon von Häftlingen, die auf diese Weise den Tod seiner Opfer rächen wollten, erhängt.

Im Mai 1942 wurde die Strafkompanie nach Birkenau in den Block Nr. 1 des Männerlagers verlegt. Wie einer der ehemaligen Häftlinge, Józef Kret, berichtet, «. . . war dieser Block ein stinkendes Loch. Große Wolken von Strohstaub vergrößerten noch die stets dort herrschende Dunkelheit. In diesem Staub, wie in dichtem Nebel, bewegten sich Menschen wie ein Ameisenhaufen. Sie ähnelten einem Schwarm von Ungeziefer.»[14]

In Birkenau arbeitete die Strafkompanie beim Graben eines zentralen Entwässerungskanals, der «Königsgraben» genannt wurde. Der Ort war wegen zahlreicher bestialischer Morde berüchtigt. Dort kam es am 10. Juni 1942 zu offenem Aufruhr und zur Flucht von Häftlingen, die die während eines großen Regengusses entstandene Verwirrung ausnutzten. Ein Teil der Häftlinge beschloß, die sich bietende Gelegenheit zu ergreifen, und wandte sich ohne Rücksicht auf die von den SS-Männern und Kapos drohende Gefahr zur Flucht. Nach anfänglicher Überraschung

14 Józef Kret, «Ein Tag in der Strafkompanie», in «Auschwitzer Hefte», 1957, Nr. 1, S. 180

eröffneten die SS-Männer das Feuer auf die Häftlinge, und gemeinsam mit den Kapos gelang es ihnen, der Lage Herr zu werden. 13 Häftlinge wurden erschossen, aber 9 weiteren gelang die Flucht. Die übrigen Häftlinge wurden von SS-Männern unter dem Befehl von Kommandoführer Otto Moll ins Lager zurückgetrieben. Am nächsten Tag wurde auf dem Hof der Strafkompanie ein improvisiertes Untersuchungsverfahren eingeleitet, in dessen Verlauf – da die Häftlinge sich weigerten, Erklärungen abzugeben – der Lagerführer, SS-Hauptsturmführer Hans Aumeier, 17 Häftlinge und SS-Hauptscharführer Franz Hössler 3 Häftlinge erschossen. Den übrigen 320 Häftlingen wurden die Hände mit Stacheldraht gefesselt, sie wurden in die Gaskammer getrieben und dort umgebracht. An ihre Stelle wurden neue Häftlinge in die Strafkompanie überwiesen.

Die Arbeiten am Königsgraben gingen weiter. Bei der täglichen Rückkehr ins Lager zog die Sträflingskolonne der Strafkompanie einen vollen Wagen mit Leichen der Ermordeten. Häftlinge der Strafkompanie mußten auch dann arbeiten, wenn andere nach dem Abendappell Freizeit hatten. Sie bekamen keinerlei Werkzeuge, aber z. B. den Befehl, auf dem Hof der Kompanie abgeladene Haufen von Ziegeln in kleine Stücke zu zerschlagen. Während dieser Arbeit vergnügte sich der Kapo Alfons Göttinger, von den Häftlingen Sepp genannt, ein großer magerer Mann mit einem Teufelsgesicht, damit, Häftlinge mit dem Lasso einzufangen. Er warf die Schlinge um den Hals des Häftlings, riß ihn hoch, schleuderte ihn mehrere Male im Kreise herum und warf ihn dann in eine große Kiste, die in der Ecke des Hofes stand, wo die Leichen gestapelt wurden.

Kurz nach Errichtung des Frauenlagers entstand auch eine weibliche Strafkompanie, die anfangs im Dorf Budy stationiert war und später ins Lager Birkenau überführt wurde. Sie zählte etwa 400 Frauen, die mit der Säuberung von Fischteichen, Aufschütten von Dämmen und anderen Erdarbeiten beschäftigt waren. Ungeachtet der Jahreszeit mußten diese weiblichen Häftlinge, bis zum Gürtel in kaltem Wasser stehend, arbeiten. Je nach Jahreszeit arbeiteten sie bis zu 14 Stunden täglich. Es ist nicht verwunderlich, daß die Sterblichkeit unter ihnen hoch war. Im Oktober 1942 ermordeten deutsche weibliche kriminelle Funktionshäftlinge in einer Nacht 90 Französinnen, die angeblich einen Aufstand vorbereitet hatten. Der Lagerkommandant Rudolf Höß, der selbst am Tatort erschien, stellte fest, die Französinnen seien mit Latten und Beilen erschlagen worden, einigen hätte man die Köpfe abgetrennt, und andere seien getötet worden, indem man sie vom ersten Stockwerk zum Fenster hinausgeworfen habe.[15]

Eine weitere im Lager verhängte Strafe war Strafexerzieren, das im

15 Höß – Erinnerungen, S. 140

Häftlingsjargon «Sport» genannt wurde. Strafexerzieren wurde entweder als Strafe verhängt oder auch während der Quarantäne, die die neuangekommenen Häftlinge vor der Arbeitszuweisung durchmachten, «prophylaktisch» angewandt. Es beruhte darauf, daß eine Gruppe von Häftlingen auf Kommando verschiedene Arten von Leibesübungen ausführen mußte: Marsch mit Gesang, Laufen, Robben auf Ellbogen und Zehenspitzen, Rollen auf mit Kies und Ziegelsplitt bedecktem Boden, «Kreisel» mit erhobenen Händen. Diese Übungen wurden in schnellem Tempo durchgeführt, ohne Rücksicht auf Alter und Gesundheitszustand der Häftlinge. Spezialist im Ausdenken verschiedener Übungen war SS-Oberscharführer Ludwig Plagge. Stundenlang konnte er Übungen abhalten, immer mit einer Tabakspfeife zwischen den Zähnen, weshalb er auch von den Häftlingen «Pfeife» genannt wurde. Häftlinge, die zu Boden fielen, wurden von Plagges Gehilfen geschlagen und zum Weitermachen gezwungen. «Widerspenstige» wurden erschlagen. Auf diese Weise fand der Kommandeur der Feuerwehr in Warszawa, Stanisław Gieysztor, den Tod. Er war ziemlich beleibt, wog etwa 100 Kilo, war nicht mehr imstande zu laufen und fiel zu Boden. Der Lagerälteste, Leo Wietschorek, schlug mit einem 5 cm dicken Knüppel auf ihn ein. Auf dem Rücken am Boden liegend, versuchte Gieysztor den Schlägen auszuweichen und bekam für eine Weile den Knüppel zu fassen, was seinen Peiniger um so wütender machte. Der Lagerälteste schlug nun auf grausamste Weise auf den Häftling ein und rammte ihm – als dieser das Bewußtsein verlor – den Knüppel in den Mund.[16]

Eine im Frauenlager oft angewandte Strafe war Knien mit erhobenen Händen, in denen der weibliche Häftling Steine halten mußte.

Unter vielen anderen Strafen ist außerdem das Verbot zu erwähnen, Briefe zu schreiben oder zu erhalten, Mittagessenentzug bei vollem Arbeitseinsatz, Strafarbeit in der Freizeit und ähnliches.

Die allerschwersten im Lager verhängten Strafen waren Hinrichtungen. Zwar wurde offiziell behauptet, allein der Reichsführer SS Himmler – in der Praxis das Reichssicherheitshauptamt – könnte die Hinrichtung eines Häftlings anordnen, in Wirklichkeit wurden jedoch die meisten Hinrichtungen unter Umgehung aller Formalitäten auf Antrag der Lagerführung vollzogen. Vorschriften über den Ablauf von Hinrichtungen waren in Wahrheit reine Fiktion und dienten nur der Verschleierung der im Lager verübten Verbrechen.

Die manchmal durch das Reichssicherheitshauptamt erlassenen Verfügungen zu einer Hinrichtung ergingen auf Antrag der Lagerführung, und zwar im Zusammenhang mit Disziplinarverstößen von Häftlingen, die als besonders gefährlich angesehen wurden, z. B. bei Gruppen-

16 Aussage des ehemaligen Häftlings Michał Kula, APMO, Höß-Prozeß, Bd. 25, Bl. 5

flucht. Meistens fanden Hinrichtungen auf Anordnung des Leiters der Politischen Abteilung (Lager-Gestapo), Maximilian Grabner, statt. Entscheidungen über Hinrichtungen traf er gewöhnlich bei einer Besichtigung des Lagerbunkers, der mit Häftlingen belegt war, die wegen verschiedener Disziplinarvergehen bestraft worden waren oder im Verdacht illegaler Tätigkeit im Lager standen. Den Ablauf einer Besichtigung beschreibt der SS-Mann Pery Broad, einer der Untergebenen Grabners: «Grabner pflegt, wie er sich zynisch ausdrückt, jedes Wochenende zu benutzen, um den Bunker auszustauben. Die gesamte Abteilung hat sich nach der Besprechung ins Lager zum Block 11 zu begeben. Eigentlich sind nur drei oder vier Sachbearbeiter erforderlich. Grabner trommelt aber alles zusammen, weil er sich inmitten eines großen Stabes wohl fühlt. Im Block 11 erwartet man im Geschäftszimmer das Erscheinen des Lagerführers, SS-Hauptsturmführer Aumeier. Nach einer seiner Wichtigkeit entsprechenden Wartezeit betritt der kleine Bayer mit wuchtigen Schritten das Zimmer. Seine scharfe, krächzende Stimme verrät, daß man es mit einem Säufer zu tun hat. [. . .] Die Aufseher des Zellenbaus und einige Blockführer vervollständigen die Kommission, die sich nun in den Keller begibt, um mit dem ‹Ausstauben› zu beginnen. [. . .] Die Luft in dem Kellergewölbe ist so stickig, daß man kaum zu atmen vermag. [. . .] Ein Arrestaufseher öffnet mit einem umfangreichen Schlüsselbund die erste Zellentür. [. . .] Aumeier hält eine Liste aller Arrestanten gegen die Tür, über die er nun mit Grabner zusammen hier unten Gericht halten will. Der erste nennt seinen Namen und gibt an, wie lange er schon im Zellenbau sitzt. Der Lagerführer fragt kurz den Rapportführer nach dem Einlieferungsgrund. Falls der Häftling von der Abteilung II eingesperrt wurde, was namentlich bei Fluchtsachen der Fall war, ist Grabner zuständig. Die beiden Lagergewaltigen entscheiden dann: Strafmeldung 1 oder Strafmeldung 2. [. . .] Für alle deutlich sichtbar malt Aumeier unter den betreffenden Namen mit Blaustift ein dickes Kreuz. [. . .] So war es wirklich für niemanden mehr ein Geheimnis, was Strafmeldung 2 bedeutet.»[17]

Zum Tode durch Erschießen Verurteilte wurden aus den Kellern des Blocks 11 in das Erdgeschoß und in die Waschstube geführt, wo sie sich nackt ausziehen mußten und auf die Exekution warteten. Im angrenzenden Raum warteten, ebenfalls nackt, Frauen auf ihre Erschießung. In den ersten Jahren des Bestehens des Lagers, als die Häftlinge noch keine tätowierten Lagernummern auf den Unterarmen hatten, wurde jedem der Verurteilten seine Häftlingsnummer mit Kopierstift auf die Brust gemalt. Bis Ende 1942 wurden den Verurteilten die Hände mit Draht gefesselt, später nahm man davon Abstand, da Fälle von Wider-

17 «KL Auschwitz in den Augen der SS, Höß, Broad, Kremer» (weitere Zitate: «KL Auschwitz in den Augen der SS»), S. 144–146

stand sehr selten waren. Angesichts des gewissen Todes verhielten sich die Verurteilten zumeist ruhig und würdig. Erschossen wurde einzeln oder zu zweit, und zwar durch Genickschuß. Hinrichtungsstätte war ein durch zwei Mauern abgeschirmter Hof zwischen den Blocks 11 und 10, wo sich eine schwarz gemalte Wand aus Holz, Sand und Platten befand. Vor dieser «Todesmauer» war Sand gestreut, der das Blut der Opfer aufsaugte. Ohne Rücksicht auf die Jahreszeit wurden die Verurteilten nackt und barfuß erschossen, zuerst die Frauen, dann die Männer. Die noch blutenden Leichen wurden mit Kraftwagen in das Krematorium befördert. Nach der Durchfahrt der Leichenwagen waren Blutlachen auf den Lagerstraßen.

Auf diese Weise wurden viele Organisatoren und Funktionäre der Lager-Widerstandsbewegung umgebracht, die vorher von der Politischen Abteilung im Lagerbunker festgesetzt worden waren. Am 25. Januar 1943 wurden 51 Häftlinge im Bunker selektiert und dann erschossen. Unter ihnen befanden sich ehemalige hohe polnische Offiziere: Oberst Jan Karcz, ehemaliger Chef der Abteilung Kavallerie im Ministerium für Militärangelegenheiten, Oberst Karol Kumuniecki und Hauptmann Edward Göt-Getyński. Am 11. Oktober 1943 wurden nach der Selektion im Bunker 54 Häftlinge, darunter hervorragende Offiziere, Politiker und andere Persönlichkeiten, unter dem Verdacht einer Militärverschwörung im Lager erschossen. Hingerichtet wurden damals die beiden bekannten Rechtsanwälte Wacław Szumański aus Warszawa und Józef Woźniakowski aus Kraków, ein konservativer Politiker der Vorkriegszeit, der Publizist Jan Mosdorf, Oberstleutnant Teofil Dziama, ehemaliger stellvertretender Kommandeur des ersten Fliegerregiments in Warszawa, Oberst Juliusz Gilewicz und Hauptmann Tadeusz Paolone-Lisowski.

«Als erste», berichtet der ehemalige Häftling Ludwig Rajewski, «wurden Oberst Dziama und Hauptmann Lisowski-Paolone vor den ‹Bildschirm› (Hinrichtungswand – Anm. des Verfassers) gestellt. Sie verhielten sich wie Soldaten. Als sie vor dem ‹Bildschirm› standen, wandte sich Dziama an die beiden Henker – Stiewitz und Clausen – die das Todesurteil vollstrecken sollten, mit der Bitte, nicht ins Genick, sondern wie es einem Soldaten zusteht, offen ins Gesicht zu schießen. [. . .] Lisowski rief noch: ‹Es lebe das freie und unab . . .› – und das war sein letztes Wort.»[18]

Während des Appells wurden von Zeit zu Zeit die Namen einiger oder einiger Dutzend Häftlinge aufgerufen und diese aufgefordert, sich in der Lagerkanzlei im Block 24 zu melden. Darunter befanden sich u. a. Häftlinge, in deren Akten ein von der Gestapoleitstelle eingetrage-

18 Ludwik Rajewski, «Oświęcim w systemie RSHA» (Auschwitz im System des RSHA), Warszawa-Kraków 1946, S. 112

ner Vermerk verzeichnet war: «Rückkehr unerwünscht». Nachdem die Personalien dieser Häftlinge in der Lagerkanzlei festgestellt worden waren, wurden sie in den Block 11 gebracht und dort an der Hinrichtungswand erschossen. Im offiziellen Totenschein wurde – ähnlich wie bei Erschießungen von Häftlingen aus dem Bunker – irgendeine gewöhnliche Krankheit als Todesursache angegeben. Manchmal wurden auch erschossene Häftlinge vorher fiktiv in das Register des Lagerkrankenbaus eingetragen.

Auf Anordnung des Chefs der Sicherheitspolizei und des Sicherheitsdienstes wurden im Lager auch Erschießungen von Geiseln vorgenommen, die zu diesem Zweck speziell ins Lager eingeliefert worden waren oder – wie im Fall von 40 Polen, die am 22. November 1940 erschossen wurden – bereits vorher als Geiseln im Lager einsaßen. Diese Geiseln wurden als Vergeltung für Widerstandsaktionen in ihren Wohnorten erschossen. Eine solche Vergeltungsmaßnahme war die am 27. Mai 1942 durchgeführte Erschießung von 168 Schauspielern, Künstlern und ehemaligen polnischen Offizieren, die in einem Café in Kraków im Zusammenhang mit einem Anschlag auf einen hohen Luftwaffenoffizier verhaftet worden waren.

Wegen Sabotageakten in Schlesien wurden am 18. August 1942 56 Häftlinge, die aus den betroffenen Gebieten stammten, erschossen. Wegen Aktionen der Widerstandsbewegung im Gebiet von Lublin wurden am 28. Oktober 1942 im Lager etwa 280 Häftlinge erschossen, die man zuvor aus Lublin und Umgebung nach Auschwitz überstellt hatte.

In Abständen von einigen Wochen fanden im Block 11 Sitzungen eines Polizei-Standgerichts der Gestapo aus Katowice statt, bei denen Polen aus Schlesien abgeurteilt wurden, und zwar unter der Anklage illegaler und besatzungsfeindlicher politischer Tätigkeit. Darunter befanden sich auch Personen, die man z. B. wegen Besitzes eines Rundfunkempfängers oder wegen Verbreitung politischer Nachrichten usw. verhaftet hatte.

Diese Personen, Männer und Frauen, ja sogar Kinder, waren formal keine Lagerhäftlinge, sondern unterstanden weiterhin der Gestapostelle in Katowice. Eine Gerichtsverhandlung, die über ihr weiteres Schicksal entscheiden sollte, schloß den langwierigen Untersuchungsprozeß ab, in dem raffinierte Foltermethoden angewandt wurden, um entsprechende Aussagen zu erhalten und die Angeklagten zu zwingen, die ihnen vorgeworfenen Taten einzugestehen. Anfangs wurden in der Regel Schläge mit dem Ochsenziemer geschlagen und Fußtritte am ganzen Körper verabreicht. Wenn die Aussagen den Untersuchungsleiter nicht befriedigten oder der Verhörte es ablehnte, Aussagen zu machen, die seine Freunde oder nächsten Angehörigen belasten konnten, wurden Schläge auf der sogenannten «Schaukel» verabreicht: Dem Häftling wurden die Hände mit Handschellen gefesselt, dann mußte er in der Kniebeuge die

Knie umfassen, und unter die Knie wurde ein Eisenstab geschoben. Dieser wurde auf einen entsprechenden Ständer gelegt, so daß der Körper des Häftlings mit dem Kopf nach unten hing und die Folterknechte auf das Hinterteil und die Geschlechtsteile schlagen konnten. Es wurde so gewaltig zugeschlagen, daß der Körper anfing zu schaukeln und sich sogar um den Eisenstab drehte. Schrie der Geschlagene, so wurde ihm eine Gasmaske aufgesetzt.

Eine andere Methode, Geständnisse zu erpressen, beruhte darauf, daß durch einen besonderen Trichter heißes Wasser in Mund oder Nase eingeführt wurde, so daß der Gefolterte fast erstickte. Beim Verhör wurden Fingernägel ausgerissen und Nadeln in besonders empfindliche Körperteile gestochen. Frauen wurden in Benzin getauchte Tampons in die Scheide eingeführt und angezündet. Es ist also nicht verwunderlich, daß die so Verhörten alle ihnen vorgeworfenen Vergehen eingestanden und die Verhandlung des Sondergerichtes eine reine Formsache war. Das Urteil lautete fast immer wie folgt: «Nach dem Ergebnis der staatspolizeilichen Ermittlungen hat sich der Pole. . . gegen die Gesetze des Deutschen Reiches vergangen, indem er . . . Das Polizei- und Standgericht der Leitstelle der Geheimen Staatspolizei Kattowitz verurteilt ihn zum Tode.»[19] Nur in wenigen Fällen wurden die Angeklagten dazu verurteilt, in einem Konzentrationslager einzusitzen. Aktenbelege über Sitzungen des Sondergerichts sind nicht erhalten geblieben. Aus den Dokumenten der Lager-Widerstandsbewegung, die nach Möglichkeit die verbrecherische Tätigkeit der Lagerleitung aufzeichnete, ergibt sich, daß bei sechs Sitzungen des Sondergerichts (2. September 1943, 22. Oktober 1943, 29. November 1943, März 1944, 29. September 1944 und 30. Oktober 1944) von insgesamt 580 Angeklagten 556 Personen, darunter 76 Frauen, zum Tode verurteilt wurden, die verbliebenen 24 Personen, darunter eine Frau, zur Haft im Konzentrationslager verurteilt wurden.

Ähnliche Foltern wurden während der Verhöre von Lagerhäftlingen durch SS-Männer in der Politischen Abteilung angewandt.

Das KZ Auschwitz war außerdem Hinrichtungsstätte von Zivilpersonen, Mitgliedern von Untergrundorganisationen sowie Partisanen – Männern, Frauen und Kindern –, die von der Polizei ausschließlich zur Vollstreckung des Todesurteils nach Auschwitz überführt wurden. Diese Personen wurden nicht in die Lagerkartei aufgenommen, sondern unmittelbar nach ihrer Ankunft im Lager erschossen. Dr. Bolesław Zbozień, ein ehemaliger Lagerhäftling, beschreibt eine dieser zahlreichen Exekutionen:

«Eines Tages – an das genaue Datum erinnere ich mich nicht mehr – trafen wir Palitzsch auf der Lagerstraße in Auschwitz. Vor ihm gingen ein Mann und eine Frau. Die Frau hatte ein kleines Kind im Arm, zwei

19 »KL Auschwitz in den Augen der SS», S. 156

größere Kinder, etwa vier und sieben Jahre alt, gingen nebenher. Die ganze Gruppe ging in Richtung des Blocks Nr. 11. Ich schaffte es, mit meinen Mithäftlingen in den Block Nr. 21 zu laufen. Aus dem Fenster im ersten Stock konnten wir in den Hof des Blocks Nr. 11 blicken, indem wir uns auf einen Tisch stellten. Bis zum Lebensende wird mir die Szene im Gedächtnis haften, die sich vor unseren Augen abspielte. Die Frau und der Mann leisteten keinen Widerstand, als Palitzsch sie vor die ‹Todeswand› stellte. Alles spielte sich in größter Stille ab. Der Mann nahm die Hand des Kindes zu seiner linken. Das zweite Kind stand zwischen den beiden, und sie hielten es ebenfalls an den Händen. Das jüngste Kind schmiegte die Mutter an ihre Brust. Palitzsch schoß zuerst in den Kopf des Säuglings. Der Schuß in den Hinterkopf zertrümmerte den Schädel [. . .] und verursachte eine große Blutung. Der Säugling zappelte wie ein Fisch, aber die Mutter preßte ihn noch fester an sich. Palitzsch schoß nun auf das zwischen beiden stehende Kind. Der Mann und die Frau [. . .] standen unbeweglich, wie steinerne Denkmäler. Palitzsch rang mit dem ältesten Kind, das sich nicht erschießen lassen wollte. Er warf es zu Boden, stellte sich dem Kind auf den Rücken und schoß in den Hinterkopf. Schließlich erschoß er die Frau und ganz zum Schluß den Mann. Es war schrecklich [. . .] obwohl später noch viele Exekutionen vorgenommen wurden, sah ich keiner mehr zu.»[20]

Zeuge einer Exekution war auch der ehemalige, in den Block Nr. 11 zwangsverlegte Häftling Franciszek Gulba:

«Eines Abends wurden mehrere Personen in den Block Nr. 11 gebracht. [. . .] In der Gruppe befanden sich Frauen, Männer und Kinder. [. . .] Sie wurden in die Keller des Blocks Nr. 11 geführt. [. . .] Gegen Mittag des nächsten Tages wurden zuerst die Männer herausgeführt. Sie wurden zu zweit in den Hof des Blocks Nr. 11 gebracht. Ihre Hände waren auf dem Rücken mit Draht gefesselt. Geführt wurden sie von dem Blockältesten, der die Verurteilten vor die ‹Todeswand› stellte. Die Exekution nahm Rapportführer Palitzsch vor. In den Pausen, in denen er auf die nächste Gruppe wartete, hängte er das Gewehr über die Schulter, rauchte in aller Ruhe Zigaretten und ging auf dem Hof spazieren. Schließlich wurde eine Frau mit Kind herbeigeführt – wir nahmen an, es waren Mutter und Tochter. Die Mutter [. . .] hielt die Tochter an der Hand. Beide waren nur mit einem Hemd bekleidet. Palitzsch erschoß zuerst die Mutter. Als sie zu Boden fiel, warf sich das Kind auf die Leiche und schrie weinend und verzweifelt: ‹Mutti, Mutti›. Palitzsch schoß auf das Mädchen, aber der Schuß ging daneben, denn das Kind umarmte weiterhin den Leichnam seiner Mutter. Da kam der Blockführer und hielt das Mädchen fest, damit Palitzsch bequemer schießen konnte.

20 APMO, Zespół «Oświadczenia» (Sammlung von Aussagen), Bd. 70, Bl. 159–160

Nach einer Weile war auch das Kind tot. Derartige Exekutionen konnten wir fast täglich beobachten.»[21]

Erschießungen wurden geheimgehalten. Während der Exekutionen und wenn die Leichen vom Hof des Blocks Nr. 11 ins Krematorium geschafft wurden, durfte niemand den Block verlassen. Die Fenster des benachbarten Blocks Nr. 10 waren mit besonderen Bretterverschlägen abgedichtet und im Block Nr. 11 waren sie teilweise zugemauert. Vor den Hinrichtungen wurden die Häftlinge aus den Räumen, die an den Hof angrenzten, in Unterkünfte auf der gegenüberliegenden Seite verlegt.

Bei besonders bekannt gewordenen, kühnen Fluchtversuchen wurden die gefaßten Flüchtlinge zum Tode durch den Strang verurteilt. Im Gegensatz zu Erschießungen hatten diese Exekutionen öffentlichen Charakter. Ihr Ziel war es, die Häftlinge zu terrorisieren und ihnen beizubringen, daß jeglicher Widerstand sinnlos sei. Diese Hinrichtungen wurden während des Appells durchgeführt, damit auch alle Häftlinge anwesend waren. Es gab im Lager zwei transportable Galgen, die gewöhnlich im Hof des Blocks Nr. 11 standen. Wenn nötig, wurden auch provisorische Galgen errichtet. An einem solchen Galgen – einer Schiene, die an drei Pfosten befestigt war – wurden am 19. Juli 1943 zwölf Häftlinge eines Vermessungskommandos unter der Anklage erhängt, drei entwichenen Häftlingen zur Flucht verholfen zu haben. Am 6. Dezember 1943 wurden im Nebenlager Neu-Dachs in Jaworzno 19 Häftlinge unter dem Verdacht erhängt, zwecks Fluchtversuchs einen Tunnel gegraben zu haben. Im Juli 1944 wurde in Birkenau der Pole Edward Galiński erhängt, der während der gemeinsamen Flucht mit der Jüdin Mala Zimetbaum, die ebenfalls hingerichtet wurde, gefaßt worden war.

Besonderen Schrecken verursachten im Lager Exekutionen durch Hungertod. War ein Häftling geflüchtet, wählte der Kommandant oder der Lagerführer aus dem Block, in dem der Häftling gewohnt hatte, oder aus dem Kommando, in dem er zur Arbeit eingesetzt war, während des Appells 10 oder mehr Häftlinge aus, die dann in einer der Zellen in den Kellern des Blocks Nr. 11 eingeschlossen wurden. Dort bekamen sie weder zu essen noch zu trinken und starben nach einigen oder spätestens etwa 10 Tagen unter schrecklichsten Qualen. Auf Grund des Häftlingsregisters des Blocks Nr. 11 konnten mehrere genaue Daten dieser «Auswahlaktionen» festgelegt werden: So wurden am 23. April und 17. Juni 1941 als Antwort auf jede Flucht aus dem Lager je 10 Häftlinge ausgewählt und zum Hungertod verurteilt. Während einer dieser «Auswahlaktionen», die zum Monatswechsel vom Juli zum August vorgenommen wurde, meldete sich ein vor dem Krieg in katholischen Kreisen bekann-

21 APMO, Zespół «Oświadczenia» (Sammlung von Aussagen), Bd. 70, Bl. 46–47

ter polnischer Priester und Missionar, der Franziskanerpater Maksymilian Rajmund Kolbe beim Lagerführer Karl Fritzsch mit der Bitte, ihn anstelle eines anderen Häftlings – Franciszek Gajowniczek – der zum Hungertod verurteilten Gruppe zuzuteilen. Nach fast zwei Wochen im Bunker des Blocks Nr. 11, als die meisten seiner Mithäftlinge bereits gestorben waren, wurde Pater Kolbe am 14. August 1941 mit einer Phenolspritze umgebracht.[22] Die mutige Tat des Paters Kolbe war wahrscheinlich die Ursache dafür, daß weitere Auswahlaktionen zum Hungertod unterblieben. Später wurde die Strafe des Hungertodes nur gegenüber einzelnen Häftlingen wegen Disziplinarverstößen verhängt.

Außer 12000 sowjetischen Kriegsgefangenen, die in das KZ Auschwitz eingeliefert und dort registriert wurden, wurden auf Befehl des Chefs der Sicherheitspolizei und des Sicherheitsdienstes politische Kommissare und andere sowjetische Kriegsgefangene, die durch spezielle «Einsatzgruppen» ausgesucht worden waren, direkt zur Vollstreckung des Todesurteils in das KZ Auschwitz überstellt. Diese Gefangenen wurden nicht registriert, sondern sofort nach Eintreffen im Lager umgebracht. Die erste Gruppe von etwa 300 Gefangenen, meist politische Offiziere der Roten Armee, wurde im Juli 1941 in das Lager eingeliefert. Im Laufe von mehreren Tagen wurden sie in der Kiesgrube neben der Lagerküche ermordet. SS-Männer, die am Rand der Kiesgrube Stellung genommen hatten, schossen auf die unten arbeitenden Gefangenen. Falls ein Gefangener nicht durch die Kugel eines SS-Mannes umkam, wurde er von den Kapos mit Knüppeln, Spaten oder Hacken erschlagen.

Da im Lager Zivilpersonen und auch Gefangene umgebracht wurden, die nicht in der Lagerkartei verzeichnet waren, da außerdem Dokumente gefälscht und die meisten Lagerakten vernichtet worden sind, ist es nicht einmal möglich, die Zahl der Personen annähernd anzugeben, die im Lager durch Exekutionen umgebracht worden sind. Schätzungsweise wurden allein vor der «Todeswand» mindestens 20000 Personen umgebracht.

22 Aussagen der ehemaligen Häftlinge Brunon Borgowiec, Maxymilian Chlebik, Franciszek Gajowniczek und andere. APMO, «Materiały o Ojcu Kolbe» (Materialien über Pater Kolbe), Zeichen 605/47a

3. Methoden der Massenvernichtung

3.1 Tötung durch Giftspritzen

Die politische Situation in Europa, militärische Erfolge Deutschlands und vor allem der erwartete baldige Zusammenbruch der Sowjetunion stärkten das Gefühl der Straflosigkeit bei faschistischen Behörden und schufen die Voraussetzungen dafür, die in den Konzentrationslagern angelaufene Massenvernichtungsaktion zu beschleunigen. Da sich die bisher angewandten Mittel zur Extermination nicht als ausreichend erwiesen hatten, wurde beschlossen, Häftlinge durch Einspritzen von Gift oder in Gaskammern umzubringen, wie das bislang in Deutschland in den sogenannten Euthanasieanstalten der Fall war, in denen auf diese Weise Geisteskranke umgebracht wurden. Dazu gab es besondere Badeanstalten, in die die Kranken angeblich zu Brausebädern geführt, in Wirklichkeit jedoch durch Kohlenoxyd umgebracht wurden, das durch die Wasserleitungen einströmte.

Die zur Tötung in Euthanasieanstalten vorgesehenen Lagerhäftlinge wurden anfangs durch spezielle Ärztekommissionen ausgewählt, und zwar unter Berücksichtigung ihrer weiteren Arbeitsfähigkeit. Oft wurden auch Transporten kranker und invalider Häftlinge, die scheinbar zu leichterer Arbeit oder «zur Kur» geschickt wurden, andere Häftlinge zugeteilt, die man loswerden wollte.

Die erste Selektion dieser Art wurde im KZ Auschwitz am 28. Juli 1941 durchgeführt. Ihr fielen 575 Häftlinge zum Opfer, die in der Euthanasieanstalt Sonnenstein in Sachsen vergast wurden.

Diese Aktion – mit dem Kryptonym «14 f 13» bezeichnet – wurde durch eine im August 1941 begonnene Liquidierung von kranken Häftlingen mittels Phenolspritzen ins Herz fortgesetzt. Die Selektion von Kranken wurde von folgenden SS-Ärzten durchgeführt: Friedrich Entress, Erwin von Helmersen, Heinz Thilo, Edmund König, Josef Mengele und Bruno Kitt. Die Phenolspritzen verabreichten meistens die SS-Sanitäter Josef Klehr (seit 1965 in der Bundesrepublik Deutschland zu lebenslänglicher Haft verurteilt) und Herbert Scherpe sowie die angelernten Häftlinge Alfred Stössel und Mieczyslaw Pańszczyk. Zum «Abspritzen» vorgesehene Häftlinge mußten sich im Block Nr. 20 melden. Dort wurden sie einzeln aufgerufen und im Ambulatorium auf einen Stuhl gesetzt, wobei zwei zu diesem Zweck besonders abkommandierte Häftlinge die Opfer an den Händen festhielten und ein dritter ihnen mit einem Handtuch die Augen verhüllte. Dann stieß Klehr eine Nadel ins Herz und entleerte die Phenolspritze. Die Leiche wurde in den anliegenden Waschraum geworfen und sofort der nächste Häftling aufgerufen. Auf diese Weise wurden zu bestimmten Zeiten täglich einige Dutzend und häufig noch mehr Häftlinge umgebracht. So wurden z. B. in vier Monaten des Jahres 1942 (August, September, November, Dezember) 2467 Personen mit Phenolspritzen getötet.

3.2. Gaskammern und Krematorien

Ungefähr zur gleichen Zeit, als der erste Krankentransport aus dem Lager in die Euthanasieanstalt Sonnenstein abging und mit der Tötung durch Phenolspritzen begonnen wurde, trafen auf Befehl des Chefs der Polizei und des Sicherheitsdienstes große Gruppen sowjetischer Kriegsgefangener zur Hinrichtung im Lager ein. Da die Zahl der zur Exekution eintreffenden Transporte immer größer wurde, beschloß der Lagerleiter Fritzsch, sie mit Zyklon B zu liquidieren, einem Gas, das im Lager bisher für Desinfektionszwecke angewandt wurde.

Am 3. September 1941 wurde ein Transport von etwa 600 sowjetischen Kriegsgefangenen in die Keller des Blocks Nr. 11 gejagt (wo sich bereits etwa 250 selektierte kranke Häftlinge aus dem Lagerkrankenhaus befanden), und nachdem die Fenster durch aufgeschüttete Erde abgedichtet worden waren, wurde Gas in die Kellerräume geleitet. Als am nächsten Tag festgestellt wurde, daß einige der Gefangenen noch lebten, wurden die Gasmenge verdoppelt und die Räume wieder zugeschüttet. Am 5. September wurden die Häftlinge der Strafkompanie sowie die Pfleger des Lagerkrankenbaus in den Hof des Blocks Nr. 11 geführt, wo ihnen mitgeteilt wurde, sie seien zu besonderer Arbeit eingesetzt und dürften – unter Androhung von Todesstrafe – niemandem davon erzählen. Dann erhielten sie Gasmasken und wurden in die Keller geführt, wo sich die Leichen der Vergasten befanden. Sie mußten die Leichen in den Hof tragen, ihnen die Uniformen ausziehen und sie dann ins Krematorium fahren. Da während der Vergasungsaktion alle Häftlinge aus dem Block verlegt werden mußten (dort befand sich nämlich das Lagergefängnis, und dort war die Strafkompanie stationiert) und da man anschließend die Räume lange Zeit lüften mußte, wurden die nächsten Gruppen von Gefangenen in einem an das Krematorium angrenzenden Leichenhaus umgebracht – einem ehemaligen Munitionsbunker von 65 Quadratmetern. Die Liquidierung des nächsten Transports von 900 Häftlingen ging folgendermaßen vonstatten:

«Es wurden einfach noch während des Entladens mehrere Löcher von oben durch die Erd- und Betondecke des Leichenraumes geschlagen. Die Russen mußten sich im Vorraum entkleiden und gingen alle ganz ruhig in den Leichenraum, da ihnen gesagt wurde, sie würden da entlaust. Der ganze Transport ging gerade genau in den Leichenraum. Die Tür wurde zugeschlossen und das Gas durch die Öffnungen hineingeschüttet. Wie lange diese Tötung gedauert hat, weiß ich nicht. Doch war eine geraume Weile das Gesumme noch zu vernehmen. Beim Einwerfen schrien einige ‹Gas›, darauf ging ein mächtiges Brüllen los und ein Drängen nach den beiden Türen. Diese hielten aber den Druck aus. Nach mehreren Stunden erst wurde geöffnet und entlüftet.»[23].

Auf die gleiche Weise wurden auch weitere Gefangenentransporte umgebracht.

Der Kommandant des KZ Auschwitz, Rudolf Höß, kam als der Verantwortliche für die Vorbereitung zur Massenextermination von Juden in seinem Gebiet – nach der Feststellung der Wirksamkeit des Gases Zyklon B – zu der Ansicht, daß es ein besseres Mittel zur Massenvergiftung von Menschen sei als das in Euthanasieanstalten angewandte Kohlenoxyd. Darüber informierte er Adolf Eichmann vom Reichssicherheitshauptamt während einer Inspektion in Auschwitz, die mit den Vorbereitungen zur «Endlösung der Judenfrage» im Zusammenhang stand. Beide beschlossen, zur Vernichtung von Juden ebenfalls Zyklon B einzusetzen.

Erste Transporte jüdischer Bevölkerung aus Schlesien wurden Anfang 1942 in das Konzentrationslager Auschwitz überstellt, wahrscheinlich kurz nach Abschluß der Konferenz in Berlin-Wannsee. Anfangs wurden diese Menschen, genau wie sowjetische Kriegsgefangene, im Leichenhaus am Lagerkrematorium getötet. Eisenbahntransporte trafen an der in der Nähe des Lagers gelegenen Entladerampe ein, von wo aus die Neuangekommenen unter Bewachung von SS-Männern in den Hof des Krematoriums geführt wurden. Zur gleichen Zeit wurden alle Zugangswege und Übergänge geschlossen, die niemand benutzen durfte. Nachdem sie sich entkleidet hatten, wurden die Opfer in das Leichenhaus geführt – das in Wirklichkeit eine Gaskammer war. Man sagte ihnen, sie gingen zum Baden, und nach dem Baden würden sie eine Mahlzeit erhalten und zur Arbeit eingesetzt werden. Als das Gas eingelassen wurde, wurde gleichzeitig – um die Schreie und das Stöhnen der Sterbenden zu übertönen – der Motor eines besonders zu diesem Zweck abgestellten Kraftwagens angelassen.

Anfangs dauerten das Umbringen von Häftlingen und die Lüftung der Gaskammer einige Stunden. Später wurden Ventilatoren eingesetzt und diese Zeit auf etwa eine Stunde herabgesetzt. Nach Ablauf dieser Zeit begannen die im Krematorium eingesetzten Häftlinge mit der Leichenverbrennung. Alles geschah unter strikter Geheimhaltung, und nur ein auf ein Minimum begrenzter Kreis von SS-Männern aus der Lagerleitung und der Politischen Abteilung nahm daran teil. Teilnehmer dieser Aktionen waren u. a. Maximillian Grabner, Franz Hößler und der Desinfekteur Adolf Theuer.

Die geringe Leistungsfähigkeit des Krematoriums, in dem man pro

23 «KL Auschwitz in den Augen der SS», S. 93–94

Tag etwa 340 Leichen verbrennen konnte, sowie Schwierigkeiten bei der Geheimhaltung der ganzen Aktion waren der Anlaß dafür, daß die Vernichtungsaktion – wie übrigens anfangs geplant – nach Birkenau verlegt wurde. In einem schon während der ersten Inspektion Eichmanns ausgesuchten Wohnhaus eines aus Birkenau ausgesiedelten Einwohners wurden die Fenster zugemauert, die Türen verstärkt, abgedichtet und mit Schrauben versehen. Die Außenwände wurden mit besonderen Einwurföffnungen und »zweckentsprechenden» Aufschriften versehen: Über der Eingangstür befand sich die Aufschrift «Zum Bad» und auf der Innenseite einer Tür, die nach außen führte, die Aufschrift «Zur Desinfektion». Diese Gaskammer wurde «Bunker Nr. 1» genannt.

Menschentransporte zum Vergasen wurden an die Rampe des Güterbahnhofs in Auschwitz und dann in den Bunker geleitet. Ab Juli 1942 wurden unter den ankommenden Transporten Selektionen durchgeführt. Der Zug wurde mit einer Postenkette von SS-Männern umstellt, die Wagen geöffnet und die Leute aufgefordert, den Zug zu verlassen. Sie wurden sofort eingeteilt: in einer Kolonne längs der Rampe Männer, in der zweiten Kolonne Frauen und Kinder. Die ganze Aktion war vom Weinen und Schreien der Menschen begleitet, die sich in der Ungewißheit dessen, was sie erwartete, voneinander verabschieden wollten. Die Menschen mußten der Reihe nach vor SS-Ärzte treten, die – nach dem Aussehen der Häftlinge – über ihre Arbeitsfähigkeit entschieden. Mit einer Handbewegung wies der Arzt die einen nach rechts, die anderen nach links.

Je nach der aktuellen Bedarfslage für Arbeitskräfte, dem Alter und Geschlecht der Häftlinge wurden bis zu 30 Prozent junger, starker und gesunder Menschen in das Lager überwiesen, die übrigen dagegen – Kranke, Invaliden, Mütter mit Kindern, schwangere Frauen sowie Personen von schwächerem Körperbau – zur Vernichtung vorgesehen. Sie wurden über tragbare Treppen in bereitgestellte Lastwagen verladen und in den Bunker gefahren. Falls es an Lastwagen fehlte, wurde ein Teil der Menschen zu Fuß querfeldein über Wiesen geführt, auf denen später Baracken des sogenannten dritten Bauabschnitts des Lagers Birkenau errichtet wurden. Die SS-Begleitmannschaft versuchte, die Leute nicht zu provozieren, ganz im Gegenteil, man versuchte, durch falsche Informationen ihre Befürchtungen hinsichtlich ihres weiteren Schicksals zu zerstreuen. Beruhigend auf die Opfer wirkte auch das Äußere des in der Nähe stehenden Hauses, das im Frühling von blühenden Bäumen umgeben war. Am Ziel angekommen, wurde den Leuten mitgeteilt, es erwarte sie Desinfektion und ein Bad – sie wurden aufgefordert, sich in zwei dazu vorgesehenen Baracken zu entkleiden, und anschließend in das Haus geführt. Personen, die Verdacht schöpften und deren Verhalten Panik hätte hervorrufen können, wurden diskret nach außen geführt und dort mit einem Genickschuß aus einem Kleinkalibergewehr getötet.

Die in zwei Räume unterteilte Gaskammer konnte gleichzeitig etwa 800 Personen fassen, aber wenn nötig, konnten noch viel mehr Menschen hineingestopft werden. Personen, für die der Platz trotzdem nicht ausreichte, wurden sofort erschossen. Nach Verriegelung der Türen und Zudrehen der Schrauben ließen besonders geschulte Desinfekteure aus den Reihen der SS durch die Wandöffnungen Zyklon B in Form von mit Blausäure getränkter Kieselerde in die Kammer. Der Tod in der Gaskammer erfolgte nach wenigen Minuten durch inneres «Ersticken», dadurch verursacht, daß die Blausäure den Sauerstoffaustausch zwischen Blut und Gewebe unterbrach. Die in der Nähe der Einwurflöcher stehenden Menschen starben fast augenblicklich. Schneller starben schreiende Menschen, ältere Leute, Kranke und Kinder. Zur Sicherheit – damit niemand am Leben blieb – wurde die Gaskammer erst nach einer halben Stunde geöffnet. Wenn aber viele Transporte eintrafen, wurde die Zeitdauer der Vergasung auf 10 Minuten beschränkt. Die meisten Leichen lagen in der Nähe der Tür, durch die die Menschen vor dem sich in der Gaskammer ausbreitenden Gas zu fliehen versuchten. Leichen bedeckten den ganzen Boden der Gaskammer, meist in Hockstellung und einander umschlingend. Sie waren mit Kot, Erbrochenem und Blut bedeckt. Ihre Haut färbte sich rosa.

Nach Lüftung der Gaskammer wurden die Leichen entfernt, auf eiserne Loren geladen und auf Schmalspurgleisen zu einem mehrere hundert Meter entfernten Ort gefahren, wo sie in tiefen Löchern vergraben wurden.

Bereits nach Beginn der Massenvernichtungsaktion überbrachte Eichmann einen Befehl Himmlers, Frauen das Haar abzuschneiden und allen Leichen die Goldzähne zu entfernen. Die Haare wurden zu 50 Pfennig pro Kilo an deutsche Textilfirmen als Material zur Herstellung von sogenanntem Roßhaarfutter verkauft. Unter den Abnehmern befand sich u. a. die Firma «Alex Zink» in Roth bei Nürnberg. Goldzähne wurden sofort in Stäbe umgeschmolzen, und zwar im Gebäude des SS-Krankenhauses im Stammlager, und an das SS-Sanitätshauptamt nach Berlin geschickt. Den Leichen wurden außerdem Schmuck, Ringe und Eheringe sowie Ohrringe abgezogen.

Ihre gesamte persönliche Habe, die sie mit in das Lager brachten, mußten die Menschen an der Entladerampe zurücklassen. Es wurde ihnen gesagt, ihre Habseligkeiten würden getrennt in das Lager überbracht. Häftlinge eines besonderen «Aufräumungskommandos» – im Lagerjargon «Kanada» genannt – luden die Habe auf wartende Lastkraftwagen und beförderten sie in besondere Lagerräume, die sich anfangs in fünf und gegen Ende des Bestehens des Lagers in über dreißig Baracken befanden. Dort wurden die Sachen durchsucht, sortiert, gereinigt und desinfiziert und dann zum Verkauf oder zur industriellen Verarbeitung weitergeleitet. Außer Gegenständen des täglichen Gebrauchs, wie Kleidung, Schuhe und Wäsche, brachten die Leute Schmuckstücke, Uhren, Kunstgegenstände und Geld mit. Ärzte brachten Arzneimittel und ganze Sätze medizinischer Instrumente mit. Mitgeführt wurden auch Briefmarken- und Münzsammlungen. Fast alle Sachen wurden nach Vereinbarung mit dem Reichswirtschaftsministerium an verschiedene Stellen im Reich abgesandt. Ein Teil dieser Sachen ging an die Bevölkerung bombardierter deutscher Städte, an im Generalgouvernement angesiedelte Volksdeutsche, oder sie wurden zu niedrigen Preisen in Fabriken verkauft. Kleinodien gingen ins Ausland zwecks Devisenbeschaffung zum Ankauf von notwendigen Rohstoffen für die deutsche Wirtschaft. Ein kleiner Teil dieser Sachen wurde im Block Nr. 24 im Stammlager im sogenannten «Museum» ausgestellt und höheren SS-Offizieren bei einer Inspektion gezeigt.

Wegen der steigenden Zahl von Transporten wurde im Sommer 1942 eine weitere Gaskammer in Betrieb genommen, die ähnlich wie der Bunker Nr. 1 in einem umgebauten Wohnhaus untergebracht war. Diese Gaskammer – genannt Bunker Nr. 2 – hatte vier Räume, in denen gleichzeitig über 1200 Personen umgebracht werden konnten. Die Arbeitsweise dieser Gaskammer wurde Himmler im Juli 1942 während seiner zweitägigen Lagerinspektion in Auschwitz vorgeführt, und zwar der ganze Vergasungsprozeß von der Annahme des Transports und der Selektion an der Rampe bis zur Entleerung des Bunkers. Zugegen waren damals auch der Gauleiter und Oberpräsident von Schlesien, SS-Brigadeführer Fritz Bracht, sowie der Höhere SS- und Polizeiführer des Bezirks Südost mit Sitz in Breslau, SS-Obergruppenführer Ernst Schmauser.

Kurz nach dieser Inspektion kam SS-Standartenführer Paul Blobel, dem seit Juni 1942 die Aktion der Spurenverwischung von Massenexekutionen in den Gebieten Polens und der Sowjetunion unterstand, aus dem Referat Eichmann mit dem Befehl nach Auschwitz, alle Massengräber zu öffnen und die Leichen zu verbrennen. Um sich mit der Technik der Leichenverbrennung bekannt zu machen, begaben sich der Lagerkommandant Rudolf Höß, SS-Untersturmführer Franz Hößler von der Abteilung Arbeitseinsatz sowie SS-Untersturmführer Walter Dejaco am 16. September 1942 nach Chelmno am Ner. Nach Besichtigung der dort errichteten experimentellen Anlagen (u. a. machte man den Versuch, eine größere Zahl von Leichen mit Hilfe von Sprengstoff zu vernichten) wurde festgestellt, daß die wirksamste und schnellste Methode der Leichenbeseitigung die Verbrennung im Freien sei.

Ende September 1942 begann im Lager Auschwitz die Verbrennung frisch vergaster Menschen auf Scheiterhaufen, auf die abwechselnd Holz und Leichen (2000) gelegt wurden. Gleichzeitig wurde mit der Verbrennung ausgegrabener Leichen begonnen. Das Feuer wurde mit Abfallprodukten aus der Petroleumverarbeitung, Methanol sowie dem Fett, das die Leichen absonderten, in Gang gehalten.

Alle Hilfsarbeiten, wie Entfernung der Leichen aus den Gaskammern, Abschneiden der Haare, Ausreißen von Goldzähnen und Leichenverbrennung, wurden von Häftlingen eines «Sonderkommandos» ausgeführt. Es wurde meistens aus jüdischen Häftlingen zusammengestellt, die aus den Ländern stammten, aus denen die neuesten Transporte ankamen. Die Stärke des Kommandos entsprach den Bedürfnissen in den verschiedenen Zeitabschnitten der Vernichtungsaktion. Diese Häftlinge waren von den anderen isoliert und getrennt einquartiert – im Stammlager Auschwitz in den Kellern des Blocks Nr. 11, im Lager Birkenau in einem Sonderblock und ab Mitte 1944 im Dachgeschoß der Krematorien. Bei Arbeitsverweigerung wurden sie sofort umgebracht. Am 22. Juli 1944 wurden wegen Arbeitsverweigerung im Sonderkommando 435 junge Juden aus Griechenland in der Gaskammer getötet.

Auf Befehl Eichmanns sollten diese Häftlinge nach jeder größeren Aktion selbst liquidiert werden. In der Praxis wurden sie in Abständen von mehreren Monaten umgebracht, wobei jedoch sogenannte «Fachleute» – Heizer, Mechaniker und Funktionshäftlinge – am Leben gelassen wurden.

Das erste Sonderkommando, das etwa 80 Häftlinge zählte und mit der Vergrabung von Leichen der im Bunker 1 und 2 Vergasten beschäftigt war, wurde erst im August 1942 liquidiert. Das zweite Sonderkommando mit etwa 150 bis 300 Häftlingen, das von September bis Ende November 1942 in den Bunkern sowie bei der Verbrennung von 107000 zuvor in Massengräbern verscharrten Leichen eingesetzt war, wurde am 3. Dezember 1943 in der Gaskammer des Krematoriums 1 vergast.[24]

Sowohl Gasbunker als auch Graben, in denen Leichen verbrannt wurden, galten als provisorische Anlagen. Sie waren bis zu dem Zeitpunkt in Betrieb, als vier besonders zu diesem Zweck entworfene Gaskammern und Krematorien in Betrieb genommen wurden.

Mit ihrem Bau wurde im Juli 1942 begonnen und die Arbeiten in beschleunigtem Tempo bis zur Mitte des nächsten Jahres abgeschlossen. Täglich wurden an diesen Baustellen – in Tag- und Nachtschichten – mehrere Hundert Häftlinge eingesetzt. Als erstes wurde am 22. März 1943 das Krematorium IV, dann am 31. März das Krematorium II, am 4. April das Krematorium V und am 25. Juni das Krematorium III in

24 Die seelischen Qualen der ins Sonderkommando überwiesenen Häftlinge beschreibt Załmen Lewental, ein ehemaliges Mitglied des Sonderkommandos. «Wśród koszmarnej zbrodni – notatki więźniów z Sonderkommando odnalezione w Oświęcimiu» (Schreckliche Verbrechen – Notizen der Häftlinge des Sonderkommandos, entdeckt in Auschwitz), in «Auschwitzer Hefte». Sonderausgabe II (weitere Zitate: «Schreckliche Verbrechen . . .»), S. 133–135

Betrieb genommen. Das Krematorium II hatte – ähnlich wie das konstruktionsgleiche Krematorium III – 5 Dreiretortenöfen mit zwei Generatorbrennstellen in jedem Ofen. Die Krematorien IV und V hingegen hatten je einen Achtretortenofen mit 4 zum Teil mit Gas gespeisten Brennstellen. Noch vor der offiziellen Inbetriebnahme der Krematorien wurde am 4. und 5. März 1943 in Gegenwart einer Sonderkommission höherer SS-Offiziere aus Berlin, Vertretern der Lagerleitung sowie Ingenieuren und Arbeitern der Firma «Topf und Söhne» ein Probelauf des Krematoriums II unternommen. Die Häftlinge des Sonderkommandos wurden durch August Brück – einen aus dem KZ Buchenwald überführten Kapo des dortigen Krematoriums – mit den Anlagen des Krematoriums bekannt gemacht. Man zündete am Morgen des 4. März die Brennstellen der Generatoren und unterhielt das Feuer bis 16 Uhr. Dann wurden in Anwesenheit der Kommissionsmitglieder, die mit der Uhr in der Hand den Probelauf verfolgten, in jede Retorte je drei Leichen gelegt – insgesamt 45 Leichen. Da sich die Verbrennungszeit entgegen den Erwartungen auf 40 Minuten verlängerte, wurde empfohlen, die Öfen mehrere Tage lang durchzuheizen. Wie aus einem Schreiben der Zentralbauleitung der Waffen-SS und Polizei Auschwitz an die Amtsgruppe C im SS-WVHA vom 28. Juni 1943[25] ersichtlich, wurde die Leistungsfähigkeit der einzelnen Krematorien endgültig wie folgt festgelegt:

Krematorium I	– 340 Leichen
Krematorium II	– 1440 Leichen
Krematorium III	– 1440 Leichen
Krematorium IV	– 768 Leichen
Krematorium V	– 768 Leichen

In allen Krematorien konnten demnach insgesamt pro Tag 4756 Leichen verbrannt werden. Das aber war nur die theoretische Leistungsfähigkeit, die eine reibungslose Dauerarbeit der Krematorien unter Berücksichtigung von Pausen für die laufende Wartung, Entschlackung der Brennstellen usw. garantierte. In der Praxis war die Leistungsfähigkeit der Krematorien doppelt so groß. So wurden z. B. in den Krematorien II und III bis zu 5000 Leichen pro Tag verbrannt, und in den Krematorien IV und V bis zu 3000 Leichen.[26]

Seitdem wurden Leichen nur dann im Freien verbrannt, wenn größere Transporte eintrafen und die Krematorien überlastet waren. Wegen der praktisch unbegrenzten Kapazität der Gruben, in denen Leichen ver-

25 «SS im Einsatz». Eine Dokumentation über die Verbrechen der SS. Kongreß-Verlag, Berlin 1960, S. 269

26 Aussagen des Mitglieds des Sonderkommandos Stanisław Jankowski. «Schreckliche Verbrechen . . .», S. 48

brannt wurden, hing die Zahl der verbrannten Leichen grundsätzlich von der Stärke der Transporte und der Leistungsfähigkeit der Gaskammern ab, die – Vergasungszeit und Leichenbeseitigung eingerechnet – theoretisch auf 60000 geschätzt wurde. Die größte tägliche Vergasungs- und Verbrennungsquote wurde 1944 während einer Massenvernichtung von Juden aus Ungarn erreicht und betrug 24000 Personen. Damals wurde der Bunker Nr. 2 erneut in Betrieb genommen, alte Verbrennungsgruben wieder ausgehoben, 5 neue große Erdlöcher in der Nähe der Krematoriums V gegraben und die Eisenbahngleise, auf denen die Menschentransporte anrollten, bis an die Krematorien verlängert.

Jedes der modernen Krematorien war mit einem Stacheldrahtzaun umgeben, hatte einen Sondereingang und war zum Lager hin durch einen Weidenzaun abgeschirmt. Gut gepflegte Blumenbeete verliehen der Umgebung ein harmloses Aussehen.

Die neben den Krematorien II und III eingerichteten Gaskammern und Enkleidungsräume befanden sich unter der Erde. An den Wänden einer großen «Garderobe» waren – außer entsprechenden Aufschriften – numerierte Kleiderhaken angebracht, darunter standen Bänke. In den Gaskammern selbst waren Wasserleitungen und sogenannte Duschen installiert, die jedoch nur Attrappen waren. In der Gaskammer wurden die Leute – erst Frauen und Kinder, anschließend Männer – an die gegenüberliegende Wand geleitet, hinter eine Kette von SS-Posten. In dem Maße, wie sich die Gaskammer füllte, wich die Postenkette an die Tür zurück. Auf diese Weise wurden in eine Gaskammer mit einer Fläche von 210 Quadratmetern und den Abmessungen 30×7/×2,4 m bis zu 3000 Menschen zusammengepfercht.

Aus Sparsamkeitsgründen wurden in den Krematorien IV und V die Gaskammern nicht unterirdisch, sondern zu ebener Erde eingerichtet. Jede war anfangs in drei, später in vier Räume unterteilt, die 1500, 800, 600 und 150 Menschen faßten. Ähnlich wie in den Bunkern befanden sich die Einwurflöcher für Gas in den Gaskammern der Krematorien IV und V an den Seitenwänden. In den Gaskammern der Krematorien II und III wurde das Gas durch Öffnungen in der Decke eingelassen. Von diesen Öffnungen führten bis auf den Boden der Gaskammer aus mehreren Lagen starkem Maschendraht konstruierte Kanäle mit einem beweglichen Zylinder im Innern. Ein SS-Desinfekteur warf nach Öffnung der Büchse mit Zyklon-Gas ihren Inhalt auf einen speziellen Verteilerkegel, um so die Kieselerde gleichmäßig im Innern des Einwurfkanals zu verteilen, was eine schnellere Gaseinwirkung zur Folge hatte. In eine Gaskammer wurden jedes Mal 6 bis 12 kg Gas eingelassen (in den Jahren 1942–1943 lieferte die Firma «Tesch und Stabenow» 19652,69 kg Zyklon B an das Lager). Durch ein besonderes Guckloch in der Tür konnte der SS-Arzt, der die Aufsicht führte, die Vorgänge im Innern der Gaskammer beobachten. Zu den wenigen Personen, die außer den SS-Ärzten und der Belegschaft der Krematorien Zeugen der Vernichtung von Menschen in Gaskammern waren, gehörte der Lagerkommandant Rudolf Höß. Er schrieb darüber u. a.: «Durch das Beobachtungsloch in der Tür konnte man sehen, daß die dem Einwurfschacht am nächsten Stehenden sofort tot umfielen. Man kann sagen, daß ungefähr ein Drittel sofort tot war. Die anderen fingen an zu taumeln, zu schreien und nach Luft zu ringen. Das Schreien ging aber bald in ein Röcheln über und in wenigen Minuten lagen alle. Nach spätestens 20 Minuten regte sich keiner mehr.» [27]

Nach Anlassen der Ventilatoren und Entfernung des Gases aus dem Innern der Kammer wurden die Türen geöffnet, die Leichen herausgezogen und mit Hilfe eines elektrisch betriebenen Lastenaufzuges nach oben in das Gebäude des Krematoriums befördert.

Dann wurden die Haare abgeschnitten, goldene Zähne entfernt und die Leichen in die Nähe der Öfen gebracht, wo sie auf einen besonderen Wagen gelegt und in das Innere der Verbrennungskammer geschoben wurden. Die Verbrennung der Leichen dauerte etwa 20 Minuten. Asche mit den Resten nicht vollständig verbrannter Knochen wurde in besonderen Mörsern zerkleinert, dann in Flüssen versenkt oder auf Lastkraftwagen zum Dorf Harmęże gebracht, wo sie in Fischteiche geworfen wurde.

Mit dieser Asche wurden außerdem Sümpfe zugeschüttet, sie wurde auch zum Düngen in den lagereigenen landwirtschaftlichen Betrieben benutzt. Die den Leichen ausgerissenen Goldzähne wurden an Ort und Stelle in einem besonderen Tiegel, der sich in einem der Räume des Krematoriums III befand, eingeschmolzen. Es gab Zeiten, da die so gewonnene Goldmenge 12 kg pro Tag betrug. Im Obergeschoß der Krematorien, das durch die darunter liegenden Verbrennungsöfen beheizt wurde, wurden die abgeschnittenen Haare der Leichen getrocknet.

Alle Hilfsarbeiten wurden unter Aufsicht der SS-Männer von Häftlingen des Sonderkommandos ausgeführt. Chefs der Krematorien waren in den Jahren 1942–1945 SS-Hauptscharführer Otto Moll (im Dachau-Prozeß zum Tode verurteilt, das Urteil wurde am 28. Mai 1946 vollstreckt), SS-Hauptscharführer Buch und SS-Oberscharführer Erich Muhsfeld (zum Tode verurteilt am 22. Dezember 1947 durch den Obersten Nationalgerichtshof in Polen). Zum Sommeranfang 1944, während des Höhepunktes der Vernichtungsaktion ungarischer Juden, erreichte das Sonderkommando seinen größten Stand von etwa 1000 Personen. Am 30. August 1944 waren in den vier Krematorien von Birkenau 874 Häftlinge in Tag- und Nachtschicht eingesetzt.

Als die Zahl der Transporte, die zur Vernichtung ins Lager geleitet wurden, abnahm, beschloß man gegen Ende des Sommers 1944, die

27 «KL Auschwitz in den Augen der SS», S. 133

Häftlinge des Sonderkommandos nach und nach zu liquidieren. Im September 1944 wurden etwa 200 Häftlinge aus Birkenau in das Lager Auschwitz abgezogen und in einem Bau vergast, der bisher nicht zu diesem Zweck benutzt worden war. Obwohl das unter größter Geheimhaltung geschah, erfuhren die noch lebenden Häftlinge des Sonderkommandos davon und begannen daraufhin, sich darauf vorzubereiten, Widerstand zu leisten. Als am 7. Oktober 1944 der Versuch gemacht wurde, die nächste Gruppe zu liquidieren, brach ein Aufstand los. Mehrere hundert Häftlinge wurden im Kampf getötet oder später ermordet. Am 9. Oktober 1944 zählte das Sonderkommando nur noch 212 Häftlinge. 14 von ihnen wurden verhaftet und am nächsten Tag im Stammlager in den Bunkern des Blocks Nr. 11 festgesetzt. Unter ihnen befand sich einer der Anführer des Aufstandes, Jankiel Handelsman aus Radom. Die verbliebenen 198 Häftlinge wurden in den Krematorien II, III und V beschäftigt. Das während des Aufstandes zerstörte Krematorium IV war zu dieser Zeit außer Betrieb.

In den letzten Monaten des Bestehens des Lagers wurden Häftlinge des Sonderkommandos zur Aktion Spurenbeseitigung eingesetzt. Im Oktober 1944 waren sie damit beschäftigt, die Mauern des ausgebrannten Krematoriums IV abzureißen, im November, nachdem die Massenvernichtungsaktion eingestellt worden war, demontierten sie technische Anlagen der Gaskammern und die Verbrennungsöfen in den Krematorien II und III, die später gesprengt wurden. Am 26. November 1944 wurden von etwa 200 Häftlingen des Sonderkommandos 100 ausgewählt und angeblich in das KZ Groß-Rosen gebracht – ihr weiteres Schicksal ist unbekannt. Am 5. Januar 1945 wurden 6 Mitglieder des Sonderkommandos in das KZ Mauthausen gebracht und dort erschossen. 30 Häftlinge blieben zur Bedienung des letzten noch in Betrieb befindlichen Krematoriums V, 70 Sonderkommandohäftlinge wurden beim Säubern und Einebnen der Verbrennungsgruben beschäftigt.[28]

Die Häftlinge der letzten beiden Gruppen verließen – unter Bewachung von SS-Männern – am 18. Januar 1945 das Lager mit anderen Häftlingen, die zu Fuß in Richtung Wodzisław Śląski getrieben wurden. Nur wenige überlebten den Krieg, u. a. Alter Feinsilber alias Stanisław Jankowski, der am 27. März 1942 aus Drancy ins Lager eingeliefert wurde und die Lagernummer 27675 erhielt. Im November 1942 wurde er in das Sonderkommando überwiesen. Während der Evakuierung des Lagers im Januar 1945 gelang ihm in der Gegend von Rybnik die Flucht.

Szlama Dragon kam am 7. Dezember 1942 aus dem Ghetto in Mława in das Lager und erhielt die Lagernummer 80359. Er war Mitglied des

28 Manuskripte eines unbekannten Autors und von Chaim Herman, veröffentlicht in «Schreckliche Verbrechen . . .», S. 116, 161–170, 184

Sonderkommandos seit dem 10. Dezember 1942. Während der Evakuierung des Lagers flüchtete er in der Gegend von Pszczyna.

Henryk Tauber kam am 19. Januar 1943 aus dem Ghetto in Kraków in das Lager. Im Sonderkommando seit Februar 1943, flüchtete er im Laufe der Evakuierung des Lagers im Januar 1945.

Diese Häftlinge haben vor polnischen Gerichtsbehörden ausführliche Aussagen über Einrichtungen und Ablauf der Massenvernichtungsaktion in Gaskammern gemacht.[29]

Nach dem Kriege wurden außerdem in der Nähe der Krematorien fünf in der Erde vergrabene Manuskripte von Mitgliedern des Sonderkommandos gefunden: Załmen Gradowski, Załmen Lewental, Chaim Herman, eines Häftlings mit dem Vornamen Lejb und eines unbekannten Verfassers. Neben den Aussagen der oben genannten Häftlinge sind diese Dokumente unschätzbare und zugleich erschütternde Beweise der dort verübten Verbrechen.[30]

Außer Personen jüdischer Herkunft, die in Massentransporten zur Vernichtung ankamen, wurden während der ganzen Zeit des Bestehens des Lagers in den Gaskammern kleinere oder größere Gruppen von Polen umgebracht – Mitglieder geheimer Widerstandsorganisationen, Partisanen oder Geiseln – sowie russische Kriegsgefangene. Diese wurden den Transporten zugeteilt. Das Mitglied des Sonderkommandos Alter Feinsilber alias Stanisław Jankowski hat in dieser Sache ausgesagt:

«Außerdem fanden in diesem Leichensaal zwei- oder dreimal in der Woche Erschießungen statt, das heißt, es wurden größere oder kleinere Gruppen – höchstens bis zu 250 Personen verschiedenen Geschlechts und Alters – in den Saal geführt und nach Entkleidung erschossen. Diese Menschen kamen von außerhalb des Lagers, d. h. sie waren keine Auschwitz-Häftlinge. Sie waren von der Gestapo an verschiedenen Orten verhaftet worden und wurden zum Erschießen ins Krematorium gebracht, ohne vorher in die Lagerkartei eingetragen zu werden. Nur in seltenen Fällen waren Auschwitz-Häftlinge Opfer einer ‹Erschießung›. Ich betone, daß jener Quakernack persönlich die Erschießungen vornahm. Für diese Zeit wurden alle Juden (aus dem Sonderkommando – Anm. des Verfassers) in den ‹Kohlenkeller› geschickt, und die Erschießungen in Anwesenheit von im Krematorium beschäftigten Polen und Deutschen vorgenommen. Weil der Kokslagerplatz nur wenige Meter

29 Aussagen von Jankowski, Dragon und Tauber, APMO, Höß-Prozeß, Bd. 1, Bl. 3–28, Bd. 11, Bl. 103–121 und 122–150. Die Aussagen von Jankowski wurden ebenfalls in «Schreckliche Verbrechen . . .» veröffentlicht, S. 30–66

30 Die Manuskripte von Gradowski, Lewental, Herman und des unbekannten Verfassers sind veröffentlicht worden in «Schreckliche Verbrechen . . .», S. 67–184, das Manuskript von Lejb in den «Auschwitzer Heften», 1972, Nr. 14, S. 15–62

entfernt war, hörten wir Juden die Schüsse, hörten auch die Schreie der Menschen und wie sie umfielen. Mit eigenen Ohren habe ich gehört, wie die zu erschießenden Menschen schrien, sie seien unschuldig. Ich hörte auch Kinderstimmen, aber Quakernack antwortete darauf: ‹Von unseren Leuten fallen viel mehr an der Front.› Dann wurden wir in die Halle gerufen, in der die Erschießung vorgenommen worden war, und aus dieser Halle brachten wir Juden noch warme und blutende Leichen zu den Öfen im Krematorium. Jede Stunde trugen wir so 30 Menschenleichen hinaus. Quakernack stand da mit der Waffe in der Hand, mit Blut beschmiert und bluttriefend. Bei den Erschießungsaktionen assistierten Quakernack der Lagerführer von Auschwitz Schwarz und der Kommandant des Gesamtlagers mit einem Gefolge von SS-Männern. [. . .] Jede Woche wurden am Ofen des Krematoriums 10 bis 15 Russen erschossen – Kriegsgefangene, die vorher für mehrere Tage im Bunker des Blocks 11 eingesperrt waren. Sie waren nicht in der Lagerkartei verzeichnet und überhaupt nicht registriert, also könnte man die Zahl dieser Opfer auf Grund von Lagerdokumenten gar nicht feststellen. Erschießungen habe ich ein ganzes Jahr lang in Auschwitz beobachtet, das gleiche wiederholte sich dann in Birkenau, nur daß in Birkenau wöchentlich mehr russische Kriegsgefangene erschossen wurden.»[31]

Über die Tötung von Polen, Mitgliedern der Widerstandsbewegung, die von außerhalb ins Lager gebracht wurden, schrieb auch ein anderes Mitglied des Gaskammer-Sonderkommandos in seinen nach dem Kriege entdeckten Erinnerungen:

«Ungefähr gegen Ende des Jahres 1943 ereignete sich folgendes: 164 Polen aus der Umgebung, darunter 12 junge Frauen – alle Mitglieder einer Geheimorganisation – wurden ins Lager gebracht. Dann kam eine Reihe höherer SS-Männer. Gleichzeitig wurden mehrere hundert holländische Juden, Lagerhäftlinge, zum Vergasen herbeigeführt. Eine junge Polin hielt in der Gaskammer eine kurze, flammende Rede an alle Anwesenden, die bereits nackt ausgezogen waren, in der sie Naziverbrechen und Naziterror anprangerte und mit den Worten endete: ‹Wir sterben jetzt nicht, denn wir gehen für ewig in die Geschichte unseres Volkes ein! Unsere Initiative und unser Geist leben und blühen! Das deutsche Volk wird so teuer für unser Blut bezahlen, wie wir es uns nur vorstellen können! Nieder mit der Barbarei Hitlerdeutschlands! Es lebe Polen!› Dann wandte sie sich an uns Juden aus dem Sonderkommando: ‹Denkt daran, daß ihr die Pflicht habt, uns Unschuldige zu rächen. Sagt unseren Brüdern, unserem Volk, wir seien stolz und bewußt in den Tod gegangen!› Dann knieten die Polen nieder und sprachen feierlich ein Gebet – in würdiger Haltung, die einen großen Eindruck machte. Nun standen alle auf und sangen gemeinsam die polnische Nationalhymne.

31 «Schreckliche Verbrechen . . .», S. 41–43

Die Juden sangen die Hatikwa [. . .] Mit ergreifender Herzlichkeit drückten sie auf diese Weise ihre letzte Empfindung und ihre Hoffnung in die Zukunft ihres Volkes aus. Dann sangen sie alle gemeinsam die Internationale. Während des Gesanges kam ein Kraftwagen des Roten Kreuzes, Gas wurde in die Kammer eingeführt, und alle gaben ihren Geist auf [. . .]»[32]

Solange das Lager bestand, dienten Gaskammern und Krematorien auch dazu, Tausende registrierte Häftlinge aller Nationalitäten zu töten, die im Ergebnis der seit Juli 1941 geführten Euthanasieaktion als unheilbar krank angesehen wurden. Da in den Krankenrevieren der Lager ständig Selektionen vorgenommen wurden, suchten die Häftlinge den Häftlingskrankenbau nur im äußersten Notfall auf. Ein längerer Aufenthalt im Häftlingskrankenbau oder eine ansteckende Krankheit genügten schon, um auf die Liste der Personen zu kommen, die «ins Gas» geschickt werden sollten.

Selektionen wurden nicht nur im Häftlingskrankenbau, sondern auch unter gesunden Häftlingen durchgeführt. Im Stammlager Auschwitz fanden Selektionen u. a. im Lagerbad zwischen den Blocks Nr. 1 und Nr. 2 statt. Einer der Teilnehmer dieser Selektionen war auch der in der Bundesrepublik Deutschland 1965 zu lebenslänglicher Haft verurteilte Rapportführer Oswald Kaduk. Er war sehr oft betrunken und konnte sich nicht auf den Beinen halten. Deshalb inspizierte er die vor ihm nackt vorbeimarschierenden Häftlinge auf einem Schemel sitzend mit einer Schnapsflasche in Griffnähe. Ein Augenzeuge berichtet darüber:

«Selektionen in den Krankenbaus waren an der Tagesordnung. Eine unheimliche Angst befiel jedoch alle Häftlinge, wenn nach dem Abendappell Lagersperre verhängt wurde und eine Gruppe von SS-Männern mit dem Lagerführer Baer, dem Arbeitsdienstführer, dem SS-Untersturmführer Sell, und Rapportführer Kaduk an der Spitze in die Badeanstalt traten. Auf ein Zeichen des Blockführers fingen wir an, im Gänsemarsch zu laufen, so daß die SS-Männer uns gerade noch einzeln erkennen konnten. Wir mußten sehr aufpassen, weil die Holzroste unter den Duschen sehr uneben ausgelegt waren. Man konnte sich deshalb leicht das Bein verstauchen und hinfallen. Das genügte, um sofort unter die Todeskandidaten aussortiert zu werden. Die SS-Männer verfolgten uns mit gierigen Blicken. Sie suchten nach Opfern. Je mehr, umso besser. Nach der Inspektion, als wir die ganze Badebaracke durchlaufen hatten, stellten sich alle Häftlinge in der Birkenallee am Drahtzaun auf. Der Blockälteste zählte wieder ab. Sechs Mann aus unserem Block waren in der Badeanstalt zurückgeblieben, um vergast oder mit Phenol ab-

32 Manuskript eines unbekannten Autors, «Schreckliche Verbrechen», S. 110–111

gespritzt zu werden. Es waren schreckliche Augenblicke. Manchem raubten sie alle Kraft, andere wurden davon beflügelt. Adolf zum Beispiel konnte nach der Rückkehr in den Block nicht glauben, daß er die Feuerprobe bestanden hatte. Er versuchte den ganzen Saal in dem gleichen Tempo zu durchlaufen wie kurz vorher die Badebaracke – und stolperte auf ebenem Boden. Er berührte seine geschwollenen Füße, streichelte sie zärtlich und wiederholte ununterbrochen: ‹Mein Gott, mein lieber Gott, wie habe ich das fertiggebracht!› Dann marschierte er nackt durch den Saal, als wollte er sich versichern, daß er noch unter den Lebenden sei. Er freute sich wie ein Kind und ließ sich von allen bewundern, als sähe er aus wie ein junger Gott. Im Oktober des gleichen Jahres hatten wir noch einmal eine derartige Kraft- und Nervenprobe zu bestehen. Adolf kam nicht mehr mit uns zurück [. . .]» [33]

Im Frauenlager wurden Selektionen zumeist während der Rückkehr der Arbeitskommandos oder während sogenannter Generalappelle durchgeführt. Die in schweren Holzpantinen gehenden weiblichen Häftlinge wurden angehalten, mehrere Meter zu laufen. Frauen, die zu langsam liefen, wurden von SS-Männern mit gekrümmten Stöcken aus den Reihen der Kolonne herausgefischt und zur Seite gestellt. Falls die Gaskammern besetzt waren, wurden sie in dem vom Lager isolierten Block Nr. 25 untergebracht. Die Fenster dieses Blocks waren vergittert, in den ummauerten Hof führte nur ein ständig bewachtes Tor. Von innen hörte man das Weinen und Stöhnen der todgeweihten Frauen, die ihre Hände durch die Gitter streckten und flehentlich um Wasser baten. Es war aber niemandem erlaubt, sich auch nur in die Nähe dieses Blocks zu begeben. Die Verladung der um ihr Leben flehenden Opfer auf Kraftwagen erfolgte mit größter Brutalität. Frauen, die sich verzweifelt wehrten, wurden an Händen und Füßen gepackt und im hohen Bogen auf die Plattform geworfen. Zusammen mit den Lebenden wurden auch Leichen verfrachtet.

Im Männerlager in Birkenau spielte der Block Nr. 7 die gleiche Rolle. Dorthin wurden Schwerkranke nicht nur aus Birkenau, sondern auch aus dem Stammlager gebracht. Durchschnittlich befanden sich 1200 Häftlinge im Block. Auf 3 bis 5 Häftlinge wurde ein Liter Suppe ausgegeben. Brot wurde fast gar nicht verteilt. Tagelang mußten sie vor dem Block strammstehen, oft auch nachts. Sie wurden von betrunkenen SS-Männern geschlagen und ermordet. Wenn Kraftwagen vorfuhren, auf denen die Häftlinge zu den Gaskammern gefahren werden sollten, spielten sich wahre Höllenszenen ab. Die Häftlinge versuchten, sich zu verstecken, um die Abfahrt der Wagen abzuwarten, und zwar, wo immer es nur ging. Man stöberte sie unter Müll, im Stroh der Pritschen oder in

33 Franciszek Stryj, «W cieniu krematoriów» (Im Schatten der Krematorien), Katowice 1960, S. 225–226

allen Ecken des Blocks auf. Als sie endlich auf die Kraftwagen gejagt wurden, waren die einen bereits verzweifelt und apathisch, andere versuchten auch dann noch zu fliehen und sprangen auf dem Weg zur Gaskammer vom Wagen. Es kam vor, daß die Verurteilten patriotische oder religiöse Lieder anstimmten. Einen erschütternden Eindruck hinterließ ein Transport von Französinnen, die auf der Fahrt zur Gaskammer laut die Marseillaise sangen. Diese Szenen hafteten tief im Gedächtnis vieler Häftlinge. Sie verfolgten die Autos mit ihren Augen, wie sie täglich hinter dem Tor des Krematoriums verschwanden, wo sich dann der letzte Akt der Tragödie der unglücklichen Opfer abspielte. Was dort geschah, sollte für immer ein Geheimnis der Henker bleiben! Und so wäre es auch geschehen, wenn nicht eine kleine Gruppe von Häftlingen des Sonderkommandos fast wie durch ein Wunder überlebt hätte. Die letzten Augenblicke im Leben der todgeweihten Opfer beschreibt der ehemalige Häftling Dr. Miklós Nyiszli, der im Auftrag von Dr. Mengele in einem im Krematorium II besonders eingerichteten Prosektorium Leichen sezierte:

«Aus meinem Saal kann ich durch zwei große vergitterte Fenster, die dazu noch mit einem grünen Drahtnetz abgedeckt sind, in den Hof sehen. Jeden Tag, etwa um 7 Uhr abends, fährt ein Lastwagen durch das Tor des Krematoriums. Er bringt etwa 70 bis 80 Frauen oder Männer, die liquidiert werden sollen. Das ist die tägliche Portion an selektierten Häftlingen aus dem Konzentrationslager. Sie kommen aus Baracken oder Krankenbaus in das Krematorium. Es sind zumeist Häftlinge, die mehrere Jahre oder mindestens mehrere Monate im KZ verbracht haben und keine Illusionen über ihr weiteres Schicksal haben. Wenn der Wagen durch das Tor fährt, hallt der Hof wider von einem einzigen ungeheuren Todesschrei. Die Todgeweihten wissen, daß sie dem Schornstein des Krematoriums nicht mehr entfliehen können. Sie haben keine Kraft mehr, um selbst von der hohen Plattform des Lastwagens herabzuspringen. SS-Männer brüllen und treiben sie an. Der Fahrer des Wagens, ein Unteroffizier, wird ungeduldig. Er setzt sich hinter das Lenkrad und läßt den Motor an. Der vordere Teil des riesigen Wagenkastens hebt sich langsam und die Leute werden einfach ausgeschüttet. Kranke und Halbtote fallen auf Kopf und Gesicht, einer über den anderen – auf den Beton. Ein unheimliches Geschrei ertönt gen Himmel. Menschen winden sich krampfhaft auf der Erde. Eine schreckliche Szene [. . .] Das Sonderkommando reißt den Opfern die Kleider vom Leibe und wirft sie im Hof auf einen Haufen. Die Unglücklichen werden in den Kesselraum getragen, wo vor der Brennstelle bereits Oberscharführer Muhsfeld auf sie wartet. Heute ist er an der Reihe. Er hat Gummihandschuhe angezogen und ist bewaffnet. Die Leute müssen sich vor ihm aufstellen – einer nach dem anderen fällt tot um und macht so Platz für die nachfolgenden. In wenigen Minuten hat Muhsfeld alle 80 Personen –

wie er sich selbst ausdrückte – ‹umgelegt›. Eine halbe Stunde später sind die Opfer nur noch eine Handvoll Asche.»[34]

Während der im Lager wütenden Typhusepidemie wurden nicht nur Dutzende, sondern Hunderte von Häftlingen in den Gaskammern umgebracht. Der neuernannte Standortarzt Kurt Uhlenbrock befahl am 29. August 1942, alle Typhuskranken zu vergasen, zusammen mit den Rekonvaleszenten, die sich im Lagerkrankenbau befanden. Damals wurden 746 Häftlinge aus dem Krankenbau abtransportiert und in Gaskammern getötet.

Am 11. und 12. Juli 1944, während der Liquidierung des Familienlagers BIIb in Birkenau, wurden etwa 4000 Personen vergast. Am 2. August, bei der Liquidierung des Zigeunerlagers in Birkenau, wurden 2897 Zigeuner – Männer, Frauen und Kinder – vergast. Das war die letzte Gruppe von über 20000 Zigeunern, die im Februar 1943 in das Lager gebracht worden waren. Außer wenigen, die entlassen oder in andere Lager überstellt wurden, starben alle an Hunger oder Krankheiten.

In den Gaskammern fanden auch viele ehemalige Einwohner der Gegend um Zamość den Tod, die im Rahmen von Aussiedlungsaktionen in das Konzentrationslager Auschwitz gebracht worden waren, als man begann, die letzte Zufluchtsstätte für aus anderen polnischen Gebieten ausgewiesene Polen im Generalgouvernement zu liquidieren.

In den Gaskammern wurden auch Häftlinge aus den Außenlagern umgebracht, die dort von SS-Ärzten, die die Krankenbaus inspizierten, als in Kürze nicht mehr arbeitsfähig klassifiziert worden waren. Dr. Horst Fischer, Lagerarzt im KZ Auschwitz III, selektierte auf diese Weise von November 1943 bis Januar 1945 in den Unterlagern Neu-Dachs in Jaworzno, Eintrachthütte in Świętochłowice, Janinagrube in Libiaż und Jawischowitz in Jawiszowice etwa 1300 bis 1600 Häftlinge. Selektionen in den Unterlagern wurden außerdem von durch ihn beauftragten SS-Sanitätern vorgenommen. Die Zahl der jeweils selektionierten Häftlinge betrug bis zu mehreren Dutzend Personen.

In den größten Unterlagern wie z. B. Buna in Monowice oder Neu-Dachs in Jaworzno erreichte sie sogar mehrere Hundert. So wurden z. B. am 18. Januar 1944 im Unterlager Neu-Dachs 254 Häftlinge selektiert, von denen bis zum 3. Februar 4 starben, 3 von der Selektionsliste gestrichen und die verbliebenen 247 in den Gaskammern des KZ Auschwitz II vergast wurden.

Im größten Nebenlager von Auschwitz, dem KZ Monowitz, das neben den IG-Farben-Werken angelegt war, wurden in den Jahren 1942–1943 regelmäßig alle zwei Wochen Selektionen durchgeführt, spä-

34 Miklós Nyiszli, «Pracownia doktora Mengele. Wspomnienia lekarza z Oświęcimia» (Die Praxis des Dr. Mengele – Erinnerungen eines Arztes aus Auschwitz), Warszawa 1966, S. 96–97

ter jedoch seltener. Im Ergebnis dieser Selektionen wurden von November 1942 bis Dezember 1944 über 8000 Häftlinge in das KZ Auschwitz II in Birkenau und teilweise in das KZ Auschwitz I überstellt.

An die Stelle von selektierten Häftlingen wurde neue, gesunde und starke Häftlinge geschickt. Die Unternehmen sahen in diesem ständigen Austausch von Arbeitskräften eine Möglichkeit, die Leistungsfähigkeit der Häftlinge auf entsprechendem Niveau zu halten. In entsprechenden Festlegungen der Häftlings-Mietverträge war dieser Austausch übrigens vorgesehen. Im Vertrag zwischen dem Hauptamt für Wirtschaft und Verwaltung der SS und der Firma «Ost-Maschinenbau GmbH» in Sosnowiec vom 26. April 1944 wurde im Punkt 4 ausdrücklich festgestellt: «Die kranken Häftlinge werden zum Konzentrationslager Auschwitz zurückgebracht, sofern ihre Erkrankung nicht vorübergehener Art und ihr Einsatz nicht wieder zu erwarten ist.»[35]

Eine zusätzliche Garantie für das einwandfreie Funktionieren dieses Austauschsystems von Arbeitskräften waren die Prinzipien der Finanzabrechnungen. Die meisten Unternehmen zahlten an die Lagerverwaltung ausschließlich den Tageslohn für die von den Häftlingen real geleistete Arbeit. In Krankheitsfällen entstanden so für die Staatskasse – in deren Namen die Lagerverwaltung kassierte – Ausfälle. Die Liquidierung von kranken und arbeitsunfähigen Häftlingen in den Außenlagern lag also im Interesse beider Seiten.

Es sind Vorfälle bekannt, daß Vertreter der Unternehmen persönlich an den Selektionen teilnahmen und Häftlinge zum Abtransport aus den Außenlagern aussuchten. Von einigen Firmen wurden zu diesem Zweck eigene Transportmittel bereitgestellt. Darüber berichtete u. a. Stanisław Pluta, der in der Raffinerie von Trzebinia als Kraftfahrer arbeitete:

«Auf Veranlassung des Einsatzleiters fuhr ich mit meinem Lastwagen in das Lager nach Trzebionka. Dort wurden etwa 15 kranke und ausgezehrte jüdische Häftlinge auf den Wagen geladen. Unter Bewachung von SS-Männern brachte ich sie in das Konzentrationslager Birkenau. Nachdem ich sie im Lager abgeladen hatte, wurden andere, gesunde Häftlinge aus Birkenau in den Wagen geladen, und wir fuhren mit ihnen sofort in das Lager von Trzebionka.»[36]

Die selektierten Häftlinge wurden zumeist sofort in Gaskammern umgebracht, oder sie wurden eine Zeitlang in provisorischen Unterkünften des Männerkrankenbaus in Birkenau festgehalten. Darüber berichtet der ehemalige Häftling Juliusz Ganszer in seiner Erinnerungen:

«Eines Tages brachte man eine ganze Gruppe ausgezehrter Häftlinge

35 Staatsarchiv der Wojewodschaft Katowice, Abt. Berghütte, Zeichen: 25–11, S. 6–6a

36 Akten der Bezirkskommission zur Untersuchung faschistischer Verbrechen in Kraków, Zeichen Ds 18/67

aus den Grubenlagern der Umgebung zu uns (in den Krankenbau in Birkenau – Anm. des Verfassers). Sie wurden drei Nächte und zwei Tage lang im Waschraum festgehalten. Der Blockälteste im Waschraum war Staszek Paduch. Ohne auf die Gefahr zu achten, brachte er – mit mir zusammen – den Häftlingen ein ganzes Faß voll Suppe. Bei mir auf dem Block waren viele Polen, die Pakete erhielten, so daß immer Suppe übrigblieb. Als wir das Faß in den von Paduch geöffneten Waschraum brachten, drang uns ein furchtbarer Gestank in die Nase. Die Häftlinge waren alle nackt, und der kalte betonierte Raum wurde nur durch ihre Körper erwärmt. Einige beteten laut, andere redeten vor sich hin. Alle stürzten sich auf die Suppe. Am Abend des nächsten Tages wurden alle ins Gas geschickt.» [37]

In den fünf Jahren des Bestehens des Lagers Auschwitz wurden etwa vier Millionen Menschen durch Krankheiten, Exekutionen und Massenvernichtung in Gaskammern umgebracht, darunter etwa 340000 von über 400000 in der Lagerkartei registrierten Häftlingen – Männer, Frauen und Kinder.

4. Neue Vernichtungsverfahren

4.1. Sterilisierungsversuche

Das Lager Auschwitz war nicht nur eine große «Todesfabrik», es war gleichzeitig eine Versuchsstation für ein neues Verbrechen, das nicht nur an Millionen, sondern an vielen Millionen Menschen begangen werden sollte. Da die Leistungsfähigkeit der Gaskammern und Krematorien – wie es sich herausstellte – nicht dem Ausmaß der beabsichtigten Morde entsprach, wurde die medizinische Wissenschaft zu Hilfe gerufen. Professor Carl Clauberg und Dr. Horst Schumann erhielten den Auftrag – anhand von Versuchen, die an Häftlingen durchgeführt wurden –, eine Methode der Massensterilisation jener Völker auszuarbeiten, die von den Nationalsozialisten zur biologischen Vernichtung vorgesehen waren. Rudolf Brandt, der persönliche Stabschef Himmlers, bekannte in dieser Sache während des Prozesses gegen faschistische Ärzte in Nürnberg:

«Himmler war in höchsten Grade an der Ausarbeitung einer billigen und schnellen Methode der Sterilisierung interessiert, die man gegenüber Feinden des deutschen Reiches wie Russen, Polen und Juden anwenden konnte. Man knüpfte daran die Hoffnung, den Feind auf diese

37 APMO, Zespół «Wspomnienia» (Sammlung von Erinnerungen), Bd. 2, Bl. 379

Weise nicht nur zu bezwingen, sondern auch zu vernichten. Die Arbeitskraft der sterilisierten Personen könnte von Deutschland genutzt werden, wobei aber ihre Fortpflanzungsfähigkeit zerstört wäre. Massensterilisationen waren ein Bestandteil der Rassentheorie Himmlers. Deshalb wurden auch Sterilisationsexperimenten besonders viel Zeit und Aufwand gewidmet.»[38]

Diese Ansicht bestätigt auch der ehemalige Lagerkommandant von Auschwitz, Rudolf Höß, der während des Prozesses in Warszawa aussagte:

«Aus Gesprächen mit Clauberg und mit Mitarbeitern des RSHA Thoms und Eichmann ist mir bekannt, daß Himmler die Clauberg-Methode zur Liquidierung und biologischen Vernichtung des polnischen und tschechischen Volkes anwenden wollte. Er vertrat den Standpunkt, diese beiden Völker müsse man aus den von ihnen besiedelten Gebieten vertreiben, denn diese Gebiete gehörten seiner Ansicht nach organisch zum deutschen Lebensraum.»[39]

Anfangs schlug Himmler Clauberg vor, seine Experimente im Frauenkonzentrationslager Ravensbrück durchzuführen. Auf Antrag Claubergs jedoch, der im Krieg eine Frauenklinik in Chorzów leitete, wurde ihm für diese Zwecke das KZ Auschwitz zugewiesen, wo seit dem 26. März 1942 auch ein Frauenlager bestand. Die 1942 begonnenen Experimente – anfangs in Birkenau durchgeführt – wurden im Stammlager Auschwitz fortgesetzt, und zwar in dem dafür besonders geräumten Block Nr. 10.

Ziel der von Clauberg unternommenen Experimente war die Entwicklung einer schnellen, zuverlässigen Methode zur Unfruchtbarmachung von Frauen. Bei der Durchführung dieser Experimente wurde darauf geachtet, daß die zu sterilisierenden Personen sich des Eingriffs nicht bewußt waren.

Die Methode des Sterilisierungseingriffs beruhte darauf, eine Gebärmutterentzündung und eine Verstopfung der Eileiter hervorzurufen. Clauberg versuchte, die dafür am besten geeigneten chemischen Substanzen herauszufinden, die man z. B. bei angeblichen gynäkologischen Untersuchungen in die Eileiter einführen konnte.

Für seine Experimente wählte Clauberg weibliche Häftlinge im Alter von 20 bis 30 Jahren, die bereits Kinder geboren hatten. Das Experiment begann mit einer Untersuchung der Durchlässigkeit der Eileiter. Die Versuchsperson wurde von Clauberg in einen gynäkologischen Stuhl gesetzt und – mit Röntgenkontrolle – eine Kontrastflüssigkeit in

38 nach Jan Sehn, «Zbrodnicze eksperymenty sterylizacyjne Carla Clauberga» (Verbrecherische Sterilisationsexperimente des Carl Clauberg) in »Auschwitzer Hefte» 1958, Nr. 2, S. 8

39 APMO, Höß-Prozeß, Bd. 21, Bl. 136

den Eileiter eingeführt. Bei positiven Resultaten wurde eine nicht näher bezeichnete Flüssigkeit, die an Formalin erinnerte, eingespritzt, was anschließend zur Entzündung führte. Dann wurden in Abständen von mehreren Tagen Kontrollen durchgeführt. Nach sechs Wochen trat bei allen Frauen im allgemeinen eine Verstopfung der Eileiter auf, was zur Unfruchtbarkeit führte.

Mitarbeiter von Professor Clauberg waren der SS-Sanitätsunteroffizier Binning sowie Dr. Johann Gebel, Vertreter der Schering-Werke, der die chemischen Substanzen zusammenstellte und am Rande der von Professor Clauberg durchgeführten Experimente neuartige Kontrastflüssigkeiten erprobte. Diese Versuche waren äußerst schmerzhaft, verursachten starke Blutungen der Gebärmutter und oft sogar einen Kollaps.

Die erste Etappe seiner Experimente faßte Professor Clauberg in folgender Äußerung vom Juni 1943 zusammen, einer Antwort auf Himmlers Frage, wieviel Personen täglich sterilisiert werden könnten:

«Wenn die von mir durchgeführten Untersuchungen weiter so ausgehen wie bisher – und es besteht kein Grund anzunehmen, daß sie es nicht tun –, so ist der Augenblick nicht mehr sehr fern, wo ich sagen kann: Von einem entsprechend geübten Arzt an einer entsprechend eingerichteten Stelle mit vielleicht 10 Mann Hilfspersonal (die Zahl des Hilfspersonals der gewünschten Beschleunigung entsprechend) höchstwahrscheinlich mehrere hundert – wenn nicht gar 1000 – an einem Tage.»[40]

In statistischen Angaben über zur Arbeit eingesetzte Häftlinge im KZ Auschwitz wurden diese weiblichen Häftlinge 1943 als «Häftlinge für Versuchszwecke» geführt. So wurden z. B. am 1. Mai in dieser Statistik (ohne Pflegepersonal) 242 weibliche Häftlinge, am 1. Juni 225 und am 1. Oktober 394 weibliche Häftlinge notiert. Schwankungen in der Anzahl der Frauen, die als Häftlinge für Versuchszwecke vorgesehen waren (am 2. Juni waren es z. B. 225 Personen, am 3. Juni nur noch 136 Personen – ein Abgang also von 89 Personen), sowie Aussagen ehemaliger Häftlinge weisen darauf hin, daß ein Teil der Versuchspersonen starb oder getötet wurde, wobei ihre Leichen seziert wurden. Alter Feinsilber alias Stanisław Jankowski erklärte in seinen Aussagen: «Jede Woche wurden zerstückelte Frauenleichen aus Block 10 ins Krematorium gefahren.»[41] Feinsilber war, wie bereits erwähnt, mit der Verbrennung von Leichen im Krematorium I beschäftigt.

Das Ziel der von Dr. Horst Schumann durchgeführten Experimente bestand auch in der Ausarbeitung einer Methode für die schnelle Massensterilisation. Im Gegensatz zu Professor Clauberg, der seine Versu-

40 Reimund Schnabel, «Macht ohne Moral – eine Dokumentation über die SS», Frankfurt / Main 1957, S. 274

41 «Schreckliche Verbrechen . . .», S. 43

che ausschließlich an Frauen durchführte, unternahm Dr. Schumann seine Experimente hauptsächlich an Männern. Die Schumann-Methode beruhte darauf, durch konzentrierte Röntgenbestrahlung der Hoden bei Männern und Eierstöcken bei Frauen, diese Menschen ihrer Fortpflanzungsfähigkeit zu berauben. Im Verlauf der Experimente wurden Zeitdauer und Intensität der Bestrahlung geändert, um optimale Ergebnisse zu erzielen, wobei bei einigen Personen beide, bei anderen nur je ein Zeugungsorgan bestrahlt wurde. Um die Ergebnisse dieser Eingriffe feststellen zu können, wurden die bestrahlten Organe auf operativem Wege entfernt und im Laboratorium untersucht. Die von Dr. Schumann von November 1942 bis April 1944 durchgeführten Versuche zeitigten nicht die erwarteten Ergebnisse. Dagegen wurden durch Verbrennung mit Röntgenstrahlen und nach Kastrationsoperationen bei den Häftlingen große, schmerzhafte und schwer heilbare Wunden hervorgerufen. Nur wenige Häftlinge überstanden diese Experimente. Ein Teil starb infolge der Verletzungen, andere wurden als arbeitsunfähig mit Phenol abgespritzt oder in Gaskammern vergiftet. Im April 1944 erstattete Schumann Bericht an die Reichskanzlei Adolf Hitlers und verlegte sein Wirkungsfeld vom Block Nr. 30 im Frauenlager Birkenau (BIa) in das KZ Ravensbrück. Dort setzte er seine Versuche an Zigeunerkindern fort.

4.2. Andere pseudomedizinische Experimente

Während die Voraussetzungen für die Versuche von Clauberg und Schumann in der faschistischen Exterminationspolitik gegenüber fremden und als feindlich eingestuften Völkern zu suchen sind, wurden die Experimente eines anderen Arztes und Verbrechers zugleich – Dr. Josef Mengele – durch seine pronatale Politik gegenüber dem deutschen Volk inspiriert. Durch seine Experimente sollte Dr. Mengele eine Antwort auf die Frage finden: Wie könnte man die Fortpflanzungsfähigkeit der deutschen Bevölkerung in dem Maße steigern, daß sie den Belangen einer groß angelegten deutschen Besiedlung der besetzten Gebiete in den Staaten Osteuropas genügt. Thema seiner Experimente waren Zwillinge sowie Physiologie und Pathologie der Zwergwüchsigkeit. Eineiige Zwillinge – insbesondere Kinder – waren Gegenstand seiner Experimente sowie Zwerge und Krüppel von Geburt an, die aus den im Lager eintreffenden Transporten herausgesucht wurden.

Der Ablauf der von Dr. Mengele durchgeführten Experimente läßt sich in zwei Etappen einteilen. Die erste umfaßte verschiedene Untersuchungen, die an lebenden Personen durchgeführt werden konnten, so z. B. Untersuchungen von Augen, Ohren, Blut sowie alle möglichen Messungen von Schädel und Wuchs. Der Häftling Dina Gottliebowa aus Prag fertigte auf Veranlassung von Mengele Zeichnungen von Köpfen,

Ohrmuscheln, Nasen, Lippen, Händen und Füßen an. Auch wurden Bluttransfusionen zwischen Zwillingen durchgeführt sowie Röntgenaufnahmen gemacht. Die zweite Etappe umfaßte Vergleichsanalysen innerer Organe, die bei Leichensektionen durchgeführt wurden. Ein gleichzeitiger Tod von Zwillingen war unter normalen Umständen sehr unwahrscheinlich, was natürlich derartige Analysen von vornherein unmöglich machte. Im Lager wurden jedoch Hunderte solcher Vergleichsanalysen an Zwillingen durchgeführt, wobei Zwillingspaare von Dr. Mengele mit Phenolspritzen getötet wurden. In seiner Experimentenreihe arbeitete Mengele mit dem Institut für Rassenbiologische und Anthropologische Forschung in Berlin zusammen, wohin er – zwecks genauerer Untersuchung – interessantere anatomische Präparate sandte. Die im Institut angefertigten Analysen wurden mit der Gesamtdokumentation der vorgenommenen Experimente in Akten – die einzelnen Personen betreffend – abgelegt und gesammelt. Auch diese Experimente brachten – außer Tod und Leiden vieler Häftlinge – nicht die erwarteten Ergebnisse.

Im Lager wurden auch andere Experimente durchgeführt. In den Jahren 1941–1944 führten Dr. Helmut Vetter sowie die Ärzte Friedrich Entress, Eduard Wirths und Fritz Klein pharmakologische Experimente an Häftlingen durch. Ziel der Experimente war es, neue, noch nicht im allgemeinen Gebrauch befindliche Arzneimittel auszuprobieren. Diese Arzneimittel führten die Bezeichnung «B-1012», «B-1034», «3382» oder verschiedene Namen, z. B. «Rutenol».

Experimente wurden vor allem an Häftlingen durchgeführt, die an Flecktyphus, Tuberkulose, Zellgewebsentzündung, seltener an Rose oder Trachom und anderen Krankheiten litten. Sie wurden nicht nur an kranken, sondern auch an gesunden Personen vorgenommen, die zu diesem Zweck besonders infiziert wurden, z. B. durch intravenöse Einspritzung von Blut typhuskranker Personen, beziehungsweise durch subkutane Injektion von Eiter. Die Versuchspräparate wurden in Form von Tabletten, Granulaten, Spritzen oder Klistieren verabreicht. Manche Arzneimittel verursachten bei den Kranken Erbrechen und blutigen Durchfall. In zahlreichen Fällen verursachten diese Experimente auch den Tod der Häftlinge, da keines der angewandten Präparate Heileigenschaften aufwies und einige sich einfach als schädlich erwiesen. Trotz entschieden negativer Ergebnisse wurde diese Experimentenreihe von den im Auftrag von Arzneimittelfirmen handelnden Ärzten fortgesetzt und dadurch die Anwendung anderer, bekannter und wirksamer Arzneimittel verhindert. In den Akten erhalten ist ein Briefwechsel des Lagerkommandanten mit der Firma «Bayer» über den Verkauf von 150 weiblichen Häftlingen zu Versuchszwecken. Nachdem der Preis pro Häftling auf 170 Mark festgesetzt worden war (das Lager verlangte anfangs 200 Mark pro weiblichen Häftling), wurde der Verkauf abgeschlossen. Davon zeugt ein Schreiben der Firma «Bayer» an den Lagerkommandanten in Auschwitz, in dem festgestellt wird: «Wir bestätigen die Überweisung von 150 Frauen. Trotz ihres schlechten Zustandes können wir sie als geeignet akzeptieren. Über den Verlauf der Experimente werden wir Sie informieren.» In einem weiteren Schreiben wird festgestellt: «Die Experimente sind durchgeführt worden, alle Personen sind gestorben. In Kürze werden wir uns mit Ihnen zwecks weiterer Lieferungen in Verbindung setzen.»[42]

Genau wie Dr. Mengele hat auch ein weiterer Arzt – Johann Paul Kremer –, der im Lager Experimente durchführte, seine Opfer umgebracht. Thema seiner Untersuchungen war die Braune Leberatrophie. Ein schon auf dem Seziertisch liegender Häftling wurde noch kurz vor seiner Tötung über Einzelheiten seines Krankheitsablaufs befragt.

Dr. Emil Kaschub führte 1944 im Auftrag der Wehrmacht Experimente im KZ Auschwitz durch. Gesunden Häftlingen wurden in Arme und Beine verschiedene Giftsubstanzen eingerieben, so daß schmerzhafte und eiternde Wunden entstanden. Ergebnisse von Beobachtungen – durch Fotografien belegt – sollten Vergleichsmaterial liefern, um Personen zu entlarven, die durch Selbstverstümmelung dem Wehrdienst entgehen wollten.

Auch die SS-Ärzte Victor Capesius, Bruno Weber und Werner Rhode experimentierten im Auftrag der Wehrmacht mit einer unbekannten Flüssigkeit, die Häftlingen zum Trinken verabreicht wurde. Ein Teil der Opfer starb. Ziel der Experimente war es, ein Mittel zu entdecken, das Kriegsgefangenen eingegeben werden konnte, damit sie ihre Selbstkontrolle verlören und militärische Geheimnisse preisgäben.

Dr. Fritz Klein führte Experimente und Operationen an Frauen durch, die krebsverdächtig waren.

Häftlinge des KZ Auschwitz dienten auch zur Vervollständigung von Sammlungen anatomischer Exponate. So überwiesen die Lagerbehörden 1943 dem von Professor Dr. August Hirt geleiteten Anatomieinstitut in Straßburg 115 speziell ausgesuchte Häftlinge zwecks Tötung und Vervollständigung der dort eingerichteten Skelettsammlung, darunter 79 Juden, 2 Polen, 4 Häftlinge aus Mittelasien und 30 Jüdinnen.[43]

42 Nürnberger Dokumente NI-7184 zitiert nach Jan Sehn, «Obóz koncentracyjny Oświęcim-Brzezinka» (Konzentrationslager Auschwitz-Birkenau), Warszawa 1964, S. 80–84

43 Schreiben des SS-Standartenführers Wolfram Sievers an Adolf Eichmann vom 23. Juni 1944. APMO, «Prozes przeciwko członkom załogi SS obozu koncentracyjnego Oświęcim-Brzezinka przed Najwyzszym Trybunałem Narodowym w Krakowie» (Prozeß gegen die Mitglieder der SS-Mannschaft des KZ Auschwitz-Birkenau vor dem Obersten Nationalgerichtshof in Kraków), weitere Zitate: «Prozeß der . . .»

Gaskammern und Krematorien waren die solidesten Gebäude, die im Konzentrationslager Auschwitz-Birkenau errichtet worden waren. Mit dem bereits geplanten Krematorium VI, das alle bisherigen an Abmessungen und Leistungsfähigkeit übertreffen sollte, wiesen sie auf die weitere Entwicklung des Lagers hin. Um die Spuren der begangenen Verbrechen zu tilgen, wurden diese Gebäude von den Nazis in die Luft gesprengt. Bis heute aber sind ihre Betonruinen als mahnendes Denkmal für vier Millionen Opfer des faschistischen Völkermordes erhalten geblieben.

Barbara Jarosz

Widerstandsbewegung im Lager und in der Umgebung

1. Voraussetzungen für die Tätigkeit der Widerstandsbewegung im Lager

Das Lager Auschwitz war nicht nur eine Hinrichtungsstätte, sondern auch ein Ort des Kampfes. Die spezifischen Bedingungen eines Konzentrationslagers waren die Ursache dafür, daß dieser Kampf der Widerstandsbewegung sich vom Kampf, wie er außerhalb des Stacheldrahtes geführt wurde, grundsätzlich unterschied. Von der SS angewandte Vernichtungsmethoden: Terror, Hunger, unerträgliche Lebensbedingungen, schwerste Arbeit, andauernde Lebensgefahr und fehlender Kontakt zu den Familien, hatten zum Ziel, die Häftlinge physisch und psychisch zu brechen und willenlose Werkzeuge aus ihnen zu machen. Zahlreiche Häftlinge kapitulierten jedoch nicht und bewahrten ihre Menschenwürde. Sie gaben die Hoffnung auf Wiedererlangung der Freiheit nicht auf, waren imstande, den verbrecherischen Absichten der Lagerbehörden Widerstand zu leisten und den Kampf zur Rettung ihrer Mitgefangenen, zur Aufdeckung und Dokumentierung der im Lager verübten Verbrechen aufzunehmen.

Als Ergebnis der Tätigkeit der Lagerwiderstandsbewegung war die Wahrheit über das KZ Auschwitz – schon während der Besatzungszeit – nicht nur in ganz Polen, sondern auch im Ausland bekannt, obwohl die Hitlerfaschisten bemüht waren, die von ihnen verübten Verbrechen strikt geheim zu halten. Zu diesem Zweck wurde ein ganzes System der Isolierung des Lagers und der Geheimhaltung ausgearbeitet. Als man die ehemaligen Militärkasernen in den Vororten von Auschwitz als Standort des Konzentrationslagers wählte, wurde u. a. berücksichtigt, daß sie außerhalb der zentralen Wohngebiete, an der Gabelung der Flüsse Soła und Weichsel gelegen waren, was eine Isolierung des Lagergeländes von der Außenwelt ermöglichte.

Das Lager wurde mit einem Stacheldrahtzaun umgeben, außerdem wurde um die Lager Auschwitz und Birkenau eine Postenkette aufgestellt und das sogenannte «Sperrgebiet» geschaffen. Die Grenzen dieses Sperrgebietes konnten nur mit vom Lagerkommandanten ausgestellten Sonderausweisen überschritten werden. Diese Verordnung betraf auch die SS-Männer der Wachmannschaft und deren Familienmitglieder.

Ein weiteres wichtiges Element im System der Isolierung des Lagers von der Außenwelt war die Aussiedlung aller Einwohner aus dem Sperrgebiet.*

Nach der Flucht von Tadeusz Wiejowski am 6. Juli 1940 ordnete der Höhere SS- und Polizeiführer in Wrocław, SS-Gruppenführer Erich von dem Bach-Zelewski, am 18. Juli «eine demnächst stattfindende Aktion an, um das gesamte, in einem Umkreis von etwa 5 km um das Lager liegende Gebiet von verdächtigem, arbeitsscheuem Gesindel zu säubern».[1] Anlaß für diesen Befehl war die Haltung der einheimischen Bevölkerung, die von Rudolf Höß als «fanatisch polnisch» und den Häftlingen gegenüber als stets hilfsbereit bezeichnet wurde.

Der Befehl wurde ausgeführt. Alle Einwohner im Umkreis von 5 Kilometern um das Lager herum wurden ausgesiedelt, ein Teil der geräumten Häuser zerstört, die verbliebenen den SS-Männern und ihren Familien als Wohnungen zugeteilt. Auf diese Weise wurde das Konzentrationslager Auschwitz außer durch Stacheldraht und Betonmauern sowie einem System von Wachtürmen und Postenketten zusätzlich durch eine «SS-Siedlung» von der Welt isoliert.

Auch die in den umliegenden Siedlungen wohnhafte polnische Bevölkerung wurde ausgesiedelt und die von ihr verlassenen Gehöfte Volksdeutschen aus Rumänien zugewiesen. Im Aussiedlungsgebiet von etwa 40 km^2 wurde ein sog. «Interessengebiet» geschaffen. Angefüllt war es mit Einheiten der SS, Polizei und Mitgliedern der Gestapo.

Nur ein Teil der Bevölkerung wurde an Ort und Stelle belassen – Familien von Bergleuten, Eisenbahnern und Handwerkern sowie anderen Fachleuten. Diese sollten als Arbeitskräfte in deutschen Industriebetrieben und landwirtschaftlichen Unternehmen des Lagerinteressengebietes eingesetzt werden. Ihre Zahl war gering, sie zeichneten sich aber durch Patriotismus und Mut aus, denn während der ganzen Besatzungszeit nahmen sie unter Einsatz ihrer persönlichen Freiheit, ja sogar ihres Lebens, aktiven Anteil an der Widerstandsbewegung im Lager. So lange wie das Konzentrationslager bestand, gab es Verbindungen und Kontakte zwischen der polnischen Bevölkerung aus der Umgebung und den Häftlingen im Lager. Auch im sogenannten Lagerinteressengebiet gab es geheime politische Organisationen und Partisaneneinheiten, die den Häftlingen Hilfe leisteten und dazu beitrugen, im Lager selbst eine Widerstandsbewegung ins Leben zu rufen und zu fördern.

* s. S. 19–22

1 APMO, Akten, betreffend Flucht von T. Wiejowski, D-AuI-13, S. 25

2. Die Widerstandsbewegung im Lager

Die Tätigkeit der Lagerwiderstandsbewegung nahm zu verschiedenen Zeiten unterschiedliche Formen an. Von Konspiration im Lager kann im Grunde genommen bereits mit dem Eintreffen des ersten Häftlingstransportes gesprochen werden. Im Anfangsstadium beschränkte sich die Lagerwiderstandsbewegung auf kollegiale Selbsthilfe und Kontaktaufnahme mit der Bevölkerung in der Nachbarschaft des Lagers. Das war möglich, weil zahlreiche Gefangene außerhalb des Lagers zur Arbeit eingesetzt wurden und verschiedene deutsche Firmen während der Ausbauphase des Lagers polnische Zivilarbeiter beschäftigten. Durch diese illegalen Kanäle begannen die Häftlinge Nachrichten an die Außenwelt zu überweisen. Anfangs betrafen diese Nachrichten zumeist persönliche Probleme der Häftlinge. So wurden Familien über den Aufenthalt von Häftlingen informiert und Bitten um Nahrungsmittel und Medikamente übermittelt. Mit der Zeit wurden Mitteilungen erweiterten Inhalts übersandt. Einzelkontakte mit Zivilpersonen entwickelten sich zu ständigen Kontakten zwecks Übermittlung von Briefen. So wurden illegale Korrespondenz, sogenannte Kassiber, und Warensendungen, die Dokumente, Abschriften von Verordnungen der Lagerbehörden, Pläne usw. enthielten, aus dem Lager abgeschickt. In umgekehrter Richtung wurden Nahrungsmittel, Medikamente und Sprengstoff in das Lager geschickt.

Die Aufnahme von ständigen Kontakten war zweifellos mit der Entwicklung der Konspiration im Lager selbst verbunden, an der sich zahlreiche Häftlinge beteiligten, die in Freiheit verschiedene gesellschaftliche und politische Richtungen vertreten hatten.

Die ersten Organisationen im Lager entstanden bereits in der zweiten Hälfte des Jahres 1940. Im Herbst wurde eine Gruppe der Polnischen Sozialistischen Partei PPS gebildet. Organisatoren und Leiter dieser Gruppe waren Funktionäre der PPS-Linken aus der Zeit zwischen den beiden Weltkriegen: Stanisław Dubois (im Lager unter dem Decknamen Debski; erschossen am 21. August 1942) und Norbert Barlicki (am 21. September 1941 im Lager verstorben). Mitglieder der Organisation waren u. a. Adam Kuryłowicz, Funktionär der PPS, und Konstanty Jagiełło, Mitglied der «Roten Pfadfinder». Mitglieder der Organisation wurden zu einem späteren Zeitpunkt auch Funktionäre der Bauernpartei und Kommunisten,so z. B. das Mitglied der Kommunistischen Partei Polen KPP Julian Wieczorek (am 9. Januar 1943 im Lager verstorben), Juliusz Rydygier, Stefan Bratkowski und andere. Die Gruppe war in sich gefestigt, sie entwickelte eine rege politische Tätigkeit und unternahm Hilfsaktionen für Mithäftlinge. Durch Vermittlung von Zivilarbeitern und Organisationen im Lagerinteressengebiet unterhielt sie Verbindungen zu entsprechenden Organisationen in Kraków und Warszawa, denen sie Informationen aus dem Lager übermittelte.

KZ Auschwitz II Birkenau

A	Hauptwache mit Turm
BI	erster Lagerbauabschnitt
BII	zweiter Lagerbauabschnitt
BIII	dritter Lagerbauabschnitt im Bau (Mexiko)
BIa	Frauenlager
BIb	anfangs Männerlager, ab 1943 Frauenlager
BIIa	Quarantäne
BIIb	Familienlager für Juden aus Theresienstadt (Terezin)
BIIc	Lager für ungarische Juden
BIId	Männerlager
BIIe	Zigeunerlager
BIIf	Häftlingskrankenbau
C	Kommandantur und SS-Baracken
D	Effektenlager für geraubte Effekten der Ermordeten (Kanada)
E	Rampe, Ausladungsort für Transporte, an dem Selektionen durchgeführt wurden
F	Saunen
G	Scheiterhaufen, auf denen Leichen verbrannt wurden
H	Massengräber sowjetischer Kriegsgefangener
I	erste provisorische Gaskammer
J	zweite provisorische Gaskammer
KII	Gaskammer und Krematorium II
KIII	Gaskammer und Krematorium III
KIV	Gaskammer und Krematorium IV
KV	Gaskammer und Krematorium V
L	Latrinen und Waschräume

Wohnbaracken für Häftlinge sind mit arabischen Ziffern bezeichnet

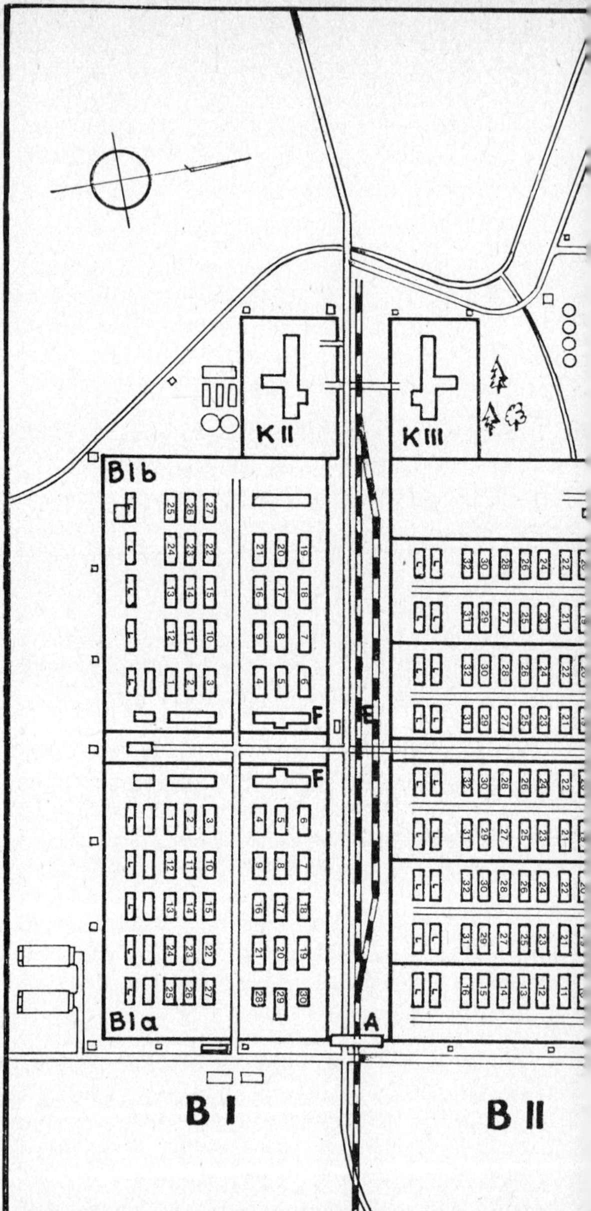

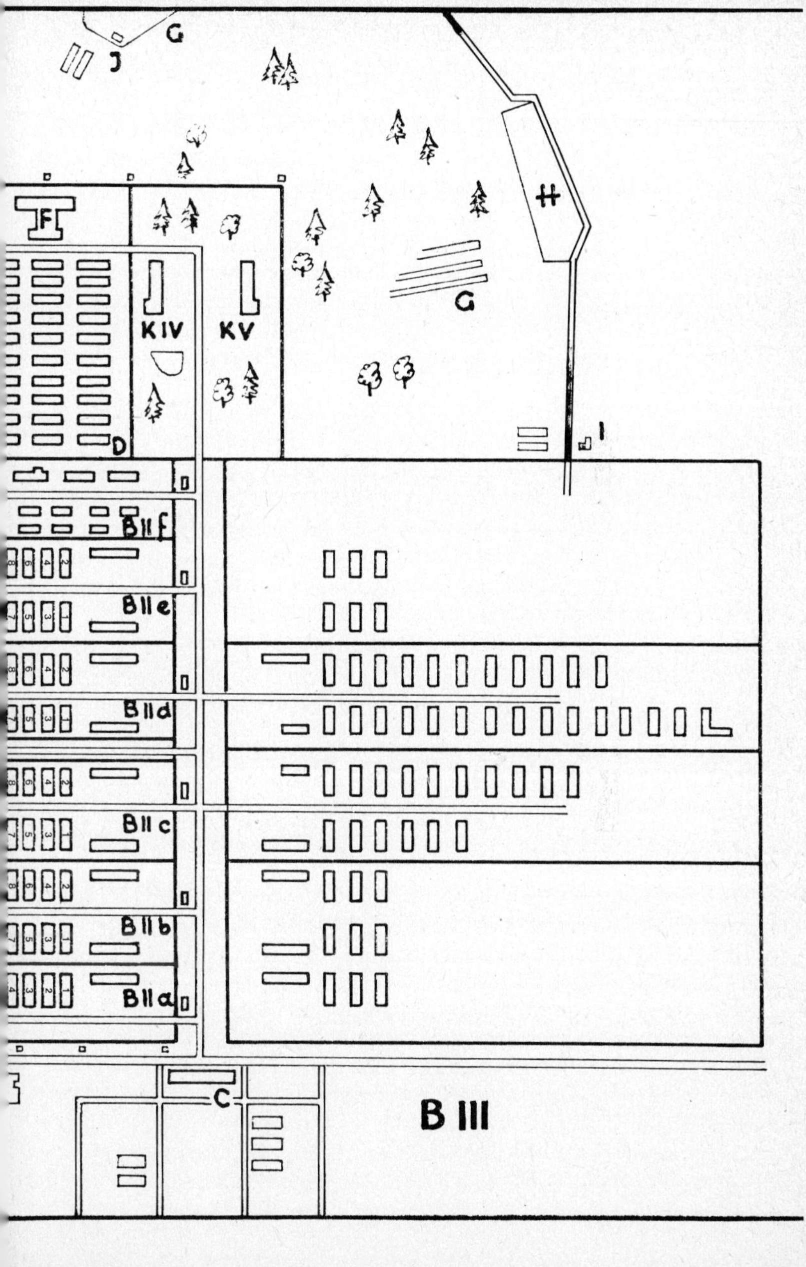
G
J
H
F
G
K IV
K V
D
I
B II f
B II e
B II d
B II c
B II b
B II a
C
B III

Große Aktivität entwickelten im Lager Berufsoffiziere. Rittmeister Witold Pilecki (im Lager unter dem Decknamen Tomasz Serafiński) organisierte im Oktober 1940 eine Gruppe, die sich Verband der Militärorganisation ZOW nannte. Diese Organisation war nach dem System von «Fünfergruppen» aufgebaut. Mitglieder waren u. a. Edward Ciesielski, Leutnant Kacperski, Hauptmann Henryk Bartosiewicz, Rittmeister Włodzimierz Makaliński. Die Gruppe organisierte vor allem Lebensmittel und warme Kleidung, stärkte die Moral der Häftlinge und verbreitete im Lager Nachrichten von außen. Nachrichten über die Situation im Lager wurden von geflüchteten Häftlingen nach Warszawa übermittelt, z. B. von den Leutnants Wincenty Gawron und Stefan Bielecki, denen im Auftrag und mit Hilfe der Organisation am 16. Mai 1942 die Flucht aus dem Lager gelang, sowie des Leutnants Stanisław Jaster, der mit drei anderen Häftlingen am 20. Juni 1942 mit einem Kraftwagen flüchten konnte.

Witold Pilecki, der am 22. September 1940 ins Lager eingewiesen wurde, kam freiwillig mit einer Gruppe, die von der Gestapo in Warszawa während einer Straßenrazzia verhaftet worden war. Auch ihm gelang die Flucht aus dem Lager. Zweck der Flucht war nicht, sein eigenes Leben zu retten, sondern Dokumente über faschistische Verbrechen aus dem Lager zu schmuggeln, um der Welt gegenüber als Augenzeuge die Wahrheit über das Konzentrationslager zu berichten, sowie mit Hilfe von Untergrundorganisationen einen Plan zur Befreiung des Lagers und seiner Häftlinge auszuarbeiten. Als er aus dem Lager floh, übergab er die Leitung seiner Gruppe an Major Zygmunt Bończa-Bohdanowski (am 11. Oktober 1943 an der Todeswand erschossen) und Hauptmann Henryk Bartosiewicz.

Im Februar 1941 gründete Oberst Kazimierz Rawicz, der unter dem Decknamen Jan Hilkner im Lager einsaß (im August 1942 ins KZ Mauthausen überwiesen), die Organisation Verband des Bewaffneten Kampfes ZWZ. Mitglieder des Leitungsstabes dieser Gruppe waren u. a. Fliegeroberst Teofil Dziama (am 11. Oktober 1943 im Lager erschossen), Hauptmann Tadeusz Paolone (im Lager unter dem Decknamen Lisowski; am 11. Oktober 1943 erschossen) Bernhard Świerczyna, der nach mißglückter Flucht am 30. Dezember 1944 im Lager gehängt wurde, sowie Hauptmann Alfred Stössel.

Nach diesen Organisationen entstanden im Lager auch andere Militärgruppen: die Gruppe des Obersten Aleksander Stawarz (am 15. Juni 1942 im Lager erschossen) und des Rittmeisters Włodzimierz Koliński. Im Frühjahr 1942 organisierte Oberst Jan Karcz im Abschnitt BIb des Lagers Birkenau eine Gruppe, zu der u. a. folgende Mitglieder gehörten: Czesław Ostańkowicz, Władysław Ostrowski, Janusz Krzywicki, Stanisław Grudziński. Hauptziel dieser Gruppe war es, im Krankenbau befindliche Häftlinge vor Selektionen zu retten, Häftlingen in der Strafkompanie zu helfen sowie zusätzliche Nahrungsmittel zu organisieren. Als am 25. Januar 1943 Oberst Karcz erschossen wurde, übernahm Władysław Ostrowski die Leitung der Gruppe. Im März 1943 wurde ein Teil dieser Organisation mit einem Transport in das KZ Buchenwald überstellt, und die Gruppe hörte eigentlich auf zu bestehen.[2]

Im Herbst 1941 begannen im Lager auch politisch rechts gerichtete Gruppen aus ehemaligen Anhängern der «Nationaldemokratischen Partei» und des «Nationalradikalen Lagers» zu wirken, und zwar auf Initiative von Professor Roman Rybarski (am 6. März 1942 im Lager umgebracht) und des Publizisten Jan Mosdorf (am 11. Oktober 1943 im Lager erschossen).

Gegen Ende des Jahres 1941 schlug der Verband des Bewaffneten Kampfes ZWZ eine Vereinigung der Kampfgruppen vor. Die Leitung der neuen Organisation übernahm Oberst Rawicz. Ihr höchstes Organ war ein Komitee aus mehreren Personen als Vertreter einzelner militärischer und politischer Gruppen. Mitglieder dieses Komitees waren Rybarski – Vorsitzender, Dubois – stellvertretender Vorsitzender, Mosdorf – als Vertreter der Jugendgruppen, ferner Rawicz und Pilecki. Das Komitee war bis zum August 1942 aktiv, also bis zu dem Zeitpunkt, als Rawicz in das KZ Mauthausen überführt wurde. Nach Rawicz übernahm Oberst Juliusz Gilewicz die Leitung (am 11. Oktober 1943 im Lager erschossen). Bis Oktober 1942 ordneten sich alle Gruppen mit Ausnahme der Gruppen von Karcz und Koliński der gemeinsamen Leitung unter. Die Organisationsstruktur der vereinigten Kampfgruppen wurde geändert. Das bisherige System der «Fünfergruppen» wurde verworfen und die Kampfgruppen in Bataillone, Kompanien und Züge unterteilt, denen entsprechende Aktionsabschnitte zugeteilt wurden. Kampfkommandant der organisierten Kräfte wurde Major Bończa-Bohdanowski, Kommandeur des ersten Bataillons Hauptmann Stanisław Kazuba, des zweiten Bataillons Hauptmann Edward Gött-Getyński, des dritten Bataillons Hauptmann Tadeusz Paolone und des vierten Bataillons Hauptmann Julian, Deckname «Trzęsimiech».[3]

1943 unternahmen die Lagerbehörden eine Reihe von Offensivaktionen gegen die Lagerwiderstandsbewegung, in deren Ergebnis die militärische Leitung zerschlagen wurde. Bei Massenexekutionen wurden mehrere Dutzend militärische und politische Funktionäre erschossen (am 25. Januar 1943 wurden 51 Häftlinge unter Verdacht illegaler Tätigkeit gegen die SS und am 11. Oktober 54 Häftlinge erschossen). Trotz blutiger Vergeltungsmaßnahmen konnte die SS ihr Ziel aber nicht erreichen.

2 Aussage von Czesław Ostańkowicz, APMO, Zespół «Oświadczenia» (Sammlungen von Aussagen), Bd. 49, Bl. 65

3 Erinnerungen von Witold Pilecki, APMO, Zespół «Wspomnienia» (Sammlungen von Aussagen), Bd. 1, Bl. 111

Es entstanden zwei neue Zentren der Widerstandsbewegung. Eine linke Gruppe entstand im Stammlager. Ihre Mitglieder waren ehemalige Mitglieder der Sozialistischen Partei Polens PPS, Kommunisten und Parteilose – alte sowie neue Lagerhäftlinge. Zu dieser Gruppe gehörten u. a. Józef Cyrankiewicz, Tadeusz Hołuj, Ludwik Rajewski, Stanisław Kłodziński, Adam Kuryłowicz und Lucjan Matyka. Die zweite Widerstandsgruppe entstand in Birkenau. Seit 1943 bestanden dort mehrere linke Gruppen, die mit der Organisation in Auschwitz in Kontakt standen. Dr. Alfred Fiderkiewicz war Organisator der Widerstandsbewegung im Krankenbau im Lagerabschnitt BIIf. Mitglieder dieser Gruppe waren u. a. Henryk Korotyński, Tadeusz Borowski und Andrezej Kobyłecki. Hauptaufgabe der Gruppe war die Rettung von kranken Häftlingen, insbesondere hervorragenden politischen Funktionären und Wissenschaftlern. Man bemühte sich um zusätzliche Nahrungsmittel und Medikamente. Außerdem war die Gruppe auf dem Gebiet der Propaganda tätig. Nachrichten über die Lage an den Fronten wurden unter den Häftlingen verbreitet, um ihnen auf diese Weise Mut zuzusprechen und ihre Moral zu stärken. Auch wurden Vorbereitungen zur Selbstverteidigung im Falle eines Aufstandes im Lager oder eines Versuchs der Liquidierung aller Häftlinge durch die SS getroffen. Im Lagerabschnit BIId war ebenfalls eine linke Gruppe tätig, zu der u. a. Konstanty Jagiełło, Zygmunt Balicki, Wincenty Rutkiewicz und Dawid Szmulewski gehörten, sowie eine Militärgruppe, deren Kommandeur Aleksander Zytkiewicz war. Zum Stab dieser Gruppe gehörten Jan Dmochowski, Zygmunt Idziak, Stanisław Raczkowski, Zygmunt Majewski.[4] Mitglieder dieser Organisation waren in verschiedenen Arbeitskommandos beschäftigt und konnten sich so im ganzen Lager bewegen. Sie übernahmen Aufgaben als Verbindungsleute zwischen einzelnen Widerstandsgruppen im Männer- und Frauenlager, überbrachten Lebensmittel, Medikamente, Kassiber und Dokumente.

Auch im Frauenlager entstand im Sommer 1943 eine Untergrundorganisation. Zur ersten «Fünfergruppe» gehörten Stanisława Rachwałowa, Antonina Piątkowska, Helena Hofman, Wiktoria Klimaszewska und Zofia Bratro.[5] Später schlossen sich weitere Häftlinge dieser Organisation an – Anna Pawełczyńska, Maria Mazurkiewicz, Wanda Marossanyi, Maria Maniak und Wanda Jakubowska. Die weiblichen Häftlinge unterhielten ständigen Kontakt mit der Widerstandsorganisation im Männerlager, sie übermittelten Nachrichten und Dokumente. Im Frühjahr 1944 wurde die Frauen-Widerstandsorganisation dem Kommando von Żytkiewicz unterstellt, und als Zytkiewicz Mitte des Jahres in das

4 Aussage von Aleksander Zytkiewicz und Zygmunt Idziak, APMO, Zespół «Oświadczenia» (Sammlungen von Aussagen), Bd. 67, Bl. 7, Bd. 52, Bl. 23

5 Aussagen von Zofia Bratro und Wiktoria Klimaszewska, APMO, Zespół «Oświadczenia» (Sammlungen von Aussagen), Bd. 15, Bl. 30, Bd. 15, Bl. 1

Konzentrationslager Groß-Rosen überstellt wurde, übernahm Oberst Władysław Smereczyński – der aus Majdanek nach Auschwitz gekommen war – das Kommando.

Neben der polnischen Widerstandsbewegung entstanden Ende 1942, Anfang 1943 im Lager Auschwitz auch andere nationale Widerstandsgruppen. Als eine der ersten begann 1942 eine österreichische Gruppe zu wirken. Diese Gruppe war zwar klein, aber straff organisiert und aktiv. Ihre Mitglieder waren meist Kommunisten, Sozialdemokraten und Mitglieder der Internationalen Brigaden, die bereits mit gewissen Erfahrungen und politischem Bewußtsein, erworben in anderen Lagern und während des Bürgerkrieges in Spanien, in das KZ Auschwitz kamen. Den Kern der Organisation bildeten Ernst Burger, Hermann Langbein, Alfred Klahr (im Lager unter dem Decknamen Ludwig Lokmanis), Rudolf Friemel, Ludwig Vesely, Heinz Dürmayer und Ludwig Soswinski. Sie waren vor allem im Lagerkrankenbau tätig, wo viele von ihnen arbeiteten.

Seit 1942 bestand auch eine französische Widerstandsgruppe. Ihr Gründer war Georges Varennes, kommunistischer Funktionär, Lehrer von Beruf, der Selbsthilfeaktionen unter französischen Häftlingen organisierte. Nach seinem Tode – Ende 1942 – übernahmen Roger Abada, Eugène Garnier und Roger Pelissou die Leitung der Organisation.[6] Am 27. Januar 1943 wurde der erste Transport von Französinnen – politischen Häftlingen – in das Lager überstellt. Unter ihnen befanden sich Danielle Casanova, Maie Politzer, Raymonde Salez und Yvonne Blech. Sie traten der Widerstandsgruppe bei und nahmen Kontakte zur Gruppe der Männer auf. Die Führung der weiblichen Organisation übernahmen Danielle Casanova (am 10. Mai 1943 im Lager an Typhus gestorben) und Marie-Claude Vailland-Couturier.

Mit der französischen Gruppe arbeitete auch eine belgische Zelle zusammen, an deren Spitze der Kommunist Berliner stand.

Zahlenmäßig stark und aktiv war die russische Gruppe. Ihre Tätigkeit umfaßte sowohl Auschwitz als auch Birkenau. Den Kern der Organisation im Stammlager bildeten die Offiziere Hauptmann Wiktor Iwanow, Pilot Walentin Sitnow und Oberst Kusma Karzew. Leiter der Gruppe waren Alexander Lebedew und Fjodor Skiba. In Birkenau waren folgende Persönlichkeiten tätig: Professor Iwan Mironow, Pjotr Mischin, Michail Winogradow, Wladimir Soroko und ab 1944 General Dmitri Karbyschew (am 9. April 1944 aus dem Lager Majdanek nach Auschwitz überstellt; im Herbst in das KZ Mauthausen evakuiert, wo er im Februar 1945 umkam) und Wladimir Degtjarew. Der Gruppe schlossen sich auch Frauen an, u. a. Nina Gusewa, Anna Trynda, Shenja Sarytschewa, Nina Charlamowa, die Ärztin Ljubow Alpatowa und andere.

6 Aussagen von Roger Abada und Eugène Garnier, APMO, Zespół «Oświadczenia» (Sammlungen von Aussagen), Bd. 31, Bl. 120–136

1943 entstand eine deutsche Gruppe, und zwar aus Mitgliedern der Kommunistischen Partei, der Sozialdemokratischen Partei und Antifaschisten, die bereits seit Jahren in deutschen Konzentrationslagern gefangen gehalten wurden. Die deutsche Gruppe arbeitete eng mit der österreichischen Gruppe zusammen. Ihr Organisator war Bruno Baum. In der deutschen Gruppe in Auschwitz wirkten u. a. Karl Lill, Alfred Ponthius, Rudolf Göbel; in Birkenau – Horst Jonas; in Monowitz – Kurt Posener, Stefan Heymann, Ludwig Wörl, sowie im Frauenlager Orly Reichert, Judith Dürmayer und Gerda Schneider.

Auch eine tschechische Gruppe war in Auschwitz und Birkenau tätig. Ihre Mitglieder waren Emil Panevic, Dr. Jan Češpivy, Dr. Miloš Nedvěd, Igor Bistric, Karel Beran, Erich Kulka und Ota Kraus. Unter den Frauen sind zu erwähnen: die Kommunistin Hertha Sosvinska, Vera Foltynowa, Vlasta Kladivova, Zdenka Nedvědova und Dr. Slava Klein.

Die zahlenmäßig weniger starke jugoslawische Gruppe setzte sich zum größten Teil aus weiblichen Partisanen zusammen. Organisatorin dieser Gruppe war Norka Vuksanoic.[7] In der Gruppe wirkten außerdem Stefka Stibler, Jelena Vasiljevic, Zora Raković, Nada Čalic und andere.

Außerdem gab es eine jüdische Gruppe im «Sonderkommando», deren Leiter Załmen Gradowski, Jankiel Handelsman und Kamiński waren. In dieser Gruppe befanden sich Häftlinge, die zur Bedienung der Krematorien und Scheiterhaufen eingesetzt waren. Das war eine der am meisten gefährdeten Gruppen. Um sich der Zeugen der verübten Verbrechen zu entledigen, wurden die Mitglieder des Sonderkommandos von der SS liquidiert und durch neue Häftlinge ersetzt. Um sich zu retten, organisierte diese Gruppe am 7. Oktober 1944 einen Aufstand, in dessen Verlauf ein Krematorium zerstört wurde. Der Aufstand endete jedoch mit einem blutigen Massaker aller Teilnehmer.*

Ziel der Tätigkeit aller nationalen Gruppen war es vor allem, den Häftlingen ein Überleben im Lager zu ermöglichen und ihnen materielle Hilfe zukommen zu lassen, und zwar in Form von Medikamenten, Lebensmitteln und Kleidung, sie vor Vernichtung zu bewahren, Fluchtversuche zu organisieren sowie Nachrichten über die Situation im Lager zu sammeln.

Es lag im Interesse der gesamten Widerstandsbewegung im Lager, die Tätigkeit der einzelnen nationalen und der polnischen Widerstandsgruppen zu koordinieren. Auf Initiative der österreichischen Gruppe begannen Anfang 1943 Verhandlungen über den Zusammenschluß der Gruppen zu einer internationalen Organisation im Lager. Auf einer Geheimversammlung im Mai 1943 wurde diese Organisation gegründet – sie

7 Aussage von Tadeusz Hołuj, APMO, Zspół «Oświadczenia» (Sammlungen von Aussagen), Bd. 37, Bl. 33

* s. S. 127

nannte sich «Kampfgruppe Auschwitz». An ihrer Spitze stand ein Komitee, dem folgende Mitglieder angehörten: Józef Cyrankiewicz, Tadeusz Hołuj, Ernst Burger, Hermann Langbein. Als Langbein am 25. August 1944 in das Konzentrationslager Neuengamme überwiesen wurde, traten Heinz Dürmayer und Ludwig Soswinski an seine Stelle, und nach der mißglückten Flucht von Burger (er wurde am 30. Dezember 1944 im Lager gehängt) wurde Bruno Baum Mitglied des Komitees.

Grundorganisationen waren Zellen, die in den einzelnen Kommandos bestanden. Diese Zellen bildeten Gruppen. Treffen der Organisationsleitung fanden im Keller des Blocks 4 statt, in dem Ernst Burger als Schreiber arbeitete, und im Häftlingskrankenbau, in dem sich zahlreiche Mitglieder der Organisation sowie mit ihnen zusammenarbeitende Häftlinge befanden.

Die polnischen Militärgruppen traten dieser internationalen Organisation nicht bei. Erst 1944 wurde eine Vereinbarung getroffen, und es kam zur Zusammenarbeit, in deren Ergebnis ein gemeinsamer »Militärrat des Lagers» gebildet wurde. Vertreter der «Kampfgruppe Auschwitz» in der Koordinierungsgruppe des Militärrates des Lagers waren Lucjan Motyka und Heinz Dürmayer, seitens der Militärgruppen Bernard Świerczyna und Mieczysław Wagner. Aufgabengebiet des RWO waren militärische Angelegenheiten, Vorbereitung von Kadern, Aufstellung von Kampfgruppen und Zuweisung besonderer Aufgaben. Die Tätigkeit der «Kampfgruppe Auschwitz» umfaßte nur das Stammlager und Birkenau. In Monowitz bestand eine gesonderte Organisation mit eigener Leitung, der u. a. Leon Stasiak, Stefan Heymann, Kurt Posener und Piotr Machura angehörten. Beide Organisationen standen jedoch miteinander in Verbindung.

3. Die Widerstandsbewegung in der Umgebung des Lagers

Die Widerstandsbewegung im Lager wurde durch Bestehen und Entwicklung von Untergrundorganisationen in der Umgebung des Konzentrationslagers ermöglicht. Im Winter 1939 entstand als erste die Organisation Verband des Bewaffneten Kampfes ZWZ, und zwar auf Initiative der Reserveoffiziere Mieczysław Jonkisz (Deckname «Mietek»), Stanisław Matuszczyk, Stanisław Krępa-Trojacki (Deckname «Trojacki») und des Berufsoffiziers Leutnant Jan Wawrzyczek (Decknamen «Marusza» und «Danuta»). Im Frühjahr 1940 wurde der «Bezirk Auschwitz» gebildet, dessen Kommandeur Alojzy Banaś wurde (Deckname «Zorza»). Mitglieder des Bezirksstabes waren Stanisław Dembowicz (Deckname «Radom») und Antoni Szlachcic (Deckname «Laura») als Kuriere. Quartiermeister war Marian Feliks und Chef des Aufklärungsdienstes Maksymilian Niezgoda. Pater Władysław Grohs war Bezirkskaplan. Verbindungsoffiziere waren Stanisław Krępa-Trojacki, Jan Wawrzyczek, Anna Kubisty und Jadwiga Dylik. Der «Bezirk Auschwitz» gehörte zum Inspektorat in Bielsko und hatte vier Standorte: Auschwitz – Kommandeur Jan Jakuczek, Kęty – Kommandeur Jan Barcik, Brzeszcze – Kommandeur Rudolf Wittek und Zator – Kommandeur Roman Zaczyński.

1942 nahm der Verband des Bewaffneten Kampfes ZWZ die Bezeichnung Landesarmee AK an. Infolge Verrats konnten die Deutschen im Oktober 1942 fast den gesamten Stab des Bezirks Auschwitz der Landesarmee verhaften. Die Festgenommenen wurden in das Gefängnis in Mysłowice überstellt und am 25. Januar 1943 im Konzentrationslager Auschwitz standrechtlich erschossen. Kommandeur des Bezirks Auschwitz wurde Jan Wawrzyczek, der einen neuen Stab zusammenstellte. Sein Stellvertreter war Józef Górkiewicz (Deckname «Górnik»). Quartiermeister war Antoni Chowaniec (Deckname «Antoni»), den Aufklärungsdienst übernahm Franciszek Hoszek (Deckname »Beethoven»). Kurier war weiterhin Antoni Szlachcic, Verbindungsoffiziere Zofia Gabryś (Deckname «Wera»), Bronisława Dłuciak (Deckname «Dzidka») und Waleria Kabaja.

Der Verband des Bewaffneten Kampfes, die spätere Landesarmee, war grundsätzlich auf zwei Gebieten tätig: auf militärischem Gebiet – sie führte den bewaffneten Kampf gegen die Besatzer – und im zivilen Sektor – sie leistete den Gefangenen Hilfe. Durch Vermittlung von im Lager angestellten polnischen Zivilarbeitern wurde Kontakt mit folgenden Häftlingen aufgenommen: Stanisław Furdyna, Bernard Świerczyna und Antoni Wykręt. Auf diesem Wege wurden Nachrichten über die Situation im Lager, über Transporte usw. gewonnen. Diese Informationen wurden an die Hauptkommandantur des Bezirks Śląsk in Katowice weitergeleitet. Exekutivorgan für zivile Aktionen war das Hilfskomitee für Polnische Häftlinge im Konzentrationslager Auschwitz. Dieses Komitee wurde von Helena Stupkowa (Deckname «Jadzia») geleitet. Mitarbeiter waren u. a. Wincencja Stolarska, Janina Kostecka, Maria Zębata, Michalina Gretka, Janina Kajtoch, Zofia Cicha und Julia Ilisińska. Das Komitee befaßte sich mit illegaler Zustellung von Medikamenten sowie Lebensmitteln und Kleidung in das Lager und vermittelte Korrespondenz zwischen Häftlingen und ihren Familien.

Den bewaffneten Kampf im Bezirk führten Partisaneneinheiten. 1941 entstand die erste Abteilung «Marusza», und zwar im Gebiet von Łęki und Jawiszowice unter dem Kommando von Wawrzyczko. Zwei weitere Abteilungen entstanden 1942 in der Gegend von Kańczuga und Bielany unter dem Kommando von Hauptmann Jan Barcik (Deckname «Soła») und Sergeant Jan Jamroz (Deckname «Maczuga»). Diese Abteilungen vereinigten sich 1943 zu einer Gruppe unter dem Namen «Sosienki». Das Kommando übernahm Wawrzyczek. Die Partisanengruppe »Sosienki» entwickelte eine rege Tätigkeit. Sie organisierte die Flucht von Häftlingen aus dem Lager, führte Diversions- und Sabotageakte durch und griff SS-Patrouillen an. Mehrere Dutzend aus dem Lager geflüchtete Häftlinge wurden Mitglieder dieser Partisanengruppe, u. a. Stanisław Furdyna, Antoni Wykręt, Stanisław Zyguła, Jan Prejzner, Marian Szayer, Wincenty Ciesielczuk und Edward Padkowski. Da die Partisanen im Lagerinteressengebiet oft in Uniformen der SS und der Wehrmacht operierten, mußte der Standortbefehlshaber ein besonderes Kontrollsystem einführen. Alle SS-Männer und Angehörige der Hilfsdienste der SS wurden verpflichtet, sich gegenseitig auszuweisen und die Tagesparole anzugeben.[8]

Neben der Landesarmee entwickelte auch die Polnische Sozialistische Partei PPS eine rege Tätigkeit. Erfahrene Sozialisten und Funktionäre aus der Zeit zwischen den beiden Weltkriegen schufen 1940 erste Organisationsgrundlagen, aus denen sich im Laufe der Zeit starke Konspirationszentren entwickelten. Organisatoren im Gebiet von Brzeszcze waren Piotr Hałoń, Jan Nosal und Władysław Malik, in Auschwitz Jan Krzemień, in Jaworzno Franciszek Mazur und Franciszek Kobielski. Zu den Aufgaben der Organisation gehörten anfänglich politische Tätigkeit, Gewährung von Unterschlupf für Personen, die von der Gestapo gesucht wurden, und Sabotageakte. Nach Kontaktaufnahme mit dem Konzentrationslager Auschwitz wurde Hilfeleistung für die Häftlinge zur Hauptaufgabe für die Organisation der PPS. Die größte Rolle spielte dabei die Gruppe in Brzeszcze. Es gelang ihr, ganze Familien wie z. B. Hałoń, Golczyk, Pytlik, Nikiel, Gach und andere zur Zusammenarbeit zu mobilisieren. 1942 vergrößerte sich die Gruppe um eine Anzahl junger Leute, die – im April 1940 verhaftet – mehrere Monate in den Konzentrationslagern Dachau und Gusen verbracht hatten. Diese jungen Leute übernahmen die Leitung der Gruppe, an ihrer Spitze Edward Hałoń (Deckname «Boruta»). Den Kern der Organisation bildeten Władysław Pytlik (Deckname «Birkut»), Emil Golczyk (Deckname «Jantar»), Bogusłław Chmielewski (Deckname «Bogdan»), Marian Skubis (Deckname «Brom»), Marian Gach (Deckname «Alfons») und die Brüder Julian, Franciszek, Tadeusz und Wiktor Nikiel. 1944 wurden Flüchtlinge aus dem Lager Mitglieder der Organisation: Konstanty Jagiełło (Decknamen «Kostek» und «Bezzębny»), Tomasz Sobański und Jerzy Tabeau. Verbindungsleute zum Lager waren Danuta Bystroń und Natalia Szpak. Die Kontakte der PPS mit der Lagerorganisation wurden durch die Aufnahme eines ständigen Kontaktes mit dem Bruder von Ed-

8 Standort-Sonderbefehl vom 7. November 1944, APMO, Proces załogi (Prozeß der SS-Wachmannschaft), Bd. 39, Bl. 236

ward Hałoń – Kazimierz, der unter dem falschen Namen Wrona im Lager einsaß – noch enger. Mit Hilfe von Zivilarbeitern überwies Kazimierz Hałoń Nachrichten und Dokumente aus dem Lager nach außen. Nach seiner Flucht am 10. November 1943 übernahm der Häftling Józef Róg diese Aufgabe. Außer Lebensmitteln und Medikamenten wurden auch Zeitungen der Untergrundpresse in das Lager geliefert, ferner Sprengstoff, Zivilkleidung sowie Perücken für Häftlinge, die eine Flucht vorbereiteten. Flüchtlinge wurden im Gebiet von Brzeszcze versteckt gehalten und betreut, bis sie über die Grenze in das Generalgouvernement oder zu Partisaneneinheiten gebracht werden konnten. Sie wurden auch mit falschen Dokumenten versorgt. Die PPS-Gruppe in Brzeszcze war ein Hauptumschlagspunkt zwischen dem Lager und dem Arbeiter-Bezirkskomitee der PPS in Kraków. Gegen Ende 1944 fiel die Gruppe auseinander. Um einer Verhaftung zu entgehen, mußte Edward Hałoń das Gebiet bereits 1943 verlassen. Die Leitung der Gruppe übernahmen Emil Golczyk, Marian Gach und Władysław Pytlik. Auch sie mußten sich im September 1944 nach Kraków begeben, andere Mitglieder der Organisation schlossen sich Partisanenverbänden an.

Eine große Aktivität entwickelten in den umliegenden Dörfern auch Angehörige der Bauernpartei. Die durch Kriegsausbruch unterbrochene Tätigkeit der Bauernpartei SL in Polen wurde 1940 in neuem organisatorischem Rahmen wieder aufgenommen. Bewaffnete Abteilungen entstanden anfangs unter dem Namen «Bauernwehr» und ab 1941 unter dem Namen Bauernbataillone BCh.

Erster Kreiskommandeur der Bauernbataillone war Wojciech Jekiełek (Decknamen «Zmija» und «Łysy»). Neben ihren Grundaufgaben wie Sabotage der von den Besatzern erlassenen Verordnungen, Propaganda und Aufklärungsarbeit unter der Bevölkerung betätigten sich die Bauernbataillone genau wie andere Organisationen vorrangig mit Hilfeleistungen für Häftlinge im Lager. Viele Personen, die den Häftlingen bisher auf eigene Faust Lebensmittel zukommen ließen, nahmen die Zusammenarbeit mit ehemaligen Funktionären der polnischen Bauernbewegung auf. Besonders aktiv waren Helena Płotnicka, Władysława Kożusznik, Irena Kahanek, Anna Szalbut, Zofia Zdrowak, Kazimierz Jędrzejowski, Piotr Jarzyna, Antoni Mitoraj und andere. Erste Verbindungen zum Lager wurden über Häftlinge aufgenommen, die als Vermesser in einer Gärtnerei in Rajsko eingesetzt waren: Kazimierz Jarzębowski, Edward Biernacki, Jan Winogroński, Janusz Skrzetuski-Pogonowski. Frauen, ja sogar Kinder brachten nachts Pakete mit Lebensmitteln und Medikamenten in besonders dafür vorbereitete Verstecke.

1943 erlitt die Gruppe der Bauernbataillone schmerzhafte Verluste. Bereits im Dezember 1942 wurde Wojciech Jekiełek in der Ortschaft Osiek verhaftet und Anna Szalbut, die sich in seiner Gesellschaft befand, getötet. Jekiełek gelang die Flucht, und er fuhr nach Kraków. Die

Leitung der Organisation übernahm Kazimierz Jędrzejowski (Deckname «Kazek»), der aber ebenfalls im Oktober 1943 verhaftet und zum Verhör in das Gefängnis in Mysłowice eingeliefert wurde. Standrechtlich zum Tode verurteilt, ist er am 26. Mai 1944 im Konzentrationslager Auschwitz umgekommen. Ein ähnliches Los traf die opferbereite Helena Płotnicka. Nach ihrer Verhaftung im Mai 1943 wurde sie in das Konzentrationslager Birkenau überführt, wo sie am 17. März 1944 an Typhus verstarb. Um einer Verhaftung zu entgehen, mußten viele Personen das Lagerinteressengebiet verlassen, und die Tätigkeit der Bauernbataillone wurde beeinträchtigt.

Trotz äußerst schwieriger Bedingungen für die konspirative Tätigkeit und der besonderen Hartnäckigkeit, mit der die Hitlerfaschisten die Kommunisten bekämpften, führten auch Gruppen der Polnischen Arbeiterpartei PPR Hilfsaktionen für Häftlinge durch. Die Polnische Arbeiterpartei vereinigte Mitglieder verschiedener Organisationen, wie z. B. «Verband der Freunde der UdSSR», «Hammer und Sichel» und anderer Gruppen. Die PPR wies auf die Notwendigkeit hin, den bewaffneten Kampf gegen die Besatzer aufzunehmen, und schuf 1942 zu diesem Zweck eigene Kampfgruppen – die «Volksgarde» GL und später die »Volksarmee» AL.

Die im Gebiet um das Lager entstandenen Partisanenabteilungen halfen auch bei der Organisation von Fluchtversuchen aus dem Lager. Im April 1944 gelangen zwei Fluchtversuche. Die geflüchteten Häftlinge wurden von der «Jarosław Dąbrowski» Gruppe der Volksgarde aufgenommen, die von Stanisław Wałach (Deckname «Zdzich») geleitet wurde.

Nachrichten über verschiedene Sabotageakte dieser Kampfgruppen sowohl im Lagerinteressentengebiet als auch in den Beskiden und in Schlesien erreichten das Lager und stärkten die Moral Tausender von Häftlingen, die erkannten, daß sie in ihrem Kampf nicht allein standen. Zum Entgleisen gebrachte Züge, zerstörte Verkehrsanlagen und Hochspannungsmaste desorganisierten Transporte, bewirkten Arbeitsunterbrechungen in deutschen Industriebetrieben, darunter auch in den Betrieben, in denen Häftlinge aus dem Konzentrationslager Auschwitz beschäftigt waren. All diese Aktionen verursachten nicht nur materiellen Schaden für die Besatzer, sondern sie weckten ein Gefühl der Bedrohung und hielten die SS-Mannschaften von Auschwitz in ständiger Alarmbereitschaft.

Vor dem 1. Mai-Feiertag 1944 wandte sich das Zentralkomitee der Polnischen Arbeiterpartei mit dem Aufruf an alle Mitglieder, Sabotageakte zu intensivieren. Im Zusammenhang damit erließ die Lagerleitung von Auschwitz einen Sonderbefehl, der alle Wachposten der SS in Alarmbereitschaft versetzte. Es wurden zusätzliche Patrouillen im Lager und der Umgebung eingesezt, Urlaub für die Wachmannschaften gesperrt und eine verschärfte Kontrolle über polnische Zivilarbeiter verhängt.[9] Solche scharfen Maßnahmen zeugen davon, daß Partisaneneinheiten eine Kraft darstellten, die von der SS durchaus ernst genommen werden mußte.

Alle Organisationen in der Nähe des Lagers arbeiteten – trotz politischer Unterschiede – auf dem Gebiet der Häftlingshilfe zusammen. Oft benutzte man die gleichen Kontaktmöglichkeiten und die Hilfe von Personen und Quellen bei der Lieferung von Lebensmitteln, Medikamenten und Geld an die Häftlinge.

Neben politischen Organisationen leisteten auch karitative Organisationen Häftlingen im Konzentrationslager Auschwitz Hilfe. Der Vorstand des Polnischen Roten Kreuzes in Kraków berief 1940 eine «Abteilung zur Hilfeleistung für Kriegsgefangene, Ausgesiedelte und politische Häftlinge». Im gleichen Jahr entstand der «Oberste Rat für Hilfeleistung» RGO.

Im März 1943 entstand auf Initiative von Teresa Lasocka-Estreicher, Dr. Helena Szlapak, Wojciech Jekiełek und Adam Rysiewicz das Komitee «Hilfeleistung für Häftlinge der Konzentrationslager» PWOK.

4. Tätigkeitsformen der Lagerwiderstandsbewegung

Die Tätigkeit der Lagerwiderstandsbewegung war sehr breit angelegt. Sie umfaßte folgende Bereiche:

- Beschaffung von Medikamenten und Lebensmitteln,
- Dokumentation faschistischer Verbrechen, die an den Häftlingen verübt wurden,
- Vorbereitung von Fluchtversuchen aus dem Lager,
- Sabotageakte,
- politische Arbeit,
- Bemühungen, Funktionsposten im Lager mit politischen Häftlingen zu besetzen,
- Liquidierung von Spitzeln, die für die Abwehr und die Lagerführung arbeiteten,
- Vorbereitung eines Aufstandes im Lager.

Zur Anfangszeit des Bestehens des KZ Auschwitz gehörte die Organisierung von zusätzlichen Lebensmitteln und Medikamenten zu den allerwichtigsten Aufgaben. Die den Häftlingen zugeteilten Lebensmittelrationen genügten nicht, die Bedürfnisse des menschlichen Organismus zu decken. Außerdem gestatteten die Zentralbehörden der SS erst Ende November 1942, Lebensmittelpakete in das KZ Auschwitz zu senden.*

9 Standort-Sonderbefehl vom 29. April 1944, APMO, Zeichen D-AuI-1/99
* s. S. 81

Diese Verordnung erfaßte jedoch nicht alle Häftlinge. Einen Teil zusätzlicher Lebensmittel mußten sich die Häftlinge aus den Lagerräumen der SS sowie aus anderen Lagerräumen, in denen Effekten der ermordeten Häftlinge aufbewahrt wurden (aus «Kanada»), aus dem Lagerschlachthaus und der Lagermolkerei «organisieren». Bedeutende Mengen an Lebensmitteln erhielten sie jedoch von außerhalb. Die in der Umgebung lebende Bevölkerung hinterließ an den Arbeitsplätzen der Häftlinge Bündel mit Lebensmitteln und Arzneien. Bei dieser Aktion zeichneten sich folgende Personen besonders aus: Helena Płotnicka und Władysława Kożusznik aus Przecieszyn, Maria Górecka und ihre Tochter Wanda aus Brzeszcze, Helena Stupkowa aus Auschwitz, Janina Kajtoch, Janina Cicha aus Babice und viele andere. Die Menge der so gelieferten Lebensmittel betrug mehrere Dutzend Kilogramm. Davon zeugen Quittungen. An einem Tag im Oktober 1941 zum Beispiel wurden im Laden von Julian Dusik in Łęki 14,5 kg Butter, 100 kg Brot, 10,5 kg Zucker und 4 kg Margarine ausgegeben.

Durch die Einführung von Lebensmittelkarten seitens der Besatzungsmacht wurde die Versorgung der Häftlinge erschwert. Aus diesem Grund verstärkten politische Organisationen im Gebiet um das Lager sowie karitative Organisationen aus Kraków Hilfsaktionen für die Häftlinge. Die «Abteilung für Hilfeleistung für Kriegsgefangene, Ausgesiedelte und politische Häftlinge» versandte im Dezember 1940 1000 Weihnachtspakete und im Januar 1941 2500 Pakete in das Lager. Auch der Oberste Rat für Hilfeleistung sowie das Komitee «Hilfeleistung für Häftlinge der Konzentrationslager» und Pfadfindergruppen aus Śląsk nahmen an Hilfsaktionen für Häftlinge teil.

Die Organisation im Lager war sich dessen bewußt, daß die Lebensmittelversorgung im Lande schwierig war und daß Familien, die ihren Angehörigen im Lager helfen wollten, sich die Lebensmittel vom Munde absparen mußten. Man beschloß, nach anderen Hilfsquellen zu suchen. Mitte 1943 wurden im Lager Verzeichnisse von Häftlingen angefertigt – mit Namen, Lagernummer und Nummer des Blocks – und über Kontaktwege nach Kraków und von dort nach Genf an das Internationale Komitee des Roten Kreuzes geschickt. In einem Kassiber vom 20. Juni 1943 schrieb Stanisław Kłodziński:

«Es ist notwendig, daß das Ausland massenweise unsere Adressen erhält, denn es geht darum, den Deutschen zu beweisen, daß die ganze Welt über Auschwitz Bescheid weiß. Die Aktion muß massenweise durchgeführt werden, es müssen mindestens 200 bis 300 Adressen aus dem Lager in die einzelnen Länder überwiesen werden. Es muß unbedingt eine Massenaktion sein, damit man uns nicht zur Verantwortung ziehen kann. Es wäre gut, dabei auch Adressen von Deutschen im Lager anzugeben, von Tschechen und anderen, z. B. von sowjetischen Kommunisten. Es geht einfach darum, plötzlich und massenweise internationale Pakete ins Lager zu schicken.»[10]

Diese Aktion brachte positive Resultate. Pakete des Internationalen Roten Kreuzes begannen im Lager einzutreffen. Und obwohl die meisten dieser Pakete von der SS beschlagnahmt wurden, zeugte die Tatsache, daß im Ausland Namen und Nummern der Lagerhäftlinge bekannt waren, davon, daß das so fleißig von den Lagerbehörden gehütete Geheimnis um das Lager gebrochen war.*

In größeren Mengen wurden auch Medikamente an das Lager überwiesen. Offiziell zugeteilte Arzneimittel waren – unter Berücksichtigung der Umstände im Lager – so viel wert wie der sprichwörtliche Tropfen auf den heißen Stein. 70 Prozent der benötigten Arzneimittel wurden illegal von außen in das Lager gescmuggelt. Ein Teil davon wurde durch Häftlinge, die in Außenkommandos eingesetzt waren, in das Lager gebracht. Zahlreiche Kassiber sind erhalten geblieben, die Verzeichnisse von benötigten Arzneimitteln enthalten und in denen der Empfang von Medikamenten bescheinigt wird. So bestätigte der Häftling Janusz Skrzetuski-Pogonowski z. B. in einem Kassiber vom 31. Juli 1942: Etwa 1000 Ampullen verschiedener Arzneimittel erhalten (Coramin, Digipiratum, Calcium, Glukose usw.) – alles im Krankenbau des KZ Au abgeliefert.»[11]

Ein anderer Häftling, Edward Biernacki, berichtete: «In den Monaten Juni, Juli und August brachte ich etwa 7500 cm^3 Spritzen [. . .] sowie 70 Serien von Typhusspritzen in den Lagerkrankenbau.»[12]

Ein Teil der Arzneimittel wurde per Post in das Lager gesandt. 1944 erhielt die Postleitstelle im Lager 5–10 kg schwere Sendungen mit Arzneimitteln, die an nicht mehr am Leben befindliche Häftlinge adressiert waren. Über Kanäle der Widerstandsbewegung gelangten diese Pakete in die Händc von Ärzten, die selbst Häftlinge waren. Stanisław Kłodziński erklärt dazu in einem Kassiber vom 20. Januar 1944:

«[. . .] Eure Gruppe aus Auschw. oder z. B. Zator soll ein gut verpacktes Paket mit Arzneimitteln an einen fiktiven Namen: Häftling Nr. 71825 – Śliwiński Stephan, geboren 12. 1. 1912, Bl. 25, St. 6 KZ Auschwitz, Post 2 O/S – absenden, und wir werden es auf unserem Postamt ohne Kontrolle in Empfang nehmen. Im Falle eines Reinfalls ist das Risiko gering. Derartige Pakete zweimal in der Woche absenden.»[13]

10 APMO, Mat. oboz. Ruchu Oporu (Dokumente der Lagerwiderstandsbewegung) Bd. I, Bl. 33

* s. S. 81–82

11 APMO, Mat. oboz. Ruchu Oporu (Dokumente der Lagerwiderstandsbewegung), Bd. I, Bl. 5

12 ebenda, Bd. I, Bl. 10

13 ebenda, Bd. I, Bl. 58

Eine wichtige Umschlagstelle für Arzneimittel war die Apotheke von Maria Bobrzecka in Brzeszcze. Eine bestimmte Anzahl von Medikamenten lieferten auch Apotheker aus Auschwitz, Kęty, Chrzanów und der «Oberste Rat für Hilfeleistung» RGO.

Der Bedarf an Lebensmitteln und Medikamenten war riesig. Tausende von Lagerinsassen auf illegalem Wege mit Paketen zu versorgen, war jedoch unmöglich. Trotzdem war auch diese bescheidene Hilfe unter den damaligen Umständen von großer Bedeutung, und sie rettete zahlreichen Häftlingen das Leben.

Eine weitere sehr wichtige Tätigkeitsform der Widerstandsbewegung war es, Beweise für Verbrechen zu sammeln, die von der SS begangen wurden, und diese Dokumente aus dem Lager zu befördern.

Zu den wichtigsten Dokumenten, die aus dem Lager kamen, gehörten:

1. das «Bunkerbuch» mit Namen von Häftlingen, die in den Kellern des Blocks Nr. 11 festgesetzt worden waren, sowie Informationen über ihr Geschick, überwiesen durch den Blockschreiber Jan Pilecki,
2. Register der Leichenhalle, d. h. Nummernverzeichnisse von Häftlingen, die umkamen oder mit Phenolspritzen umgebracht wurden,
3. Verzeichnisse von gestorbenen und vergasten weiblichen Häftlingen, etwa 10000 Namen,
4. drei heimlich aufgenommene Fotos aus dem Lager vom Sommer 1944, auf denen zu sehen ist, wie Frauen in die Gaskammer gejagt und Leichen auf Scheiterhaufen verbrannt werden,
5. Planzeichnung von Krematorien und Gaskammern, 1944 aus dem Büro der SS-Bauleitung durch dort angestellte weibliche Häftlinge entwendet (von der Polin Krystyna Horçzak und den Tschechinnen Vera Foltynova und Valeria Valova),
6. Nummernregister von Transporten männlicher und weiblicher Häftlinge, Abschriften von Originaltransportlisten, angefertigt von Häftlingen, die im Aufnahmebüro der Politischen Abteilung arbeiteten.

Außer Dokumenten wurden aus dem Lager auch Meldungen in Form von Kassibern versandt, die genaue Angaben über die Zahl der im Lager festgesetzten Häftlinge, die Anzahl ankommender und abgehender Transporte, Namenslisten erschossener Häftlinge sowie Namen von SS-Männern der Lagermannschaft enthielten, außerdem wurden darin die Lebensbedingungen im Lager beschrieben und Datum und Wege geplanter Fluchtversuche festgelegt, In einem Kassiber vom 16. September 1944 wurden z. B. unter dem Titel «Die Henker von Auschwitz» Namen und Beschreibungen mehrerer SS-Männer angegeben, der größten Verbrecher von Auschwitz, mit dem Lagerkommandanten Rudolf Höß an der Spitze. Der erste Absatz dieses Kassibers, der an Frau Teresa Lasocka-Estreicher in Kraków adressiert war (Deckname «Tell»), die die Mehrzahl der Korrespondenz aus dem Lager in Empfang nahm, lautete:

«Tell

Anbei allgemeine Berichte über die Henker von Auschwitz. Alle Angaben sind über jeden Zweifel erhaben und echt. Sehr erwünscht, daß London schnellstens Todesurteile über sie fällt.»[14]

Die in diesen Berichten enthaltenen Angaben stammten von Häftlingen, die in verschiedenen Verwaltungsstellen des Lagers beschäftigt waren, in der Hauptschreibstube, im Lagerkrankenbau, in den Büros der Politischen Abteilung und dem Blockeinsatz. Unter Lebensgefahr verfertigten sie Abschriften von Dokumenten, Plänen und Rapporten. Da die SS Leibesvisitationen durchführte, mußten sich die Häftlinge entsprechende Techniken zum Transport und Versteck von Kassibern ausdenken. Sie wurden in besonders präparierten Kerzen eingeschmolzen, in Zigaretten eingerollt, in Füllfederhalter, Schlüssel, Bonbons usw. gesteckt. Das Format der Kassiber wurde so klein wie möglich gehalten, oft wurden sie auf Zigarettenpapier geschrieben. Wichtige Nachrichten wurden chiffriert. Unterschrieben waren die Kassiber mit Decknamen, z. B. J., Tor, Cyr. (Decknamen von Józef Cyrankiewicz), St., Stakło (Decknamen von Stanisław Kłodziński). Sowohl Kassiber als auch Dokumente wurden über ständige Verbindungswege aus dem Lager gesandt. Die Rolle der Verbindungsleute zwischen der Lagerwiderstandsbewegung und dem Gebiet um das Lager erfüllten die im Lager beschäftigten Zivilarbeiter Stanisław Mordarski, Józef Cholewa, Franciszek Walisko sowie eine Verkäuferin in der SS-Kantine, dem sogenannten «Haus 7», Helena Datoń. Häftlinge überwiesen Kassiber und Berichte an Verbindungspersonen, die sie nach Brzeszcze weiterleiteten. Von dort aus wurden diese Kassiber und Berichte durch die Familie Kornaś in Spytkowice oder Aniela Kieres in Chrzanów nach Kraków weitergeschickt.

1944 eröffnete die Lagerwiderstandsbewegung eine neue Kontaktverbindung über die Krankenschwester Maria Stromberger, eine Österreicherin, die im SS-Revier arbeitete. Obwohl Schwester Maria zur Lagermannschaft gehörte, wurde sie Mitglied der kämpfenden Widerstandsbewegung. Dieser Weg wurde zum Versand zahlreicher größerer Pakete benutzt, die Bücher und Dokumente enthielten. Schwester Maria setzte sich persönlich mit Helena Datoń in Verbindung und lieferte auch Material nach Brzeszcze oder Chrzanów. Sie brachte Zeitungen, Arzneimittel und Sprengstoff ins Lager. Stanisław Kłodziński schrieb am 26. September 1944 in einem Kassiber nach Kraków: «Mit der Schwester sind Kontakte so oft wie möglich herzustellen – der Weg ist sicher und schnell – Abnahme jederzeit möglich.»[15]

Im Sommer 1944 wurde auch der SS-Mann Frank, Blockführer des

14 ebenda, Bd. VII, Bl. 462
15 ebenda, Bd. II, Bl. 164

Blocks Nr. 5, zur Zusammenarbeit angeworben. Anfangs lieferte er Häftlingen Nachrichten über die Stärke der Wachmannschaften, die Art der Bewaffnung der SS sowie neue Befehle, die von der Lagerführung erlassen wurden. Später wurde er mit der Funktion eines Verbindungsmannes betraut. In Kassibern wurde Frank «Botschafter» genannt:

«Freitag gegen 7.30 Uhr wird der Botschafter am gleichen Ort eintreffen, an dem er sich schon einmal mit Jantar getroffen hat, und Pläne überbringen, die wir, weil sie so umfangreich sind, nicht auf normalem Weg verschicken wollten.»[16]

Manche nach Kraków übermittelten Informationen wurden in der polnischen Untergrundpresse veröffentlicht. Andere Nachrichten, mit dem Vermerk «nach London überweisen», wurden nach England geschickt, um sie von dort aus über den Rundfunk zu veröffentlichen. Manche Nachrichten konnten nicht sofort veröffentlicht werden, und zwar mit Rücksicht auf die persönliche Sicherheit der Häftlinge, von denen sie stammten.

Als die Ostfront näherrückte und das Konzentrationslager in Majdanek bereits durch die Rote Armee befreit worden war, begann die SS, die Liquidierung des KZ Auschwitz vorzubereiten. Pläne wurden ausgearbeitet, um die Spuren der begangenen Verbrechen zu tilgen. Es bestand ein sogenannter «Moll-Plan», in dem die Ermordung aller Häftlinge und die Vernichtung aller Lagereinrichtungen, insbesondere von Krematorien und Gaskammern, vorgesehen waren. Urheber des Plans war der bekannte SS-Verbrecher, SS-Hauptscharführer Otto Moll. Zur Durchführung seines Plans forderte er motorisierte Einheiten der SS, Artillerie, sechs Flugzeuge sowie eine entsprechende Anzahl von Leuten zur Bereinigung des Lagergebietes an. Im Zusammenhang damit sandte die Lagerwiderstandsbewegung folgende Meldung nach Kraków:

«Tell

Die Sache ist im Grunde genommen abgesprochen, weil Höß gewillt ist, technische Mittel bereitzustellen. Die Angelegenheit scheitert vorläufig jedoch daran, daß die ausführende Seite einen schriftlichen Befehl verlangt. Dabei handelt es sich aber um eine Aktion, die geheim und ohne schriftlichen Befehl durchgeführt werden soll. Zur Zeit ist dies der größte Versuch, die Spuren der Verbrechen an dem Ort zu tilgen, der bereits zum Symbol faschistischer Verbrechen geworden ist. Dieser Ort heißt Auschwitz. Sofort übersenden und im Rundfunk veröffentlichen.»[17]

Die Nachricht wurde unverzüglich als Telegramm nach London mit dem Ersuchen um Hilfe weitergeleitet. Die britische Nachrichtenagen-

16 Kassiber vom 7. September 1944 von Stanisław Kłodziński, ebenda, Bd. II, Bl. 142

17 Kassiber vom 6. September 1944, ebenda, Bd. II, Bl. 140–141

tur Reuter gab die Meldung an die Öffentlichkeit weiter, was in großem Maße dazu beigetragen hat, daß der Moll-Plan scheiterte. Auch der Rundfunksender «Morgenröte» in London verbreitete einen Appell an die Weltöffentlichkeit, um die Deutschen an ihre Verantwortung zu mahnen und dieses Verbrechen an den Häftlingen von Auschwitz zu verhindern.

Eine weitere Form der Aktivität der Lagerwiderstandsbewegung waren Vorbereitung und Organisation von Fluchtversuchen. Im Auftrag der Widerstandsbewegung aus dem Lager fliehende Häftlinge hatten die Aufgabe, Kontakte zwischen der Lagerorganisation und verschiedenen politischen Gruppierungen außerhalb des Lagers aufzunehmen oder zu erweitern. So z. B. erweiterte der am 20. Februar 1943 aus dem Lager geflohene Häftling Kazimierz Hałoń Kontakte zwischen der Lagerwiderstandsbewegung und der Gruppe der Polnischen Sozialistischen Partei PPS in Brzeszcze. Zwei Kommunisten, der Österreicher Dr. Alfred Klar und der Pole Stefan Bratkowski, denen am 15. Juni 1944 die Flucht aus dem Lager gelang, hatten den Auftrag, Verbindung zur Führung der Polnischen Arbeiterpartei PPR in Warszawa aufzunehmen. Es gab zahlreiche ähnliche Beispiele. Viele Häftlinge traten Partisaneneinheiten im Gebiet um das Lager bei und halfen bei der Organisierung weiterer Fluchtversuche. Oft brachten die Flüchtlinge wichtige Dokumente sowie Pläne aus dem Lager und berichteten als Augenzeugen über die im Lager herrschenden Verhältnisse und die dort verübten Verbrechen. Zeitpunkte der geplanten Fluchtversuche wurden in Kassibern angegeben, die zuvor aus dem Lager gesandt wurden. Der am 9. September 1944 geplanten Flucht von Tadeusz Uszyński (Deckname «Cygan») wurde folgender Kassiber vorausgeschickt: «Freund von ‹Bezzębny› aus Unterschlupf Birkenau in der Nacht vom Dienstag zum Mittwoch zu erwarten.»[18]

Da bei Fluchtversuchen Repressalien gegenüber den Familien der Häftlinge zu erwarten waren, war man bemüht, diese rechtzeitig zu benachrichten, damit sie ihren Wohnort wechseln konnten. Im Zusammenhang mit der Flucht von Roman Cieliczko wurde am 14. Juli 1944 folgender Kassiber abgesandt: «Bitte Anna Cieliczko in Zakopane G. G., Parkstraße 935, benachrichtigen, sofort abzureisen, da Verhaftungen zu befürchten sind.»[19]

Insgesamt sind etwa 700 Häftlinge aus dem Lager geflohen, davon wurden aber etwa 400 auf der Flucht gefaßt oder erschossen.

Außer Hilfsdiensten für die Häftlinge entwickelte die Lagerwiderstandsbewegung auch eine rege Diversionstätigkeit. Sabotage wurde von Häftlingen verübt, die in verschiedenen deutschen Industriebetrie-

18 Kassiber vom 4. September 1944, ebenda, Bd. II, Bl. 134
19 ebenda, Bd. I, Bl. 38

ben und Gruben beschäftigt waren. So z. B. zerstörten Häftlinge, die bei der Demontage von beschädigten Flugzeugen eingesetzt waren, Apparaturen und Instrumente, die noch verwendbar waren, und gossen Benzin aus, das sich in den Tanks befand. Weibliche Häftlinge, die in Rajsko bei der Aufzucht von Kok-Saghys – einer Pflanze, deren Wurzeln 6–8 % hochwertigen Kautschuk enthielt – beschäftigt waren, tränkten die Saatbeete mit schädlichen Chemikalien, fälschten Angaben über die Aufzucht und verzögerten so die Durchführung von Versuchen zur Kautschukgewinnung.

Die Lagerwiderstandsbewegung führte unter den Häftlingen auch politische und erzieherische Arbeit durch. Das Ziel dieser Aktivität war internationale Solidarität im Kampf gegen den Hitlerfaschismus. Das Komitee der «Kampfgruppe Auschwitz» erließ einen Aufruf, in dem es u. a. hieß:[20]

– Der Kampf gegen den Hitlerfaschismus ist Pflicht eines jeden Häftlings. – Der Hitlerfaschismus ist der Feind aller Völker. – Kampf gegen den Faschismus ist Kampf um nationale Freiheit und Demokratie. – Diesen Kampf ermöglichen nur Solidarität und Zusammenarbeit. – Hauptfaktor im bewaffneten Kampf gegen den Hitlerfaschismus sind die Sowjetunion und ihre Rote Armee. – Freundschaft mit der Sowjetunion ist demnach ein Garant des Sieges und des Friedens.

Die Lagerwiderstandsbewegung wirkte außerdem deutscher Propaganda entgegen, die behauptete, in den Konzentrationslagern befänden sich nur Verbrecher und Kriminelle. Zu diesem Zweck wurde eine Resolution verfaßt, in der nachgewiesen wurde, daß die Zahl von kriminellen Verbrechern, die fast ausschließlich deutscher Nationalität waren, nicht mehr als 5 % aller Häftlinge in den Lagern ausmachte. Die meisten Lagerinsassen waren politische Häftlinge aller Nationalitäten. In der Resolution hieß es u. a.:

«Obwohl in Lagern gefangen gehalten, sind wir doch Menschen der Freiheit und übermitteln der freien Welt Nachrichten von unserem Dasein, über unseren ungleichen Kampf um die Rechte politischer Gefangener.»[21]

Angesichts der Gefahr einer Massenvernichtung erwog der Militärische Rat des Lagers die Möglichkeit eines allgemeinen Aufstands, um die Häftlinge aus dem Lager zu befreien. Oberst Kazimierz Rawicz plante bereits 1942 einen allgemeinen Aufstand im Lager und in der Umgebung und sandte diesen Plan an den Oberbefehlshaber der Landesarmee AK, General Stefan Rowecki, damit jener einen Termin festsetzte. In

20 Filip Friedman, Tadeusz Hołuj, «Oświęcim» (Auschwitz), Bydgoszcz 1946, S. 131

21 APMO, Mat. oboz. Ruchu Operu (Dokumente der Lagerwiderstandsbewegung), Bd. II, Bl. 87

der damaligen Lage wurde dieser Plan jedoch als zu kühn angesehen und nicht verwirklicht. Im Zusammenhang mit Ereignissen an der Ostfront, als die Sowjetarmee in zahlreichen Offensivoperationen rasch nach Westen vordrang, wurde 1944 erneut auf diesen Plan zurückgegriffen. Im Juli wurde das zweitgrößte Konzentrationslager auf polnischem Boden in Majdanek befreit. Die dort überraschte SS war nicht mehr imstande, die Anlagen zur Massenvernichtung von Häftlingen zu zerstören oder alle Häftlinge im Lager zu ermorden. Es war also zu befürchten, daß die so vorgewarnte SS um jeden Preis versuchen würde, alle Spuren des Verbrechens in Auschwitz zu tilgen. Als die Situation immer gefährlicher wurde und eine Liquidierung des Lagers drohte, nahm die Leitung der Lagerwiderstandsbewegung Kontakt mit dem Kommando der Landesarmee in Śląsk auf und verlangte Hilfeleistung in Form von Waffen und Sprengstoff und einer Sabotageoperation außerhalb des Lagers, um so einen Teil der SS-Mannschaft zu binden und den Häftlingen die Flucht zu ermöglichen. Die Leitung der Lagerwiderstandsbewegung unterstrich dabei, daß eine Aktion zur vollständigen beziehungsweise teilweisen Befreiung des Lagers wegen der internationalen Bedeutung des Konzentrationslagers Auschwitz ungeheures moralisches Gewicht hätte, da Auschwitz eines der düstersten Symbole Hitlerdeutschlands sei. Diese Aktion sei nicht nur als Hilfeleistung für Häftlinge anzusehen, da das Lager vom militärischen Standpunkt aus als ein großes Menschenreservoir anzusehen sei und ein Teil der Häftlinge imstande sei, an einem bewaffneten Aufstand teilzunehmen.[22] Im Lager selbst wurde ein Bericht ausgearbeitet, der genaue Informationen über den Stand der Häftlinge im Stammlager und den Unterlagern von Auschwitz enthielt, außerdem Nachrichten über den zahlenmäßigen Stand der SS-Mannschaft, deren Bewaffnung, technische Ausrüstung usw.[23]

Alle Nachrichten und Lagerpläne wurden an Stefan Jasieński (Deckname «Urban») überwiesen, der sich auf Befehl des Kommandos der Landesarmee in der Umgebung des Lagers aufhielt, um Möglichkeiten zu erkunden, den Kampf in diesem Gebiet zu führen und Kontakte mit der Lagerwiderstandsbewegung aufzunehmen. Im September 1944 jedoch wurde Jasieński durch eine deutsche Streife verhaftet und ins Lager überführt, wo er umgekommen ist.

Der Plan eines Aufstandes im Konzentrationslager Auschwitz konnte nicht durchgeführt werden, weil die Lagerbehörden gegen Ende 1944 damit begannen, Tausende von Häftlingen, meist Polen und Russen, in andere Konzentrationslager im Innern des Dritten Reiches zu überfüh-

22 Aussage von Tadeusz Hołuj, APMO, Zspół «Oświadczenia» (Sammlungen von Aussagen), Bd. 37, Bl. 54–55

23 Bericht vom 22. August 1944 von Józef Cyrankiewicz. APMO, Mat. oboz. Ruchu Oporu (Dokumente der Lagerwiderstandsbewegung), Bd. II, Bl. 98

ren, was die Tätigkeit der Lagerwiderstandsbewegung desorganisierte. Die Aktivität der Kampfgruppe Auschwitz spielte jedoch eine wichtige Rolle bei der Bewußtseinsbildung der Häftlinge, denn diese schlossen sich bei ihrer Ankunft in anderen Lagern sofort den dort aktiven Untergrundorganisationen an.

Die Lagerwiderstandsbewegung war unter besonders gefährlichen Bedingungen tätig, die sich bedeutend schwieriger gestalteten als außerhalb des Lagers. Viele ihrer Mitglieder sind umgekommen. Ihre heroischen Anstrengungen waren nicht vergebens. Tausenden von Häftlingen retteten sie das Leben, und die «freie Welt» erfuhr noch während des Krieges über die Tragödie von Auschwitz.

Die von der Lagerwiderstandsbewegung in Kassibern übermittelten Nachrichten wurden in der polnischen Untergrundpresse abgedruckt, die über Häftlingstransporte nach Auschwitz berichtete, genaue Angaben über die Zahl der Lagerhäftlinge und die Zahl der Ermordeten machte, die Namen der Henker nannte und andere Nachrichten über die bestialischen Verbrechen der Lagerbehörden verbreitete.

Auch im Ausland erschienen Veröffentlichungen über das Konzentrationslager Auschwitz auf Grund von Aussagen geflüchteter Häftlinge sowie von Kassibern und Berichten, die von der Widerstandsbewegung in Polen zusammengestellt wurden. Im August 1943 erschien in London eine Broschüre unter dem Titel «Obóz śmierci» (Das Todeslager).

Einige Nachrichten wurden über den Rundfunk verbreitet, um den Behörden der SS zu beweisen, daß ihre Taten nicht geheim bleiben konnten und ihnen dafür Strafe drohte. Die Deutschen wußten, daß die Alliierten über die in Auschwitz begangenen Verbrechen genau informiert waren. Der deutsche Abhördienst registrierte alle über den Londoner Rundfunk verbreiteten Nachrichten. Ein Beispiel dafür ist eine Notiz im deutschen Abhördienst mit der Angabe, der Londoner Rundfunk habe am 15. Juni 1944 die Nachricht verbreitet, in den Gaskammern von Birkenau seien am 7. März 1944 4000 Juden aus der Tschechoslowakei umgebracht worden und daß die Absicht bestehe, weitere 3000 Personen bis zum 20. Juni auf dieselbe Weise zu ermorden, und der Londoner Rundfunk habe angedroht, die Schuldigen dieser Verbrechen würden zur Verantwortung gezogen werden.[24] Die öffentliche Bekanntgabe der Namen der größten Mörder und Sadisten und der gegen sie ausgesprochenen Todesurteile verursachte eine Panik unter der SS und bewirkte eine gewisse Milderung der Zustände im Lager.

Während der Besatzung hat das polnische Volk den Kampf gewählt. Hunderte von Häftlingen in Konzentrationslagern haben sich diesem

24 APMO, Mat. oboz. Ruchu Oporu (Dokumente der Lagerwiderstandsbewegung), Bd. 24, Bl. 3

Kampf angeschlossen und damit bewiesen, «man könne einen Menschen physisch vernichten, man könne ihm aber nicht die Würde nehmen und das Bewußtsein aller Häftlinge töten» – wie Ludwig Rajewski, ehemaliger Häftling des Konzentrationslagers Auschwitz und Mitglied der Lagerwiderstandsbewegung in seinem Buch geschrieben hat.[25] Die Häftlinge des Konzentrationslagers Auschwitz haben bewiesen, daß sie nicht nur passive Zeugen und Opfer waren, sondern es auch fertigbrachten, sich dem Hitlerfaschismus entgegenzustellen.

25 Ludwik Rajewski, Ruch oporu w polskiej literaturze obozowej (Die Widerstandsbewegung in der polnischen Lagerliteratur), Warszawa 1971, S. 121

Andrzej Strzelecki

Die Befreiung des KZ Auschwitz und die Hilfsaktion für die befreiten Häftlinge

1. Die Befreiung des Lagers

Einer der ruhmreichsten Einsätze der alliierten Armeen in der letzten Phase ihres Kampfes gegen das Dritte Reich war die Befreiung der Konzentrationslager und anderer nationalsozialistischer Strafanstalten. Eine große Zahl von Häftlingen, die in den Lagern inhaftiert waren, konnte vor dem sicheren Tod gerettet werden; das riesige Ausmaß der dort begangenen Verbrechen wurde enthüllt. Am frühesten wurden die Konzentrationslager in Majdanek (am 23./24. Juli 1944 und in Riga (am 13. Oktober 1944) befreit. Für das Konzentrationslager Auschwitz kam die Stunde der Befreiung im Januar 1945.

Noch in den letzten Tagen vor dem Einmarsch von Einheiten der Roten Armee in Górny Śląsk und im benachbarten Raum Auschwitz erwogen die Nazibehörden hinsichtlich des KZ Auschwitz zwei Möglichkeiten: entweder das Lager zu liquidieren, falls die Sowjetarmee überraschend vorrücken sollte, oder es weiterhin zur Verfügung zu behalten, da es ein wichtiges Glied im hitlerfaschistischen System des Völkermords und zur Ausbeutung der Völker der besetzten Länder bildete. Unter Berücksichtigung dieser Möglichkeiten zeigte sich die Lagerführung bis Mitte Januar 1945 nicht geneigt, irgendwelche Schritte zu unternehmen, die die weitere Entwicklung des Lagers vereitelt oder stark beeinträchtigt hätten. Von Augsut 1944 bis Mitte Januar 1945 wurden etwa 65000 Häftlinge evakuiert, die im Lager selbst einen Arbeitskräfteüberschuß darstellten. Andererseits wurden über 65000 Häftlinge bis zum letzten Augenblick im Lager festgehalten. Sie waren vorwiegend im für das Militärpotential des Dritten Reiches wichtigen Wirtschaftszentrum, im Industrierevier Górny Śląsk, und in anderen nahegelegenen Industriezentren beschäftigt. Auch wurden damals lediglich vorbereitende Maßnahmen ergriffen, um die Spuren der im Lager begangenen Verbrechen zu beseitigen oder zu verwischen. Noch in der zweiten Januarhälfte 1945 hielt man eines der Auschwitzer Krematorien, das Krematorium V, samt den dazugehörigen Gaskammern in betriebsfähigem Zustand. Es wurde erst kurz vor dem Einmarsch sowjetischer Soldaten in Auschwitz gesprengt.

Um alle arbeitsfähigen Häftlinge endgültig aus dem KZ Auschwitz abzuschieben, wurden vom 17. bis 23. Januar 1945 fast 60000 Lagerinsassen evakuiert, hauptsächlich zu Fuß. Viele von ihnen kamen unterwegs oder später in Lagern im Innern des Reiches ums Leben.

Nach der Evakuierung der letzten Transporte aus dem KZ Auschwitz blieben dort über 8000 Häftlinge zurück. Die meisten waren krank, physisch entkräftet und daher nicht für einen Fußmarsch geeignet. Aus einer Reihe von Quellen ergibt sich, daß die SS beabsichtigte, sie zu beseitigen, da sie einerseits Augenzeugen der Verbrechen waren und andererseits auf Grund ihrer Unfähigkeit, als Arbeitskräfte in Lagern im Innern des Reiches eingesetzt zu werden, eine Art unnötigen Ballast darstellten. Entsprechende Befehle wurden erteilt. So brachten SS-Männer in den letzten Tagen des Bestehens des KZ Auschwitz etwa 700 Häftlinge um. Mehr als 300 von ihnen wurden in den Baracken der Auschwitzer Nebenlager «Fürstengrupe» in Wesoła bei Mysłowice, Gleiwitz I in Gliwice und Tschechowitz II in Czechowice verbrannt.[1] Die meisten im KZ Auschwitz zurückgelassenen Häftlinge konnten jedoch gerettet werden und den Einmarsch der Sowjetarmee erleben. Es scheint, daß sie der Vernichtung vor allem deshalb entgehen konnten, weil sich die Disziplin unter den SS-Männern gelockert hatte und in den Reihen der Auschwitz und Górny Śląsk verlassenden deutschen Truppen allgemein Desorganisation und sogar Panik herrschten.

Die Aufgabe, Auschwitz zu befreien, fiel der 60. Armee der Ersten Ukrainischen Front zu, als sie von Kraków her am linken Weichselufer entlang in Richtung auf das Industrierevier Górny Śląsk vorrückte. Die 60. Armee wirkte mit anderen sowjetischen Einheiten bei der Operation zusammen, die darauf abzielte, dieses Revier teilweise einzukreisen und die deutschen Truppen zum Rückzug zu zwingen. Auf Befehl des Oberbefehlshabers der 60. Armee, Generaloberst Pawel Kurotschkin, umzingelten drei Divisionen die deutschen Einheiten in Auschwitz. Am schnellsten war die 100. Infanteriedivision des 106. Korps, denn ihre ersten Spähtrupps tauchten bereits am Sonnabendvormittag des 27. Januar 1945 im östlichen Teil von Auschwitz, im Nebenlager Monowitz, auf. Am selben Tag gelangten von Norden her die 148. Infanteriedivision des 106. Korps und von Südosten die 322. Division des 28. Korps der

1 Die Ermordung dieser 700 Häftlinge war nur ein Beispiel in der langen Reihe von Bluttaten, die die Nazibehörden begingen, als sie angesichts der auf das Dritte Reich vordringenden alliierten Armeen nach und nach die Lager und anderen Strafanstalten liquidierten. Andere Beispiele für solche Massaker waren Ende Juni 1944 Malyj Trostinez bei Minsk mit etwa 6500 Opfern, das KZ Klooga in Estland am 19. September 1944 mit etwa 2200 Opfern, Lódź-Radogoszcz und Płońsk bei Kostrzyń an der Oder in der zweiten Januarhälfte 1945 mit über 2300 Opfern und die den sog. Kaufering bildenden elf Außenlager des KZ Dachau im April 1945 mit über 10000 Opfern.

60. Armee ans Ziel. Das Stadtinnere erreichten sowjetische Soldaten am frühen Vormittag des 27. Januar 1945. Am Nachmittag brachen sie zum Stammlager Auschwitz, wo sie auf den Widerstand zurückweichender deutscher Abteilungen stießen, und zum Lager Birkenau auf. Der Widerstand wurde bald gebrochen. Sowohl das Stammlager Auschwitz als auch das Lager Birkenau wurden gegen 15 Uhr befreit.

Die zum Zeitpunkt der Befreiung im KZ Auschwitz herrschende Atmosphäre geben Erinnerungen und Berichte ehemaliger Häftlinge wieder. Anna Chomicz, ehemaliger Häftling in Auschwitz, beschreibt ihre Eindrücke folgendermaßen:

«Wir hörten eine Granate in der Nähe des Lagertors explodieren. Sofort schauten wir aus den Blocks hinaus und erblickten mehrere sowjetische Aufklärer, die mit schußbereiten Gewehren vom Tor her in unsere Richtung gingen. Unverzüglich hängten wir an Stangen Laken mit aufgenähten roten Streifen in Form eines roten Kreuzes hinaus. Bei unserem Ablick senkten die Aufklärer die Gewehre. Die Begrüßung war spontan. Da ich die russische Sprache kannte, wandte ich mich mit den Worten an die Aufklärer: «Sdrastwujtje pobediteli i oswoboditjeli!» Als Antwort hörten wir: «Ushe wy swobodny je!»[2]

Bei den direkten Kämpfen um die Befreiung des Nebenlagers Monowitz, des Stammlagers Auschwitz, des Lagers Birkenau und der Stadt Oświęcim und ihrer Umgebung kamen insgesamt 231 sowjetische Soldaten ums Leben. 60–70 von ihnen, u. a. Leutnant Gilmudin Badryjewitsch Baschirow, fielen beim Einsatz im Lagerbereich.

Im Stammlager Auschwitz, in Birkenau und in Auschwitz-Monowitz erlebten etwa 7000 Häftlinge ihre Befreiung. Eine schwer zu ermittelnde Zahl von Häftlingen (vermutlich über 400) befreiten sowjetische Soldaten kurz vor dem 27. Januar 1945 oder bald danach in den Nebenlagern des KZ Auschwitz «Blechhammer» in Blachownia Śląska, «Eintrachthütte» in Świętochłowice, «Fürstengrube» in Wesoła, «Janinagrube» in Libiąż und «Neu-Dachs» in Jaworzno.

Unter den im KZ Auschwitz befreiten Häftlingen befanden sich hervorragende Persönlichkeiten, die sowohl in Polen als auch im Ausland berühmt und geschätzt waren, u. a. der polnische Bildhauer und Maler Prof. Xawery Dunikowski, der Professor der Pädiatrie an der Universität Prag und Leiter einer Prager Kinderklinik Bertold Epstein, der Professor der Psychiatrie Bruno Fischer aus Prag, der Funktionär der polnischen Arbeiter- und Bauernbewegung, Arzt und Schriftsteller Dr. Alfred Fiderkiewicz, der polnische Mediävist und Diplomat Prof. Stanisław Kętrzyński, der Funktionär der polnischen Arbeiterbewegung Adam Kuryłowicz, der Professor für pathologische Anatomie an der Universität Clermont-Ferrand Henri Limousin, das Mitglied der Unga-

2 APMO, Zespół «Oświadczenia» (Sammlung von Aussagen), Bd. 75, Bl. 13

rischen Akademie der Wissenschaften und Professor der Pharmakologie und experimentellen Pathologie in Pécs Geza Mansfeld und der verdienstvolle polnische Arzt Dr. Roman Łaba aus Przemyśl.

In den Lagern Auschwitz und Birkenau fanden sowjetische Soldaten etwa 600 Leichen von Häftlingen, die SS-Leute beim Rückzug aus Auschwitz erschossen hatten oder die in der Zwischenzeit vor Entkräftung gestorben waren. Es waren nicht die einzigen Spuren von Verbrechen, die sie dort antrafen.

Ein Teil der befreiten Auschwitz-Häftlinge, deren körperliche Verfassung verhältnismäßig gut war, verließ unverzüglich die Lager und begab sich in ihre Heimatorte.

2. Die Hilfsaktion für die befreiten Häftlinge

Bereits in den ersten Tagen nach der Befreiung von Auschwitz kamen der sowjetische medizinische Dienst sowie die polnischen Behörden und die polnische Bevölkerung den ehemaligen Häftlingen zu Hilfe. Eine besondere Rolle spielten dabei die aktiven Mitglieder des Polnischen Roten Kreuzes PCK in Oświęcim, Brzeszcze und Kraków. Die zahlreichste Gruppe von PCK-Freiwillige, die im ehemaligen Lager eintrafen, kam aus Kraków. Zu dieser Gruppe gehörten u. a. von Nazibehörden nach Kraków evakuierte Warschauer, Teilnehmer am Warschauer Aufstand 1944. Im Ergebnis dessen entstand im ehemaligen Lager auch ein PCK-Lagerkrankenhaus, das neben den sowjetischen Feldlazaretten wirkte, die in Zusammenhang mit der Umgruppierung der Militärformationen einander abwechselten und deren Kommandanten, Ärzte im Rang eines Majors, zuerst Wejtkow, Chitarow und Melai und dann Shylinska und Grabowoi waren. Die Leitung des PCK-Krankenhauses übernahm Dr. Józef Bellert aus Warszawa. Betreut wurden dort mehr als 4500 kranke ehemalige Häftlinge, Bürger aus über 20 Staaten. Unter den 960 polnischen Bürgern gab es eine große, 160–170 Personen zählende Gruppe von Polinnen, die während des Warschauer Aufstands von Warszawa aus in das KZ Auschwitz deportiert worden waren. Fast alle waren über 46 Jahre alt. Die Hälfte war über 60, und nahezu 30 waren über 70. In den einzelnen Blocks gab es insgesamt weit über 200 Kinder im Alter von ein paar Tagen bis zu 15 Jahren, darunter viele Zwillinge. Die meisten ehemaligen Häftlinge litten an Durchfall, einem Symptom der Hungerkrankheit (Distrophia alimentaris). Diese Krankheit trat im Prinzip zusammen mit anderen Krankheiten auf, meistens mit Tuberkulose.

Zum Personal des PCK-Lagerkrankenhauses gehörten außer Dr. J. Bellert u. a. die Ärzte Jan Jodłowski, Jadwiga Magnuszewska und Bolesław Urbański aus Kraków sowie Jan Szczęśniak aus Oświęcim. Vom Personal der sowjetischen Feldlazarette sind außer den erwähnten Arzt-Kommandanten u. a. Major Polakow, Oberarzt der von den Majoren Melai und Shylinska geleiteten Gruppen, und der Chirurg Major Dr. Jeltanski namentlich bekannt.

Ein Teil der Freiwilligen, die sich aus Einwohnern von Oświęcim, Brzeszcze und Umgebung rekrutierten, hatte schon vor dem Eintreffen der PCK-Gruppe aus Kraków, d. h. schon vor dem 5./6. Januar, in den sowjetischen Feldlazaretten zu arbeiten begonnen. Zu ihnen gehörten u. a. Tadeusz Mleko, Roman Pęcikiewicz und Wilhelm Wazdrąg aus Brzeszcze, die spontan nach Birkenau gekommen waren, um sich dort als erste Polen zusammen mit dem Personal des sowjetischen medizinischen Dienstes der kranken ehemaligen Häftlinge anzunehmen. Andere Einwohner von Brzeszcze, u. a. Zdzisław Bosek und einige Kameraden, sowie eine Reihe von Einwohnern Oświęcims (Jozef Mroziński mit einigen Kollegen und Nonnen aus dem Seraph-Kloster) begannen unaufgefordert, mit dem sowjetischen medizinischen Dienst im ehemaligen Stammlager zusammenzuarbeiten. Einwohner von Peręba Wielka und Włosienica betreuten gemeinsam mit sowjetischen Ärzten und Sanitätern die ehemaligen Häftlinge des Nebenlagers Monowitz, die sie auch zusätzlich mit Lebensmitteln versorgten.

Die einander ablösenden sowjetischen Feldlazarette und das PCK-Lagerkrankenhaus arbeiteten eng zusammen. Die gegenseitige Verbindung wurde immer enger. In das Pflegepersonal mehrerer Blocks, die ausschließlich unter sowjetischer Verwaltung standen, wurden PCK-Schwestern aufgenommen. Mit der Zeit kam es häufiger zu Konsultationen zwischen sowjetischen und polnischen Ärzten und zu gemeinsamen Visiten. Das sowjetische und das polnische Personal vermischte sich, während die Form der Verwaltung der Krankenpflege geregelt wurde.

Die spezifischen Arbeitsbedingungen im ehemaligen Lager bereiteten dem sowjetischen medizinischen Dienst und den PCK-Freiwilligen viele Schwierigkeiten. Am schwierigsten war es in Birkenau. Um die Temperatur in den Baracken zu halten, mußte Tag und Nacht geheizt werden. Bevor die Fußböden aus Lehn gescheuert werden konnten, mußte man mit Spaten eine Schicht von Exkrementen der an Hungerdurchfall leidenden Kranken entfernen. Das Wasser, das u. a. zum Waschen der Kranken und zum Zubereiten der Mahlzeiten gebraucht wurde, holte man aus ferngelegenen Feuerlöschteichen und Brunnen, manchmal mußten auch Schneeklumpen geschmolzen werden. Da es an Sanitätern und Hilfskräften mangelte, war es unmöglich, unverzüglich alle vor den Baracken meist schon seit der Befreiung herumliegenden Leichen und schon gar nicht die fast überall anzutreffenden Exkremente und verschiedenen Abfälle fortzuräumen.

Bei der Behandlung der etwa 2200 kranken ehemaligen männlichen und weiblichen Häftlinge in Birkenau arbeiteten anfangs außer ein paar Ärzten und einigen Hilfskräften zwölf PCK-Schwestern. Auf jede entfielen also etwa 200 Kranke. Um ihren zahlreichen Pflichten nachkommen zu können, arbeiteten die einzelnen Mitglieder der PCK-Gruppe über 15 Stunden pro Tag, manchmal auch zwei oder drei Tage und Nächte ununterbrochen.

Da man unter den Bedingungen in Birkenau und Monowitz nicht die gewünschten Resultate bei der Krankenpflege erzielen konnte, wurden alle Kranken im Laufe mehrerer Wochen in die gemauerten Blocks des ehemaligen Stammlagers umgebettet. Unter großem Arbeitsaufwand paßten das Personal der sowjetischen Feldlazarette und die PCK-Freiwilligen die Blocks des ehemaligen Stammlagers den Krankenhausbedürfnissen an. Hunderte von bettlägrigen Kranken wurden von den vor Schmutz und Kot starrenden Pritschen in frisch gesäuberte Räume gebracht. Allmählich wurden verschiedene Schwierigkeiten überwunden, u. a. der Mangel an Arzneimitteln, der Mangel an bestimmten Lebensmitteln, Bettwäsche und Wasser. Mit der Zeit wurden im PCK-Krankenhaus Fachabteilungen eingerichtet, und zwar für Tuberkulose, innere Krankheiten und Chirurgie sowie eine Abteilung für Frauen, die an schweren psychoneurotischen Störungen litten.

Die besonderen Arbeitsbedingungen der PCK-Freiwilligen im ehemaligen Stammlager gibt u. a. der Bericht von Maria Rogoż wieder, einer ehemaligen freiwilligen PCK-Schwester, die im Februar zum erstenmal ihren Dienst in einem Saal mit 80 kranken ehemaligen weiblichen Häftlingen versah:

«Schon bei der ersten Nachtschicht starben elf Frauen im Saal. Die Leichen mußte ich allein von den Pritschen heben und auf den Flur tragen. Am frühen Morgen holten Sanitäter diese Leichen vom Flur ab. Die ganze Nacht hindurch rief man mich von allen Seiten im Saal: ‹Schwester! Schieber!› Die Kranken litten an Durchfall, d. h. an Hungerdurchfall. Immer wieder gab ich ihnen also die Schieber. Ich hatte niemanden zur Hilfe.»[3]

Die Patienten mußten erst allmählich ans Essen gewöhnt werden, das man ihnen fast wie Arzneimittel verabreichte, z. B. dreimal täglich einen Löffel Suppe aus geriebenen Kartoffeln und erst nach einiger Zeit jeweils mehrere Löffel Suppe. Noch Wochen nach der Befreiung fanden die Krankenschwestern unter den Strohsäcken und Matratzen Brot, das manche Kranke sich für den nächsten Tag aufhoben, weil sie nicht glauben konnten, daß sie bald eine neue Ration bekämen. Die durch den Aufenthalt im Lager bedingte Angst und die damit verbundenen Zwangsreaktionen waren bei den Kranken stärker als der Sinn für die Wirklichkeit. Aus diesem Grunde liefen viele Kranke auch davon, wenn

3 APMO, Zespół «Oświadczenia», Bd. 74, Bl. 175f

sie das Wort «Bad» hörten, und man mußte sie lange überzeugen, daß ihnen in dem Bad, in das sie jetzt gehen sollten, keine Gefahr drohe. Das Bad brachten sie immer noch mit der «Lagersauna» in Verbindung, wo bekanntlich Selektionen unter den Häftlingen durchgeführt worden waren, nach denen man die Arbeitsunfähigen in den Gaskammern getötet hatte. Ähnliche Reaktionen beobachteten die Krankenschwestern, wenn sie intravenöse und intramuskuläre Injektionen verabreichen sollten. Manche kranken weiblichen Häftlinge wehrten sich dagegen und ließen sich äußerst ungern mit Spritzen behandeln. Sie waren nämlich noch von der Angst vor dem «Phenol» beherrscht, d. h. vor Phenolspritzen, mit denen viele ihrer Leidensgefährtinnen im KZ Auschwitz getötet worden waren.

Unter der sorgsamen Betreuung der Ärzte, Krankenschwestern und Sanitäter konnten sich die Patienten allmählich von ihren im KZ Auschwitz anerzogenen Reflexen befreien. Der Einfluß der Lagererlebnisse auf ihr Seelenleben war jedoch verheerend. Zwei, drei Monate lang betreuten die Krankenschwestern und Sanitäter die Kranken in Tag- und Nachtschichten. Sie arbeiteten äußerst intensiv. Das Ausmaß der Pflichten überstieg jedoch ihre physischen Möglichkeiten. Unter diesen Umständen mußte ihre Hilfe für die Kranken also in manchen Fällen unzureichend und unregelmäßig sein. Die Lage verbesserte sich radikal im April und Mai, als sich die Arbeitsformen der sowjetischen Feldlazarette und des PCK-Lagerkrankenhauses stabilisiert hatten und achtstündige Wachen für die Krankenpfleger eingeführt werden konnten.

Zu unterstreichen ist die Aktivität, mit der sich mehr als 100 ehemalige männliche und weibliche Häftlinge an der Pflege ihrer Leidensgefährten in den sowjetischen Feldlazaretten und im PCK-Krankenhaus beteiligten. Obwohl ihr eigener Gesundheitszustand im allgemeinen schlecht war, übten sie die Funktionen von Ärzten, Schwestern, Pflegern und Sanitätern aus und setzten auf diese Weise die schon vor der Befreiung eingeleitete Selbsthilfeaktion fort. Zu ihnen gehörten u. a. Dr. Irena Konieczna aus Polen, Dr. Tibor Villányi aus Ungarn, Dr. Otto Wolken aus Österreich, Terezie Jírová aus der Tschechoslowakei und Aldo Ragazzi aus Italien.

Außer der ärztlichen Betreuung und Krankenpflege entwickelten sich auch andere Formen der Hilfe für die ehemaligen Häftlinge. Aufmerksamkeit verdienen hier u. a. die Vermittlerrolle des PCK beim Anknüpfen der Briefverbindung zwischen den ehemaligen Häftlingen und ihren Familien sowie die von der Verwaltung des PCK-Lagerkrankenhauses durchgeführte Mitteilungs- und Suchaktion, die in den folgenden Jahren von den PCK-Informationsbüros in Kraków und Warszawa und ab 1954 auch vom speziellen Informationsreferat beim Staatlichen Museum Auschwitz übernommen wurde.

Von nicht geringer Bedeutung für viele kranke ehemalige Häftlinge war die Hilfe, die ihnen von ortsansässigen katholischen Geistlichen erteilt wurde, u. a. von Pfarrer Jan Skarbek aus Oświęcim und Priester Stanisław Rokita (Leiter der Ausbildungsanstalt der Salesianer in Oświęcim), der erste Kaplan im ehemaligen Lager nach der Befreiung. Diese Hilfe trug sowohl moralischen als auch materiellen Charakter.

Die meisten ehemaligen Häftlinge verließen die sowjetischen Feldlazarette und das PCK-Lagerkrankenhaus bereits drei bis vier Monate nach der Befreiung. Manche brachen auf eigene Faust in ihre Wohnorte und Heimatländer auf, andere fuhren mit Transporten, die von den sowjetischen Militärbehörden organisiert wurden. Obwohl es an Kraftfahrzeugen mangelte, wurden von Mitte Februar bis Juli einige Dutzend Transporte zusammengestellt und abgefertigt. Hunderte ehemalige Häftlinge, die aus dem Ausland stammten, wurden zu den Repatriierungssammelstellen in Katowice, Bielsko und Kraków gebracht. Viele von ihnen fanden ebenso wie ihre Lagergefährten, die Auschwitz unmittelbar nach der Befreiung verlassen hatten, Unterkunft in verschiedenen Heimen sowie in Sanitäts- und Verpflegungsstellen, die von polnischen Institutionen und sozialen Organisationen, u. a. in Kraków, eingerichtet worden waren.

Einwohner von Oświęcim, Brzeszcze und Umgebung wirkten nicht nur bei der Hilfsaktion für die Kranken im ehemaligen Lager mit, sondern nahmen auch weit über 100 Kranke aus dem Lager in kleinen Krankenhäusern in Oświęcim und Brzeszcze auf, die sie selbst eingerichtet hatten.

Die am 5. Februar 1945 in Oświęcim gebildete PCK-Abteilung, die fast vom Anbeginn ihrer Tätigkeit an etwa 70 Mitglieder zählte, stand bei der Hilfsaktion für die ehemaligen Häftlinge in engem Kontakt zum PCK-Lagerkrankenhaus und zu den sowjetischen Militärbehörden. Die einzelnen Fragen wurden gewöhnlich vom Vorsitzenden der PCK-Abteilungsverwaltung Alojzy Etgens und dem Vorstandsmitglied Antoni Leśniak mit der Leitung des PCK-Lagerkrankenhauses und den sowjetischen Militärbehörden abgesprochen. Nach einem beiderseitigen Übereinkommen setzte die Abteilung bei den schwersten und schmutzigsten Arbeiten im befreiten Lager Freiwilligengruppen ein, die als Sanitätsbrigaden bezeichnet wurden. In ihre direkte Obhut nahm die PCK-Abteilung mindestens mehrere Dutzend kranke ehemalige Häftlinge, die in einem von ihr eingerichteten Krankenhaus untergebracht wurden. Die freiwillige ärztliche Betreuung dieser Kranken übernahmen die ortsansässigen Ärzte, u. a. Tadeusz Müller und Bogumił Pietrzyk.

Viele kranke ehemalige Häftlinge wurden auch von den Nonnen des Seraph-Klosters in Oświęcim betreut, die ihnen Unterkunft gewährten.

Eine ähnliche Rolle wie die PCK-Abteilung in Oświęcim spielte bei der Hilfsaktion für die ehemaligen Häftlinge des KZ Auschwitz auch der PCK-Zirkel in Brzeszcze, der nach der Befreiung spontan reaktiviert wurde. In dem von ihm eingerichteten Krankenhaus betreuten PCK-Mitglieder des Zirkels u. a. 23 ehemalige weibliche Häftlinge mit 24 Kindern, darunter auch Säuglinge, sowie eine Gruppe ehemaliger männlicher Häftlinge, die an Lungentuberkulose litten. Das Krankenhaus wurde von Dr. Jozef Sierankiewicz, Jan Drzewiecki und Ernest Friebe geleitet. Anna Krotosz, eine der Krankenschwestern, steckte sich bei ihrer Arbeit in der Tuberkuloseabteilung an und starb bald darauf. Die selbstlose Versorgung mit Arzneimitteln hatte das Krankenhaus in erster Linie der Besitzerin der örtlichen Apotheke, Maria Bobrzecka zu verdanken, die noch kurz zuvor äußerst aktiv bei der in der Nähe des Lagers organisierten konspirativen Hilfsaktion für die Häftlinge von Auschwitz mitgewirkt hatte. Der PCK-Zirkel in Brzeszcze nahm auch 66 ehemalige Häftlinge, die aus dem Auschwitzer Nebenlager Jawischowitz befreit worden waren, in seine Obhut, und 7–8 ehemaligen weiblichen Häftlingen aus Birkenau, derer sich die Einwohner des benachbarten Dorfes Wola angenommen hatten, leistete er ärztliche und pflegerische Hilfe. In Absprache mit dem PCK-Zirkel pflegten auch einige ortsansässige Familien ehemalige Häftlinge in ihren Häusern.

Ähnlich wie in Brzeszcze nahmen auch einige Einwohner von Oświécim und anderen Ortschaften der Umgebung (z. B. von Poręba Wielka) sowie von Kraków viele ehemalige Häftlinge auf und betreuten sie oft wochen- oder sogar monatelang in ihren Häusern. Darüber hinaus wurden sowohl offiziell als auch spontan Lebensmittel für die ehemaligen Häftlinge gesammelt.

Besondere Aussage hat die Tatsache, daß Einwohner von Oświęcim und Brzeszcze eine Reihe von Kindern aus dem Lager Birkenau aufnahmen und betreuten. In vielen Fällen wurden diese Kinder nach einiger Zeit von ihnen adoptiert. Manchen Kindern, die Lagerhäftlinge gewesen waren, gelang es nach langjährigem Suchen, ihre nächsten Verwandten wiederzufinden.

Die Aufopferung, mit der die PCK-Freiwilligen in den Krankenhäusern für die befreiten Häftlinge aus Auschwitz sorgten, erweckte die Anerkennung nicht nur der ehemaligen Häftlinge, sondern auch der sowjetischen Ärzte. Über die Ergebnisse ihrer Arbeit entschied zweifellos die Tatsache, daß die meisten von ihnen vor der Befreiung in der antifaschistischen Widerstandsbewegung tätig gewesen waren, wo sich ihre besonderen persönlichen Charakterzüge herausgebildet oder gefestigt hatten. Den Eifer, mit dem sie die extremen Schwierigkeiten in der Widerstandsbewegung bezwungen hatten, übertrugen sie auf das befreite Lager und die Krankenhäuser in Oświęcim und Brzeszcze. Mit seiner Arbeit unter den Bedingungen der soeben wiedererlangten Freiheit krönte das Personal des PCK-Lagerkrankenhauses, der PCK-Abteilung in Oświęcim und des PCK-Zirkels in Brzeszcze die fünfjährige Hilfstätigkeit für die Häftlinge von Auschwitz, die die in der Nähe des Lagers, bei Oświęcim, in Kraków und in Górny Śląsk wirkenden konspirativen Zentren entfaltet hatten.

Die Unterbringung von mehreren Tausend befreiten Häftlingen des KZ Auschwitz im Januar und Februar 1945 in Krankenhäusern war nicht der erste Fall dieser Art in der Geschichte der Konzentrationslager. Schon früher waren z. B. die befreiten Häftlinge des Konzentrationslagers Majdanek in Krankenhäusern untergebracht worden. Viele andere Krankenhäuser für befreite Häftlinge von Konzentrationslagern (z. B. von Bergen-Belsen, Buchenwald und Mauthausen) wurden später, d. h. in den letzten Monaten des Krieges, auch von Militärbehörden der Alliierten und Organisationen des Roten Kreuzes eingerichtet. In all diesen Krankenhäusern kam es zu einer einzigartigen Konfrontation zwischen der Medizin und einer in solchem Ausmaß bisher nicht aufgetretenen Kategorie von Kranken, wie sie die extrem ausgehungerten und in physischer und psychischer Hinsicht entkräfteten ehemaligen Häftlinge darstellten. Die Behandlung dieser Kranken trug fast überall Pioniercharakter. Man könnte auch eine Reihe anderer Merkmale anführen, die den einzelnen Krankenhäusern gemeinsam waren, doch bedeutet das nicht, daß das Kollektiv der sowjetischen und polnischen Krankenhäuser im ehemaligen KZ Auschwitz und in der Umgebung nur ein Bestandteil der allgemeinen Hilfsaktion für die ehemaligen Häftlinge der Konzentrationslager gewesen wäre, das sich nicht besonders auszeichnete. Dieses Kollektiv war in so mancher Hinsicht einmalig. Diese Einmaligkeit ergab sich vor allem aus den schwierigen frontnahen Bedingungen, unter denen es die Behandlung einer großen, mehrere Tausend Menschen zählenden Gruppe ehemaliger Häftlinge übernahm. Das Ausmaß der Schwierigkeiten, die die sowjetischen Ärzte und PCK-Freiwilligen im Januar, Februar und März 1945 in Auschwitz und Birkenau zu überwinden hatten, war zweifellos viel größer als in den Krankenhäusern, die in den letzten Wochen des Krieges für ehemalige Häftlinge von Konzentrationslagern organisert wurden. Unter diesem Aspekt sind die Anstrengungen und die Opferbereitschaft der 200–300 Mitglieder des Personals der Krankenhäuser in Oświęcim, Brzezinka und Brzeszcze sowie vieler anderer Personen zu beurteilen, denen es zu verdanken ist, daß mehrere Tausend anfänglich schwerkranke ehemalige Häftlinge des KZ Auschwitz nach verhältnismäßig kurzer Behandlung in ihre Wohnorte und Heimatländer zurückkehren konnten.

Bemerkenswert sind die Aufrufe, mit denen sich die ehemaligen Häftlinge von Auschwitz, die auch die ersten Monate nach der Befreiung dort verbrachten, an die Weltöffentlichkeit wandten und in denen sie die hitlerfaschistischen Verbrechen verurteilten, vor der Gefahr der Wiederholung dieser Verbrechen warnten und zum Kampf gegen diese Gefahr aufriefen. Bekannt sind drei solche Resolutionen. Eine davon wurde von einer 100köpfigen Gruppe von Jugoslawen an die jugoslawische Gesandtschaft in Moskau gerichtet. Die zweite leiteten französische Kommunisten dem Zentralkomitee der Französischen Kommunistischen Partei zu. Die dritte Resolution wurde Anfang März einer in Oświęcim weilenden Delegation der sowjetischen Regierung überreicht. Unterzeichnet war sie von 27 Personen – Professoren, Ärzten, Ingenieuren, Rechtsanwälten, Studenten und anderen Vertretern der Intelligenz aus verschiedenen Ländern. Sich an die Weltöffentlichkeit wendend, erklärten sie:

«Wir, die Endunterzeichneten, die wir durch die Rote Armee von der blutigen Herrschaft der Nazis befreit wurden, klagen vor der Weltgemeinschaft die deutsche Regierung unter Führung Adolf Hitlers der größten Massenmorde und Greueltaten in der Geschichte der Menschheit an . . .

Wir wenden uns an die Weltgemeinschaft mit der Bitte, das Schicksal von Millionen verschollenen Menschen verschiedener Nationalität zu ermitteln und die noch in Nazideutschland in Gefangenschaft befindlichen Häftlinge zu retten . . .

Im Namen der Humanität bitten wir, alles nur mögliche zu tun, damit sich die Verbrechen, die die Nazis begangen haben, in Zukunft nicht wiederholen und damit das Blut der unschuldigen Opfer nicht umsonst vergossen worden ist.

Zusammen mit etwa 10000 Häftlingen verschiedener Nationalität bitten wir, die hitlerfaschistischen Verbrechen nicht ungestraft zu lassen.

Als befreite Häftlinge verdanken wir unser Leben der heldenhaften Roten Armee und bitten die Weltgemeinschaft und alle Regierungen, dies zur Kenntnis zu nehmen und in unserem Namen zu danken.

Häftlinge des KZ Auschwitz»[4]

Die Befreiung von Oświęcim am 27. Januar 1945 durch Abteilungen der Sowjetarmee setzte dem KZ Auschwitz als größtem nationalsozialistischem Konzentrationslager und Vernichtungszentrum ein Ende und brachte etwa 7000 im Lager zurückgelassenen kranken Häftlingen die Freiheit. Für die große Schar der schon früher ins Dritte Reich evakuierten Häftlinge von Auschwitz aber bedeutete sie die Ankündigung der nahenden Freiheit.

Der 27. Januar 1945 schloß jedoch die Geschichte des KZ Auschwitz nicht ab. Dieses Lager hat vieles hinterlassen, was bis auf den heutigen Tag sowohl im materiellen als auch im politisch-weltanschaulichen Bereich in verschiedenen Formen in Erscheinung tritt. Geblieben sind die Zeugen der hitlerfaschistischen Verbrechen in Auschwitz – die ehemali-

4 Aufruf einer Gruppe ehemaliger Häftlinge vom 4. März 1945. APMO, Mat. oboz. Ruchu Oporu (Dokumente der Lagerwiderstandsbewegung), Bd. III, Sign. Mat./29–30; Bd. XXIII, Sign. Mat./459

gen Häftlinge. Die Berichte über diese Verbrechen erschütterten die Weltöffentlichkeit. Für die Welt wurde Auschwitz zum Symbol des Hitlerfaschismus. Im Raum Oświęcim und überall dort, wohin ehemalige Auschwitz-Häftlinge gelangten und Menschen von der Kriegsgeschichte der Stadt Oświęcim erschüttert wurden, entwickelte sich eine gesellschaftliche Bewegung, die man als «Auschwitz-Bewegung» bezeichnen kann. Diese Bewegung wurde u. a. durch die Ereignisse eingeleitet, die sich in den ersten Monaten nach der Befreiung im ehemaligen KZ Auschwitz abgespielt haben.

Mit der Ende Januar, Anfang Februar 1945 vom sowjetischen medizinischen Militärdienst, von den polnischen Behörden und dem PCK-Aktiv unternommenen Hilfsaktion für die befreiten Häftlinge des KZ Auschwitz nahmen die bis heute von verschiedenen Einrichtungen organisierten medizinischen Hilfsmaßnahmen für die ehemaligen Häftlinge ihren Anfang. Der Gesundheitszustand der ehemaligen Häftlinge von Auschwitz wurde ähnlich wie der Gesundheitszustand der ehemaligen Häftlinge anderer Konzentrationslager von vielen Ärzten in verschiedenen Ländern Europas untersucht. Im Ergebnis dieser Untersuchungen wurde eine neue Krankheit unter dem Namen «KZ-Syndrom» in das internationale Krankheitsregister eingetragen. Große Bedeutung gewann gleichzeitig die Entschädigung der ehemaligen Häftlinge für die von ihnen erlittenen gesundheitlichen Schäden und materiellen Verluste.

Eine nicht unerhebliche Rollen spielen in der «Auschwitz-Bewegung» auf polnischem Boden seit Jahren die Vereinigungen ehemaliger Häftlinge von Auschwitz, die sog. Auschwitz-Klubs, die bei regionalen Ausschüssen des Bundes der Kämpfer um Freiheit und Demokratie, ZBoWiD, wirken, und weltweit das Internationale Auschwitz-Komitee.

Die Geschichte der «Auschwitz-Bewegung» stellt einen integralen Abschluß der Geschichte des KZ Auschwitz dar. Sie zeugt von der Erschütterung, die das Bestehen des KZ Auschwitz in der Welt hervorgerufen hat, und von den unermeßlichen Tragödien, die dieses Lager verursacht hat. Sie verdient also vollauf die Aufmerksamkeit künftiger Forscher. Zweifellos werden viele von ihnen mit ihren Untersuchungen das Ziel verfolgen, die Bedeutung der «Auschwitz-Bewegung» für die Weltfriedensbewegung zu veranschaulichen.

Kazimierz Smoleń

Bestrafung der Verbrecher von Auschwitz

1. Rechtsgrundlagen der Verfolgung und Bestrafung von Kriegsverbrechern

Ganz bestimmt wird sich dem Leser die Frage aufdrängen, ob und in welchem Maße die im Konzentrationslager Auschwitz verübten Verbrechen geahndet worden sind. Jeder wird auch eine Antwort auf die Frage verlangen, ob die Repressalien gegenüber den Kriegsverbrechern den Charakter von Rache hatten oder ob ihre Bestrafung unter Wahrnehmung aller Grundsätze der Gerechtigkeit erfolgt ist.

Bevor diese Frage beantwortet wird, erscheint es zweckmäßig, die Aufmerksamkeit auf einige Probleme zu lenken, und zwar: Gab es bereits vorher Versuche, Kriegsverbrecher zu bestrafen, und mit welchen Ergebnissen? In welchem Maße ist eine Bestrafung dieser Verbrecher nach gültigen Gesetzen und internationalen Gepflogenheiten überhaupt möglich? Haben die Erfahrungen des Ersten Weltkriegs die Politik der Alliierten während des Zweiten Weltkriegs beeinflußt? Und welche Mittel haben die Alliierten eingesetzt, um dieses Problem im internationalen Maßstab zu lösen? Es scheint auch notwendig zu sein, den Einfluß verschiedener internationaler Gesetzesvorschriften auf das Strafrecht in einzelnen Ländern darzulegen, unter besonderer Berücksichtigung Polens. Unter diesem Aspekt ist auch die Rolle Polens im Bereich konsequenter Rechtshilfe im internationalen Maßstab hervorzuheben.

Jedes dieser Probleme hat seinen Niederschlag in zahlreichen Werken der Fachliteratur gefunden, die in vielen Ländern und verschiedenen Sprachfassungen veröffentlicht worden sind. Von diesem umfangreichen und komplizierten Material werden hier nur die wesentlichsten und das Problem der Bestrafung der Verbrecher von Auschwitz direkt oder indirekt betreffenden Fragen behandelt.

Das Problem einer internationalen Bestrafung von Kriegsverbrechern tauchte zum erstenmal in den Bestimmungen des nach dem Ersten Weltkrieg 1919 abgeschlossenen Versailler Vertrages auf. In Teil VII dieses Vertrages – «Strafbestimmung» – wurde der deutsche Kaiser Wilhelm II. in Artikel 227 «. . . wegen schwerster Verletzung des internationalen Sittengesetzes und der Heiligkeit der Verträge . . .» angeklagt, und in

Artikel 228 wurde die Eröffnung eines Verfahrens gegen Personen bestimmt, ». . . die wegen eines Verstoßes gegen die Gesetze und Gebräuche des Krieges . . .» – wie in der Haager Konvention IV aus dem Jahr 1907 enthalten – beschuldigt waren. Nach der Pariser Friedenskonferenz von 1919 beschäftigte sich eine Sonderkommission für Angelegenheiten von Kriegsverbrechern – auch «Kommission der Fünfzehn» genannt – mit der Präszisierung von Vorschriften dieser Konvention, mit der Definition von Kriegsverbrechen und der Präzisierung von Sanktionen für Verübte Kriegsverbrechen.[1] Auf Grund dieser Beschlüsse sollte ein interalliiertes «Hohes Tribunal» gebildet werden.

Diese Beschlüsse wurden in der Praxis nie verwirklicht, denn Deutschland, das an der Verschleierung der begangenen Kriegsverbrechen interessiert war, setzte seine eigene Justiz in Bewegung, noch bevor ein interalliiertes Gerichtswesen gebildet werden konnte. Das Reichsgericht in Leipzig lehnte es ab, etwa 900 Verbrecher (darunter die Oberbefehlshaber Paul von Hindenburg, Erich Ludendorff, August von Mackensen, Alfred von Tirpitz und andere) auszuliefern. Es reduzierte die Anzahl deutscher Kriegsverbrecher auf 45, unter denen sich nur Offiziere niederen Ranges und Unteroffiziere befanden.

Von diesen 45 Angeklagten wurden nur 9 verurteilt, davon nicht ein einziger zum Tode. Ein Teil der Kriegsverbrecher wurde gar nicht verhaftet, und Kaiser Wilhelm II., der sich vor einem internationalen Sondertribunal von fünf Richtern aus den Vereinigten Staaten, Großbritannien, Frankreich, Italien und Japan verantworten sollte, entging der Strafverfolgung, indem er von dem ihm von Holland gewährten Asylrecht in der Stadt Doorn Gebrauch machte, wo er sich nach Beendigung des Krieges aufhielt. Die alliierten Mächte verlangten in einer vom französischen Premierminister Clemenceau unterzeichneten Note vom 16. Januar 1920 von Holland die Auslieferung des Kaisers Wilhelm II., die holländische Regierung lehnte diese Forderung jedoch ab.

Eine Kommission alliierter Juristen untersuchte die Resultate der Tätigkeit des Reichsgerichts in Leipzig und stellte fest, daß die meisten Angeklagten freigesprochen worden waren oder daß das Verfahren gegen sie eingestellt wurde. Die Tätigkeit dieses Tribunals wurde als »Leipziger Farce» bezeichnet. Die Angeklagten verließen den Gerichtssaal als nationale Helden mit einer Erfahrung, die ihnen in Zukunft zugute kommen sollte.

Das ungeheure Ausmaß der Kriegsverbrechen, die durch das Dritte

1 Alfons Klafkowski, «Scignanie zbrodniarzy wojennych w Niemieckiej Republice Federalnej w świetle prawa międzynarodowego» (Verfolgung von Kriegsverbrechern in der Bundesrepublik Deutschland auf Grund des Völkerrechts), (weitere Zitate: «Verfolgung von Kriegsverbrechern . . .»), Poznań 1968, S. 49, Anm. 20

Reich im Zweiten Weltkrieg verübt worden waren, steigerte die Notwendigkeit, neue völkerrechtliche Vorschriften auszuarbeiten, die auf Grund der bestehenden und verbindlichen Haager Konvention IV aus dem Jahr 1907 (ratifiziert durch alle kriegführenden Staaten, darunter auch die Achsenmächte) eine gerechte Bestrafung von Kriegsverbrechern gestatten würden. Ausmaß und Art der verübten Kriegsverbrechen waren der Grund dafür, daß «als die internationale Gemeinschaft und das sie regierende Völkerrecht von Verfall bedroht waren, die führenden Mächte der Alliierten Anstrengungen unternahmen, die auf eine Wiederherstellung und Einhaltung des Völkerrechtes abzielten»[2], insbesondere, um die Rechtsgrundsätze, die in der Haager Konvention enthalten sind, zu vervollständigen.

Die polnische Widerstandsbewegung informierte die polnische Exilregierung in London über die von den Hitlerfaschisten begangenen Verbrechen und veranlaßte so – noch während des Krieges – verschiedene internationale Initiativen und rege diplomatische Tätigkeit zwecks Verfolgung und Bestrafung von Kriegsverbrechern. Aufrufe, diplomatische Noten, Regierungserklärungen, Deklarationen, Verträge sowie verschiedene wissenschaftliche Abhandlungen wurden zur Grundlager einer intensiven Weiterentwicklung des Völkerrechts in bezug auf Festlegungen über die Art der Verfolgung von Kriegsverbrechern, die Ausarbeitung von Prozeßordnungen, die Festlegung eines entsprechenden Strafmaßes für die Schuldigen.

Bereits im April 1940 erschien der Aufruf «An das Gewissen der Welt», unterzeichnet von den Regierungen Großbritanniens, Frankreichs und Polens, in dem «die drei unterzeichneten Regierungen feststellten, daß sie zutiefst erschüttert sind über die Verbrechen, die deutsche Behörden und Besatzungsstreitkräfte in Polen verüben». In diesem Dokument, das auf polnische Initiative entstand, wurde erneut die Verantwortung Deutschlands für dieses Verbrechen festgestellt und der Beschluß gefaßt, das dem polnischen Volk angetane Unrecht wiedergutzumachen.

Da die Alliierten vor allem mit dem Verlauf des Krieges beschäftigt waren, wurden in den folgenden anderthalb Jahren keine wichtigeren Schritte in dieser Richtung unternommen. Erst am 25. Oktober 1941 wurden fast gleichzeitig durch Roosevelt und Churchill zwei Erklärungen veröffentlicht. Der Präsident der Vereinigten Staaten stellte fest, durch Terror könnte man nie Frieden in Europa erreichen, Terror säe nur Haß, der später eine schreckliche Strafe nach sich ziehe. Der Premierminister Großbritanniens dagegen erklärte, die in den besetzten Ländern verübten schrecklichen Verbrechen, insbesondere in den durch den Krieg heimgesuchten Gebieten der Sowjetunion, überträfen alles,

2 ebenda, S. 49

was aus düstersten und bestialischsten Epochen der Menschheit überliefert sei.

Noch deutlicher wurden diese Tatsachen in den Noten der Sowjetregierung vom 25. November 1941 und 6. Januar 1942 «an alle Regierungen, mit denen die Sowjetunion diplomatische Beziehungen unterhält» formuliert. Darin wurde auf Verbrechen hingewiesen, die an Kriegsgefangenen der Roten Armee verübt wurden, und festgestellt, daß «die Gefangenen mit glühendem Eisen gefoltert werden, daß man ihnen die Augen aussticht, Hände und Füße, Ohren und Nasen abschneidet, den Bauch aufschlitzt, sie an Panzer kettet und zermalmt». Mit der Verantwortung für diese unmenschlichen Taten deutscher Militär- und Zivilbehörden belastete die Sowjetunion die verbrecherische Regierung des nationalsozialistischen Dritten Reiches.

Eines der ersten juristischen Gremien, das sich mit Fragen der Bestrafung von Kriegsverbrechern beschäftigte, war die Internationale Kommission für Rekonstruktion und Entwicklung des Strafrechts, die 1940 in Cambridge zusammentrat. Mitglieder dieser Kommission waren hervorragende Juristen, Hauptziel der Kommission waren Überlegungen zu Möglichkeiten, Grundsätze zur Verfolgung von Kriegsverbrechen auszuarbeiten, eine Definition dieser Verbrechen aufzustellen sowie Richtlinien für die Anwendung von Strafen durch künftige Gerichte festzulegen. Unter vielen anderen Grundsätzen legte die Kommission fest, ein Kriegsverbrecher solle sowohl nach dem Völkerrecht als auch auf Grund von Vorschriften jenes Strafrechtes abgeurteilt werden, das für das Gebiet, in dem die Kriegsverbrechen begangen wurden, gültig ist. Wichtige Arbeit in dieser Beziehung leistete auch ein anderes juristisches Gremium, die sogenannte «London International Assembly». Beide Gremien hatten jedoch keinen offiziellen Charakter. Die Ergebnisse ihrer Tätigkeit, teilweise sogar in Form von Gesetzentwürfen, wurden der «Kommission für Kriegsverbrechen der Alliierten» (United Nations War Crimes Commission) übergeben, die am 20. November 1943 zum erstenmal zusammentrat. Diese Kommission sammelte Beweise für Kriegsverbrechen, stellte Listen von Kriegsverbrechern zusammen und arbeitete Grundsätze aus, die eine wirksame Strafverfolgung garantierten. Die reguläre Tätigkeit dieser Kommission – in deren Rahmen sogenannte «nationale Ämter» gebildet wurden – begann im Januar 1944. Als eines der ersten entstand auch das Polnische Amt.[3]

Das erste Dokument der Alliierten zur strafrechtlichen Verantwortung für Kriegsverbrechen war die «Deklaration der von Deutschland

3 Tadeusz Cyprian und Jerzy Sawicki, «Komisja Zjednoczonych Narodów do Spraw Zbrodni Wojennych», in «Wojskowy Przegląd Prawniczy» (Kommission der Vereinten Nationen für Fragen der Kriegsverbrechen, in Militärische Juristische Umschau, 1947, Nr. 4, S. 404–413

besetzten alliierten Länder» vom 13. Januar 1942, die nach einer Londoner Konferenz veröffentlicht wurde, die auf Initiative Polens und der Tschechoslowakei einberufen worden war und bei der der polnische Premierminister, General Władysław Sikorski, den Vorsitz führte. Diese Deklaration enthielt die Forderung nach Bestrafung von Schuldigen, die die Grundsätze des Völkerrechts verletzt hatten. Weiterhin wurde in der Deklaration festgestellt, eines der Hauptziele nach dem Krieg bestehe darin, «Personen, die Verbrechen begangen haben und die dafür verantwortlich sind – unabhängig davon, ob diese Verbrechen auf ihren Befehl, von ihnen persönlich oder durch ihre Teilnahme in irgendeiner Form» begangen worden sind – durch ein organisiertes Gerichtswesen zu bestrafen. Die Deklaration enthielt gleichzeitig die Ankündigung, einen internationalen Mechanismus zur Auslieferung von Kriegsverbrechern zu begründen.

Diese Deklaration hatte nicht nur weitgehende diplomatische, sondern auch juristische Bedeutung. Die Regierungen der besetzten Länder (Polen, die Tschechoslowakei, Belgien, Frankreich, Griechenland, Luxemburg, Holland, Norwegen und Jugoslawien) sowie zu dieser Londoner Konferenz geladene Vertreter der Großmächte (Großbritanniens, der Sowjetunion, der Vereinigten Staaten und Chinas) hatten einen einheitlichen Standpunkt vereinbart. Seitdem kam es zu mehreren Gemeinschaftsaktionen der erwähnten Staaten, deren Ziel es war, Grundsätze für die Strafverfolgung von Kriegsverbrechern auszuarbeiten, ihre Verurteilung zu bewirken sowie darüber zu wachen, daß die Urteile vollstreckt würden. Es kam zu einem umfangreichen Austausch von Noten, in denen die verbrecherische Tätigkeit der Reichsbehörden in den besetzten Gebieten beschrieben wurde. Präsident Roosevelt gab am 7. Oktober 1942 erneut eine Erklärung ab, in der er versicherte, faschistische Kriegsverbrecher würden durch die Vereinigten Staaten verfolgt werden.

Ein Völkerrechtsdokument von großer Bedeutung war die Moskauer Deklaration über Kriegsverbrechen, die am 30. Oktober 1943 gemeinsam von der Sowjetunion, Großbritannien und den Vereinigten Staaten im Namen von 32 Staaten – Mitglieder der großen Koalition – veröffentlich wurde. In dieser Deklaration wurde u. a. festgestellt:

«. . . Sobald irgendeiner in Deutschland gebildeten Regierung ein Waffenstillstand gewährt werden wird, werden jene deutschen Offiziere, Soldaten und Mitglieder der Nazipartei, die für die obigen Grausamkeiten, Massaker und Exekutionen verantwortlich gewesen sind oder an ihnen zustimmend teilgehabt haben, nach den Ländern zurückgeschickt werden, in denen ihre abscheulichen Taten ausgeübt wurden, um gemäß den Gesetzen dieser befreiten Länder und der freien Regierungen, welche darin errichtet werden, vor Gericht gestellt und bestraft zu werden. Von allen diesen Ländern werden Listen mit allen möglichen Einzelheiten aufgestellt werden . . .»

In dieser Deklaration wurde auch festgestellt, daß alle Kriegsverbrecher grundsätzlich an jene Länder ausgeliefert werden, auf deren Gebiet sie ihre Verbrechen begangen haben, und daß nur die sogenannten Hauptkriegsverbrecher, deren Tätigkeit sich nicht auf ein geographisch genau begrenztes Territorium beschränkte (d. h. die auf den Territorien verschiedener Staaten tätig waren oder Anordnungen für verschiedene oder alle besetzten Gebiete erlassen haben) auf Grund eines gemeinsamen Beschlusses der Alliierten bestraft werden. Die Deklaration enthielt außerdem die Warnung, daß die drei alliierten Großmächte mit größter Sicherheit Kriegsverbrecher auch in den entlegensten Winkeln der Welt verfolgen und sie ihren Anklägern ausliefern würden, damit der Gerechtigkeit Genüge getan werde.

Der Inhalt dieser Deklaration hatte großen Einfluß auf das Dekret vom 22. Januar 1946 über die Berufung des Obersten Nationalgerichtshofs in Polen sowie den Beschluß des Obersten Gerichts in Polen über Anwendung des Dekrets vom 31. August 1944 über die Strafverfolgung von hitlerfaschistischen Kriegsverbrechern und Verrätern am polnischen Volk.

In der am 11. Februar 1945 auf der Konferenz der Großmächte in Jalta (auch Krimkonferenz genannt) angenommenen Deklaration über Deutschland wurde daran erinnert, daß die Alliierten beschlossen hatten, «. . . alle Kriegsverbrecher vor Gericht zu bringen und einer schnellen Bestrafung zuzuführen sowie eine genaue, durch Leistung von Sachwerten erfolgende Wiedergutmachung der von den Deutschen verursachten Zerstörungen zu bewirken . . .» Außerdem enthielt diese Deklaration Beschlüsse über die Notwendigkeit einer vollständigen Ausrottung von Nationalsozialismus und deutschem Militarismus, um sicher zu gehen, daß Deutschland nic wieder den Frieden und die Sicherheit der ganzen Welt gefährden könne.

Das Problem der Bestrafung von Kriegsverbrechern ist auch Gegenstand des Potsdamer Abkommens vom 2. August 1945. In Kapitel VII unter dem Titel «Kriegsverbrecher» sowie in Kapitel III (Artikel 5) des Potsdamer Abkommens ist folgende Bestimmung enthalten:

«. . . Kriegsverbrecher und alle diejenigen, die an der Planung oder Verwirklichung nazistischer Maßnahmen, die Greuel oder Kriegsverbrechen nach sich zogen oder als Ergebnis hatten, teilgenommen haben, sind zu verhaften und dem Gericht zu übergeben. Nazistische Parteiführer, einflußreiche Nazianhänger und die Leiter der nazistischen Ämter und Organisationen und alle anderen Personen, die für die Besetzung und ihre Ziele gefährlich sind, sind zu verhaften und zu internieren . . .»

2. Der Internationale Militärgerichtshof

Wenige Tage nach Unterzeichnung des Potsdamer Abkommens wurde am 8. August 1945 in London durch die vier Großmächte und später durch weitere 19 Staaten, Mitglieder der Vereinten Nationen, ein «Abkommen zwischen . . . über die Verfolgung und Bestrafung der Hauptkriegsverbrecher der Europäischen Achse» unterzeichnet. Diese Vereinbarung war dem Statut für den Internationalen Militärgerichtshof als integraler Bestandteil beigefügt.

Die Londoner Vereinbarung berief sich auf Bestimmungen der Moskauer Deklaration und enthielt sieben Grundsatzartikel. Artikel I betraf die Gründung eines «Internationalen Militärgerichtshofs» zur Aburteilung von Kriegsverbrechern, deren Taten sich nicht auf einen spezifisch benannten Ort beschränkten, unabhängig davon, ob sie persönlich beziehungsweise als Mitglieder von Organisationen und Gruppen oder aber in einem als auch im anderen Fall angeklagt waren. In Artikel III wurde festgestellt, daß jeder Unterzeichner alle erforderlichen Schritte unternehmen werde, um die Hauptkriegsverbrecher, die sich in seinem Gewahrsam befanden, dem Internationalen Militärgerichtshof zwecks Untersuchung der Anschuldigung zur Verfügung und zur Aburteilung zu überstellen. Die Unterzeichner verpflichteten sich außerdem, alles in ihrer Macht Stehende zu tun, um diejenigen Hauptkriegsverbrecher, die sich nicht auf dem Gebiet eines der Signatarstaaten befanden, dem Internationalen Militärgerichtshof zwecks Untersuchung der Anschuldigung und zur Aburteilung zuzuführen. Artikel IV enthielt die Feststellung, diese Vereinbarung verletze in keiner Weise die Bestimmungen der Moskauer Deklaration über die Auslieferung von Kriegsverbrechern an jene Länder, auf deren Gebiet sie ihre Verbrechen begangen hatten.

Das Statut für den Internationalen Militärgerichtshof war integraler Teil der Londoner Vereinbarung. Es enthielt 30 Artikel in sieben Kapiteln. Es beschrieb u. a. Verfassung, Kompetenzen und Rechte des Militärgerichtshofs. In Kapitel II (Artikel 6) wurden drei Arten von Verbrechen aufgezählt, die der Rechtsprechung des Militärgerichtshofs unterstanden und persönliche Verantwortung nach sich zogen. Es waren dies:

«a) Verbrechen gegen den Frieden, nämlich Planung, Vorbereitung, Einleitung oder Durchführung eines Angriffskrieges oder eines Krieges unter Verletzung internationaler Verträge, Abkommen oder Zusicherungen oder Beteiligung an einem gemeinsamen Plan oder an einer Verschwörung zur Ausführung einer der vorgenannten Handlungen;

b) Kriegsverbrechen, nämlich Verletzung der Kriegsgesetze oder -gebräuche; zu solchen Verletzungen gehören – ohne jedoch darauf beschränkt zu sein – Mord, Mißhandlung oder Deportation zur Sklavenarbeit oder für irgendeinen anderen Zweck von Angehörigen der Zivilbevölkerung von oder in besetzten Gebieten, Mord oder Mißhandlung von Kriegsgefangenen oder Personen auf hoher See, Töten von Geiseln, Plünderung öffentlichen oder privaten Eigentums, die mutwillige Zerstörung von Städten, Märkten oder Dörfern und jede nicht durch militärische Notwendigkeit gerechtfertigte Verwüstung;

c) Verbrechen gegen die Menschlichkeit, nämlich Mord, Ausrottung, Versklavung, Deportation oder andere unmenschliche Handlungen, begangen an irgendeiner Zivilbevölkerung vor oder während des Krieges, Verfolgung aus politischen, rassischen oder religiösen Gründen, begangen in Ausführung eines Verbrechens oder in Verbindung mit einem Verbrechen, für das der Gerichtshof zuständig ist, und zwar unabhängig davon, ob die Handlung gegen das Recht des Landes verstößt, in dem sie begangen worden ist, oder nicht.»

Am Ende dieses Artikels wurde eindeutig festgestellt: «Anführer, Organisatoren, Anstifter und Teilnehmer, die am Entwurf oder der Ausführung eines gemeinsamen Planes oder einer Verschwörung zur Begehung eines der vorgenannten Verbrechen teilgenommen haben, sind für alle Handlungen verantwortlich, die von irgendeiner Person in Ausführung eines solchen Planes begangen worden sind.»

Auf Grund des Artikels IX des Statuts für den Internationalen Militärgerichtshof war der Gerichtshof im Verlauf eines Prozesses berechtigt, eine Gruppe beziehungsweise Organisation als verbrecherisch einzustufen, deren Mitglied wegen persönlich begangener Verbrechen verurteilt worden war. Artikel X enthielt eine weitere Formulierung:

«Ist eine Gruppe oder Organisation vom Gerichtshof als verbrecherisch erklärt worden, so hat die zuständige nationale Behörde jedes Signatarstaates das Recht, Personen wegen ihrer Zugehörigkeit zu einer solchen verbrecherischen Organisation vor nationalen, Militär- oder Okkupationsgerichten den Prozeß zu machen. In diesem Falle gilt der verbrecherische Charakter der Gruppe oder Organisation als erwiesen und wird nicht in Frage gestellt.»

Als Ort der ersten Verhandlung des Internationalen Militärgerichtshofes, dessen Sitz Berlin war, wurde Nürnberg gewählt, wobei festgestellt wurde, daß die nächsten Verhandlungen an durch den Militärgerichtshof bestimmten Orten stattfinden sollten. Der Internationale Militärgerichtshof hat nur eine Verhandlung geführt, den Nürnberger Prozeß 1945–1946.

Der Internationale Militärgerichtshof führte die Gerichtsverhandlung vom 20. November 1945 bis zum 31. August 1946 und begann anschließend mit der Ausarbeitung des Urteils, das zusammen mit der Urteilsbegründung am 30. September und 1. Oktober 1946 verkündet wurde.

Unter Berufung auf die Bestimmungen des Statuts erkannte der Internationale Militärgerichtshof folgende nationalsozialistische Organisationen als verbrecherisch an: die politische Leitung der Nationalsozialistischen Deutschen Arbeiterpartei (NSDAP), die Geheime Staatspolizei (Gestapo) und den Sicherheitsdienst (SD), die Schutzstaffeln (SS) sowie mit gewissen Einschränkungen die Sturmabteilungen (SA).

Das Problem von in Konzentrationslagern verübten Verbrechen war des öfteren Gegenstand der Gerichtsverhandlung in Nürnberg, insbesondere im Zusammenhang mit der Einstufung der SS als verbrecherische Organisation. In den Beschlüssen des Urteils von Nürnberg wurde näher darauf eingegangen: «Die Beweise lassen keinen Zweifel, daß die dauernde brutale Behandlung der Konzentrationslagerinsassen als eine Folge der allgemeinen SS-Politik ausgeführt wurde, die dahin ging, daß Häftlinge rassisch minderwertig und nur mit Verachtung zu behandeln seien.»

Im Urteil von Nürnberg gelten die Konzentrationslager als eines der schändlichsten Instrumente des Terrors gegen die Zivilbevölkerung der besetzten Länder. Sie werden darin als «Fabriken des Todes» bezeichnet, in denen Hunger und Hungerrationen, Sadismus, Mangel an Kleidung, Mangel an ärztlicher Hilfe, Krankheiten, Prügel, Erhängen, Erfrierungen, Zwang zum Selbstmord und Erschießungen die Hauptrolle spielten, um dieses Ziel zu erreichen. In dem Urteil wurde außerdem festgestellt: «In einer Anzahl von Konzentrationslagern wurden zur Massenvernichtung der Insassen Gaskammern mit Öfen zum Verbrennen der Leichen eingerichtet . . . Es ist unmöglich, auch nur einen Teil der SS auszusondern, der nicht an diesen verbrecherischen Handlungen teilgenommen hat.»

Die in der Londoner Vereinbarung der vier Großmächte vom 8. August 1945 und in dem darin enthaltenen Statut des Internationalen Militärgerichtshofs festgelegten Rechtsgrundsätze, die dann im Urteil des Internationalen Militärgerichtshofes beim Prozeß gegen die Hauptkriegsverbrecher wiederholt und begründet worden sind, wurden durch die Vollversammlung der Vereinten Nationen bestätigt und gingen unter dem offiziellen Titel «Nürnberger Grundsätze» (The Nuremberg Principles) in das allgemeine Völkerrecht ein.

3. Die Nürnberger Prozesse 1947–1949

In den einzelnen Besatzungszonen Deutschlands waren besondere Militärgerichtshöfe tätig, die in Ausführung des Befehls Nr. 10 des Alliierten Kontrollrates vom 20. Dezember 1945 über die Bestrafung von Kriegsverbrechen, Verbrechen gegen den Frieden und gegen die Menschlichkeit ins Leben gerufen wurden. Im Gebäude des Internationalen Militärgerichtshofes in Nürnberg fanden in der amerikanischen Besatzungszone in den Jahren 1947–1949 zwölf große Prozesse statt. Diese Prozesse wurden auf Grund der Rechtsgrundlagen des Nürnberger Prozesses von 1945–1946 geführt. Besonders zu erwähnen sind diejenigen Prozesse, bei denen Verbrechen in Konzentrationslagern gebrandmarkt wurden, und zwar folgende:

1. Prozeß Nr. I – bei dem sich fast 20 Wehrmachts- und SS-Ärzte verantworten mußten, angeklagt der Durchführung verbrecherischer pseudomedizinischer Experimente an Häftlingen von Konzentrationslagern und Kriegsgefangenen.

2. Prozeß Nr. IV – gegen die Leitung des Wirtschafts- und Verwaltungshauptamtes (WVHA). Hauptangeklagter war der Chef des Amtes, Oswald Pohl. Im Laufe des Prozesses wurden den Angeklagten die Verübung von Kriegsverbrechen und Verbrechen gegen die Menschlichkeit, Vernichtung von Kriegsgefangenen, Vernichtungsaktionen gegen die Bevölkerung der besetzten Gebiete sowie in Konzentrationslagern begangene Verbrechen nachgewiesen.

3. Prozeß Nr. V – umfaßte Organisation und System von Deportationen der Zivilbevölkerung zu Zwangsarbeiten sowie Sklavenarbeit, die Häftlinge in Konzentrationslagern leisten mußten.

4. Prozeß Nr. VI – gegen die Konzernleitung der IG-Farben. Dieser Konzern zog Nutzen aus der Sklavenarbeit von Zivilbevölkerung und Häftlingen der Konzentrationslager und trug zu Massenmorden bei. Im Verlauf dieses Prozesses wurde auch eine Verantwortung dieses Konzerns für die Durchführung von pseudomedizinischen Experimenten an Häftlingen in Konzentrationslagern, u. a. im KZ Auschwitz, festgestellt.

5. Prozeß Nr. VIII – gegen das Rassen- und Siedlungshauptamt (RuSHA) als Organisator von Vernichtungsaktionen fremder Völker (Slawen, Juden, Zigeuner) und ihrer Ausrottung in Konzentrationslagern. Während der Gerichtsverhandlung wurde im Laufe dieses Prozesses u. a. eine Dokumentation über die Massenaussiedlung von Polen aus dem Gebiet Zamość und ihre Einweisung in Konzentrationslager, insbesondere nach Auschwitz, sowie eine weitere Dokumentation über die Entführung von über 200000 polnischen Kindern zwecks Germanisierung registriert und überprüft.

6. Prozeß Nr. X – gegen den Krupp-Konzern. Im Laufe dieses Prozesses wurden Verbrechen aufgedeckt, die mit der Ausbeutung der Arbeitskraft von Häftlingen in Konzentrationslagern und Kriegsgefangenen verbunden waren. Festgestellt wurde außerdem, daß Häftlinge des Konzentrationslagers Auschwitz zu Arbeitsleistungen für diesen Konzern gezwungen worden waren.

7. Prozeß Nr. XII – Hauptangeklagte waren höhere Offiziere des Oberkommandos der Wehrmacht (OKW). Unter vielen anderen belegten Verbrechen wurden im Laufe dieses Prozesses auch Exterminierungsaktionen an 13000 sowjetischen Kriegsgefangenen im Konzentrationslager Auschwitz behandelt.

Aus dem hier, wenn auch nur teilweise angeführten Material ergibt sich, daß Kriegsverbrechen sowie Verbrechen gegen die Menschlichkeit, wie sie in Konzentrationslagern verübt wurden, neben Verbrechen gegen den Frieden einen großen Teil des Beweismaterials ausmachten, das sowohl dem Internationalen Militärgerichtshof als auch den Militärgerichtshöfen in den einzelnen Besatzungszonen Deutschlands vorgelegt wurde. Die im Laufe dieser Prozesse erneut aufgedeckten Verbrechen erschütterten wiederum die öffentliche Meinung der ganzen Welt und brachten das unmenschliche Antlitz des Hitlerfaschismus zutage. In allen Urteilen wurde festgestellt, daß der gesamte politische, Partei- und Wirtschaftsapparat, aber auch die militärische Führung des Dritten Reiches für die verübten Verbrechen verantwortlich sind.

4. Rechtsgrundlagen für die Bestrafung von Kriegsverbrechern in Polen

Polen gehört zu den Ländern, die durch die deutsche Besatzung im Zweiten Weltkrieg am meisten gelitten haben. Das Büro für Kriegsentschädigungen beim Vorsitzenden des Ministerrates arbeitete im Januar 1947 ein amtliches polnisches Grundsatzdokument «Berichte über Verluste und Kriegsschäden Polens in den Jahren 1939–1945» (Sprawozdanie w przedmiocie strat i szkód wojennych Polski w latach 1939–1945) aus, das aus drei Teilen bestand: Beschreibung, allgemeine statistische Angaben und detaillierte statistische Angaben. In Tabelle I wurden «die biologischen Verluste des polnischen Volkes während des Zweiten Weltkrieges» mit 6028000 Menschen angegeben. Davon haben 644000 Personen, d. h. etwa 10,7% im Ergebnis von Kampfhandlungen den Tod gefunden, die übrigen Personen, d. h. 5384000 Menschen, das sind 89,3%, verloren ihr Leben im Resultat der terroristischen Herrschaft der Besatzer.

Ein zweites wichtiges amtliches Dokument war die Anklageschrift, die dem Internationalen Gerichtshof in Nürnberg Ende 1945 von der polnischen Delegation vorgelegt wurde. 32 Seiten dieser Anklageschrift sind Verbrechen gewidmet, die in Konzentrationslagern verübt worden sind. Dieses Anklagematerial wurde durch den Bericht einer Außerordentlichen Polnisch-Sowjetischen Staatskommission über Verbrechen faschistischer Besatzer in Auschwitz erweitert und von dem sowjetischen Delegierten, Oberst L. N. Smirnow, vorgelegt. Im Urteil von Nürnberg, und zwar bei der individuellen Urteilsbegründung gegen einen der Hauptkriegsverbrecher, den Generalgouverneur von Polen Hans Frank, wurde festgestellt, daß . . . eine vollkommene Vernichtung Polens als nationale Einheit und eine rücksichtslose Ausbeutung seines menschlichen und materiellen Bestandes zugunsten des von Deutschland geführten Krieges Grundlage der Besatzungspolitik war . . . Im Generalgouvernement wurde ein System von Konzentrationslagern eingeführt, und zwar mit Eröffnung der allgemein bekannten Konzentrationslager in Treblinka und Majdanek. Frank schilderte bereits am 6. Februar 1940 die Mittel zur Realisierung des Terrors in einem zynischen Kommentar zu einer Pressemeldung über ein durch von Neurath herausgegebenes Plakat, das von der Erschießung tschechischer Studenten berichtete. Frank sagte damals, wenn er befehlen würde, Plakate über die Erschießung von je sieben Polen auszuhängen, dann würde es in Polen bald keine Wälder mehr geben, um Papier für diese Plakate herzustellen . . .

Die Vielzahl und die Art der verübten Verbrechen waren der Grund dafür, daß die polnischen Behörden bereits in den ersten Tagen des Bestehens des Polnischen Komitees für Nationale Befreiung, am 31. August 1944, ein Dekret über das Strafmaß für hitlerfaschistische Verbrecher erließen, die des Mordes und der Mißhandlung von Zivilbevölkerung und Kriegsgefangenen schuldig waren, sowie für Verräter am polnischen Volk, die mit den faschistischen Besatzern zusammengearbeitet hatten. Für die in diesem Dekret erfaßten Verbrechen waren alle Vorschriften des damals geltenden Strafrechts verbindlich. Zwecks Entscheidung in diesen Angelegenheiten wurden mit Dekret vom 12. September 1944 besondere Strafgerichte einberufen. Noch während des Krieges fand vor einem Sondergericht in Lublin vom 27. November bis 2. Dezember 1944 ein Prozeß gegen sechs SS-Männer, Mitglieder der Mannschaft des Konzentrationslagers Majdanek, statt, die am Tatort festgenommen worden waren.

Das Dekret vom 31. August 1944 wurde mehrere Male novelliert, u. a. im Zusammenhang mit dem Beitritt Polens zur Londoner Vereinbarung. Durch dieses Dekret wurden die Grundsätze von Nürnberg in das polnische Strafrecht übernommen. Beweis dafür ist der Beschluß des Obersten Polnischen Gerichtes vom 23. Februar 1948, in dem festgestellt wird, daß «. . . eine enge juristische Verbindung zwischen der nationalen und internationalen Rechtsprechung es den polnischen Gerichten gestattet, die polnischen Gesetze unter Anwendung der Rechtsgrundsätze des Nürnberger Urteils auszulegen.»[4]

4 E. S. Rappaport, «Z zagadnień prawa międzynarodowego w orzecznictwie sądów polskich» (Probleme des internationalen Rechts in der Rechtsprechung polnischer Gerichte), in: «Roscznik Prawa Międzynarodowego» (Jahrbuch des internationalen Rechts), 1949, S. 233

5. Die Verbrecher von Auschwitz vor dem Obersten Nationalgerichtshof

Mit Beendigung der Kampfhandlungen und nach Auslieferung von mehreren hundert Kriegsverbrechern (darunter höherer hitlerfaschistischer Persönlichkeiten wie Arthur Greiser, Ludwig Fischer, Albert Forster, Josef Bühler, Rudolf Höß und anderer) an Polen – auf Grund der Londoner Vereinbarung – ergab sich die Notwendigkeit, in Polen ein Sondertribunal einzuberufen, das wegen des Gewichts der Angelegenheit die polnische Entsprechung des Internationalen Militärgerichtshofes in Nürnberg bilden würde. Auf Grund eines Dekrets vom 22. Januar 1946 wurde also der «Oberste Nationalgerichtshof» in Polen zur Aburteilung dieser Hauptkriegsverbrecher gegründet. Sämtliche Schritte bei den Untersuchungen leiteten die Staatsanwaltschaft des Obersten Nationalgerichtshofs sowie ein Sonderorgan des Justizministeriums, die «Hauptkommission zur Untersuchung von Naziverbrechen in Polen», die aufgrund eines Dekrets vom 10. November 1945 gegründet worden war.

Die Hauptkommission zur Untersuchung von Naziverbrechen wirkte über Bezirkskommissionen. Vorsitzender der Hauptkommission war der Justizminister, der Vorsitzende und Mitglieder der Bezirkskommissionen ernannte. Aufgabe der Hauptkommission waren Untersuchung und Materialzusammenstellung über von Deutschen in den Jahren 1939–1945 in Polen oder außerhalb polnischer Grenzen an polnischen Staatsangehörigen oder Personen polnischer Volkszugehörigkeit – sowie Ausländern, die zur gegebenen Zeit in Polen seßhaft waren – verübten Verbrechen zu sammeln. Vorgesehen war in diesem Dekret auch die Veröffentlichung von Materialien und Untersuchungsergebnissen durch die Hauptkommission sowie die Überweisung dieser Ergebnisse an die zuständigen Justizorgane auch im Ausland.

Der Oberste Nationalgerichtshof war ein Schöffengericht, das sich wie folgt zusammensetzte: drei Berufsrichter und vier Schöffen, die Abgeordnete des Landesvolksrats – des ersten polnischen Parlaments nach dem Kriege – sein mußten. Im Dekret wurde deutlich festgestellt, daß der Oberste Nationalgerichtshof rangmäßig dem Obersten Gericht des Landes gleichgestellt war.

Der Angeklagte hatte das Recht auf einen Wahlverteidiger oder einen Pflichtverteidiger. Den Pflichtverteidiger benannte der Vorsitzende des Obersten Nationalgerichtshofes aus einer Liste von Rechtsanwälten, die in Polen ansässig waren.

Gegen Urteile des Obersten Nationalgerichtshofes konnte keine Berufung eingelegt werden, die Verurteilten hatten jedoch das Recht, sich mit einem Gnadengesuch an den Präsidenten des Landesvolksrates zu wenden.

In den Jahren 1946–1948 fanden vor dem Obersten Nationalgerichtshof sieben Prozesse statt, davon zwei, die Vorgänge im Konzentrationslager Auschwitz betrafen.

Der erste dieser Prozesse fand in der Zeit vom 11. bis 29. März 1947 statt. Das Urteil wurde am 2. April verkündet. Angeklagt war der langjährige und erste Kommandant des KZ Auschwitz, Rudolf Franz Ferdinand Höß, der im Mai 1946 von den britischen Besatzungsbehörden in Deutschland an Polen ausgeliefert worden war. Der Prozeß gegen Rudolf Höß war von außerordentlicher internationaler Bedeutung, denn er war ein Prozeß gegen den Kommandanten des größten Konzentrationslagers. Er statuierte außerdem ein Exempel zum Funktionieren des gesamten hitlerfaschistischen Systems von Konzentrations- und Vernichtungslagern und stellte eine Anklage der Ideologie dar, die aus diesem System von Konzentrations- und Vernichtungslagern ein Instrument zur Verwirklichung der verbrecherischen Nationalitäten- und Rassenpolitik des Dritten Reiches gemacht hatte.

Untersuchungen und Beweisaufnahme begannen sofort nach der Befreiung des Konzentrationslagers Auschwitz durch Soldaten der Roten Armee am 27. Januar 1945, d. h. noch während der Kampfhandlungen des Zweiten Weltkrieges. Obgleich die Lagerleitung von Auschwitz seit August 1944, nach der Befreiung des Konzentrationslagers Majdanek, versucht hatte, die Spuren ihrer verbrecherischen Tätigkeit zu tilgen, konnten viele Beweise sichergestellt werden, und zwar durch die Tätigkeit der Außerordentlichen Staatlichen Kommission der Sowjetunion unter Leitung des Generals Professor Dmitri Kudrjawzew. Die Kommission besichtigte das gesamte Lagergebiet, alle im Lager befindlichen Objekte, insbesondere Anlagen zur Massenvernichtung, Gaskammern und Krematorien. Es wurden viele Häftlinge verhört, die als evakuationsunfähig liquidiert werden sollten, die jedoch wegen der schnellen Verschiebung in der Frontlinie befreit werden konnten. Parallel zur Tätigkeit der sowjetischen Kommission wurden durch die Bezirkskommission zur Untersuchung von Naziverbrechen in Kraków unter Leitung des Mitglieds der Hauptkommission zur Untersuchung von Naziverbrechen in Polen, des Richters Jan Sehn, im Auftrag polnischer Behörden Untersuchungen durchgeführt. Das gesamte Material umfaßte 21 Bände: Aussagen von Zeugen, Erklärungen des Angeklagten Höß, Urteile von Sachverständigen und wichtige Dokumente aus der Zeit des Bestehens des Konzentrationslagers Auschwitz.

Hauptthemen des Prozesses gegen Höß waren: von den Hitlerfaschisten abgesteckte Aufgaben und Ziele der Konzentrationslager, ihre Funktionen im Rahmen einer Verfolgungspolitik von Gegnern des Nationalsozialismus, Schulung der Lagermannschaften sowie Ausmaß der verübten Verbrechen, insbesondere das Ausmaß der im Konzentrationslager Auschwitz realisierten Exterminierungspolitik von Slawen, Juden und Zigeunern, u. a. in Gaskammern unter Anwendung des Gases Zyklon B. Der Gerichtshof befaßte sich außerdem mit den Experimenten, die entweder pseudowissenschaftlichen Zielen dienen sollten oder zum Ziel hatten, eine Methode auszuarbeiten, ganze Völker – insbesondere slawische – auszurotten.

Die Verhandlung fand in Warszawa statt. Ihr Ablauf wurde in vier Sprachen übersetzt: Englisch, Russisch, Französisch und Deutsch. Anwesend waren viele Beobachter und ausländische Korrespondenten. Die Mitglieder einer aus acht Personen bestehenden amerikanischen Delegation waren Mitarbeiter von General Telford Taylor, dem amerikanischen Hauptankläger beim amerikanischen Militärgerichtshof in Nürnberg.

Der Vorsitzende des Obersten Nationalgerichtshofes in Warszawa, Richter Alfred Eimer, erinnerte in seiner Eröffnungsansprache, daß im Konzentrationslager Auschwitz Millionen von Menschen allein deshalb umgekommen seien, weil sie entweder eine andere politische Überzeugung, andere soziale oder religiöse Ansichten repräsentierten als die Machthaber des Dritten Reiches oder einer anderen Rasse angehörten. Er appellierte an die Mitglieder des Obersten Nationalgerichtshofes, jedes Wort von Zeugen und Verteidigern genau abzuwägen, damit das Gericht die reine und unverfälschte Wahrheit ergründen könne. Der Vorsitzende des Obersten Nationalgerichtshofes beendete seine Rede mit folgenden Worten:

«Meine Herren Richter! Eingedenk unserer großen Verantwortung gegenüber den Toten und den Lebenden dürfen wir nicht die Ziele vergessen, für die alle freiheitsliebenden Völker gekämpft haben.

Ein großes Ziel war die Achtung der Menschenwürde. Sie ist auch ein Recht des Angeklagten. Denn vor diesem Gericht steht vor allem ein Mensch.

Aus diesem Grund wende ich mich auch an alle Anwesenden im Saal, Würde zu bewahren. Auf diese Weise respektieren wir nicht nur die Gesetze der Republik, auf deren Schutz sich auch der Angeklagte berufen kann, wir respektieren ebenfalls die Würde menschlichen Leidens.»[5]

Schon während der Untersuchung wurde sich der Angeklagte Höß bewußt, daß angesichts des angesammelten Materials, das ständig durch neue Zeugenaussagen, Erklärungen und Dokumente vervollständigt wurde, eine Verheimlichung der Wahrheit keinen Zweck hatte. Der Angeklagte war sich auch dessen bewußt, daß er für die begangenen Verbrechen das höchste Strafmaß zu erwarten hatte, und er erwartete das strengste Urteil mit absoluter Gelassenheit.

5 Zitiert nach Janusz Gumkowski und Tadeusz Kułakowski, «Zbrodniarze hitlerowscy przed Najwyższym Trybunałem Narodowym» (Nationalsozialistische Verbrecher vor dem Obersten Nationalgerichtshof), weitere Zitate: Nationalsozialistische Verbrecher . . ., Warszawa 1961, S. 85

Bester Beweis dafür sind seine autobiographischen Aufzeichnungen «Meine Psyche. Werden, Leben und Erleben»[6], die er im Gefängnis während der Untersuchungshaft schrieb. Die darin u. a. enthaltenen erschütternden Beschreibungen von Massentötungen von Menschen durch Gas machten den Eindruck faktographischer Berichte eines vollkommen desinteressierten Beobachters. Bei der Abgabe von Erklärungen antwortete Höß kurz, ohne zu zögern und entschieden. Zwei Fragmente aus der stenographischen Niederschrift des Verhandlungsablaufes seien hier angeführt:

Nach den Aussagen des Zeugen Walter Gnojny aus Katowice, der erklärt hatte, daß Höß eines Tages – als er die von der Arbeit zurückkehrende Strafkompanie beobachtete, deren Häftlinge gehunfähige Kameraden mitschleppten – gesagt hatte: «Diesen Mist will ich morgen nicht sehen!» – und daß diese Häftlinge dann anschließend am selben Abend umgebracht worden waren – entwickelte sich folgender Dialog:

«Vorsitzender: Haben die Herren Verteidiger noch Fragen?

Rechtsanwalt Ostaszewski: Ich wünschte, der Angeklagte würde dazu Stellung nehmen.

Vorsitzender: Bitte sehr. Wünscht der Angeklagte, das Wort zu ergreifen?

Angeklagter Höß: Nein.»[7]

Ähnlich verhielt sich Höß während der Aussagen des Zeugen Jan Korczyński, der darüber berichtete, daß zu einer gewissen Zeit jeder nach aufzehrender Arbeit ins Lager zurückkehrende Häftling fünf Ziegel (etwa 20 kg) tragen mußte. Der Angeklagte Höß stand am Lagertor, beobachtete die Häftlinge und paßte auf, daß jeder Häftling selbständig in das Lager zurückkehrte. Staatsanwalt Tadeusz Cyprian stellte im Zusammenhang damit folgende Frage an Höß:

«Staatsanwalt: Meine Frage an den Angeklagten: Hat der Angeklagte gesehen, daß diese Leute Ziegel in das Lager tragen mußten?

Angeklagter: Jawohl!

Staatsanwalt: War der Angeklagte nicht der Ansicht, dies sei eine zu schwere Arbeit für diese Leute?

Angeklagter: Nein.»[8]

Eine gewisse Belebung zeigte Höß erst bei Zeugenaussagen über Massenvernichtungsaktionen, bei denen Millionen von Menschen umge-

6 Das Manuskript dieser autobiografischen Aufzeichnungen befindet sich im Archiv des Staatlichen Museums in Auschwitz, Zeichen: Wsp. (Höß) 96, Inventarnummer 49757. Sie sind in Buchform in Polen und in anderen Ländern, darunter auch in der Bundesrepublik Deutschland, in verschiedenen Sprachen veröffentlicht worden.

7 Zitiert nach Janusz Gumkowski und Tadeusz Kułakowski, «Zbrodniarze hitlerowscy . . .» (Nationalsozialistische Verbrecher . . .), S. 137

8 ebenda, S. 133

kommen sind. Höß äußerte sich darüber wie über einen Produktionsprozeß und «machte manchmal den Eindruck eines Fabrikdirektors, der sich dafür entschuldigt, daß in seinem Betrieb Unzulänglichkeiten vorgekommen waren, die er durch objektive Schwierigkeiten zu erklären versuchte: zu große Transporte, geringe Kapazitäten der Krematorien, Betriebsunterbrechungen durch Beschädigung der Anlagen. Es schien, als wollte er dem Gerichtshof erklären, er habe alles in seiner Macht stehende getan, um diese «Sonderaktion» (wie die Hitlerfaschisten die Massenvernichtungsaktionen bezeichneten, K. S.) so reibungslos wie möglich durchzuführen, und wenn ihm das nicht gelungen sei, wenn die Ergebnisse nicht das Niveau erreichten, das nach Himmlers und Eichmanns Meinung hätte erreicht werden können, so sei das nicht seine Schuld [. . .] Um so unheimlicher war die Ruhe, mit der er über die Vernichtungsaktionen sprach. Wenn man ihm zuhörte, hatte man den Eindruck, daß er bemüht war, während des Ablaufs dieser Aktionen den Gedanken an menschliches Leben vollkommen aus seinem Bewußtsein zu verdrängen, an jenes Leben, das gerade dabei die dominierende Rolle spielte. Zeitweilig sprach er mit gewissem Stolz über Schwierigkeiten, die er überwunden hatte, zeitweilig klang so etwas wie Schuld und Scham an, daß er nicht imstande gewesen war, seine Pflicht zu erfüllen, und daß er das Vertrauen seiner Vorgesetzten enttäuscht hatte.»[9]

Der Oberste Gerichtshof erkannte den Angeklagten Höß für schuldig:

1. der Mitgliedschaft in der verbrecherischen Organisation der SS sowie der Nationalsozialistischen Deutschen Arbeiterpartei (NSDAP),

2. der Mitwirkung bei der Organisation des hitlerfaschistischen Systems von Konzentrationslagern, deren Ziel Folterung und Vernichtung von Menschen war; Höß sei bei der Durchführung dieser Aufgaben in leitender Stellung beteiligt gewesen,

3. der Teilnahme an Morden: etwa 300000 Personen, die in der Lagerkartei erfaßt waren, und einer nicht genau feszulegenden Zahl von Personen, mindestens 2,5 Millionen, nicht in der Lagerkartei erfaßte Menschen sowie mindestens 12000 sowjetische Kriegsgefangene, die entgegen den Vorschriften des Völkerrechts im Konzentrationslager Auschwitz festgesetzt worden waren,*

4. der Tätigkeit zum Schaden von Zivilpersonen, Militärpersonen und Kriegsgefangenen, indem er sie in den Zustand von Sklaverei versetzte, verbunden mit verschiedenen physischen und moralischen Quälereien (Hunger, Zwang zu übermenschlicher Arbeit, Folter, unmenschliche

9 ebenda, S. 141–142

* Die vom Obersten Nationalgerichtshof angenommene Zahl von Opfern des Konzentrationslagers Auschwitz basierte auf Angaben, die sich aus dem damaligen Stand der Untersuchungen über die Geschichte des KZ Auschwitz ergaben.

Strafen, Verachtung menschlicher Würde), sowie Teilnahme am Raub von Hab und Gut der in das Lager eingewiesenen Personen, ihrer Einweisung in Gaskammern sowie Leichenschändung durch Ausreißen von Zahnprothesen und Goldkronen sowie Abschneiden von Frauenhaar.

In der Urteilsbegründung stellte der Oberste Nationalgerichtshof u. a. fest: «Die Zahl von 2,5 Millionen Opfern des Konzentrationslagers Auschwitz ist zweifellos als erwiesen anzusehen. Es ist die Mindestzahl der Opfer, denn unter Berücksichtigung der Aussagen von Zeugen und des Sachverständigen, Ingenieur Dawidowski, sowie von Erhebungen der Außerordentlichen Sowjetischen Regierungskommission könnte eine Höhe von 3–4 Millionen Opfern mit aller Wahrscheinlichkeit nachgewiesen werden.»[10]

Der Oberste Nationalgerichtshof verurteilte den Angeklagten Rudolf Höß zum Tode durch den Strang. Das Urteil wurde am 16. April 1947 in Auschwitz neben dem Gebäude der Lagerleitung, in dem Höß viele Jahre lang tätig gewesen war, vollstreckt.

Beim zweiten Prozeß standen 40 Angeklagte vor dem Obersten Nationalgerichtshof, darunter der Nachfolger von Höß auf dem Posten des Lagerkommandanten, Arthur Liebehenschel, der Leiter der Lager-Gestapo Maximilian Grabner, der Lagerführer Hans Aumeier, der Leiter der Verwaltungsabteilung Karl-Ernst Möckel, die Oberaufseherin des Frauenlagers in Birkenau Marie Mandel, der stellvertretende Lagerführer Franz Xawer Kraus, der Lagerarzt Dr. Johann Paul Kremer, der stellvertretende Lagerführer Heinrich Josten, der Mitarbeiter des SS-«Hygieneinstituts» Dr. Hans Münch, der Leiter des Krematoriums Erich Muhsfeldt, der Blockführer Hermann Kirschner, der Blockführer Karl Seufert, der Blockführer Hans Koch, der Blockführer Wilhelm-Gerhard Gehring, der Rapportführer Ludwig Plagge, der Rapportführer Otto Lätsch, der Rapportführer Fritz-Wilhelm Buntrock, die Blockführer August Reimond Bogusch, Kurt Hugo Müller, Paul Goetze, Paul Szczurek, Richard-Albert Schröder, Herbert-Paul Ludwig und Eduard Lorenz, die Aufseherinnen im Frauenlager Therese Brandl, Alice Orlowski, Luise Danz und Hildegard Marthe Luise Lächert, der Mitarbeiter der Lager-Gestapo Hans Hoffmann, die Mitarbeiter der Verwaltungsabteilung Arthur Johann Breitwieser, Adolf Medefind und Franz Romeikat, die Blockführer Anton Lechner, Josef Kollmer, Detleff Nebbe und Alexander Bülow, der Kraftfahrer bei der SS-Fahrbereitschaft Erich Dinges, die Blockführer Johannes Weber und Karl Jeschke.

Unter den Angeklagten befanden sich Menschen aus verschiedenen Kreisen mit verschiedenem Bildungsniveau, beispielsweise ein Doktor

10 Voller Urteilstext: Tadeusz Cyprian und Jerzy Sawicki, «Siedem wyroków Najwyższego Trybunału Narodowego» (Sieben Urteile des Obersten Nationalgerichtshofes), Poznań 1962, S. 95

der Philosophie und der medizinischen Wissenschaften, Dozent der Universität in Münster (Johann Paul Kremer), ein Jurist (Arthur Breitwieser), aber auch ein Bäckergeselle (Erich Muhsfeldt) und eine Kellnerin (Therese Brandl).

Der Prozeß fand vom 25. November bis zum 16. Dezember 1947 in Kraków statt. Die Beweisaufnahme stützte sich auf ähnliches Material wie im Prozeß Höß, wurde aber durch weitere Zeugenaussagen vervollständigt. Die Taktik der Angeklagten in diesem Prozeß war jedoch anders als die des Angeklagten Höß. Zu Beginn des Prozesses erklärten die Angeklagten, sie hielten sich für unschuldig, und nur einige von ihnen bekannten sich zum Prügeln von Häftlingen. Die Angeklagten versuchten, Verantwortung auf nicht anwesende Vorgesetzte abzuwälzen, insbesondere auf Höß, und behaupteten, nur Befehle ausgeführt zu haben. Oft gaben sie auf anmaßende Weise lügenhafte Erklärungen ab. Hartnäckig leugneten sie bereits bewiesene Tatsachen, versuchten, Zeugenaussagen in Frage zu stellen, gleichzeitig aber erniedrigten sie sich vor dem Gerichtshof, um ein mildes Urteil zu erreichen.

Viele der Angeklagten – insbesondere einer der am meisten belasteten, der Leiter der Lager-Gestapo Maximilian Grabner – versicherten, sie hätten keinerlei Befehlsgewalt im Lager gehabt. Der Lagerleiter Aumeier erklärte, falls er sterben müsse, sei dies ein «Sühnetod für Deutschland». Der Angeklagte Josef Kollmer fragte voller Bitterkeit und Vorwurf, wo sich denn Hitler und Himmler befänden. Der Angeklagte Liebehenschel versuchte den Gerichtshof zu überzeugen, seit er die Lagerleitung übernommen habe, hätten sich die Lebensbedingungen der Häftlinge verbessert.

Während des Prozesses, der mehrere Tage dauerte, analysierte der Gerichtshof die Tätigkeit der Konzentrationslager und ihrer Leitungen, machte sich mit dem Alltagsleben der Häftlinge bekannt, dem Raub an Hab und Gut, der Zwangsarbeit und dem Mechanismus von Massenvernichtungen.

Das Urteil wurde am 22. Dezember 1947 verkündet. 23 Angeklagte wurden zum Tode verurteilt, 6 zu lebenslänglicher Haft, 7 zu je 15 Jahren Gefängnis, und 2 Angeklagte erhielten 10,5 beziehungsweise 3 Jahre Gefängnis. Der Angeklagte Hans Münch wurde freigesprochen.

In der Urteilsbegründung im Prozeß gegen die 40 Mitglieder der SS-Wachmannschaft des KZ Auschwitz stellte der Oberste Nationalgerichtshof in der Einleitung des Kapitels IV fest, die Anklage habe den Angeklagten nicht zur Verübung individuell begangener Taten oder ihre Mitgliedschaft in der NSDAP beziehungsweise in der SS vorgeworfen – die auf Grund des Urteils von Nürnberg und des polnischen Dekrets über Strafverfolgung von hitlerfaschistischen Verbrechern als verbrecherische Organisationen anerkannt worden waren –, sondern auch ihre Mittäterschaft in einer anderen verbrecherischen Gruppe, und zwar in der Leitung, Verwaltung und Mannschaft des Konzentrationslagers Auschwitz. In Erwägung dieses Problems erklärte der Oberste Nationalgerichtshof in Polen, «das Nürnberger Urteil sei unzweifelhaft ein erster Schritt in Richtung einer Kodifizierung des internationalen Strafrechtes, es sei aber kein Strafgesetzbuch in dem Sinne, daß darin nicht enthaltene Taten durch zuständige Gerichte nicht als Verbrechen angesehen werden könnten. Aus der Sicht des Völkerrechts gebe es also keinerlei Hindernisse, die im Nürnberger Urteil enthaltenen Grundsätze durch neue zu ergänzen, wenn diese nicht im Gegensatz zu den Grundgedanken des Nürnberger Urteils stehen. [. . .] Die Gesetze von Nürnberg hätten ihren Niederschlag auch in der polnischen Gesetzgebung gefunden. Das Dekret über die Bestrafung hitlerfaschistischer Kriegsverbrecher erkennt in Artikel 4 § 2 solche Gruppen und Organisationen als verbrecherisch an, deren Ziel Verbrechen gegen den Frieden, Kriegsverbrechen und Verbrechen gegen die Menschlichkeit sind, beziehungsweise Organisationen, die andere Ziele haben, die sie aber durch oben angeführte Verbrechen zu erreichen suchen . . .»

Anschließend analysierte der Oberste Nationalgerichtshof die Bestimmungen des polnischen Strafrechtes, und zwar in bezug auf das Urteil von Nürnberg, und stellte in Punkt 14 fest: «. . . Das System der deutschen Konzentrationslager war demnach eine Organisation, deren Ziel es war, Verbrechen gegen die Menschlichkeit, die gleichzeitig Verbrechen gemäß den Bestimmungen des Strafrechts aller zivilisierten Völker waren, sowie Kriegsverbrechen zu verüben, sofern es sich um sowjetische Kriegsgefangene handelte.» Am Schluß erkannte der Oberste Nationalgerichtshof die Mitglieder der Lagerführung, der Verwaltung und der SS-Wachmannschaften aller deutschen Konzentrationslager in Polen, insbesondere in Auschwitz – ungeachtet der Bezeichnung dieser Lager –, als «verbrecherische Gruppe» an. (Der Oberste Nationalgerichtshof benutzte die Bezeichnung «Gruppe» und nicht verbrecherische «Organisation», und zwar unter Berufung darauf, daß in Artikel 4 des polnischen Dekrets beide Bezeichnungen angeführt sind. Das Wort «Gruppe» ist in diesem Falle zutreffender mit Rücksicht auf die Etymologie des Wortes «Organisation».)

Die Prozeßakten gegen Höß und 40 Mitglieder der Lagermannschaft in Auschwitz umfassen insgesamt ca. 12000 Seiten dokumentarischen Beweismaterials.

Neben Kriegsverbrechern, die vom Obersten Nationalgerichtshof abgeurteilt wurden, wurden auch viele – darunter solche, die in der hitlerfaschistischen Hierarchie hohe Posten bekleidet hatten – vor allgemeine polnische Gerichte gestellt. Insgesamt standen etwa 700 an Polen ausgelieferte Verbrecher vor polnischen Gerichten.

Von diesen Prozessen ist u. a. der 1951 in Kraków durchgeführte Prozeß gegen den Chef des Amtes D II im Wirtschafts- und Verwaltungshauptamt (WVHA), SS-Standartenführer Gerhard Maurer, zu erwähnen. Zu den Kompetenzen dieses Amtes zählten u. a. Angelegenheiten, die mit der Ausnutzung der Sklavenarbeit von Häftlingen in allen hitlerfaschistischen Konzentrationslagern verbunden waren. Aus dem in 25 Bänden gesammelten Beweismaterial gegen Maurer geht hervor, daß die Inhaber großer deutscher Konzerne die Initiatoren des Programms zur Ausnutzung von Häftlings-Sklavenarbeit gewesen waren. Während der intensivsten Durchführung dieses Programms arbeiteten über 500000 Häftlinge für die deutsche Wirtschaft. Sie wurden von fast allen Industrieunternehmen beschäftigt. Leitende Persönlichkeiten in deutschen Wirtschaftskreisen forderten ständig, die Zahl der zur Arbeit eingesetzten Häftlinge zu vergrößern. In diesem Prozeß wurden die von Anfang an bestehenden Verbindungen des Hitlerfaschismus zum Industrie- und Bankkapital aufgezeigt. Der Angeklagte Maurer wurde zum Tode verurteilt.

6. Verbrecher von Auschwitz vor Gerichten anderer Länder

Ungefähr zur selben Zeit – in den Jahren 1945–1948 – wurde eine gewisse Zahl der Verbrecher von Auschwitz von Militärgerichtshöfen in der amerikanischen, britischen, französischen und sowjetischen Besatzungszone Deutschlands abgeurteilt. Es handelt sich hier um diejenigen, die nach Auschwitz ihr blutiges Handwerk in anderen Lagern fortsetzten und für dort verübte Verbrechen zusammen mit Verbrechern aus den Konzentrationslagern Buchenwald, Bergen-Belsen, Dachau, Ravensbrück, Natzweiler, Sachsenhausen, Mauthausen und anderen abgeurteilt wurden. Solche Prozesse fanden u. a. in Lüneburg, Dachau, Landsberg und Hamburg statt. Die verbrecherische Tätigkeit im Zusammenhang mit dem Vernichtungslager Auschwitz war Gegenstand von Gerichtsverhandlungen u. a. in Paris (Helmuth Knochen), Prag (Hanel), Budapest (Lászlo Baky und andere), Wien (Anton Alois Brunner), Bratislava (Dieter Wisliceny). Die Angeklagten waren Bevollmächtigte des Reichssicherheitshauptamtes, die im Auftrag von Adolf Eichmann (dessen Prozeß in Jerusalem stattfand) Transporte von Juden aus verschiedenen Ländern zusammenstellten und zur Vernichtung ins Konzentrationslager Auschwitz weiterleiteten.

Zu erwähnen ist auch der Prozeß gegen den Fabrikbesitzer und Lieferanten von Zyklon B an das Konzentrationslager Auschwitz, Gerhard Peters, den Direktor der Firma «Degesch» vom IG-Farben-Konzern. In den Jahren 1949–1955 hatte sich Peters achtmal vor einem Gericht in Frankfurt am Main zu verantworten. Er versuchte sich damit zu entschuldigen, er sei der Ansicht gewesen, Zyklon B in bestem Glauben hergestellt zu haben, weil er der Meinung gewesen sei, die Anwendung dieses Gases würde das Ableben von Menschen erleichtern, die sowieso zum Tode verurteilt gewesen seien. Schließlich wurde er wegen Mangels an Beweisen freigesprochen, denn nach Ansicht des Gerichtes könne man heutzutage nicht genau beweisen, daß im Lager Auschwitz tatsächlich Menschen unter Anwendung von Zyklon B getötet worden seien. Die Lieferungen dieses Giftgases an das Konzentrationslager Auschwitz vermittelte die Firma «Tesch und Stabenow (Testa)» in Dessau. Ihr Chef Bruno Tesch und der Prokurist Karl Weinbacker wurden 1946 von einem Gericht in Hamburg zum Tode verurteilt.

In der Deutschen Demokratischen Republik fand vom 10.–25. März 1966 vor dem Obersten Gericht in Berlin ein Prozeß gegen einen der Lagerärzte von Auschwitz – Horst Fischer – statt. Der Prozeß basierte auf zahlreichem Beweismaterial, u. a. auf Beweisen aus Polen. Dutzende Zeugen aus vielen Ländern sagten vor dem Gericht aus. Der Prozeß entlarvte vor allem die verbrecherische Rolle von SS-Ärzten, ihren Anteil bei der Einweisung der im Lager eingetroffenen Häftlinge in die Gaskammern, bei der Durchführung von Selektionen unter kranken Häftlingen und deren Tötung, entweder durch Phenolspritzen oder in Gaskammern, außerdem die katastrophalen hygienischen und sanitären Zustände im Lager, den Mangel an ärztlicher Hilfe sowie die Mittäterschaft bei Hinrichtungen und Fälschung von Totenscheinen. Der Angeklagte Fischer bekannte sich schuldig im Sinne der Anklage. Das Gericht verurteilte ihn zum Tode auf Grund bewiesener Mittäterschaft an Morden von etwa 80000 Menschen. Dieser Prozeß wies außerdem auf die verbrecherische Kooperation zwischen der Lagerführung und deutschen Konzernen, insbesondere den IG-Farben, hin.

Die Tätigkeit von Strafverfolgungsbehörden und Gerichten in der Bundesrepublik Deutschland bei der Verfolgung und Bestrafung von Kriegsverbrechern war inkonsequent, unsystematisch und nicht koordiniert. Sie entwickelten keine eigenen Initiativen und verurteilten nur jene, die ihnen mit unschlagbaren Beweisen für verübte Verbrechen überwiesen wurden. Verbindungen mit anderen Verbrechern wurden nicht erforscht, und sie wurden auch nicht verfolgt.

Es kam z. B. nicht zu einem Prozeß gegen Professor Dr. Carl Clauberg (Kiel – August 1957). Clauberg wurde beschuldigt, an Häftlingen des Konzentrationslagers Auschwitz Experimente durchgeführt zu haben, deren Ziel es war, eine schnelle und wirksame Methode zur biologischen Vernichtung von Slawen zu finden (Massensterilisation). Der Prozeß konnte nicht stattfinden, da Clauberg während einer lang hingezogenen Untersuchung verstorben war. Der SS-Obersturmführer Wilhelm Reischenbeck (München – 1958) wurde wegen 30 während der ersten Evakuation auf dem Marsch aus dem KZ Auschwitz begangener Morde zu fünf Jahren Gefängnis verurteilt. Johann Paul Kremer, durch den Obersten Nationalgerichtshof in Kraków zum Tode verurteilt, dann zu lebenslänglicher Haft begnadigt, wurde nach vorzeitiger Entlassung erneut vor ein Gericht in der Bundesrepublik Deutschland gestellt (Münster – 1960). Ihm wurden die Würde eines Professors und der Doktortitel aberkannt. Das Gericht verurteilte ihn zu 10 Jahren Haft, die durch den Gefängnisaufenthalt in Polen als abgegolten angesehen wurde. Im Prozeß gegen Otto Hunsche, einen Helfershelfer Eichmanns, der 1962 in Frankfurt stattfand, fiel der Name Rudolf Höß. Der Gerichtsvorsitzende beantragte daraufhin, Höß als Zeugen zu laden (!), um seine Aussagen mit den Aussagen des Angeklagten über Tatsachen im KZ Auschwitz zu vergleichen (das Urteil an Höß war jedoch bereits 1947 vollstreckt worden). Aus Mangel an gutem Willen und wegen Nachlässigkeit konnte (und kann auch weiterhin) eine große Anzahl von Kriegsverbrechern in der Bundesrepublik Deutschland in Freiheit leben. So z. B. wurde erst im Dezember 1960 der letzte Lagerkommandant von Auschwitz, Richard Baer, sowie einer der größten Sadisten und Verbrecher von Auschwitz, Mitglied der Lager-Gestapo, Wilhelm Boger, verhaftet.

In dieser Zeit war der größte Teil der von ihnen begangenen Verbrechen – nach deutschem Recht – verjährt; und zur Zeit kann man in der Bundesrepublik Deutschland nur noch wegen Mordes in allen Teilnahmeformen – Täterschaft, Mittäterschaft, Beihilfe und Versuch – verfolgt werden.

Nach Errichtung der «Zentralstelle der Landesjustizverwaltungen zur Verfolgung nationalsozialistischer Gewaltverbrechen» in Ludwigsburg wurden etwa 1000 Personen registriert, die der Verübung von Verbrechen im Konzentrationslager Auschwitz verdächtig sind. Dies entspricht etwa einem Drittel des Standes der SS-Lagermannschaft im Jahre 1944, ohne die Rotation in den Jahren 1940–1945 zu berücksichtigen.

Ein großer Teil der registrierten Verbrecher ist bisher unauffindbar. Manche von ihnen, wie z. B. Dr. Josef Mengele, leben oder verbergen sich im Ausland. Unter dem Druck der öffentlichen Meinung und auch des Internationalen Auschwitz-Komitees wandte sich die Bundesrepublik Deutschland an die Regierung von Ghana, Dr. Horst Schumann auszuliefern. Seine Auslieferung erfolgte 1966. Der Prozeß begann vor einem Gericht in Frankfurt am Main im September 1970, im April 1971 wurde er jedoch wegen Krankheit des Angeklagten unterbrochen. Schumann wurde vor allem wegen Verbrechen der «Euthanasie» (Aktion T – 4) angeklagt, die an geisteskranken Bürgern des Dritten Reiches begangen worden waren. Horst Schumann war jedoch auch in Auschwitz tätig, wo er eine Selektion durchführte, nach der 575 kranke Häftlinge nach Sonnenstein bei Dresden verlegt und dort getötet wurden. Horst Schumann – zumeist in der Uniform eines Offiziers der Luftwaffe – führte auch in Auschwitz und Birkenau verbrecherische Experimente durch (Kastration), nach denen die Häftlinge starben.

Zu den wichtigsten Prozessen gegen Verbrecher von Auschwitz auf dem Gebiet der Bundesrepublik Deutschland gehört der Prozeß gegen Robert Mulka und andere. Er fand vom 20. Dezember 1963 bis zum 20. August 1965 vor einem Schwurgericht bei dem Landgericht in Frankfurt am Main statt. Mehrere Jahre dauernde Untersuchungen betrafen 24 Angeklagte, darunter den letzten Lagerkommandanten von Auschwitz, Richard Baer. Da der Hauptangeklagte Baer vor Prozeßbeginn gestorben war und ein anderer Angeklagter – Hans Nierzwicki – wegen Krankheit vom Prozeß ausgeschlossen wurde, standen nur 22 Angeklagte vor Gericht: Robert Mulka, Karl Höcker, Wilhelm Boger, Hans Stark, Klaus Deylewski, Perry Broad, Jochmann Schoberth, Bruno Schlage, Franz Hofmann, Oswald Kaduk, Stefan Baretzki, Heinrich Bischoff, Arthur Breitwieser, Franz Lucas, Willi Frank, Willi-Ludwig Schatz, Victor Capesius, Josef Klehr, Herbert Scherpe, Emil Hantl, Gerhard Neubert und Emil Bednarek. Die am 16. April 1963 vorgelegte Anklageschrift warf den Angeklagten vor, sie hätten in den Jahren 1940–1945 auf dem Gebiet des Konzentrationslagers Auschwitz aus Mordlust oder aus anderen niedrigen Beweggründen, teils allein, teils gemeinschaftlich mit anderen, vorsätzlich und bewußt Menschen getötet. Dem Angeklagten Richard Baer (der bereits nicht mehr vor Gericht erschien) wurde die Verübung ähnlicher Verbrechen in den Konzentrationslagern Neuengamme und Mittelbau-Dora vorgeworfen.

Da sich die Beweisaufnahme über lange Zeit hinzog, verringerte sich die Zahl der Angeklagten nach mehreren Monaten auf 20. Am 13. März 1964 wurde der Angeklagte Bischoff mit Rücksicht auf seinen schlechten Gesundheitszustand und am 13. Juli 1964 der Angeklagte Neubert aus den gleichen Gründen vom Prozeß ausgeschlossen.

In den ersten Tagen des Prozesses befanden sich 13 Angeklagte auf freiem Fuß, erst gegen Ende der Verhandlung verringerte sich die Zahl der in Freiheit befindlichen Angeklagten auf 3 (Schoberth, Breitwieser, Schatz). Während der Untersuchungsverfahren verhörten die Staatsanwälte etwa 1300 Zeugen aus verschiedenen Ländern, das gesamte Untersuchungsmaterial umfaßte 88 Bände (mehrere tausend Seiten). Auf diese Weise konnte in der Anklageschrift die Wahrheit von Auschwitz dargestellt werden. Die Angeklagten bildeten eine unterschiedlich zusammengesetzte Gruppe – vom Major bis zum Gefreiten, vom Holzfäller (Lagerkommandant Baer) und Heizer (Lagerführer Hofmann) bis zum Schlächter (der Sanitäter Scherpe). Die Angeklagten repräsentierten einen Durchschnitt der Lagerhierarchie. Das ermöglichte (ähnlich wie im Prozeß vor dem Obersten Nationalgerichtshof in Kraków gegen 40 Mitglieder der Lagermannschaft) eine allgemeine Beurteilung der Tätigkeit aller Angeklagten und ihre Einstufung als zielbewußt und vorsätzlich organisierte verbrecherische Gruppe. Das erleicherte es auch, die Rolle jedes Mitgliedes dieser Gruppe in der Organisation und deren Mechanismus zu beurteilen. Diese Möglichkeiten nutzte das Schwurgericht in Frankfurt am Main jedoch leider nicht.

Während des Prozesses kam es zu sehr vielen drastischen Vorfällen, als die Verteidiger der Angeklagten die Menschenwürde ehemaliger Häftlinge verletzten. Eine besondere Rolle spielte in dieser Hinsicht Dr. Hans Laternser, ein seit Jahren auf die Verteidigung von SS-Leuten spezialisierter Rechtsanwalt, der sich mit seinen Mandanten während des Prozesses fast identifizierte. Seine arroganten Auftritte wurden des öfteren durch den Gerichtsvorsitzenden Dr. Hans Hofmeyer getadelt und erfuhren seitens der Staatsanwälte eine entschiedene Abfuhr.

Ähnlich arrogant verhielten sich auch die Angeklagten selbst und leugneten dabei, die ihnen vorgeworfenen Taten begangen zu haben. Alle Angeklagten benahmen sich auch weiterhin als verbrecherische Gruppe und handelten nach koordinierter Absprache, erteilten ausweichende oder verlogene Erklärungen oder lehnten es überhaupt ab, irgendwelche Erklärungen abzugeben. Das Benehmen der Angeklagten kann vor allem damit erklärt werden, daß sie sich dessen bewußt waren, daß ihnen nicht die Todesstrafe drohte, weil diese 1949 in der Bundesrepublik Deutschland abgeschafft worden war. Aus der Praxis deutscher Gerichte war ihnen auch bekannt, daß die Urteile sehr milde ausfielen und es sehr oft zu vorzeitiger Entlassung aus dem Gefängnis kam. Deshalb antworteten die Angeklagten vor Gericht vor allem mit folgenden stereotypen Wendungen: «Das ist mir nicht bekannt» oder «Das ist nicht wahr».

Am 53. Verhandlungstag, am 8. Juni 1964, stellte der Nebenkläger Dr. Henry Ormond den Antrag, in Auschwitz einen Lokaltermin durchzuführen, und setzte das Gericht davon in Kenntnis, daß die Regierung der Volksrepublik Polen bereit sei, dazu ihr Einverständnis zu erteilen. Dr. Ormond begründete seinen Antrag damit, selbst die genauesten Zeugenaussagen, Skizzen und Fotografien seien nicht imstande, eine persönliche Konfrontation zu ersetzen. Der Gerichtsvorsitzende Dr. Hofmeyer bemerkte, nach dem Völkerrecht sei dieser Antrag mit gewissen Vorbehalten zu beurteilen, denn Amtshandlungen eines deutschen Richters in einem anderen Staat könnten als Verletzung der Souveränität dieses Staates angesehen werden. Diese Ansicht Dr. Hofmeyers wurde sofort durch den Verteidiger Dr. Laternser unterstützt, der außerdem hinzufügte, seiner Meinung nach würde die Regierung der Bundesrepublik Deutschland niemals ihr Einverständnis dazu geben, irgendwelche Prozeßhandlungen auf fremdem Staatsgebiet durchzuführen. Anderer Ansicht war der Verteidiger Hans Schallock, der den Vorschlag eines Lokaltermins auf dem Gelände des ehemaligen Konzentrationslagers Auschwitz unterstützte und erklärte, der Antrag erwecke keinen Widerspruch. Ähnliche Erklärungen gaben die Staatsanwälte und einige andere Verteidiger ab. Der zweite Nebenkläger, Prof. Dr. Friedrich Karl Kaul aus der Deutschen Demokratischen Republik, schloß sich dem Antrag Dr. Ormonds an und fügte hinzu, die DDR würde bereit sein, freies Geleit bei der Durchfahrt durch ihr Gebiet und entsprechende Garantien zu geben. Das Gericht kam mehrmals auf diese Angelegenheit zurück.

Bezeichnend war die Meinung des Rechtsanwaltes Laternser, der erklärte, im Falle der Annahme dieses Antrages müßten alle Verteidiger am Lokaltermin teilnehmen, ihm persönlich aber sei eine Reise «hinter den eisernen Vorhang» unangenehm. Auf diese Weise hätte jeder Verteidiger, der aus diesen Gründen nicht am Lokaltermin teilnehmen würde, in Zukunft das Recht, ein wirksames Argument für einen Antrag zur Revision des Urteils anzuführen. Außerdem, fügte Laternser hinzu, müsse das Problem der Aufsicht über jene Angeklagten geklärt werden, die sich nicht auf freiem Fuß befänden. Seiner Ansicht nach könne ein deutscher Polizist in Polen nur ohne Uniform und unbewaffnet auftreten. Auf diese Weise würden die Angeklagten unter die Aufsicht eines fremden Staates geraten, was dem Grundsatz des deutschen Rechts widerspreche, kein deutscher Staatsangehöriger dürfe an eine fremde Macht ausgeliefert werden. Diese Zweifel behob Dr. Ormond, indem er bekannt gab, die polnischen Behörden hätten ihr Einverständnis gegeben, die Angeklagten auf polnischem Gebiet durch deutsche Polizei überwachen zu lassen. Dr. Ormond erklärte im sogenannten «Lagerjargon», die deutsche Polizei würde eine «kleine Postenkette», die polnische Miliz dagegen eine «große Postenkette» bilden, sie würde jenes Gebiet isolieren und sichern, auf dem das Gericht den Lokaltermin durchführen würde.

Erst am 15. Oktober 1964 (also nach fünf Monaten) wandte sich das Gericht wegen eines Gutachtens an den Untersuchungsrichter Dr. Hans Düx, der Auschwitz vor der Verhandlung besucht hatte. Im gleichen Moment erklärte der Gerichtsvorsitzende, man habe den Beschluß gefaßt – falls es möglich sein sollte –, eine Besichtigung des Geländes des ehemaligen Lagers in Auschwitz durchzuführen, und der Gerichtsvorsitzende bezeichnete diese Prozeßhandlung mit dem Terminus «Ortsbesichtigung» anstelle von Lokaltermin. Er fügte hinzu, die Ortsbesichtigung würde durch ein Mitglied des Gerichtskollegiums durchgeführt werden.*

Am 14. Dezember 1964 traf eine aus 23 Personen bestehende Gruppe auf dem Gelände des ehemaligen Konzentrationslagers Auschwitz ein.

* Der Einfachheit halber wird im weiteren Text der Begriff «Lokaltermin» benutzt, um so mehr, als diese Tätigkeit des Gerichts in der Presse der ganzen Welt unter dieser Bezeichnung bekannt geworden ist.

Mitglieder dieser Gruppe waren: ein Mitglied des Gerichts, Amtsgerichtsrat Walter Hotz, alle Ankläger, 8 Verteidiger und ein Angeklagter (Franz Lucas). Im Verwaltungsgebäude des Staatlichen Museums in Auschwitz wurde ein Verhandlungssaal eingerichtet. Auf polnischer Seite nahmen teil: der Bevollmächtigte des Justizministers der Regierung der Volksrepublik Polen, Prof. Dr. Jan Sehn, ein Sachverständiger, der Direktor des Museums Kazimierz Smoleń sowie der Nebenkläger Mieczysław Kieta und sein Bevollmächtigter, Rechtsanwalt Henry Ormond.

Vor Eröffnung der Sitzung des Gerichts erklärte Prof. Dr. Jan Sehn: «. . . Die Handlungen, die das Schwurgericht aus Frankfurt am Main auf diesem Gelände vorzunehmen beabsichtigt, haben zum Ziel, die materielle Wahrheit über Vorfälle zu ermitteln, die hier in der Vergangenheit stattgefunden haben und die jetzt Gegenstand des vor diesem Gericht stattfindenden Prozesses sind . . . Die Regierung der Volksrepublik Polen – die das gleiche Ziel verfolgt – hat ihr Einverständnis zur Durchführung dieser Handlungen gegeben. In Übereinstimmung mit einem entsprechenden Antrag versichert die polnische Regierung alle Teilnehmer der Gerichtshandlungen ihrer persönlichen Sicherheit, sichert ihnen freies Geleit sowie entsprechende Hilfe durch die zuständigen Organe der Volksmacht in Polen zu . . .»

Richter Hotz dankte in seiner Eröffnungsansprache den polnischen Behörden für die Gelegenheit, einen Lokaltermin auf dem Gelände von Auschwitz durchzuführen, und dafür, daß sie dem Gericht entsprechende Arbeitsbedingungen garantierten.

Zweck des Lokaltermins war es, Antworten auf 32 Fragen zu erhalten, die Aussagen einzelner Zeugen und Angeklagter betrafen. Nach dem ersten Tag erklärte Staatsanwalt Dr. Hans Großmann, alles, was die Teilnehmer des Lokaltermins gesehen hätten, sei erschütternd, und obgleich die Staatsanwaltschaft sich bereits seit Jahren mit diesem Problem befasse, sei sie sich seines ungeheuren Ausmaßes nie so klar bewußt gewesen wie jetzt. Die Besichtigung wurde am 16. Dezember 1964 mit der Unterzeichnung eines Protokolls beendet.[11] Dieses Protokoll wurde während der Gerichtsverhandlung in Frankfurt am Main verlesen, und einige Angeklagte, darunter Klehr und Bednarek, sowie mehrere Verteidiger erhoben Einspruch zu gewissen Klarstellungen des polnischen Sachverständigen. Rechtsanwalt Dr. H. Stolting II erhob den Vorwurf, während des Lokaltermins sei Direktor Kazimierz Smoleń als Sachverständiger gehört worden, seine Aussagen riefen aber Zweifel hervor, denn der Angeklagte Bednarek sei ebenfalls Häftling gewesen und betrachte die Ansichten von Smoleń als nicht richtig. Stolting II

11 Eine Kopie des Protokolls mit allen Fotografien befindet sich im Archiv des Staatlichen Museums in Auschwitz, Zeichen: Dpr-ZO/Frankfurt/4, Inventarnummer 149011

stellte den Antrag, eine neue Besichtigung durchzuführen. Den Antrag unterstützten auch die Rechtsanwälte Benno Erhard und Hans Laternser. Im Zusammenhang mit diesen Einwänden wurde der Direktor des Museums von Auschwitz erneut nach Frankfurt am Main gerufen. Die Vernehmung ergab jedoch, daß alle vorher von ihm erteilten und protokollierten Erklärungen der Wahrheit entsprachen. Auf diese Weise wurde der Antrag auf einen neuen Lokaltermin zu Fall gebracht. Hinzugefügt sei, daß die Rechtsanwälte Laternser und Stolting II während der erneuten Vernehmung von Kazimierz Smoleń vor dem Geschworenengericht nicht anwesend waren, eine Tatsache, die der Gerichtsvorsitzende Hofmeyer im Gerichtsprotokoll besonders unterstreichen ließ.

Die Einwände mehrerer Angeklagter und ihrer Verteidiger hatten also nur das eine Ziel, den Prozeß zu verlängern oder, wie es in Journalistenkreisen hieß, ihn zu «verwässern». Diese Taktik wurde von den Verteidigern seit Prozeßbeginn angewandt. Schließlich wurde am 19. August 1965 das Urteil verkündet. Der Urteilsspruch unterschied sich beträchtlich von den Anträgen der Staatsanwaltschaft, die hohe Strafen beantragt hatte. Das Gericht verurteilte sechs Angeklagte zu lebenslänglichem Freiheitsentzug, einen zu 14 Jahren Gefängnis, einen weiteren zu 10 Jahren, fünf Angeklagte zu Gefängnisstrafen von 5 bis 9 Jahren und vier Angeklagte zu Gefängnisstrafen von 3 bis 4 Jahren. Insgesamt wurden 17 Angeklagte verurteilt, drei Angeklagte – Schatz, Schoberth und Breitwieser – wurden freigesprochen.

Das Einverständnis der polnischen Seite zur Durchführung eines Lokaltermins in Auschwitz wurde 1968 durch den bekannten Sachverständigen für Völkerrecht, Prof. Alfons Klafkowski, wie folgt kommentiert:

«. . . Die polnische Regierung erteilte ihr Einverständnis zu einer vollkommen unkonventionellen Vereinbarung mit dem Gericht eines Staates, mit dem Polen nicht nur keinen Vertrag über Zusammenarbeit auf dem Gebiet des Rechtswesens abgeschlossen hat, sondern zu dem es nicht einmal diplomatische Beziehungen unterhält. Der Bevollmächtigte des polnischen Justizministers, Prof. Dr. Jan Sehn, unterschrieb am 31. März mit dem Vorsitzenden des Gerichts aus Frankfurt am Main, Dr. Hofmeyer, eine Vereinbarung, auf Grund derer unsere Gerichte durch Ankläger und Verteidiger berufene Zeugen auf dem Gebiet Polens in Anwesenheit von Anklägern und Verteidigern sowie Nebenklägern verhörten.

Mehr noch – unsere Regierung erteilte ihre Zustimmung, auch jenen Verteidigern freies Geleit zu gewähren, deren Tätigkeit in der Vergangenheit, besonders auf dem Territorium Polens, ernste Vorbehalte hervorrufen konnte.» [12]

12 lfons Klafkowski, «Ściganie zbrodniarzy . . .» (Verfolgung der Verbrecher . . .), S. 242

Nach dem ersten Lokaltermin fanden weitere in anderen Teilen Polens statt, darunter auch drei weitere Lokaltermine auf dem Gelände des ehemaligen Konzentrationslagers Auschwitz. Alle Lokaltermine standen mit den in Frankfurt am Main stattfindenden Prozessen im Zusammenhang.

Der nächste Prozeß gegen Verbrecher von Auschwitz, genannt der Zweite Prozeß, fand ebenfalls vor dem Schwurgericht in Frankfurt am Main statt, und zwar vom 14. Dezember 1964 bis zum 16. September 1966. Angeklagt waren Gerhard Neubert, Wilhelm Burger und Josef Erber alias Hustek. Das Gericht verurteilte Wilhelm Burger zu acht Jahren Gefängnis, Josef Erber zu lebenslänglichem Freiheitsentzug und Gerhard Neubert zu dreieinhalb Jahren Gefängnis.

Laut Ankündigung der Staatsanwaltschaft sollten im sogenannten Dritten Prozeß folgende Angeklagte vor Gericht gestellt werden: Bruno Hugo Albrecht, Karl Reinhard Broch, Eugen Doerr, Reinhard Edele, Alois Frey, Karl Friedrich Gaar, Erich Alfred Grönke, Adam Kradil, Kurt Hans Jurasek, Johann Josef Mirbeth, Elisabeth Ruppert, Willi Rudolf Sawatzki, Anton Wilhelm Siebald, Robert Sierek, Georg Swierczynsky, Otto Vollrath und Josef Windeck. Gleichzeitig wurde bekanntgegeben, die Staatsanwaltschaft sammle belastendes Material gegen Angeklagte in einem weiteren Prozeß, gegen folgende Verbrecher: Friedrich Ontl, Karl Egersdörfer, Jakob Fries, Richard Böck, Hubert August Christoph, Helmut Pomereinke, Johann Sabo, Franz Tomaszewski, Arthur Willi Wildermuth, Anton Glaser, Richard Gunter Hinze, Ludwig Holze, Josef Kaufmann, Josef Hofer sowie Bernhard Heinrich Bonitz.

Diese Ankündigung wurde nur in geringem Maße realisiert, denn aus der Gruppe der 32 oben genannten Personen wurden schließlich nur zwei angeklagt, und zwar zwei Häftlinge, die im Lager Kapos waren: Bonitz und Windeck. Das war der sogenannte «Dritte Prozeß», er fand vom 30. August 1967 bis 14. Juni 1968 in Frankfurt am Main statt und endete mit der Verurteilung beider Angeklagten zu lebenslänglichem Freiheitsentzug.

Im sogenannten Vierten Prozeß, der vom 18. Dezember 1973 bis zum 3. Februar 1976 dauerte, waren angeklagt: SS-Oberscharführer Willi Sawatzki und SS-Unterscharführer Alois Frey. Die Angeklagten wurden beschuldigt, unter anderem an der Liquidierung des Zigeunerlagers in Birkenau beteiligt gewesen zu sein sowie während der Evakuierung des Lagers im Januar 1945 Morde an Häftlingen verübt zu haben. Alois Frey wurde am 25. November 1974 mangels überzeugender belastender Beweise freigesprochen, und am 3. Februar 1976 ließ der Staatsanwalt auch gegen Sawatzki die Anklage fallen. In diesem Prozeß wurde also keiner der Angeklagten verurteilt.

In Österreich, wo sich ebenfalls Verbrecher von Auschwitz aufhalten, fand vom Januar bis März 1972 ein Prozeß gegen zwei Baumeister von

Gaskammern und Krematorien in Birkenau statt, die SS-Offiziere Walter Dejaco und Fritz Ertl. Das Schwurgericht in Wien erkannte auf Freispruch. Ein ähnliches Urteil erging ebenfalls in Wien im zweiten Prozeß (April 1972) gegen zwei SS-Männer von Auschwitz, Frantz Wunsch und Otto Graf, die der Teilnahme an Selektionen an der Lagerrampe angeklagt waren.

Wie bereits erwähnt, befaßten sich die Alliierten mit dem Problem der Bestrafung von Kriegsverbrechern schon während der Kampfhandlungen. Der Begriff Kriegsverbrechen sowie prozedurale Angelegenheiten betreffs Verfolgung, Bestrafung, Auslieferung usw. wurden genau umrissen und präzisiert. Der Internationale Militärgerichtshof in Nürnberg verurteilte die Hauptkriegsverbrecher – ungeachtet ihrer Stellung – und trug damit zur Wiederherstellung der Achtung vor dem Gesetz bei, das das Zusammenleben zwischen den Völkern regelt. In allen befreiten Ländern fanden Prozesse gegen die Völkermörder statt. Sie standen im Einklang mit dem Gesetz, waren keine Rache- oder Vergeltungsakte, sondern Akte der Gerechtigkeit.

Auf Grund von internationalen Verträgen und Vereinbarungen werden Kriegsverbrecher in Polen nicht nur verfolgt und bestraft, Polen erteilt auch anderen Ländern Hilfe, überweist Belastungsmaterial und entsendet Zeugen zu verschiedenen Prozessen. Besonders große Verdienste hat in diesem Bereich die Hauptkommission zur Untersuchung von Naziverbrechen in Polen.

Auf Initiative Polens beschloß die UNO-Vollversammlung am 26. November 1968 eine Konvention über die Nichtanwendung des Grundsatzes der Verjährung bei Kriegsverbrechen und Verbrechen gegen die Menschlichkeit (dieser Konvention, die auch Nichtmitgliedern der Vereinten Nationen gegenüber offen war, ist auch die Bundesrepublik Deutschland beigetreten). Polen tritt auch in der Kommission für Menschenrechte für eine weitere Sicherheit der Menschheit vor Kriegsverbrechen ein, und zwar durch Einführung einer internationalen Verpflichtung, bei der Verfolgung von Kriegsverbrechern Rechtshilfe zu gewähren, durch die Festlegung der Auslieferungspflicht, durch die Einführung des eindeutigen Verbots, Kriegsverbrechern Asyl zu gewähren, und durch die Einberufung eines ständigen internationalen Tribunals zu deren Aburteilung.

Fünf Jahre lang – während der Besatzung – erweckte der Name Konzentrationslager Auschwitz Furcht und Schrecken unter der Bevölkerung aller durch das Dritte Reich eroberten Länder, denn Auschwitz war eines der größten Zentren der Massenvernichtung, in dem die Hitlerfaschisten ihren grausamen Vorsatz totaler Vernichtung ihrer Gegner ohne Rücksicht auf ihre Nationalität, ihre Staatsangehörigkeit, politische Überzeugung, soziale Herkunft oder Konfession realisierten.

Die Hitlerfaschisten waren sich des ungeheuren Ausmaßes der verübten Verbrechen sehr wohl bewußt und versuchten deshalb auch – in dem Maße, wie sie von den alliierten Truppen geschlagen wurden – unter allen Umständen die Spuren ihrer Verbrechen zu tilgen. Das ist ihnen nur teilweise gelungen.

Als am 27. Januar 1945 Einheiten der Roten Armee Auschwitz befreiten, begann eine «Außerordentliche Sowjetische Staatskommission» sofort mit der Sicherstellung der nichtzerstörten Objekte und Anlagen im Lager. Sie traf an Ort und Stelle zahlreiche grundlegende Feststellungen und sammelte reichhaltiges dokumentarisches Material, Beweise für die ungeheuren Ausmaße der in Auschwitz verübten Verbrechen.

Der Gedanke, daß es notwendig sei, das Lagergelände als Denkmal des Kampfes und Martyriums zu erhalten, die Idee, das Andenken von Vätern und Müttern, Brüdern und Schwestern, all jener zu ehren, die dort umgekommen sind, entstand unter den Häftlingen noch in der düsteren Zeit der Herrschaft des Hitlerfaschismus, als der Himmel über Auschwitz von den Rauchwolken Tausender auf Scheiterhaufen brennender Leichen verhangen war.

Der ehemalige Häftling des Konzentrationslagers Auschwitz, Dr. Alfred Fiderkiewicz, stellte am 31. Dezember 1945 im Namen einer Gruppe von Abgeordneten auf der Plenartagung des damaligen Landesvolksrates KRN den Antrag, die Stätten polnischen und internationalen Martyriums zu Gedenkstätten zu erklären. Diesen Antrag verlangte die gesamte Bevölkerung Polens, das Volk, das jeden fünften Bürger durch die hitlerfaschistischen Besatzer verloren hatte. Am 2. Juli 1947 erließ die Regierung Volkspolens ein Gesetz über die Erhaltung des Geländes des ehemaligen Konzentrationslagers in Auschwitz-Birkenau mit allen dort befindlichen Gebäuden und Anlagen als Denkmal des Martyriums des polnischen Volkes und anderer Völker und beschloß, dort ein staatliches Museum einzurichten.

Das Staatliche Museum in Auschwitz-Birkenau beschränkt sich nicht nur auf Verwaltung und Betreuung dieses Friedhofs von etwa vier Millionen Menschen, es führt auch eine breit angelegte wissenschaftliche Tätigkeit und Forschung, sammelt Dokumente, beschäftigt sich mit der Veröffentlichung von Abhandlungen über die Geschichte hitlerfaschistischer Verbrechen, organisiert Symposien, Vorlesungen und Ausstellungen, die alle dazu beitragen, den Appell der befreiten Häftlinge zu realisieren, damit die Verbrechen von Auschwitz «nie wieder» geschehen können.

Dienstgrade

SS	Wehrmacht
SS-Mann	Schütze
SS-Sturmmann	Gefreiter
SS-Rottenführer	Obergefreiter
SS-Unterscharführer	Unteroffizier
SS-Scharführer	–
SS-Oberscharführer	Feldwebel
SS-Hauptscharführer	Oberfeldwebel
–	Hauptfeldwebel
SS-Untersturmführer	Leutnant
SS-Obersturmführer	Oberleutnant
SS-Hauptsturmführer	Hauptmann
SS-Sturmbannführer	Major
SS-Obersturmbannführer	Oberstleutnant
SS-Standartenführer	Oberst
SS-Oberführer	–
SS-Brigadeführer	Generalmajor
SS-Gruppenführer	Generalleutnant
SS-Obergruppenführer	General
SS-Oberstgruppenführer	Generaloberst
Reichsführer SS	–

1940 begannen die Hitlerfaschisten auf dem Gelände von Zasole – einem Vorort von Oświęcim – mit dem Bau eines Konzentrationslagers. Sie beabsichtigten anfänglich, in diesem Lager Polen aus Śląsk und dem Generalgouvernement festzusetzen, weil gerade in diesen Gebieten die Widerstandsbewegung gegen die Besatzung zunahm. Auf dem Bild: Blick auf Oświęcim während der Besatzungszeit

… des Inspekteurs
der Konzentrationslager –
Az.: 14 a 12/L/Ot.-

Einschreiben.

Betreff: Häftlingslager im Bereich der Höheren SS- und Polizeiführer.

Bezug : RF.SS-Pers.Stab Tgb.Nr. g.R/694/40 Wa/Kp. v. 1.II.40

Anlagen: - 3 -

An den

Reichsführer -SS und Chef der Deutschen Polizei

Berlin SW 11.

Abdr. an:
1.) SS-Gruppenführer P o h l (mit 9 Anlagen)
2.) SS- Gruppenführer Heydrich (ohne Anlagen).

Mit oben angezogener Verfügung hat der Reichsführer-SS die Besichtigung nachstehend aufgeführter Gefangenenlager auf ihre Eignung als Konzentrationslager befohlen:

1.) Polizeigefängnis in W e l z h e i m
2.) Durchgangslager in K i s l a u
(beide im Bereich des Höheren SS-und Polizeiführers Südwest)
3.) Lager Frauenberg b/Admont
(im Bereich des Höheren SS- und Polizeiführers Alpenland)
4.) Lager S o s n o w i t z Ost/O/S.
5.) Lager A u s c h w i t z O/S.
(beide im Bereich des Höheren SS- und Polizeiführers Südost).

Die Besichtigung ist durchgeführt worden. Das Ergebnis war folgendes:

1.) W e l z h e i m.
Welzheim ist kein Konzentrationslager, sondern seit 1934 ein Hausgefängnis der Geheimen Staatspolizei in Stuttgart und untersteht dieser. Die Bezeichnung "Konzentrationslager" muß irrtümlich erfolgt sein.
Für Konzentrationslagerzwecke ist es ungeeignet.

2.) K i s l a u.
Kislau ist ein Gefangenenlager der Reichsjustizverwaltung unter Bewachung der Justiz und Leitung eines Gefängnisdirektors. Aufnahmefähig für 600 Gefangene. Bis zum Beginn

- 2 -

des jetzigen Krieges wurden durch die Gestapo Karlsruhe a… Fremdenlegionäre in das Lager eingeliefert (gegen Erstatt… der Kosten); z.Zt. noch 7 Legionäre in Kislau. Da 1933/34 … der Nähe von Kislau ein Konzentrationslager bestanden hat … das jetzige Justizgefangenenlager noch fälschlicherweise "Konzentrationslager" bezeichnet.
Kislau, ein früheres herzogliches Jagdschloß, ist für Konz…tionslagerzwecke ungeeignet.

3.) F r a u e n b e r g b/Admont.
Frauenberg ist ein vom Landesfürsorgeverband Steiermark e…gerichtetes Arbeitslager für Arbeitsscheue und Trunkenbo… Es besteht aus 5 Holzbaracken und ist aufnahmefähig für … Häftlinge.
Die Arbeitshäftlinge sind ausschließlich Steiermärker, di… vom Landesfürsorgeverband Steiermark während ihres Lagers…haltes für ihre Arbeitsleistung gelöhnt werden(Stunde 27-Pfg.,abzüglich Verpflegung).
Die Bewachung erfolgt durch die SA (etwa 20 Mann).
Die Arbeitshäftlinge werden beschäftigt in 2 Steinbrüchen … im Straßenbau. Unweit des Lagers befindet sich ein Moorge… von ca. 25 - 30 qkm (es soll bis zu 25 m tief sein).Grund… Boden ist jetzt Staatseigentum; früher gehörte es zum Sti… Admont.
Frauenberg ist in der jetzigen Gestaltung, ohne größeren … für Konzentrationslagerzwecke ungeeignet.

4.) S o s n o w i t z O/S.
Sosnowitz ist nur vorübergehend als Durchgangslager für a… wandernde Juden provisorisch eingerichtet; z.Zt. belegt m… 300 Juden. Die Verpflegung dieser jüdischen Auswanderer w… von der Kultusgemeinde Sosnowitz durchgeführt. Die für di… Zweck mit Stroh ausgelegte Fabrikhalle ohne jegliche Einr…tung, ohne Wasser und ohne Kochgelegenheit ist weder als …zentrationslager, noch als Quarantänelager verwendbar.

5.) A u s c h w i t z O/S.
Auschwitz, eine ehemalige polnische Artilleriekaserne(Ste… und Holzgebäude) ist nach Abstellung einiger sanitärer un… baulicher Mängel als Quarantänelager geeignet.
Ein ausführlicher Bericht ist dem RFSS und Chef der Deuts… Polizei, Gruppenführer P o h l , Gruppenführer H e y d r…

57

- 3 -

und dem Reichsarzt- SS vorgelegt worden. Die noch notwendigen baulichen und hygienischen Untersuchungen in Auschwitz werden z. Zt.durchgeführt. Wenn die vom Chef der Sicherheitspolizei veranlaßten Verhandlungen auf Überlassung des Lagers von der Wehrmacht- es befindet sich, wie bereits gemeldet, noch eine Baukompanie im Lager- zum Abschluß gekommen sind, wird sofort die Ingangsetzung als Quarantänelager von mir durchgeführt werden. Die notwendigen Vorbereitungen habe ich hierzu bereits getroffen.

6.) S t u t t h o f.
Wegen der Übernahme des Lagers Stutthof b/Danzig als staatliches Konzentrationslager ist dem Reichsführer-SS ein ausführlicher Bericht vorgelegt worden. SS- Gruppenführer P o h l und SS- Gruppenführer H e y d r i c h haben die Übernahme befürwortet.

Die Unterlagen der von mir nicht zu besichtigenden Lager im Bereich der Höheren SS- und Polizeiführer Warthe und Rhein habe ich dem SS- Gruppenführer Pohl vorgelegt mit der Bitte um Stellungnahme, ob von ihm an diesen Lagern ein Interesse besteht. Nach Durchsicht der Berichte kommen diese Lager für Konzentrationslagerzwecke meines Erachtens nicht in Frage.

Glücks

SS - Oberführer.

Schreiben des Inspekteurs der Konzentrationslager, Richard Glücks, vom 21. Februar 1940 an den Reichsführer SS Heinrich Himmler über die Ergebnisse der Inspektionen, u. a. in ehemaligen polnischen Militärkasernen in Oświęcim, in denen das Konzentrationslager eingerichtet werden sollte. Glücks meldete, daß die Kasernen nach gewissen baulichen und sanitären Veränderungen (Pkt. 5, S. 2–3) für ein Konzentrationslager geeignet seien.

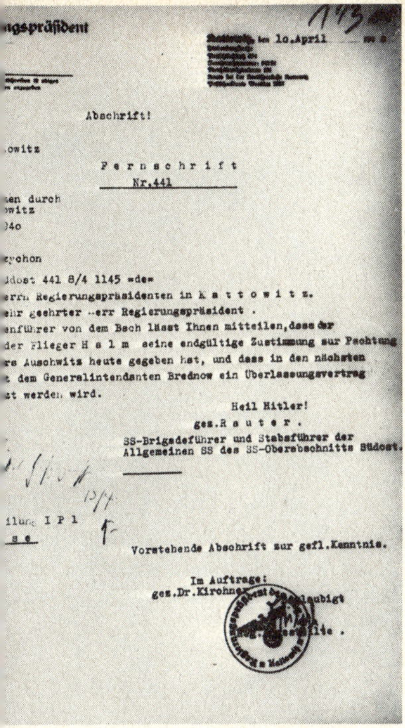

ngspräsident

143

[illegible] den 10.April 19[illegible]

Abschrift!

owitz

F e r n s c h r i f t
Nr.441

en durch
witz
94o

ychon

dost 441 8/4 1145 =de=
errn Regierungspräsidenten in K a t t o w i t z.
ehr geehrter -err Regierungspräsident .
enführer von dem Bach lässt Ihnen mitteilen, dass der
der Flieger H a l m seine endgültige Zustimmung zur Pachtung
rs Auschwitz heute gegeben hat, und dass in den nächsten
t dem Generalintendanten Brednow ein Überlassungsvertrag
zt werden wird.

Heil Hitler!
gez.R a u t e r .
SS-Brigadeführer und Stabsführer der
Allgemeinen SS des SS-Oberabschnitts Südost.

ilung I P 1
s e

Vorstehende Abschrift zur gefl.Kenntnis.

Im Auftrage:
gez.Dr.Kirchner [illegible]beglaubigt
[illegible]te .

Abschrift eines Fernschreibens vom 10. April 1940 mit dem Bericht, der General der Lufwaffe Halm sei endgültig mit einer Verpachtung der ehemaligen Militärkasernen für Auschwitz einverstanden

Die ersten polnischen Häftlinge wurden von den Nazis beim Abriß von Häusern der nicht nur aus der Vorstadt Zasole, sondern auch aus Oświęcim ausgesiedelten polnischen Bevölkerung eingesetzt. ⇩

Das ganze Lagergebiet wurde mit einem doppelten, elektrisch geladenen Stacheldrahtzaun abgegrent. Außerdem wurde von der Straße her eine hohe Mauer aus Betonplatten errichtet, an der in Abständen von mehreren Metern Wachtürme standen.

Das Lager Auschwitz trug die offizielle Bezeichnung «Konzentrationslager Auschwitz» (KZ Auschwitz). Es wurde durch eine bewaffnete Mannschaft verwaltet, die sich aus Mitgliedern einer der verbrecherischsten hitlerfaschistischen Organisationen zusammensetzte, der sogenannten Waffen-SS. Die SS-Kasernen befanden sich in unmittelbarer Nähe des Lagers in Gebäuden des ehemaligen polnischen Tabakmonopols. In dem Maße, in dem die Zahl der Häftlinge im Lager stieg, wurde auch die SS-Wachmannschaft vergrößert, die in der letzten Etappe des Bestehens des Lagers mehrere tausend Mann zählte.
Auf den Bildern: Appell der SS-Wachmannschaft (oben), SS-Männer auf dem Marsch ins Lager (unten)

Auf den Bildern:
Birkenau
Wohnbaracken
Hauptwache
Teilansicht des Lagers

Während der ersten Inspektion des Reichsführers SS Heinrich Himmler im KZ Auschwitz im März 1941 wurde der Entschluß gefaßt, das Lager so auszubauen, daß es 30000 Häftlinge fassen konnte. Außerdem gab Himmler den Befehl, ein weiteres Lager auf dem Gelände des Dorfes Brzezinka anzulegen. Das Lager erhielt später den Namen KZ Auschwitz II – Birkenau. Es sollte anfangs 100000, später 200000 Häftlinge fassen. In Birkenau wurden mehrere hundert Baracken errichtet, in denen Zehntausende von Häftlingen verschiedener Nationalität und sowjetische Kriegsgefangene festgehalten wurden.

Häftlinge – Männer und Frauen – unter Aufsicht der SS beim Einsatz zu schwerer Arbeit bei der Planierung und Entwässerung des Geländes und beim Bau verschiedener Objekte

Chef aller Bauvorhaben was SS-Sturmbannführer Karl Bischoff (zweiter von rechts).

◊

Bau und Ausbau des Lagers wurden durch höchste Parteistellen und Regierungsbehörden des Dritten Reiches kontrolliert. Inspektionen durch hochgestellte Persönlichkeiten waren häufig.
Auf dem Bild: Rudolf Höß, der ersten Lagerkommandant (3. v. r.) und der Gauleiter Schlesiens Fritz Bracht (daneben). Rechts, teilweise sichtbar, Ludwig Plagge, einer der ersten Rapportführer

In dem von Bischoff bestätigten Ausbauplan des Lagers in Birkenau war die Errichtung eines Lagerkomplexes für 200000 Häftlinge vorgesehen.
Auf den Bildern: das Frauenlager, Abschnitt BIb (oben), das Männerlager, Abschnitt BIIa (Quarantäne).

Das erste Krematorium im KZ Auschwitz, in Betrieb bis 1943. In diesem Krematorium wurden Leichen verstorbener Häftlinge verbrannt. Seit 1941 wurden in diesem Krematorium auch Menschen mit Zyklon B getötet. Heutiger Zustand

Krematorium I – Innenansicht. Eines der kleinsten Krematorien im KZ Auschwitz. Die drei Zweiretortenöfen des Krematoriums wurden von der Firma «Topf und Söhne» aus Erfurt hergestellt. Nach dem Bau von vier Gaskammern und vier Krematorien in Birkenau wurde das Krematorium in Auschwitz in ein Apothekenmagazin umgebaut. Heutiger Zustand

Hitlerfaschistische Konzentrationslager, darunter auch das Lager in Auschwitz, waren ein riesiges Reservoir billiger Arbeitskräfte. Beim Bau des IG-Farben-Werks in Monowitz bei Auschwitz wurden gemäß dem Beschluß Himmlers auch Häftlinge aus dem KZ Auschwitz zur Arbeit eingesetzt. Später entstand an dieser Stelle ein Lager mit der Bezeichnung: KZ Auschwitz III – Monowitz, dem alle in der Nähe verschiedener Gruben und Hütten bestehenden Nebenlager in Śląsk unterstellt wurden.
Auf dem Bild: Reichsführer SS Heinrich Himmler (erster von rechts) in Monowitz

◊

Zum Bau von Krematorien und Gaskammern wurden auch Häftlinge eingesetzt.
Auf den Bild: Häftlinge beim Bau des Krematoriums II oder III in Birkenau

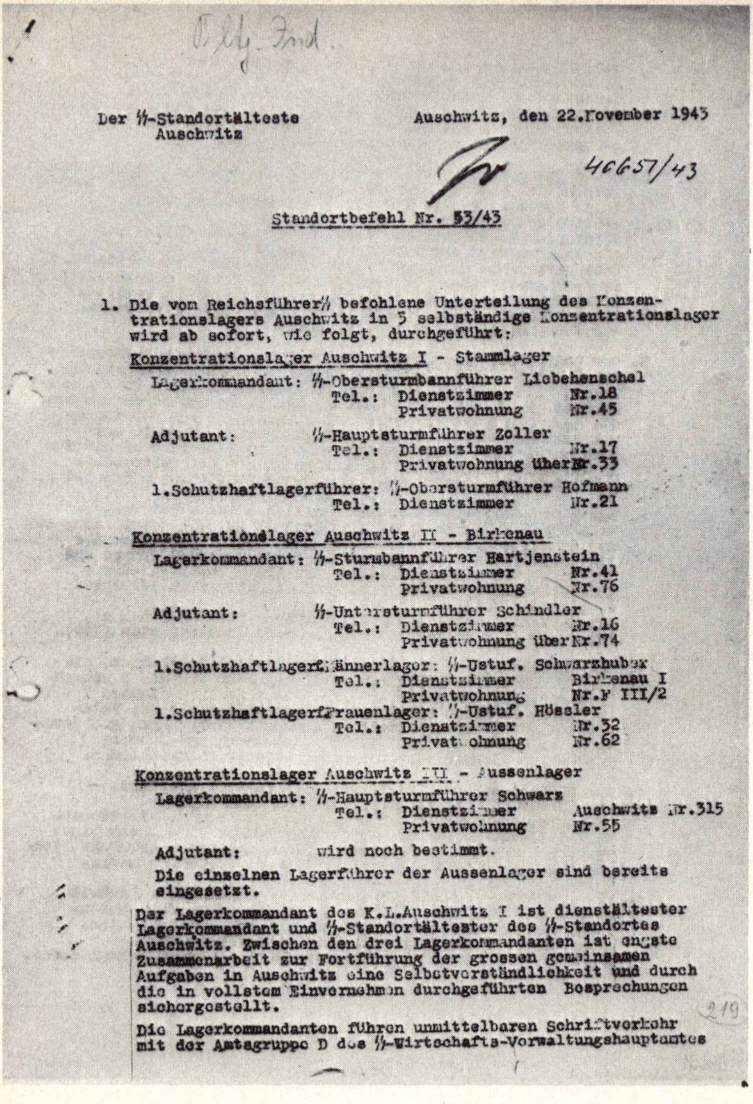

Der SS-Standortälteste
Auschwitz

Auschwitz, den 22.November 1943

40651/43

Standortbefehl Nr. 53/43

1. Die vom ReichsführerSS befohlene Unterteilung des Konzentrationslagers Auschwitz in 3 selbständige Konzentrationslager wird ab sofort, wie folgt, durchgeführt:

Konzentrationslager Auschwitz I - Stammlager

Lagerkommandant: SS-Obersturmbannführer Liebehenschel
Tel.: Dienstzimmer Nr.18
Privatwohnung Nr.45

Adjutant: SS-Hauptsturmführer Zoller
Tel.: Dienstzimmer Nr.17
Privatwohnung über Nr.33

1.Schutzhaftlagerführer: SS-Obersturmführer Hofmann
Tel.: Dienstzimmer Nr.21

Konzentrationslager Auschwitz II - Birkenau

Lagerkommandant: SS-Sturmbannführer Hartjenstein
Tel.: Dienstzimmer Nr.41
Privatwohnung Nr.76

Adjutant: SS-Untersturmführer Schindler
Tel.: Dienstzimmer Nr.16
Privatwohnung über Nr.74

1.Schutzhaftlagerf.Männerlager: SS-Ustuf. Schwarzhuber
Tel.: Dienstzimmer Birkenau I
Privatwohnung Nr.F III/2

1.Schutzhaftlagerf.Frauenlager: SS-Ustuf. Hössler
Tel.: Dienstzimmer Nr.32
Privatwohnung Nr.62

Konzentrationslager Auschwitz III - Aussenlager

Lagerkommandant: SS-Hauptsturmführer Schwarz
Tel.: Dienstzimmer Auschwitz Nr.315
Privatwohnung Nr.55

Adjutant: wird noch bestimmt.

Die einzelnen Lagerführer der Aussenlager sind bereits eingesetzt.

Der Lagerkommandant des K.L.Auschwitz I ist dienstältester Lagerkommandant und SS-Standortältester des SS-Standortes Auschwitz. Zwischen den drei Lagerkommandanten ist engste Zusammenarbeit zur Fortführung der grossen gemeinsamen Aufgaben in Auschwitz eine Selbstverständlichkeit und durch die in vollstem Einvernehmen durchgeführten Besprechungen sichergestellt.

Die Lagerkommandanten führen unmittelbaren Schriftverkehr mit der Amtsgruppe D des SS-Wirtschafts-Verwaltungshauptamtes

219

Erste Seite eines Standortbefehls vom 22. November 1943 über die Aufteilung des KZ Auschwitz in drei gesonderte Lager: Auschwitz I (Auschwitz), Auschwitz II (Birkenau) und Auschwitz III (Monowitz)

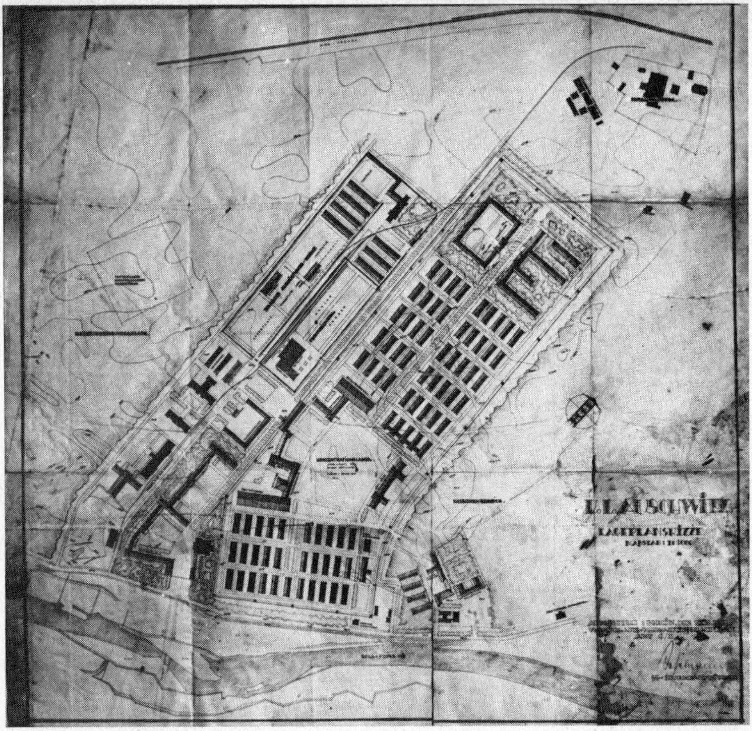

Generalplan zum Ausbau des KZ Auschwitz I vom 19. Februar 1942. Im Plan war vorgesehen, mehrere Dutzend gemauerte Unterkünfte für Häftlinge sowie Gebäude für die SS-Lagerführungen zu errichten.

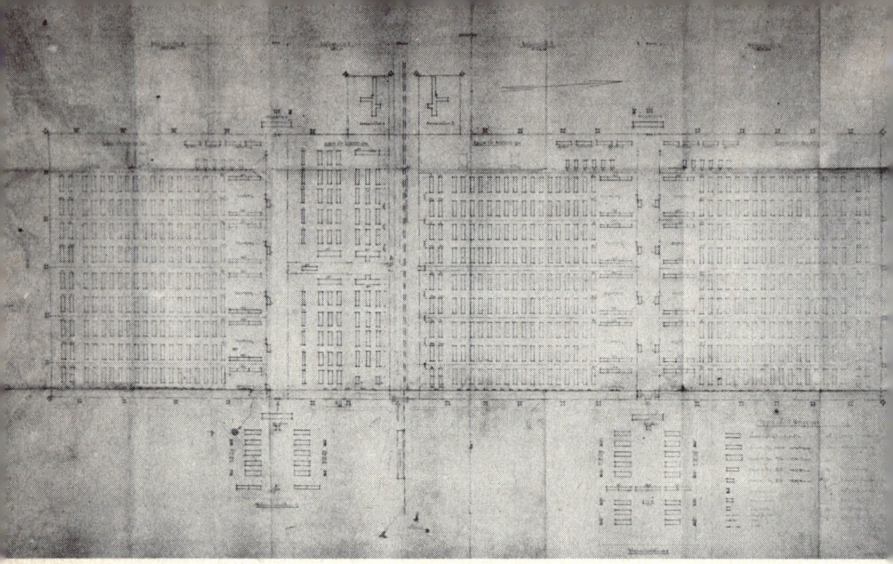

Generalplan zum Ausbau des KZ Auschwitz II (Birkenau) vom 15. August 1942. Im Plan war vorgesehen, auf dem Gelände des Lagers Birkenau einen Komplex, bestehend aus vier «Bauabschnitten» (I, II, III, IV), sowie Vernichtungsanlagen zu errichten.

Im KZ Auschwitz befanden sich Häftlinge verschiedener Nationalitäten, religiöser Zugehörigkeit, politischer Überzeugungen und Berufe aus fast allen Ländern Europas und anderen Kontinenten.
Auf dem Bild: Sowjetische Kriegsgefangene werden in das Lager abgeführt.

◊

Von der Sommeroffensive der Sowjetarmee bedrängt, begann die SS-Lagerführung im August 1944 mit der Beseitigung von Spuren und Beweisen der verübten Verbrechen.
Auf dem Bild: Birkenau – Ruinen der Gaskammern und des Krematoriums II

Häftl.-Bekleidungskammer
186

Konzentrationslager Auschwitz
Politische Abteilung

Z u g ä n g e a m 21.Mai 1941:

...Art	Häftl. Nr.	N a m e	Vorname	Geb.Dat.	Geb.Ort	Beruf
		Staatspolizeistelle Posen:				
...utzh.P.	15618	Adamczak	Anton	17. 1.o4	Kiebel	Arbeiter
" P.	15619	Kobiak	Marian	4.12.o9	Sokal	Sportreport.
" D.	1562o	Müller	Kurt	22. 2.14	Ballenstein	Landwirt
" Jud.	15621	Goldberg	Adalbert	2.12.86	Lemberg	Kaufmann
" P.	15622	Kita	Boleslaus	11. 7.1o	Sokolowo	Lehrer
" P.	15623	Rzeznik	Stefan	4. 8.11	Syracz Koscielny,	Arbeiter
" P.	15624	Robak	Franz	29. 3.93	Gronsko	Landwirt
" P.	15625	Cyprych	Johann	25. 5.19	Klecko	Drogerist
" P.	15626	Bak	Stanislaus	9. 4.17	Posen	Schloßer
P.	15627	Lula	Anton	11.12.14	Szamotuly	Schloßer
P.	15628	Mleczak	Josef	19. 3.9o	Lubosz	Stellmacher
		Staatspolizeistelle Litzmannstadt:				
...utzh.P.	15629	Milek	Stanislaus	13. 8.o8	Charlupia Mala,	Landarbeit.
" P.	1563o	Urbanski	Mieczyslaus	1o.8.86	Gulcz	Arbeiter
" P.	15631	Szymaniak	Adam	24. 4.92	Kalisch	Schloßer
" P.	15632	Mironski	Johann	4.1o.o9	Rombien	Buchbinder
" P.	15633	Hajdas	Stanislaus	6. 5.o7	Wiescice	Landwirt
" P.	15634	Karasinski	Kasimir	12. 2.12	Slupia	Buchhalter
" P.	15635	Gorny	Peter	29. 6.o2	Ruda	Arbeiter
" P.	15636	Bugaj	Franz	1.1o.1o	Raden	Landwirt
" P.	15637	Domagala	Siegmund	15. 7.15	Wiescice	Landwirt
" P.	15638	Domagalski	Heinrich	22.11.13	Lutomiersk	Schuster
" P.	15639	Frątczak	Czeslaus	2o. 8.2o	Oraczew	Landarbeiter
" P.	1564o	Gradowski	Richard	1. 1.14	Litzmannstadt,	Arbeiter
		Kriminalpolizeistelle Kattowitz:				
...l./Aso.P.	15641	Majewski	Albert	11. 4.12	Siemien	Schmiedegehilf
		Kriminalpolizeistelle Litzmannstadt:				
...m./Aso.P.	15642	Ochman	Johann	7. 3.99	Litzmannstadt,	Arbeiter
		Staatspolizeistelle Liegnitz:				
...hutzh.P.	15643	Potega	Marian	22.11.19	Niechcice	Fleischer
" P.	15644	Kucharski	Leo	6. 4.17	Ploszow	Arbeiter
		Rücküberstellt aus KL.-Floßenbürg:				
...hutzh.P.	9349	Jaworecki	Michael	3o. 7.11	Wojnarowa	Bauer

Raab
....
(SS-Unterscharführer)

Nach Ankunft eines Transports wurden arbeitsfähige Häftlinge in das Lager gebracht, wo sie geschoren, desinfiziert und gebadet wurden.

◊

Nach Einlieferung in das Lager wurde der Häftling registriert, sein Name durch eine Nummer ersetzt. Personalbogen über jeden Häftling waren in der sogenannten «Zugangsliste» enthalten, die jeden Tag neu angefertigt wurde.
Auf dem Bild: Liste mit Namen von Häftlingen, die am 21. Mai 1941 durch die Gestapoleitstellen in Poznań (Posen), Lódź (Litzmannstadt), Katowice, Liegnitz und aus dem Lager in Floßenbürg in das KZ Auschwitz eingeliefert wurden. Die Liste trägt die Unterschrift von SS-Unterscharführer Hans Stark.

Nach Einlieferung in das Lager wurden die Häftlinge von drei Seiten fotografiert. Die Aufnahmen sollten die Ergreifung eines Haftlings im Falle einer Flucht erleichtern.

Der erste registrierte Pole in einer Gruppe von 728 polnischen Häftlingen, die am 14. Juni 1940 aus dem Gefängnis in Tarnów in das Lager überführt wurden, war Stanisław Ryniak. Er erhielt die Häftlingsnummer 31.

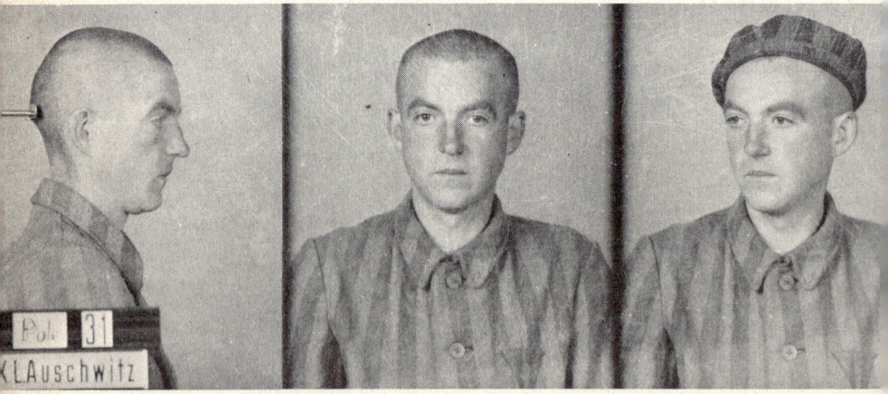

Fotos von Kindern kurz nach ihrer Einlieferung im Lager.

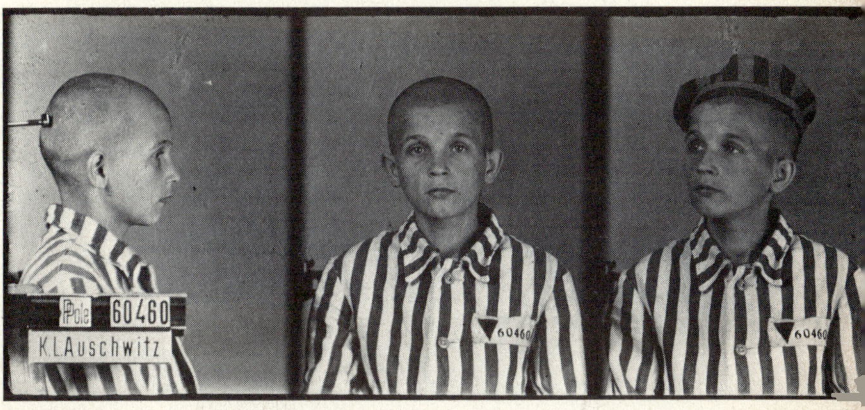

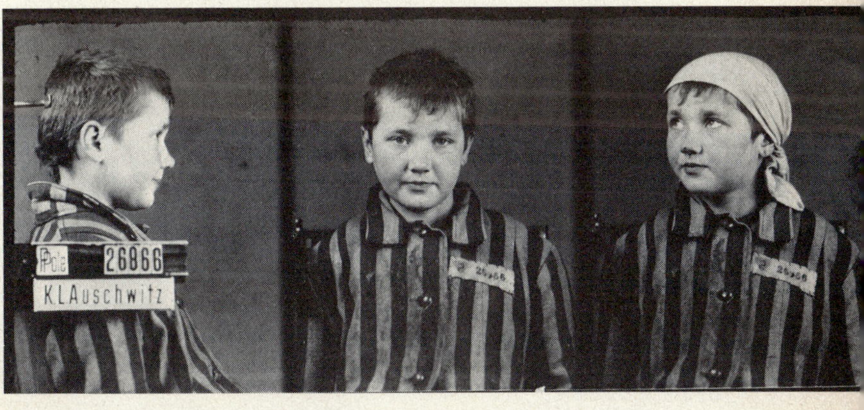

Nach der Aufnahme der Personalien und der Kennzeichnung mit Häftlingsnummern, die in den linken Unterarm eintätowiert wurden, wurden die Neuankömmlinge in Häftlingsdrilliche gesteckt.
Aus dem Bild: eine Gruppe weiblicher Häftlinge

In das Lager mitgebrachtes Hab und Gut wurde von der SS beschlagnahmt und in Baracken-Magazinen aufbewahrt. Trotz zahlreicher Baracken, in denen Effektenlager mit Hab und Gut ermordeter Häftlinge eingerichtet worden waren, und trotz ständigen Versandes ganzer Züge mit Bekleidung in das Innere das Reiches häuften sich riesige Mengen verschiedener Gegenstände zwischen den Effektenbaracken.

Häftlinge beim Sortieren von Schuhen in Birkenau. Die Aufnahme stammt von einem SS-Mann.

Auf den Bildern: Eisenbahnrampe (unten links), Effektenlager und Häftlinge, die beim Sortieren von Effekten eingesetzt wurden (unten)

Innenansicht einer gemauerten Baracke in Birkenau. Auf jeder dreistöckigen Pritsche schliefen 8–10 Häftlinge.

Holzbaracke in Birkenau.
Innenansicht

Latrine im KZ Auschwitz II – Birkenau

Beim Bau des IG-Farben-Werks wurden Häftlinge zu schwersten Bauarbeiten eingesetzt. Aus überlieferten Dokumenten geht hervor, daß bei diesem Arbeitseinsatz etwa 30000 Häftlingen umgekommen sind.
Auf dem Bild: ein Häftlingsarbeitskommando auf dem Weg zum Arbeitseinsatz im IG-Farben-Werk

Die enge Zusammenarbeit zwischen der SS und den Eigentümern deutscher Konzerne und Industrieunternehmen beruhte u. a. auf der größtmöglichten Ausnutzung der Arbeitskraft von Häftlingen. Auf dem Bild: Reichsführer SS Heinrich Himmler (2. v. r.) wird durch Oberingenieur Faust über den Bau des IG-Farben-Werks auf dem Gelände des KZ Auschwitz III (Monowitz) informiert.

Weibliche Häftlinge bei Bauarbeiten.

Gesamtansicht des Werks Monowitz der IG-Farben.

Beim Abmarsch zum Arbeitseinsatz sowie bei der Rückkehr der Häftlinge spielte ein Lagerorchester. Den SS-Männern ging es um einen geordneten Vorbeimarsch Tausender von Häftlingen, denn am Eingangstor wurden die Häftlinge von der Wachmannschaft gezählt.

Wohnbaracken im Nebenlager Trzebinia. Das Foto entstand 1945.

Nebenlager Eintrachthütte in Świetochlowice. Foto aus dem Jahr 1945.

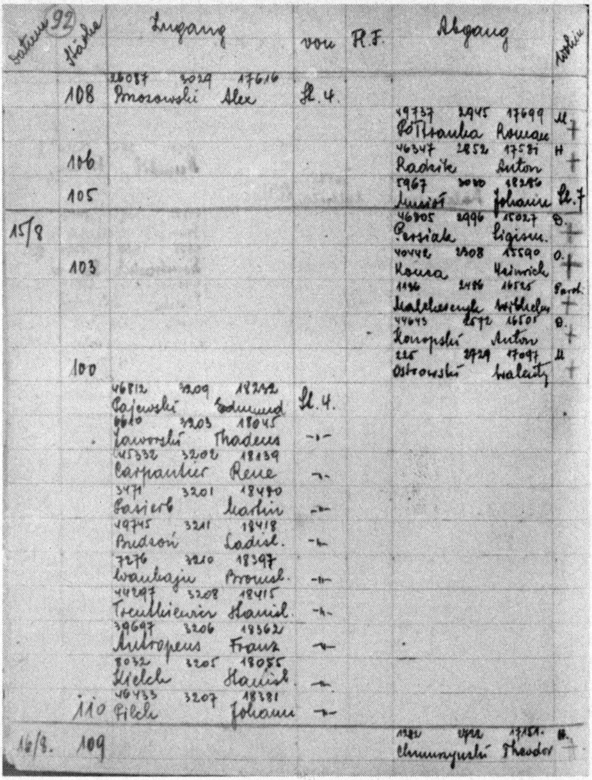

Datum (92)	Nähe	Zugang	von	R.F.	Abgang	Nähe
	108	26087 3024 17616 Mrozowski Alex	St. 4.			
					49737 2945 17699 Pottkanka Roman	M. +
	106				46347 2852 17581 Radzik Anton	H +
	105				5967 3010 18286 Musiol Johann	St. 7
15/8					46805 2996 15027 Persiak Zygmunt	B. +
	103				40442 2308 15590 Kowra Heinrich	O. +
					1136 2486 16525 Maleszewski Wilhelm	Parol. +
					44643 2572 16501 Konopski Anton	B. +
	100				225 2929 17097 Ostrowski Walenty	M +
		46812 3209 18242 Gajewski Edmund	St. 4.			
		9910 3203 18045 Zaworski Thadeus	-"-			
		45332 3202 18139 Carpantier Rene	-"-			
		3471 3201 18480 Gasiorek Martin	-"-			
		49745 3211 18418 Budzoń Ladisl.	-"-			
		7276 3210 18397 Wantuja Bronisl.	-"-			
		44297 3208 18415 Trzebkiewicz Stanisl.	-"-			
		39697 3206 18362 Antropeus Franz	-"-			
		8032 3205 18055 Kielch Stanisl.	-"-			
	110	46433 3207 18381 Filek Johann	-"-			
16/8.	109				1282 1922 17151 Chmurzyński Theodor	B. +

Eine Seite des Krankenregisters von Häftlingen im Krankenbau Nr. 20 im KZ Auschwitz I. Der Tod eines Häftlings wurde mit einem Kreuz abgezeichnet.

◊

Zweck der zahlreichen Inspektionen von Persönlichkeiten aus der Reichsführung der SS auf dem Gelände der von faschistischen Konzernen errichteten Industriewerke war es, den Anteil der SS an der Rüstung der Armee zu unterstreichen.
Auf dem Bild (erste Reihe von links): Reichsführer SS Heinrich Himmler, Oberingenieur Faust (mit Hut) sowie der erste Lagerkommandant des KZ Auschwitz Rudolf Höß

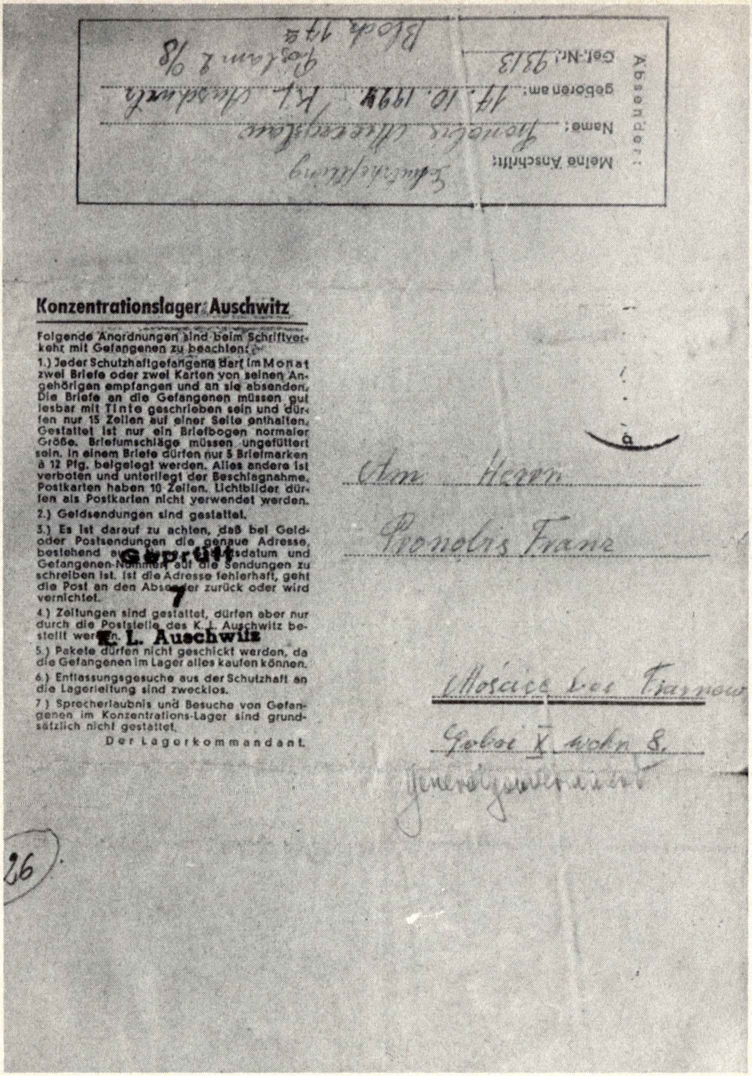

Absender:
Meine Anschrift:
Name:
geboren am: 17. 10. 1924
Gef.-Nr.: 9313
Block 17a

Konzentrationslager Auschwitz

Folgende Anordnungen sind beim Schriftverkehr mit Gefangenen zu beachten:

1.) Jeder Schutzhaftgefangene darf im Monat zwei Briefe oder zwei Karten von seinen Angehörigen empfangen und an sie absenden. Die Briefe an die Gefangenen müssen gut lesbar mit Tinte geschrieben sein und dürfen nur 15 Zeilen auf einer Seite enthalten. Gestattet ist nur ein Briefbogen normaler Größe. Briefumschläge müssen ungefüttert sein. In einem Briefe dürfen nur 5 Briefmarken à 12 Pfg. beigelegt werden. Alles andere ist verboten und unterliegt der Beschlagnahme. Postkarten haben 10 Zeilen. Lichtbilder dürfen als Postkarten nicht verwendet werden.

2.) Geldsendungen sind gestattet.

3.) Es ist darauf zu achten, daß bei Geld- oder Postsendungen die genaue Adresse, bestehend au[illegible]sdatum und Gefangenen-N[illegible] auf die Sendungen zu schreiben ist. Ist die Adresse fehlerhaft, geht die Post an den Abs[illegible]er zurück oder wird vernichtet.

4.) Zeitungen sind gestattet, dürfen aber nur durch die Poststelle des K. L. Auschwitz bestellt wer[illegible]n.

5.) Pakete dürfen nicht geschickt werden, da die Gefangenen im Lager alles kaufen können.

6.) Entlassungsgesuche aus der Schutzhaft an die Lagerleitung sind zwecklos.

7.) Sprecherlaubnis und Besuche von Gefangenen im Konzentrations-Lager sind grundsätzlich nicht gestattet.

Der Lagerkommandant.

Geprüft
7
K. L. Auschwitz

An Herrn
Pronobis Franz
Mościce bei Tarnow
Generalgouvernement

26

Die Häftlinge (mit Ausnahme von sowjetischen Kriegsgefangenen und Juden) durften zweimal im Monat Briefe an ihre nächsten Verwandten schreiben. Es war verboten, über die Zustände im Lager zu berichten. Briefe wurden auf Spezialformularen geschrieben und unterlagen einer Zensur der Lagerführung.

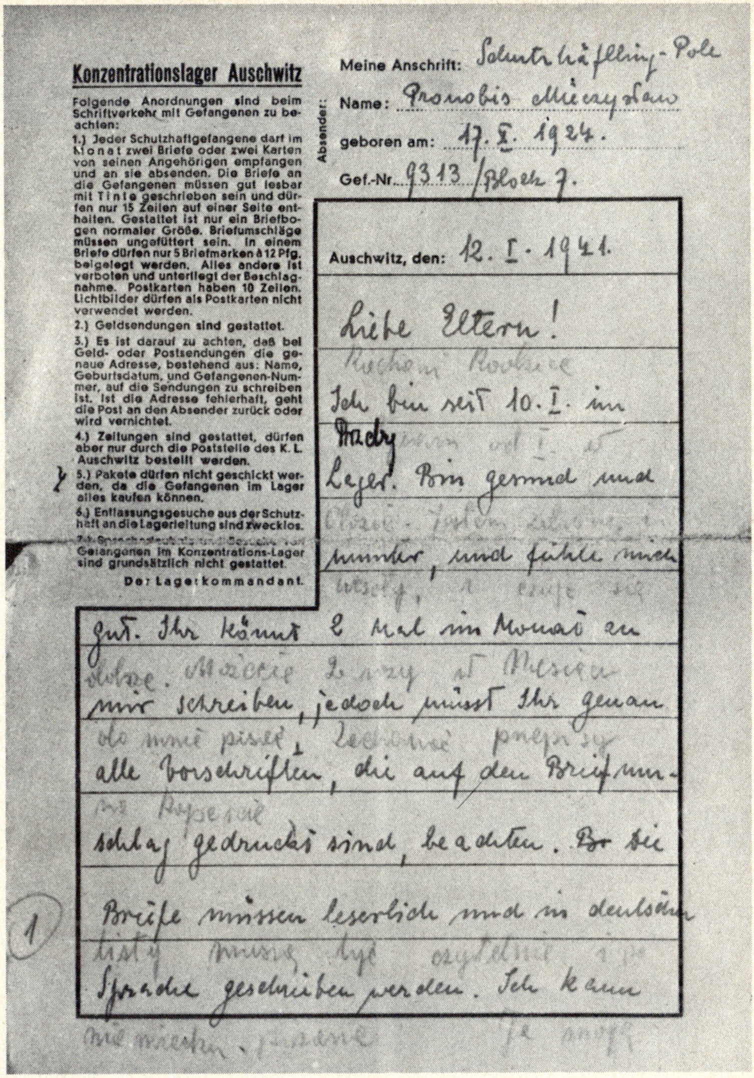

Konzentrationslager Auschwitz

Folgende Anordnungen sind beim Schriftverkehr mit Gefangenen zu beachten:

1.) Jeder Schutzhaftgefangene darf im Monat zwei Briefe oder zwei Karten von seinen Angehörigen empfangen und an sie absenden. Die Briefe an die Gefangenen müssen gut lesbar mit Tinte geschrieben sein und dürfen nur 15 Zeilen auf einer Seite enthalten. Gestattet ist nur ein Briefbogen normaler Größe. Briefumschläge müssen ungefüttert sein. In einem Briefe dürfen nur 5 Briefmarken à 12 Pfg. beigelegt werden. Alles andere ist verboten und unterliegt der Beschlagnahme. Postkarten haben 10 Zeilen. Lichtbilder dürfen als Postkarten nicht verwendet werden.

2.) Geldsendungen sind gestattet.

3.) Es ist darauf zu achten, daß bei Geld- oder Postsendungen die genaue Adresse, bestehend aus: Name, Geburtsdatum, und Gefangenen-Nummer, auf die Sendungen zu schreiben ist. Ist die Adresse fehlerhaft, geht die Post an den Absender zurück oder wird vernichtet.

4.) Zeitungen sind gestattet, dürfen aber nur durch die Poststelle des K. L. Auschwitz bestellt werden.

5.) Pakete dürfen nicht geschickt werden, da die Gefangenen im Lager alles kaufen können.

6.) Entlassungsgesuche aus der Schutzhaft an die Lagerleitung sind zwecklos.

7.) [illegible] Gefangenen im Konzentrations-Lager sind grundsätzlich nicht gestattet.

Der Lagerkommandant.

Absender:

Meine Anschrift: Schutzhäftling-Pole

Name: Pronobis Mieczysław

geboren am: 17. X. 1924.

Gef.-Nr. 9313 / Block 7.

Auschwitz, den: 12. I. 1941.

Liebe Eltern!

Ich bin seit 10. I. im [illegible]

Lager. Bin gesund und

munter, und fühle mich

gut. Ihr könnt 2 Mal im Monat an

mir schreiben, jedoch müsst Ihr genau

alle Vorschriften, die auf den Briefum-

schlag gedruckt sind, beachten. Die

(1) Briefe müssen leserlich und in deutscher

Sprache geschrieben werden. Ich kann

Auf den Bildern: Korrespondenz des Häftlings Mieczysław Pronobis

Die Häftlinge unternahmen Fluchtversuche aus dem Lager. Meist fanden sie im stromgeladenen Zaun den Tod oder wurden von SS-Wächtern erschossen. Für jeden auf der Flucht ergriffenen oder erschossenen Häftling erhielt der SS-Mann drei Tage Urlaub.

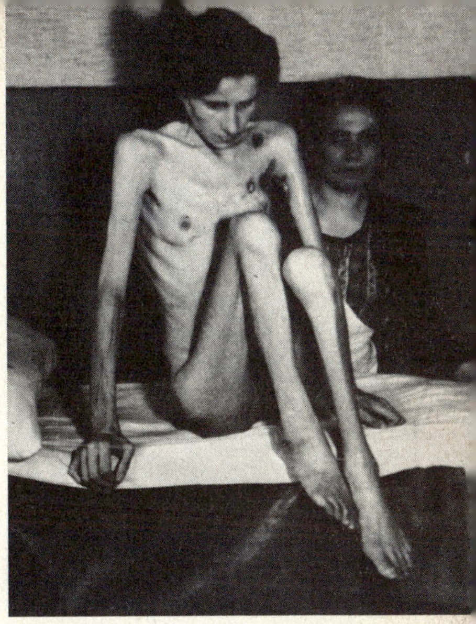

Im KZ Auschwitz wurden den Häftlingen gegenüber alle Methoden mittelbarer oder unmittelbarer Vernichtung, biologischer Ausrottung sowie schwerster Sklavenarbeit angewandt. Infolge von Hunger und auszehrender Arbeit herrschte im Lager die sogenannte «Hungerkrankheit». Die Sterblichkeit unter den Häftlingen war sehr hoch und betrug zu gewissen Zeiten mehrere hundert Todesfälle pro Tag.
Auf den Bildern: ein weiblicher Häftling nach der Befreiung des Lagers

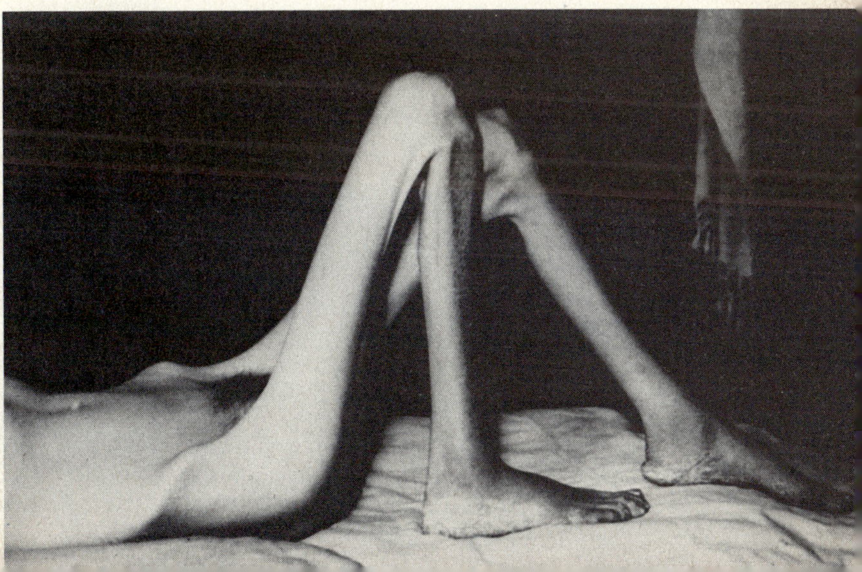

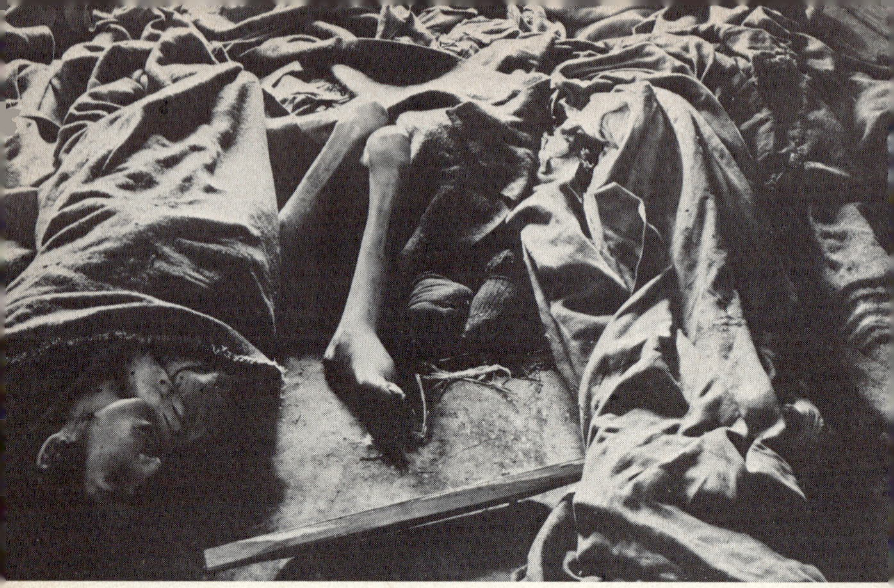

Epidemien von Flecktyphus, Typhus, Hungerkrankheit, Krätze, Phlegmone und Durchfall trugen dazu bei, daß die Sterblichkeit unter den Häftlingen ständig stieg. Auf dem Bild: Häftlingsleichen, die bei der Befreiung des Lagers im Block 11 aufgefunden wurden

Eine Vernichtungsmethode war Arbeit. Die Häftlinge mußten 10 bis 12 Stunden täglich arbeiten. Auf dem Bild: Häftlinge beim Bau des IG-Farben-Werks

Die Häftlinge waren auch in Fabriken in der Nähe des Lagers eingesetzt. Die Arbeit fand unter Aufsicht von SS-Männern statt. Bei Vergehen wurden die Häftlinge von der SS geschlagen, oder es wurde Strafmeldung erstattet. Dann verhängte der Lagerführer eine der zahlreichen Lagerstrafen. Oft wurden Häftlinge in Strafkompanien eingewiesen, wo die meisten den Tod fanden.

Ohne Rücksicht auf die Jahreszeit mußten weibliche Häftlinge verschiedene schwere Erdarbeiten verrichten. Auf dem Bild: weibliche Häftlinge beim Arbeitseinsatz auf dem Lagergelände von Birkenau

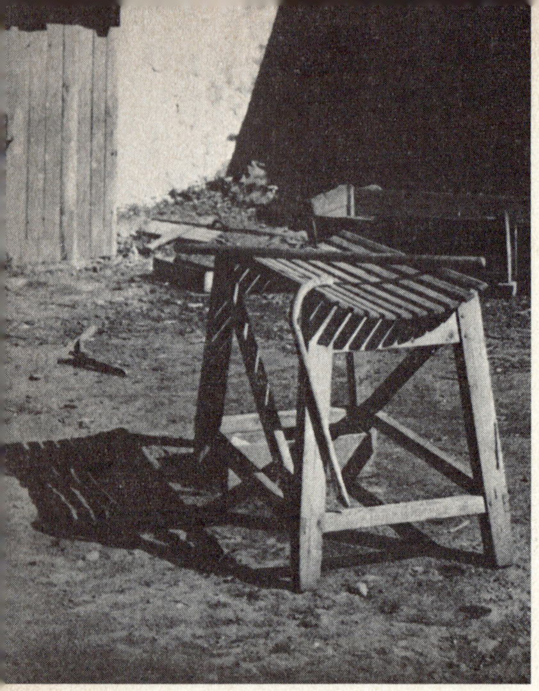

Die SS-Männer bestraften die Häftlinge auf verschiedene Weise – am häufigsten wurde die Prügelstrafe angewandt. Offiziell sollten höchsten 25 Schläge verabreicht werden, oft aber wurden 50, ja sogar 80 Schläge erteilt.
Auf dem Bild: ein Spezialbock für die Prügelstrafe sowie ein Knüppel, mit dem Häftlinge geschlagen wurden

Eine äußerst schwere Strafe war die Einlieferung von Häftlingen in sogenannte «Stehzellen», die sich in den Kellern des Blocks Nr. 11 befanden. In jeder Zelle – von 90×90 Zentimetern – wurden vier Häftlinge über Nacht eingesperrt. Am Morgen wuren diese Häftlinge mit anderen zur Arbeit getrieben.
Auf dem Bild: Eingang zu den Stehzellen

Im Hof des Blocks Nr. 11 befand sich die «Hinrichtungswand», an der etwa 20000 Häftlinge oder andere Personen, die von Polizeisondergerichten zum Tode verurteilt worden waren, erschossen wurden.
Auf dem Bild: die Hinrichtungswand – nach dem Kriege rekonstruiert

Block Nr. 11, genannt der «Todesblock»

Am 19. Juli 1943 wurden während eines Appells an einem eigens zu diesem Zweck errichteten Galgen 12 polnische Häftlinge gehängt, die unter dem Verdacht standen, Kontakte mit der polnischen Zivilbevölkerung zu unterhalten, die in den an das Lager angrenzenden Gebieten wohnte. Es waren folgende Häftlinge Stanisław Stawiński (Nr. 6569), Czesław Marcisz (Nr. 26891), Janusz Skrzetuski-Pogonowski (Nr. 253), Edmund Sikorski (Nr. 25419), Jerzy Woźniak (Nr. 35650), Józef Wojtyga (Nr. 24740), Zbigniew Foltański (Nr. 41664), Józef Gancarz (Nr. 24538), Mieczysław Kulikowski (Nr. 25404), Bogusław Ohrt (Nr. 367), Leon Rajzer (Nr. 399) und Tadeusz Rapacz (Nr. 36043).
Auf dem Bild: Der Galgen in der Nähe der Lagerküche

Ein transportabler Galgen, an dem während der Abendappelle Häftlinge, die einen Fluchtversuch unternommen hatten oder unter dem Verdacht standen, Mitglieder der Lagerwiderstandsbewegung zu sein, gehängt wurden.
Aufnahme aus dem Jahre 1945, im Hof des Blocks Nr. 11, nach Befreiung des Lagers

Zelle Nr. 18 im Keller des Blocks Nr. 11, in der der Franziskanerpater Maksymilian Rajmund Kolbe zusammen mit anderen zum Hungertod verurteilten Häftlingen eingesperrt war. Pater Kolbe war freiwillig aus der Reihe getreten und ging in den Tod, um auf diese Weise das Leben eines Mithäftlings zu retten.

⇨

Der Häftling Marian Batko, ein Oberschullehrer, trat genau wie Pater Maksymilian Kolbe während einer der «Selektionen» aus der Reihe aus und ging in den Hungertod. Er starb auch im Keller des Blocks Nr. 11.
Auf dem Bild: Seite aus dem «Blockbuch Nr. 11», auf der der Tod des Häftlings Batko am 27. 4.1941 vermerkt ist

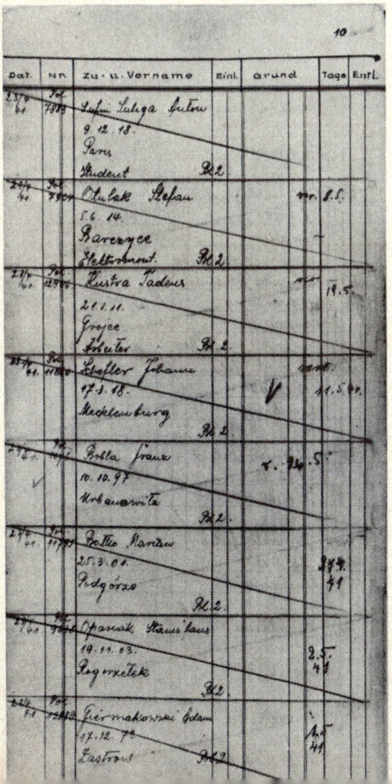

10

Dat.	Nr.	Zu- u. Vorname	Einl.	Grund	Tage	Entl.
		Saliga Anton 9.12.18. Student				
		Otulak Stefan 5.6.14. Barczyce			8.5.	
		Kustra Tadeusz 21.1.11. Grojec Arbeiter			19.5.	
		Steffler Johann 17.3.18. Mecklenburg			11.5.	
		Bolla Franz 10.10.97				
		Batko Marian 25.3.01. Podgórze			27.4. 41	
		Opaniak Stanislaus 19.11.03.			2.5. 41	
		Giermakowski Adam 17.12.78				

Totenschein von Maksymilian Kolbe, unterschrieben von Maximilian Grabner, einem SS-Offizier der Lager-Gestapo

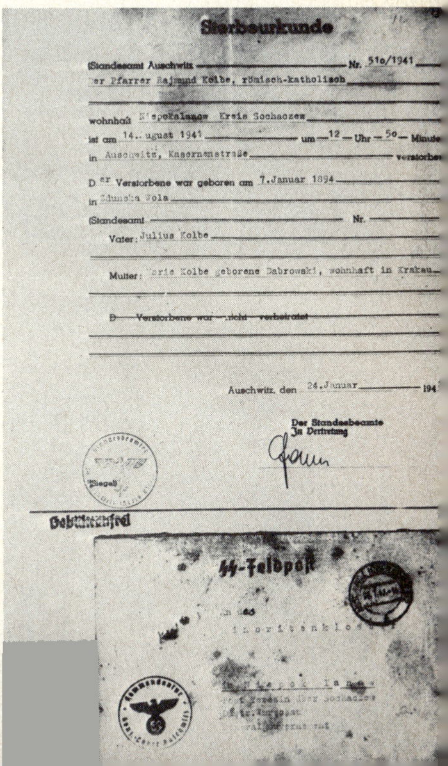

Sterbeurkunde

Standesamt Auschwitz Nr. 510/1941

Der Pfarrer Rajmund Kolbe, römisch-katholisch

wohnhaft Niepokalanow Kreis Sochaczew

ist am 14. August 1941 um 12 Uhr 50 Minuten

in Auschwitz, Kasernenstraße verstorben

Der Verstorbene war geboren am 7. Januar 1894

in Zdunska Wola

Standesamt Nr.

Vater: Julius Kolbe

Mutter: Marie Kolbe geborene Dabrowski, wohnhaft in Krakau

~~Der Verstorbene war nicht verheiratet~~

Auschwitz, den 24. Januar 194

Der Standesbeamte
In Vertretung

Siegel

SS-Feldpost

Eine Büchse mit Zyklon B. Mit Hilfe dieses Gases mordete die SS Millionen von Menschen in Gaskammern. Hersteller des Gases Zyklon B war die Firma DEGESCH (Deutsche Gesellschaft zur Schädlingsbekämpfung), die Lieferung von Zyklon B an das Lager erfolgte über die Firma TESTA (Tesch und Stabenow).

Um ihre Pläne zur Massenvernichtng von Häftlingen durchzuführen, begann die SS 1943 mit dem Bau von Gaskammern und Krematorien in Birkenau.
Auf dem Bild: Teilansicht des durch Einsatz von Häftlingen gebauten Krematoriums III. Im Keller (im Bild nicht sichtbar) befand sich eine Gaskammer, in der in wenigen Minuten 2000–3000 Personen mit Zyklon B umgebracht werden konnten.

In jedem der Krematorien konnten täglich etwa 2500 Leichen von Personen verbrannt werden, die zuvor in Gaskammern umgebracht worden waren.
Auf dem Bild: Verbrennungsöfen im Krematorium II oder III, in denen Leichen verbrannt wurden

Nach Errichtung von Krematorien und Gaskammern in Birkenau wurde ein besonderes Nebengleis zum Lagergelände gelegt. Die Eisenbahnrampe befand sich in der Nähe der Krematorien II und III, die im Bild links und rechts sichtbar sind (zwei hohe Schornsteine im Hintergrund).

Seit 1944 trafen auf dem Nebengleis in Birkenau täglich mehrere Züge mit zahlreichen Eisenbahnwaggons ein. In jedem Waggon befanden sich etwa 100 Personen. Beim Leeren der Waggons wurden Männer, Frauen und Kinder voneinander getrennt. Den Ankömmlingen wurde mitgeteilt, sie würden zum Baden geführt.

SS-Ärzte und SS-Sanitäter, oft aber auch andere SS-Offiziere und Unteroffiziere, führten an der Rampe Selektionen durch, indem sie Transporte nach eigenem Ermessen in Gruppen von arbeitsfähigen und arbeitsunfähigen – Kranke, Greise, Krüppel und Kinder – Personen aufteilten. Arbeitsfähige Mütter wurden gewaltsam von ihren Kindern getrennt. Einer der Ärzte, Dr. Johann Paul Kremer, schrieb in seinem Tagebuch, während der Selektionen hätten sich Höllenszenen abgespielt, und ein anderer Arzt, Dr. Heinz Thilo, verglich die Eisenbahnrampe in Birkenau mit dem «Anus mundi» (After der Welt).

Arbeitsunfähige Personen (Greise, schwangere Frauen oder Mütter mit Kindern) wurden sofort in Gaskammern geleitet.

Wartende Menschen vor der Gaskammer im Wald von Brzezinka

◊

Manche Kinder wurden am Leben erhalten, da an ihnen pseudomedizinische Experimente durchgeführt werden sollten.
Aufnahme nach Befreiung des Lagers: eine Gruppe von Kindern, die auf den Arm tätovierte Lagernummern vorzeigen

Einem Häftling, Mitglied der Lagerwiderstandsbewegung, gelang es, heimlich drei Fotos aufzunehmen, die aus dem Lager geschmuggelt wurden. Ihre technische Qualität ist mit Rücksicht auf die Umstände, unter denen sie gemacht wurden, nicht einwandfrei.

Auf den Bildern: Frauen werden in die Gaskammer getrieben (oben); Vorbereitung zur Leichenverbrennung auf Scheiterhaufen, denn die SS schaffte es nicht, alle Leichen in Krematorien zu vernichten (rechts); Leichen werden von Häftlingen eines «Sonderkommandos» auf den Scheiterhaufen gestapelt (links). Diese Häftlinge wurde unter Neuankömmlingen im Lager ausgesucht und nach gewisser Zeit als sogenannte «Geheimnisträger» – die das Ausmaß der SS-Verbrechen kannten – ebenfalls in Gaskammern umgebracht.

Nach der Befreiung des Lagers am 27. Januar 1945 wurden auf dem Lagergelände mehrere hundert Leichen männlicher und weiblicher Häftlinge gefunden, die von den Nazis aus Zeitmangel nicht in den Krematorien verbrannt werden konnten.

⇨

Zwei Seiten des Manuskripts der Erinnerungen des ehemaligen Lagerkommandanten in Auschwitz, Rudolf Höß, auf denen dieser über die «nichtärztliche Tätigkeit von SS-Ärzten im KL Auschwitz» berichtet. Höß schrieb u. a., SS-Ärzte hätten an Hinrichtungen teilgenommen, seien an Morden in Gaskammern beteiligt und hätten verschiedene Experimente an Häftlingen durchgeführt.

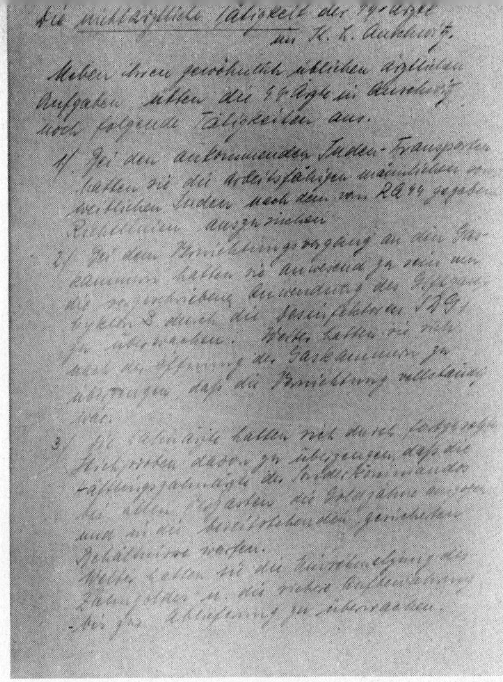

Die nichtärztliche Tätigkeit der SS-Ärzte
im K.L. Auschwitz.

Neben ihren gewöhnlich üblichen ärztlichen Aufgaben übten die SS-Ärzte in Auschwitz noch folgende Tätigkeiten aus.

1/ Bei den ankommenden Juden-Transporten hatten sie die arbeitsfähigen männlichen u. weiblichen Juden nach den vom RSHA gegebenen Richtlinien auszusuchen.

2/ Bei dem Vernichtungsvorgang an den Gaskammern hatten sie anwesend zu sein um die vorgeschriebene Anwendung des Giftgases Zyklon B durch die Desinfektoren SDG zu überwachen. Weiter hatten sie sich nach der Öffnung der Gaskammern zu überzeugen, daß die Vernichtung vollständig war.

3/ Die Zahnärzte hatten sich durch fortgesetzte Stichproben davon zu überzeugen, daß die Häftlingszahnärzte der Sonderkommandos bei allen Leichen die Goldzähne auszogen und in die bereitstehenden gesicherten Behältnisse warfen. Weiter hatten sie die Einschmelzung des Zahngoldes u. die sichere Aufbewahrung bis zur Ablieferung zu überwachen.

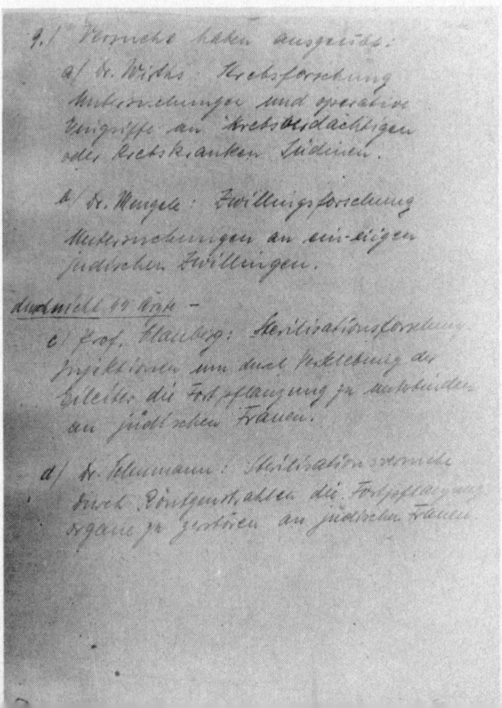

4./ Versuche haben ausgeübt:

a/ Dr. Wirths: Krebsforschung Untersuchungen und operative Eingriffe an krebsverdächtigen oder krebskranken Jüdinnen.

b/ Dr. Mengele: Zwillingsforschung Untersuchungen an ein-eiigen jüdischen Zwillingen.

durch nicht SS-Ärzte –

c/ Prof. Clauberg: Sterilisationsforschung Injektionen um durch Verklebung der Eileiter die Fortpflanzung zu unterbinden an jüdischen Frauen.

d/ Dr. Schumann: Sterilisationsversuche durch Röntgenstrahlen die Fortpflanzungsorgane zu zerstören an jüdischen Frauen.

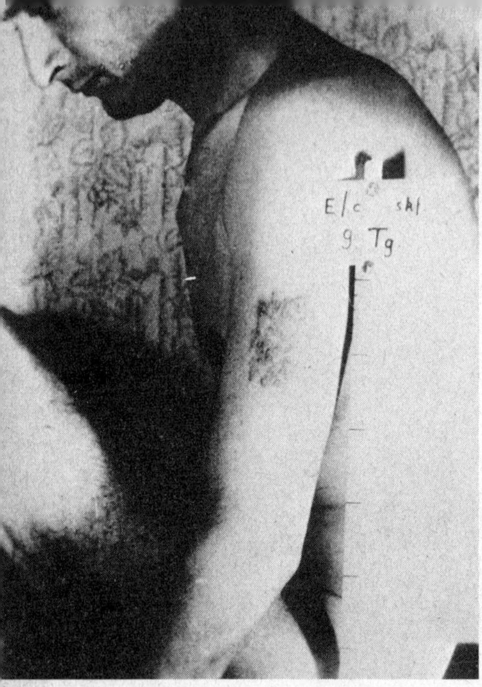

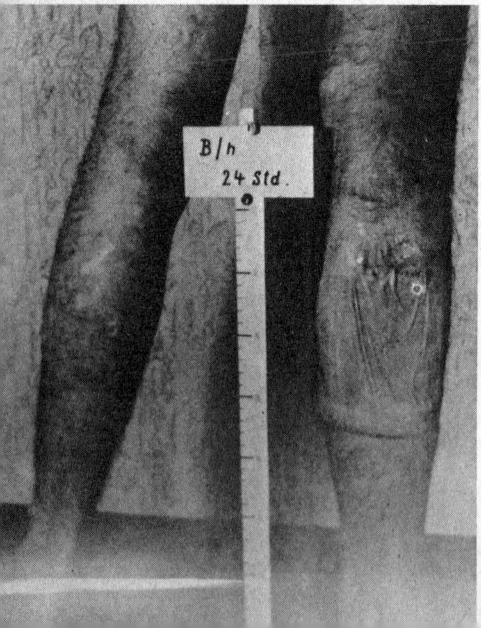

An gesunden Häftlingen führten SS-Ärzte verschiedene pseudomedizinische Experimente durch, die zumeist mit dem Tod des Häftlings endeten. Häftlinge, die überlebten, blieben Krüppel auf Lebenszeit.

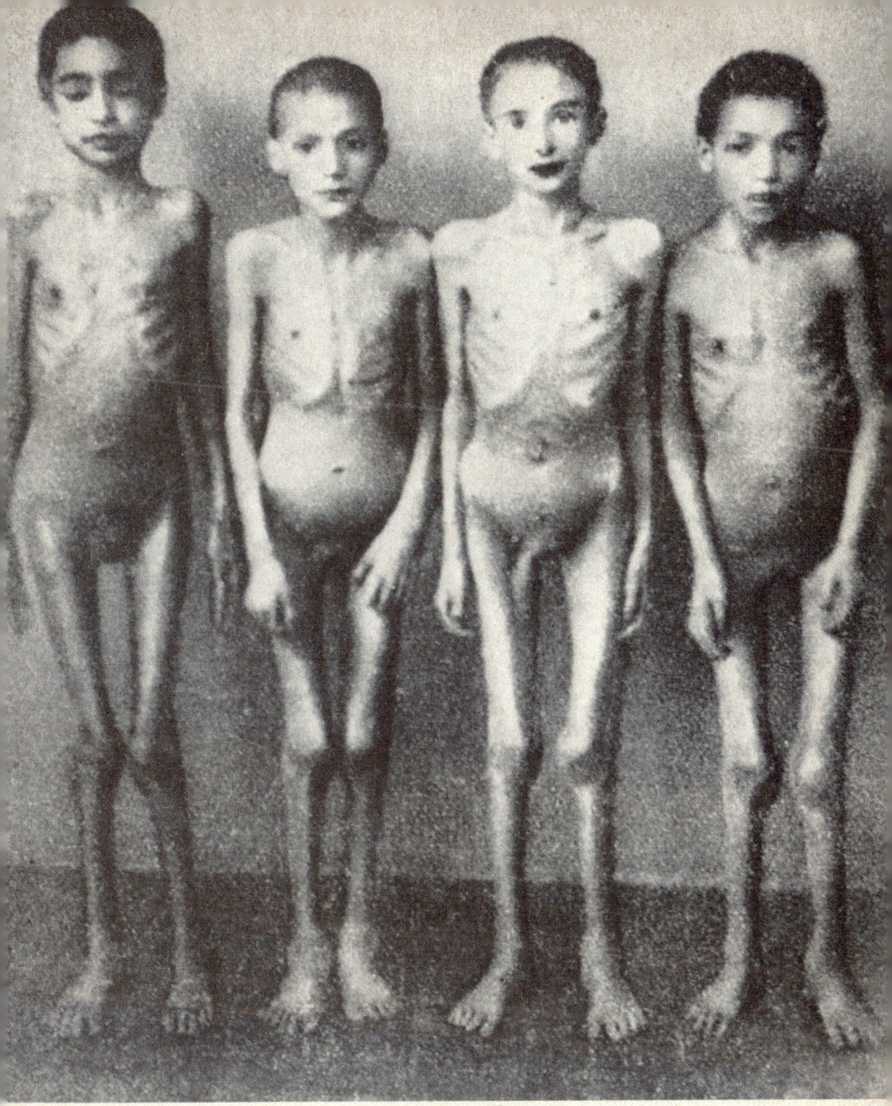

Grundsätzlich wurden Kinder im KZ Auschwitz sofort in Gaskammern umgebracht. Nur manche Kinder blieben am Leben, z. B. Zwillinge, damit der SS-Arzt Josef Mengele an ihnen Experimente durchführen konnte.

Der Block Nr. 10, in dem SS-Ärzte verbrecherische pseudomedizinische Experimente durchführten

Pseudomedizinische Experimente an Häftlingen wurden auch im Auftrag bekannter pharmazeutischer Firmen durchgeführt.
Auf dem Bild: Ampullen mit dem Präparat B 1034 der Firma «Bayer». Mit diesem Präparat wurden Versuche an Häftlingen durchgeführt, die zuvor mit Flecktyphus infiziert worden waren.

Nach der Befreiung des Lagers fand man in verschiedenen Lagerbaracken mehrere hunderttausend Gegenstände, Eigentum getöteter Häftlinge (Schuhe, Anzüge, Wäsche, Gegenstände des täglichen Gebrauchs, Prothesen). Auch mehrere Tonnen Frauenhaar wurden gefunden, das bereits zum Transport ins Reichsinnere vorbereitet war, wo man daraus u. a. «Roßhaar» herstellte.

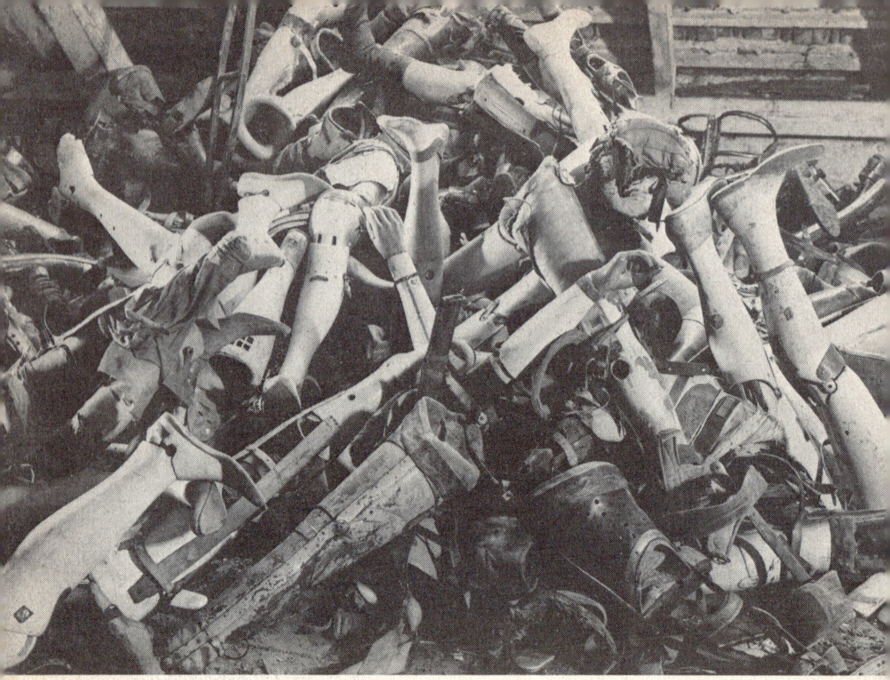

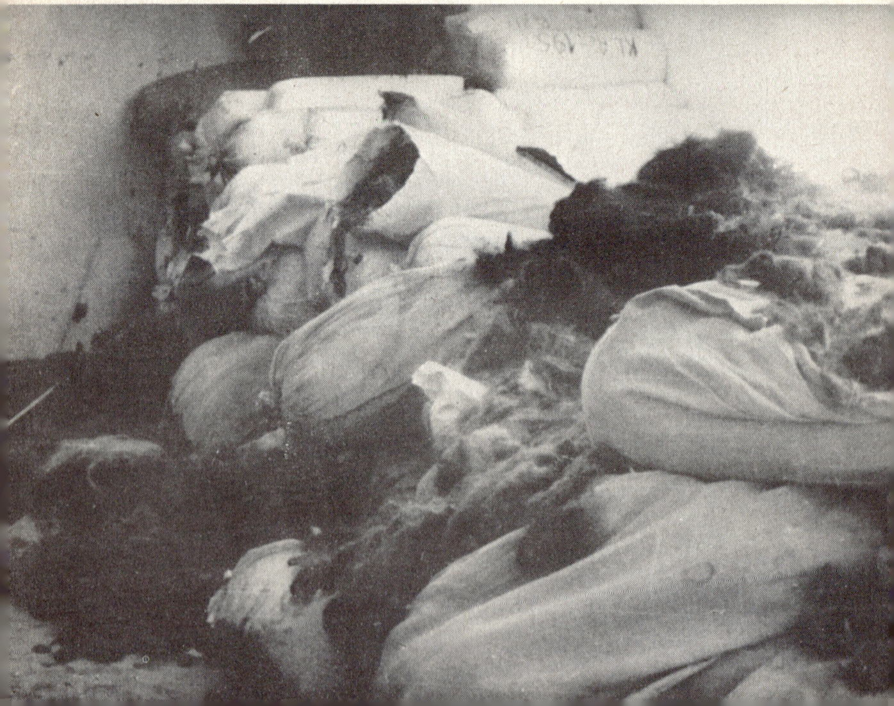

Der Höhere SS- und Polizeiführer
beim Oberpräsidenten in Schlesien
und beim Reichsstatthalter im Sudetengau
im Wehrkreis VIII

Breslau 18, den
Ebereschenallee 14
22. Juli 1940.

I.Nr. 38¼/40.(g)

Geheim!

Reichssicherheitshauptamt (stamp) 24. JULI 1940

An den
1. Inspekteur der Sicherheitspolizei
in Breslau
2. Inspekteur der Ordnungspolizei
in Breslau

nachrichtlich:
An den
Kommandanten des Konzentrationslagers Auschwitz
SS-Hauptsturmführer H ö ß
in Auschwitz.

Der Kommandant des Konzentrationslagers Auschwitz meldet mir, daß er die Sicherheit seines Lagers, in dem z.Zt. etwa 1 300 Schutzhäftlinge verwahrt werden, nur mit größter Anstrengung mit der ihm zur Verfügung stehenden verhältnismäßig kleinen Wachttruppe von 2 Kompanien aufrecht erhalten kann.
Da das Lager laufend aufgefüllt wird, erschweren sich somit die Sicherungsverhältnisse des Lagers mehr und mehr.
Durch Beihilfe von 5 im Konzentrationslager beschäftigten Zivilarbeitern ist es am 6.7.1940 bereits einem Häftling gelungen, die Freiheit zu gewinnen.
In der Nacht vom 11. zum 12.7.1940 ist von Außenstehenden ein gewaltsamer Befreiungsversuch unternommen worden, wobei es den Tätern gelang, bereits den 1. Zaun zu überwinden. Nur durch die Wachsamkeit eines Postens konnte Schlimmeres verhindert werden.
Wie weiterhin festgestellt wurde, werden immer wieder, besonders in den in der Nähe des Lagers befindlichen bereits geräumten Anwesen, verdächtige Personen beobachtet und angetroffen. Die Bevölkerung des Ortes ist fanatisch polnisch und wie durch V-Männer in Erfahrung gebracht wurde, zu jedem Vorgehen gegen die verhaßte Bewachungsmannschaft bereit. Auch hat jeder Häftling, dem die Flucht gelingt, alle Hilfe zu erwarten, sobald er das nächste polnische

13

- 2 -

polnische Gehöft erreicht hat.
Das Lager befindet sich erst im Aufbau und zwar jetzt im Kriege unter erschwerten Verhältnissen. Ich muß daher von jeder der mir unterstellten Einheiten erwarten, daß sie den Kommandanten und seine Mannschaft in jeder Weise unterstützen.
Soweit dies bisher nicht geschehen ist, behalte ich mir besondere Maßnahmen vor.
Um die Sicherheit des Lagers zu gewährleisten und der Bevölkerung vor Augen zu führen, daß sie schärfste Maßnahmen zu erwarten hat, wenn sie das besonders mit Draht abgezäumte und mit Verbotstafeln versehene, geräumte Anliegergebiet des Konzentrationslagers verbotswidrig betritt, ordne ich folgendes an:

1. Der Inspekteur der Sicherheitspolizei führt im Einvernehmen mit dem Kommandanten des Konzentrationslagers und mit Unterstützung von Kräften des Inspekteurs der Ordnungspolizei schlagartig eine Räumungsaktion durch.
2. Bei dieser Räumungsaktion wird jeder männliche Pole, der in dem besonders mit Draht umzäunten und mit Verbotstafeln versehenen Räumungsgebiet angetroffen wird, auf der Stelle erschossen.
   Frauen und Kinder soweit sie angetroffen werden, sind der Staatspolizeistelle Kattowitz zwecks Überprüfung zu überstellen.
3. Der Zeitpunkt der Aktion ist mir rechtzeitig zu melden. Der Inspekteur der Sicherheitspolizei legt mir einen ausführlichen Bericht über das Ergebnis der Razzia vor.

v. d. Bach

SS - Gruppenführer.

Vom ersten Augenblick der Gründung des KZ Auschwitz an waren die Polen nicht passiv. Sowohl im Lager selbst als auch in den angrenzenden Gebieten entstand – trotz ungeheurer Schwierigkeiten und großer Gefahren – eine organisierte Widerstandsbewegung gegen die hitlerfaschistischen Besatzer.

Auf den Bildern: Schreiben des Höheren SS- und Polizeiführers im damaligen Breslau (Wrocław) Erich von dem Bach-Zalewski vom 22. Juli 1940 mit dem Auftrag, die Sicherheitsvorkehrungen im KZ Auschwitz zu verschärfen.

Die polnische Bevölkerung der an das Lager grenzenden Gebiete half bei der Organisation illegaler Kontakte mit dem Lager Auschwitz, der Vorbereitung von Fluchtversuchen und versorgte die Häftlinge mit Lebensmitteln, Medikamenten usw. Aufnahme vor 1939: eine Gruppe von Personen, die meist Mitglieder der Widerstandsbewegung wurden. Untere Reihe (Mitte) – Wojciech Jakiełek, einer der aktivsten Kämpfer in diesem Gebiet

Janina Kajtoch – eine derjenigen, die Hilfe für Häftlinge organisierte – vor dem Haus in Babice bei Auschwitz, in dem sie zu Häftlingen eines Vermessungskommandos Kontakt aufnahm. Aufnahme vor 1939

Schreiben des SS-Gruppenführers Erich von dem Bach-Zelewski vom 22. Juli 1940 mit dem Befehl, fünf Polen wegen Hilfeleistung bei der Flucht des Häftlings Tadeusz Wiejowski zu erschießen. Aus weiterer Korrespondenz ist ersichtlich, daß die SS von der Erschießung Abstand nahm und die Polen zu mehrmaliger Prügelstrafe und Festsetzung im Lager verurteilte. Mit Ausnahme von Bolesław Bicz sind alle später im Lager umgekommen.

Der Höhere SS- und Polizeiführer
beim Oberpräsidenten in Schlesien
und beim Reichsstatthalter im Sudetengau
im Wehrkreis VIII
I. Nr. 383/40 (g)

Breslau 18, den 22. Juli 1940.
Eberichstraße 14

Geheim!

An den
Kommandanten des Konzentrationslagers Auschwitz
SS-Hauptsturmführer H ö ß
in A u s c h w i t z

Eingang: 24. JULI 1940

nachrichtlich:

1. An den
Inspekteur der Sicherheitspolizei
in Breslau

2. An den
Leiter der Staatspolizeistelle Kattowitz
in Kattowitz.

Wie mir von Ihnen gemeldet wurde, ist am 6.7.1940 der polnische Schutzhäftling Wiejowski, Thadeus aus dem dortigen Konzentrationslager entwichen. Nach dem bisherigen Ermittelungsergebnis steht fest, daß die Flucht durch 5 Zivilarbeiter, die im Lager tätig waren, durch Beschaffung von Zivilkleidung und Lebensmitteln sowie Kassiberweiterleitung ermöglicht wurde.
Die Tatsache, daß bereits in der Nacht vom 11. zum 12.7.1940 von außen her ein Befreiungsversuch unternommen wurde und daß in der näheren Umgebung des Lagers, besonders nachts, verdächtige Personen bemerkt wurden, gebietet ein energisches Durchgreifen um Weiterungen, die sich aus dieser Lage ergeben könnten, von vornherein auszuschließen.
Ich ordne daher an, daß die fünf polnischen Zivilarbeiter und zwar:

1.	B i c z	Boleslaus	geb. 1.4.1900 in Bielitz wohnh. in Auschwitz, Klutschnikowicestr. 43,
2.	M u s c i n s k i	Josef	geb. 25.11.13 in Gruschow wohnh. in Babitze 333,
3.	K o w a l o w s k i	Emil	geb. 5.6.1911 in Birkenau wohnh. in Birkenau, Koleowastr. 198,
4.	P a t e k	Josef	geb. 13.12.1913 in Godzienszenta wohnh. in Birkenau 321,
5.	M r z y g l o d	Stanislaus	geb. 18.4.1914 in Auschwitz wohnh. in Babitz Nr. 309

unverzüglich

- 2 - 17

unverzüglich durch ein von Ihnen zu stellendes Exekutionskommando zu erschießen sind.
Ich stelle anheim, die Exekution so durchzuführen, daß sie eine Warnung für diejenigen wird, die sich mit ähnlichen Gedanken tragen.

v. d. Bach

SS - Gruppenführer.

Austauschplatz für Medikamente, die in das Lager geschmuggelt wurden, war die Apotheke in Brzeszcze. Versandt wurden beträchtliche Mengen von Medikamenten, die aus verschiedenen Ortschaften für die Häftlinge eintrafen.
Aufnahme nach dem Krieg

Anna Zdrowakowa vor dem Haus, in dem sie Flüchtlinge aus dem KZ Auschwitz versteckt hielt. 1944 wurden Partisanen in diesem von einer SS-Abteilung umzingelt; es kam dabei zu einem Gefecht.
Aufnahme nach dem Krieg

Maria Bobrozecka (nach dem Krieg verstorben), Eigentümerin der Apotheke in Brzeszcze

Haus der Familie Nikiel in Skidzin bei Auschwitz, in dem Flüchtlinge aus dem KZ Auschwitz versteckt gehalten wurden. Aufnahme nach dem Krieg

Gasthof von Julian Dusik (erster von links) in Łęki-Zasole. In diesem Gasthof wurden Flüchtlinge aus dem KZ Auschwitz versteckt gehalten.

Häftlingsgruppe (auf dem Bild von links: Bolesław Janiszewski, Otto Küsel, Bolesław Kuczbara und – stehend – Józef Baraś-Komski). Hilfe bei Fluchtversuchen aus dem Lager erteilte die Familie von Andrzej Harat (zweiter von rechts) aus Libiąż bei Auschwitz.

Häftlinge, denen die Flucht aus dem Lager gelang, traten Partisanenabteilungen bei, die in der Nähe des Lagers kämpften
Auf dem Bild: ein Teil der Partisanenabteilung «Teodor» (Adam Rysiewicz) vor der Herberge in Babis Góro (Zawoja). In der Mitte mit hellem Mantel der ehemalige Häftling Tadeusz Uszyński («Cygan»)

Eine besonders große Rolle bei den Kontakten mit der Widerstandsbewegung im Lager spielten Frauen. Auf dem Bild (rechts): Helena Szpak-Datoń, Vermittlerin zwischen dem Lager und Partisanen in Brzeszcze

Konstanty Jagiełło, dem mit Tomasz Sobański die Flucht aus dem Lager gelang. Er kämpfte später als Partisan in Brzeszcze-Łęki – einem an das Lager angrenzenden Gebiet. Gefallen im Gefecht mit SS-Männern bei der Übernahme einer Gruppe von Lagerflüchtlingen

Große Hilfe erteilten den Häftlingen Einwohner der Grubensiedlung in Brzeszcze und eine dort aktive Partisanenabteilung.
Auf den Bildern: Die Befehlshaber dieser Abteilung – Edward Hałoń «Boruta» (links), Władysław Pytlik «Birku» (Mitte) und Marian Gach (rechts)

Die Lagerwiderstandsbewegung half bei der Flucht des Häftlings Alfred Klahr (Lagerdeckname Lokmanis), ZK-Mitglied der KP Österreichs. Lokmanis gelangte nach Warschau, wo er später umkam. Aufnahme vor 1939

Die Lager-Widerstandsbewegung hatte Verluste. Viele ihrer Mitglieder wurden von der SS umgebracht. Aufnahmen vor 1939: Janusz Skrzetuski-Pogonowski (links), mit Häftlingen wegen Verbindung zur Zivilbevölkerung im Lager gehängt, und Róża Robota (rechts), gehängt mit drei weiteren weiblichen Häftlingen wegen Beihilfe zur Lieferung von Sprengstoff für Häftlinge des Sonderkommandos, die 1944 in Birkenau einen Aufstand organisierten

Um Kontakte mit der Widerstandsbewegung in an das Lager grenzenden Gebieten zu erweitern, ermöglichte die Lagerwiderstandsbewegung fünf Häftlingen die Flucht: Bernard Świerczyna (oben links), Piotr Piąty (oben Mitte), Czesław Duzel (oben rechts), Zbigniew Raynoch und dem Österreicher Ernst Burger. Durch Verrat des Kraftfahrers wurden die Flüchtlinge von der SS gefangen. Duzel und Raynoch wurden an Ort und Stelle umgebracht, die übrigen drei Häftlinge wurden mit zwei anderen Österreichern, Rudolf Friemel (unten links) und Ludwig Vesely (unten rechts), am 30. Dezember 1944 im Lager gehängt.
Aufnahmen vor 1939

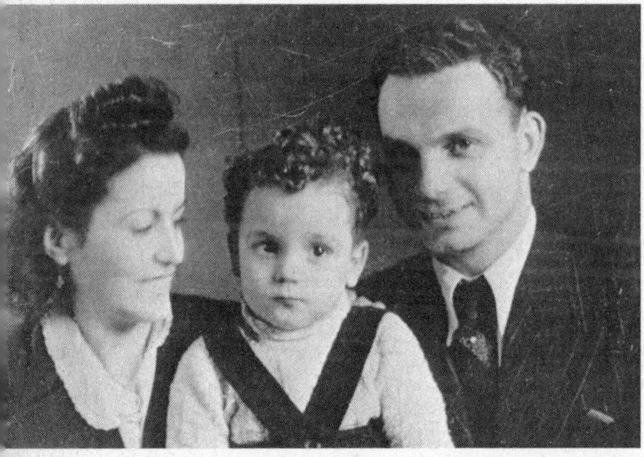 

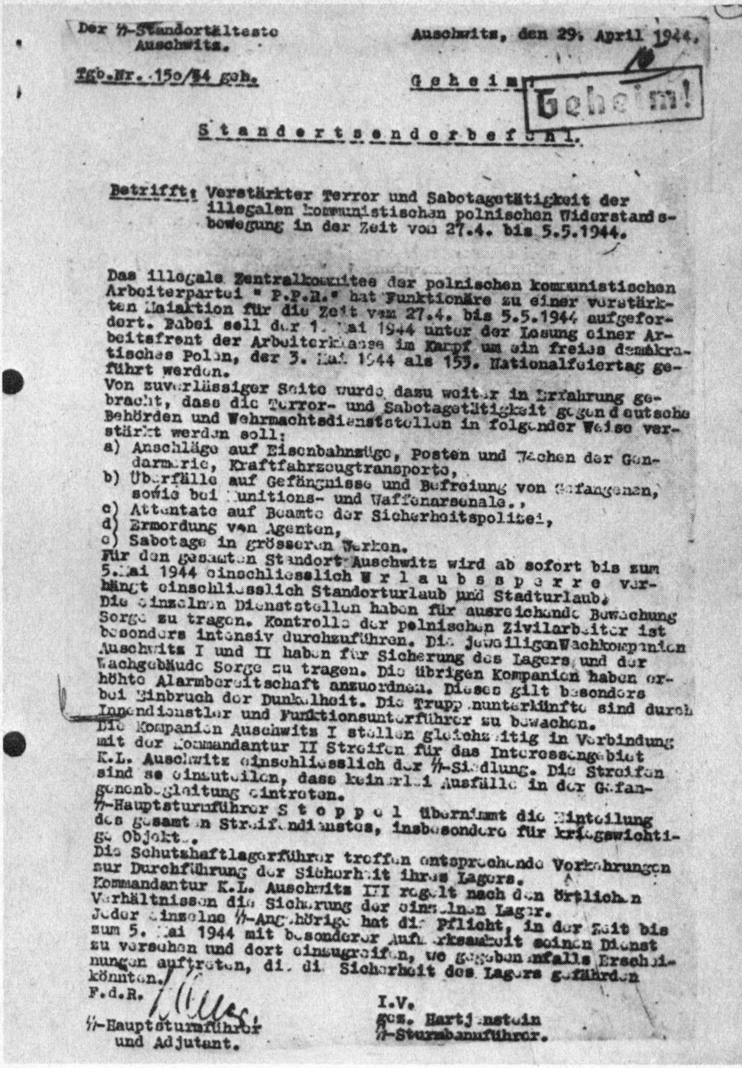

Der SS-Standortälteste
Auschwitz.

Tgb.Nr. 15o/44 geh.

Auschwitz, den 29. April 1944.

G e h e i m!

Geheim!

S t a n d o r t s o n d e r b e f e h l.

Betrifft: Verstärkter Terror und Sabotagetätigkeit der illegalen kommunistischen polnischen Widerstandsbewegung in der Zeit von 27.4. bis 5.5.1944.

Das illegale Zentralkomitee der polnischen kommunistischen Arbeiterpartei " P.P.R." hat Funktionäre zu einer verstärkten Maiaktion für die Zeit vom 27.4. bis 5.5.1944 aufgefordert. Dabei soll der 1. Mai 1944 unter der Losung einer Arbeitsfront der Arbeiterklasse im Kampf um ein freies demokratisches Polen, der 3. Mai 1944 als 153. Nationalfeiertag geführt werden.
Von zuverlässiger Seite wurde dazu weiter in Erfahrung gebracht, dass die Terror- und Sabotagetätigkeit gegen deutsche Behörden und Wehrmachtsdienststellen in folgender Weise verstärkt werden soll:

a) Anschläge auf Eisenbahnzüge, Posten und Wachen der Gendarmerie, Kraftfahrzeugtransporte,
b) Überfälle auf Gefängnisse und Befreiung von Gefangenen, sowie bei Munitions- und Waffenarsenale.,
c) Attentate auf Beamte der Sicherheitspolizei,
d) Ermordung von Agenten,
e) Sabotage in grösseren Werken.

Für den gesamten Standort Auschwitz wird ab sofort bis zum 5.Mai 1944 einschliesslich U r l a u b s s p e r r e verhängt einschliesslich Standorturlaub und Stadturlaub.
Die einzelnen Dienststellen haben für ausreichende Bewachung Sorge zu tragen. Kontrolle der polnischen Zivilarbeiter ist besonders intensiv durchzuführen. Die jeweiligen Wachkompanien Auschwitz I und II haben für Sicherung des Lagers und der Wachgebäude Sorge zu tragen. Die übrigen Kompanien haben erhöhte Alarmbereitschaft anzuordnen. Dieses gilt besonders bei Einbruch der Dunkelheit. Die Truppenunterkünfte sind durch Innendienstler und Funktionsunterführer zu bewachen.
Die Kompanien Auschwitz I stellen gleichzeitig in Verbindung mit der Kommandantur II Streifen für das Interessengebiet K.L. Auschwitz einschliesslich der SS-Siedlung. Die Streifen sind so einzuteilen, dass keinerlei Ausfälle in der Gefangenenbegleitung eintreten.
SS-Hauptsturmführer S t o p p e l übernimmt die Einteilung des gesamten Streifendienstes, insbesondere für kriegswichtige Objekte.
Die Schutzhaftlagerführer treffen entsprechende Vorkehrungen zur Durchführung der Sicherheit ihres Lagers.
Kommandantur K.L. Auschwitz III regelt nach den örtlichen Verhältnissen die Sicherung der einzelnen Lager.
Jeder einzelne SS-Angehörige hat die Pflicht, in der Zeit bis zum 5. Mai 1944 mit besonderer Aufmerksamkeit seinen Dienst zu versehen und dort einzugreifen, wo gegebenenfalls Erscheinungen auftreten, die die Sicherheit des Lagers gefährden könnten.

F.d.R.

SS-Hauptsturmführer
und Adjutant.

I.V.
gez. Hartjenstein
SS-Sturmbannführer.

Standortsonderbefehl der Kommandantur des KZ Auschwitz, erlassen am 29. April 1944 im Zusammenhang mit verstärkten Sabotageaktionen der Polnischen Arbeiterpartei (PPR)

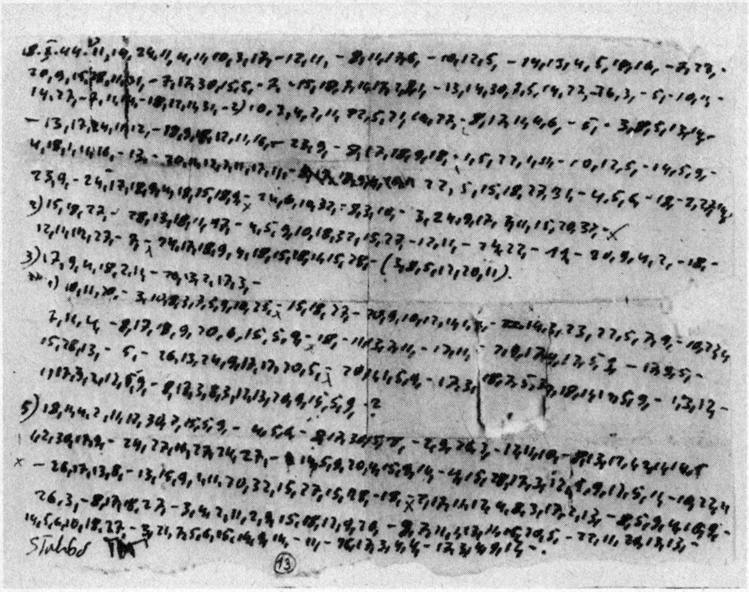

Kassiber vom 18. Oktober 1944, chiffriert von den Häftlingen Stanisław Kłodziński («Stakło») und Józef Cyrankiewicz («Tor»). Im Kassiber u. a. ein Bericht über die Verhaftung von Stanisław Jasieński («Urban») und Antoni Szlachcic («Huzar»)

Schreiben des Majors Boesenberg, Verbindungs-Offizier des Höheren SS- und Polizeiführers in Breslau, an den Stellvertreter des Kriegsgefangenenlagers VIII B in Teschen, Eichberg, vom 2. Januar 1945, und Übersichtsplan über den Marschweg von Häftlingsgruppen aus Nebenlagern des KZ Auschwitz.

Der Höhere ᛋᛋ- und Polizeiführer Südost
in den Gauen Nieder- und Oberschlesien
und im Wehrkreis VIII
Verbindungs-Offizier.

(8) Breslau, den 2.Januar 1945
Sternstraße 32/34.
Bö/We.

9

Geheim

Herrn
Oberstlt. E i c h b e r g
M.-Stammlager VIII B
T e s c h e n O/S

Stalag VIII
Eing. 3. JAN.1945
Abt. Tgb. Nr. 9/45 g.K.

Betrifft: Neuer Marschweg für die KL.-Lager Jaworzno, Sosnowitz, Laurahütte sowie die zugehörigen Vomi-Lager und die Häftlinge des Kommandeurs der Sicherheitspolizei in Kattowitz.

Bezug: Besprechung beim Landesrat Ziegler, Kattowitz am 21. Dezember 1944.

Anliegend übersende ich einen Übersichtsplan über den neuen Marschweg der obengenannten Einheiten im Bereich des Höheren ᛋᛋ- und Polizeiführers Südost und bemerke hierzu, daß vereinbarungsgemäß die Kriegsgefangenen des Lagers Sosnowitz mit den KL.-Häftlingen und angeschlossenen Vomi- usw. Leuten zusammenmarschieren.

Auf den Ihnen inzwischen durch Landesrat Ziegler unter dem 21. Dezember 1944 – OP. I. 3a / OP. Pl./L. Az.: 87a/2/519/44 g. – zugegangenen Karten ist der Marschweg der KL.-Häftlinge noch nach dem Stande vor der gemeinsamen Besprechung vom 21. 12.44 in Kattowitz, eingezeichnet.

Inzwischen hat sich der Höhere ᛋᛋ- und Polizeiführer Südost damit einverstanden erklärt, daß der neue Weg, wie auf dem – von mir beigefügten Übersichtsplan eingezeichnet–, gemeinsam mit den Kriegsgefangenen genommen wird.

Landesrat Ziegler, Kattowitz hat entsprechende Mitteilung erhalten.

Der lila eingezeichnete Ausweichweg würde ebenfalls für die Kriegsgefangenen-Kolonnen in Frage kommen, falls die Brücke bei Oderwinkel unpassierbar ist.

Dieser letzte Punkt müßte von Ihnen in die diesbezügliche Anweisung an die in Frage kommenden Kriegsgefangenenlager aufgenommen werden.

Um Bestätigung wird gebeten.

I.A.

Boesenberg

Major der Schutzpolizei.

Anl: 1 Übersichtsplan

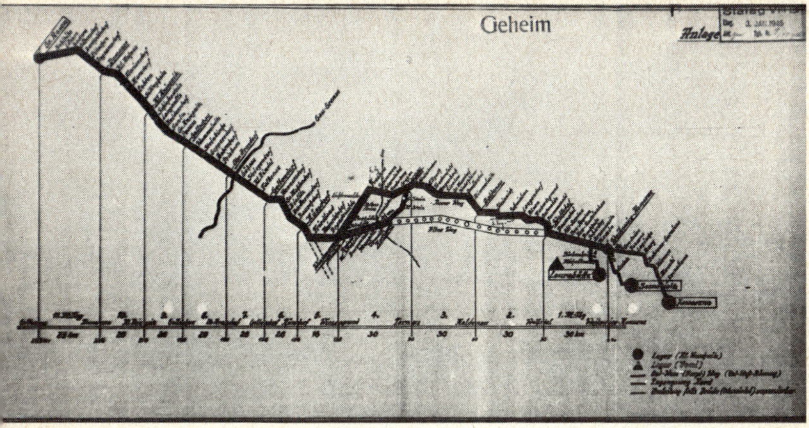

Meldung des deutschen Gendarmeriepostens in Miedzna bei Pszczyna vom 19. Januar 1945 über den Fund von 39 Häftlingsleichen. Diese Häftlinge waren bei der Evakuierung aus dem KZ Auschwitz getötet worden.

Gend.-Posten Miedzna
Kreis Pleß
Reg.-Bez. Kattowitz
Tgb. Nr. 11/45

Miedzna, den 19. Januar 1945.

Betr.: Häftlinge aus dem KL. Auschwitz.

An den
Herrn Ortspolizeiverwalter
in C w i k l i t z.

Im Bereich des Gendarmerie Postens M i e d z n a sind auf dem Transport von Auschwitz 39 Häftlinge verstorben. Darunter waren 10 männliche und 29 weibl. Personen. Nur 25 davon hatten eine Nummer, bei den Übrigen konnte kein Kennzeichen festgestellt werden.
Folgende Kennummern wurden festgestellt:
B4300, 4292, B6143, A6737, 9699, 10989, B8927, 15243, 15244, 27603, 27779, 13221, 27645, 76396, 80816, 82716, 83910, A9974, 80031, 81204, 156775, 135285, P 191700, 195335, 175262.

Köller.

Hptw. d. Gend. d. Res.

Wpłynęło dnia 3.IV. 1946 r.
L. dz. 1836/Pk/46

4

Bild aus einem mehrere Meter langen Film, der einen der Transporte von aus dem KZ Auschwitz evakuierten Häftlingen bei der Abfahrt am 24. Januar 1945 aus dem Bahn Kolín in Böhmen zeigt. Der Film wurde illegal von Jindřich Kremer, einem Einwohner Kolíns, gedreht.

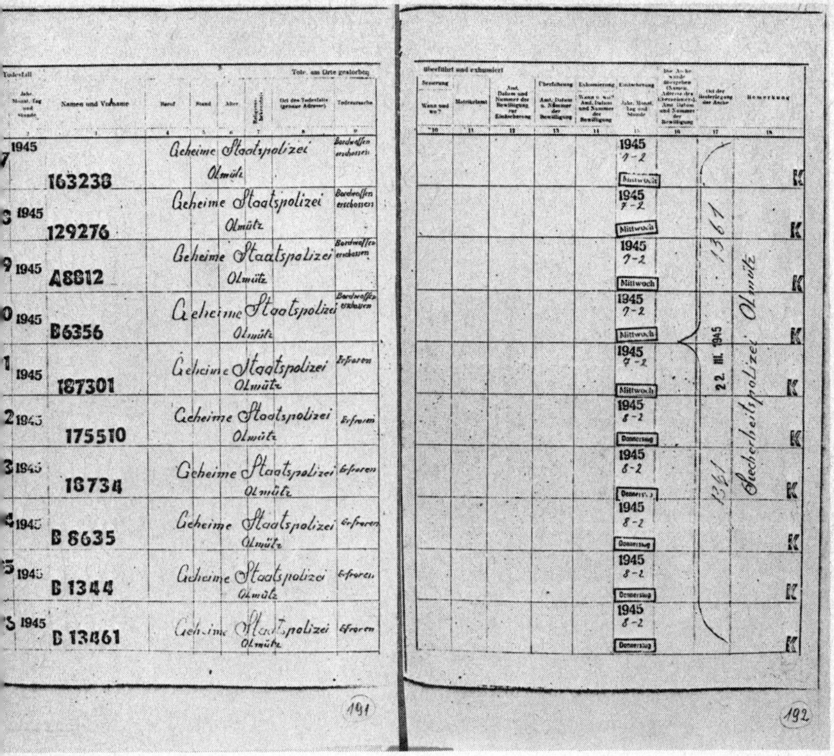

	Jahr	Namen und Vorname	Ort des Todesfalles	Todesursache	Einäscherung	Bemerkung
7	1945	163238	Geheime Staatspolizei Olmütz	Bordwaffen erschossen	1945 7-2 Mittwoch	K
8	1945	129276	Geheime Staatspolizei Olmütz	Bordwaffen erschossen	1945 7-2 Mittwoch	K
9	1945	A8812	Geheime Staatspolizei Olmütz	Bordwaffen erschossen	1945 7-2 Mittwoch	K
0	1945	B6356	Geheime Staatspolizei Olmütz	Bordwaffen erschossen	1945 7-2 Mittwoch	K
1	1945	187301	Geheime Staatspolizei Olmütz	Erfroren	1945 7-2 Mittwoch	K
2	1945	175510	Geheime Staatspolizei Olmütz	Erfroren	1945 8-2 Donnerstag	K
3	1945	18734	Geheime Staatspolizei Olmütz	Erfroren	1945 8-2 Donnerstag	K
4	1945	B 8635	Geheime Staatspolizei Olmütz	Erfroren	1945 8-2 Donnerstag	K
5	1945	B 1344	Geheime Staatspolizei Olmütz	Erfroren	1945 8-2 Donnerstag	K
6	1945	B 13461	Geheime Staatspolizei Olmütz	Erfroren	1945 8-2 Donnerstag	K

1361 — 22. III. 1945 — Sicherheitspolizei Olmütz — 1361

191 192

Auszug aus dem Tagebuch des Friedhofskrematoriums in Olmütz mit Eintragungen vom 7./8. Februar 1945 über die Verbrennung einer Reihe von Leichen Auschwitzer Häftlinge, Opfern der Evakuierung aus dem KZ Auschwitz.

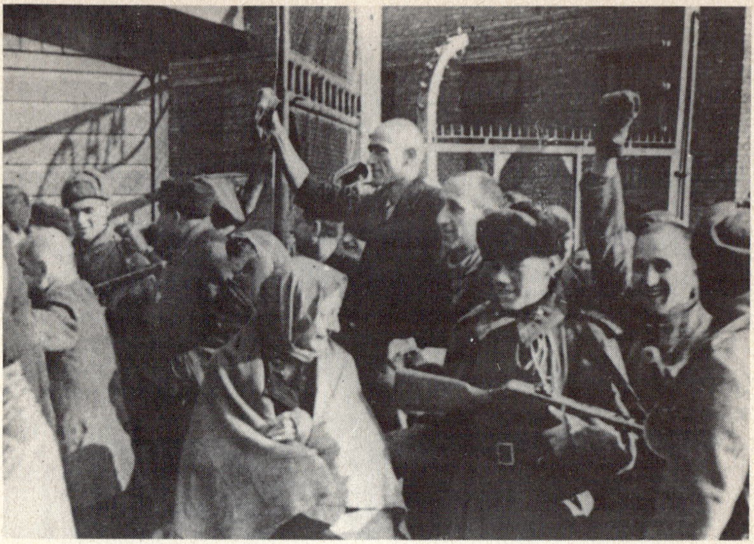

Sowjetische Soldaten und befreite Häftlinge am Tor des Stammlagers Auschwitz.

Birkenau. Nicht alle Häftlinge erlebten die Freiheit.

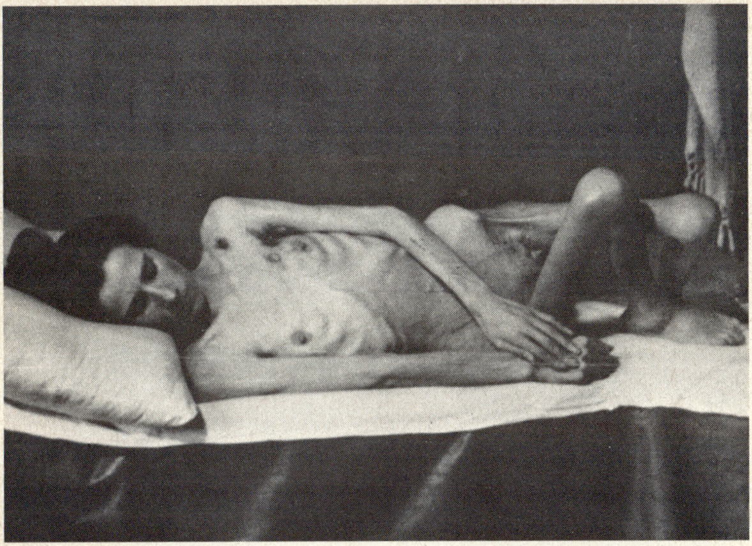

Folgen der Hungerkrankheit – fotografiert nach der Befreiung des Lagers.

Auschwitzer Kinder mit Erfrierungen an den Füßen bei der Untersuchung durch Ärzte der sowjetischen Armee.

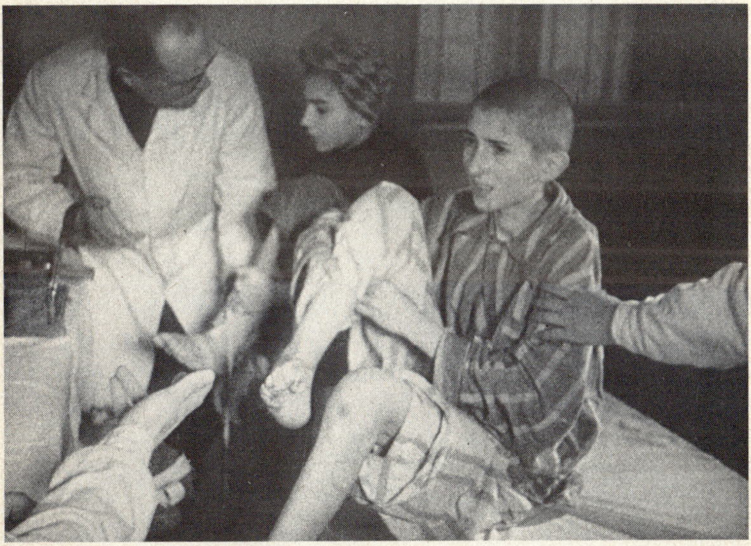

Hitlerfaschistische Kriegsverbrecher vor dem Internationalen Militärgerichtshof in Nürnberg

Oswald Pohl, Chef des Wirtschafts- und Verwaltungshauptamtes (WVHA), wegen Verbrechen in Konzentrationslagern durch ein amerikanisches Militärtribunal zum Tode verurteilt

Unmittelbar nach Befreiung des KZ Auschwitz begann eine Staatliche Sonderkommission der UdSSR zur Untersuchung von Naziverbrechen unter General Dr. Dmitri J. Kudrjawzew Untersuchungen und sicherte die Spuren der in Auschwitz begangenen Verbrechen, vernahm Zeugen und organisierte ärztliche Hilfe. Auf dem Bild: Miglieder der Kommission bei einer Beratung im ehemaligen Büro des Lagerkommandanten

Die Kommission zur Untersuchung von Naziverbrechen in Polen führte Lokalbesichtigungen von Stätten durch, wo die Hitlerfaschisten ihr Programm der Massenvernichtung von Millionen von Menschen in die Tat umgesetzt hatten.
Auf dem Bild: Mitglieder der Kommission bei der Besichtigung der Gaskammer und des Krematoriums V in Birkenau, durch die SS zwecks Spurenverwischung teilweise vernichtet

Die in Auschwitz verübten Naziverbrechen erschütterten die Welt. Verschiedene Delegationen trafen im Lager ein, um die Spuren der Verbrechen zu besichtigen. Im Mai 1945 war es eine englische Delegation: Dr. H. Johnson, Dekan des Doms zu Canterbury, und Professor J. D. Eye aus Oxford
Auf dem Bild: die englische Delegation in Birkenau

Der erste Kommandant des KZ Auschwitz Rudolf Höß, der sich unter dem Namen Franz Lange in der britischen Besatzungszone Deutschlands versteckt hielt, bei seiner Auslieferung an Polen

Rudolf Höß wurde in Polen vom Obersten Nationalgerichtshof abgeurteilt. Der Prozeß fand in Warschau statt. Höß wurde zum Tode verurteilt. Nach Ablehnung seines Gnadengesuchs wurde er 1947 in Auschwitz gehängt. Auf dem Bild: Rudolf Höß auf der Anklagebank

Vor dem Obersten Nationalgerichtshof in Polen fand 1947 in Krakau ein Prozeß gegen 40 Mitglieder der SS-Mannschaft des KZ Auschwitz statt.
Auf den Bildern: der Gerichtssaal (oben); Teilansicht der Anklagebank (Mitte) – von links in der ersten Reihe: Arthur Liebehenschel, nach Höß der zweite Kommandant von Auschwitz, die Oberaufseherin des Frauenlagers Maria Mandel und der Lagerführer des Stammlagers Hans Aumeier; Teilansicht der Anklagebank (unten) – vorn von links: die SS-Aufseherinnen Therese Brandl, Alice Orlowski, Luise Danz und Hildegard Marthe Luise Lächert; Teilansicht der Anklagebank (rechts oben) – von links: Heinrich Josten, Wilhelm Gerhard Gehring, Kurt Hugo Müller, Ludwig Plagge, Richard Albert Schröder, Otto Lätsch und Fritz Wilhelm Buntrock; Angeklagte während der Urteilsverkündung (rechts unten) – stehend von links in der ersten Reihe: Artur Liebehenschel, Maria Mandel, Hans Aumeier, Karl Ernst Möckel und Maximilian Grabner, stehend von links in der zweiten Reihe: Johann Paul Kremer und Erich Muhsfeldt

Hauptangeklagter vor dem Schwurgericht in Frankfurt am Main sollte der letzte Kommandant des KZ Auschwitz sein – Richard Baer. Er starb vor Prozeßbeginn im Gefängnis.

Teilansicht der Anklagebank im Prozeß gegen Robert Mulka und andere in Frankfurt am Main.
Vorn (mit Brille) der SS-Apotheker Victor Capesius, hinter ihm (mit Brusttüchlein) Rapportführer Oswald Kaduk

Im Zusammenhang mit Prozessen, die in der Bundesrepublik Deutschland gegen Mitglieder der SS-Mannschaft des KZ Auschwitz geführt wurden, gestattete die Regierung der Volksrepublik Polen die Durchführung eines Lokaltermins in Auschwitz.
Auf dem Bild: Richter Walter Hotz (vorn mit Hut), Frankfurt am Main

Auf dem Gelände des ehemaligen Konzentrationslager Auschwitz befindet sich heute das Staatliche Auschwitz-Museum – Denkmal des Martyriums des polnischen Volkes und anderer Völker – gewidmet dem Gedenken an Millionen Opfer, die in den Jahren 1940–1945 dort von den Hitlerfaschisten ermordet wurden. Auf dem Bild das Eingangstor von Auschwitz mit der Aufschrift «Arbeit macht frei»

Literaturverzeichnis

Adler, H. G., Langbein, H., Lingens-Reiner, E. (Hg.), «Auschwitz. Zeugnisse und Berichte», Frankfurt am Main 1962

Adler, H. G., «Selbstverteidigung und Widerstand in den Konzentrationslagern der SS», Stuttgart 1960

Bartoszewski, Władysław, «Prawda o von dem Bachu» (Die Wahrheit über von dem Bach), Warszawa/Poznań 1961

Baum, Bruno, «Widerstand in Auschwitz», Berlin 1957

Billig, Joseph, «Les camps de concentration dans l'économie du Reich hitlérien», Paris 1973

Borowski, Tadeusz, «Pożegnanie z Marią. Kamienny świat» (Abschied von Marie. Steinerne Welt), Warszawa 1972

Broszat, Martin, «Der Nationalsozialismus. Weltanschauung, Programm und Wirklichkeit», Stuttgart 1961

Broszat, Martin, «Nationalsozialistische Konzentrationslager 1933–1945», Anatomie des SS-Staates, Bd. 2, Olten und Freiburg 1965

Buchheim, Hans, Broszat, Martin, Jacobsen, Hans-Adolf, Krausnick, Helmut, «Anatomie des SS-Staates», Olten und Freiburg 1965

Ciesielski, Edward, «Wspomnienia Oświęcimskie» (Erinnerungen an Auschwitz), Kraków 1968

Crankshaw, Edward, «Die Gestapo», Berlin 1959

Cyprian, Tadeusz, und Sawicki, Jerzy, «Komisja Zjednoczonych Narodów do Spraw Zbrodni Wojennych» (Kommission der Vereinten Nationen für Fragen von Kriegsverbrechen), in «Wojskowy Przegląd Prawniczy» (Militärische Juristische Umschau) 1947, Nr. 4

Cyprian, Tadeusz, und Sawicki, Jerzy, «Sprawy Polskie w procesie norymberskim» (Polnische Probleme im Nürnberger Prozeß), Poznań 1956

Cyprian, Tadeusz, und Sawicki, Jerzy, «Siedem wyroków Najwyższego Trybunału Narodowego» (Sieben Urteile des Obersten Nationalgerichtshofs), Poznań 1962

Demant, Ebbo, «Auschwitz – Direkt von der Rampe weg . . .», Reinbek bei Hamburg 1979

«Dokumenty i materiały z czasów okupacjy niemieckiej w Polsce» (Dokumente und Materialien zur deutschen Besatzung in Polen), Band I, Obozy (Oświęcim) – Lager (Auschwitz), Łódź 1946

Döring, Hans-Joachim, «Die Zigeuner im NS-Staat», Hamburg 1964

Fiderkiwicz, Alfred, «Brzezinka» (Birkenau), Warszawa 1965

Friedman, Filip, und Hołuj, Tadeusz, «Oświęcim» (Auschwitz), Bydgoszcz 1946

Gumkowski, Janusz, und Kułakowski, Tadeusz, «Zbrodniarze hitlerowscy przed Najwyższym Trybunału Narodowym» (Naziverbrecher vor dem Obersten Nationalgerichtshof), Waszawa 1961

«Hefte von Auschwitz», Verlag Staatliches Auschwitz-Museum, Oświęcim 1959–1975, Nr. 1–17

Henkys, Reinhard, «Die nationalsozialistischen Gewaltverbrechen», Stuttgart/Berlin 1964

Hołuj, Tadeusz, «W odpowiedzi na artykuł K. Moczarskiego: Czy można było

uwolnić więźniów Oświęcimia?» (Anwort auf den Artikel von K. Moczarski: Konnten die Häftlinge von Auschwitz befreit werden?), in «Tygodnik Demokratyczny» (Demokratisches Wochenblatt), 1957, Nr. 48
Hołuj, Tadeusz, «Nie byliśmy biernymi ofiarami» (Wir waren keine passiven Opfer), in «Za Wolność i Lud» (Für Freiheit und Volk), 1963, Nr. 2
«IG-Farben, Auschwitz, Experimente», Berlin 1965
«Inmitten des grauenvollen Verbrechens. Handschriften von Mitgliedern des Sonderkommandos», Oświęcim 1972
Iwaszko, Tadeusz, «Häftlingsfluchten aus dem Konzentrationslager Auschwitz», Hefte von Auschwitz, Oświęcim 1964, Nr. 7
Kamiński, Andrzej Józef, «Hitlerowskie obozy koncentracyjne i ośrodki masowej zagłady w polityce imperializmu niemieckiego» (Hitlerfaschistische Konzentrationslager und Zentren der Massenvernichtung in der Politik des deutschen Imperialismus), Poznań 1964
Kaul, Friedrich Karl, «Ärzte in Auschwitz», Berlin 1968
Kautsky, Benedikt, «Teufel und Verdammte», Wien 1961
Kielar, Wiesław, «Anus Mundi», Frankfurt am Main 1979
Klafkowski, Alfons, «Podstawow problemy prawne likwidacji skutków wojny 1939–1945 a dwa państwa niemieckie» (Grundsätzliche juristische Probleme der Beseitigung der Folgen des Krieges 1939–1945 und die beiden deutschen Staaten), Poznań 1966
Klafkowski, Alfons, «Obozy koncentracajne jako zagadnienie prawa międzynarodowego» (Konzentrationslager als Problem des Völkerrechts), Warszawa 1968
Klafkowski, Alfons, «Ściganie zbrodniearzy wojennych w Niemieckiej Republice Federalnej w świetle prawa międzynarodowego» (Verfolgung von Kriegsverbrechern in der Bundesrepublik Deutschland im Lichte des Völkerrechts), Poznań 1968
Kluz, Władysław, «Czterdzieści siedem lat życia» (Siebenundvierzig Lebensjahre), Kraków 1973
Kogon, Eugen, «Der SS-Staat. Das System der deutschen Konzentrationslager», Frankfurt am Main 1961
«Kommandant in Auschwitz. Autobiographische Aufzeichnungen des Rudolf Höß», München 1963
Kowzan, Tadeusz, «Francuzi w oświęcimskim ruchu oporu» (Franzosen in der Widerstandsbewegung von Auschwitz), in «Za Wolność i Lud» (Für Freiheit und Volk), 1956, Nr. 4
Kraus, Ota, und Kulka, Erich, «Továrna na smrt», in «Nase Vojsko», Prag 1959
Langbein, Hermann, «Die Stärkeren. Ein Bericht», Wien 1949
Langbein, Hermann, «Der Auschwitz-Prozeß. Eine Dokumentation», Wien 1965
Langbein, Hermann, «Menschen in Auschwitz», Wien 1972
Lesch, Franz-Xawer, «P. Maksymilian Kolbe», Würzburg 1964
Mitscherlich, Alexander, Mielke, Fred, «Medizin ohne Menschlichkeit», Frankfurt am Main 1962
Moczarski, Kazimierz, «Czy można było uwolnić więźniów Oświęcimia?» (Konnten die Häftlinge von Auschwitz befreit werden?), in «Tygodnik Demokratyczny» (Demokratisches Wochenblatt), 1957, Nr. 43
Nyiszli, Miklós, «Auschwitz. A doctor's eye – witness account», New York 1960
«KL Auschwitz in den Augen der SS. Höß, Broad, Kremer», Oświęcim 1973

«Przegląd lekarski – Oświęcim» (Medizinische Übersicht – Auschwitz), Organ der Krakauer Abteilung der Polnischen Medizinischen Gesellschaft, Kraków 1961–1975
«Obóz koncentracyjny Oświęcim w świetle akt Delegatury RP na kraj» (Das Konzentrationslager Auschwitz im Lichte der Akten der Heimatdelegatur der Polnischen Republik), in «Zeszyty Oświęcimskie» (Auschwitzer Hefte), Sonderausgabe I, Oświęcim 1968
Poliakov, L., Wolf, J., «Das Dritte Reich und die Juden. Dokumente und Aufsätze», Berlin 1955
Poliakov, L., Wolf, J., «Das Dritte Reich und seine Diener. Dokumente», Berlin 1956
Rajewski, Ludwig, «Oświęcim w systemie RSHA» (Auschwitz im System des Reichssicherheitshauptamtes), Warszawa 1946
Rappaport, E. S., «Z zagadnień prawa międzynarodowego w orzecznictwie sądów polskich» (Probleme des Völkerrechts in der Rechtsprechung polnischer Gerichte), in «Rocznik Prawa Międzynarodowego» (Jahrbuch des Internationalen Rechts), 1949
Reitlinger, Gerald, «Die SS. Tragödie einer deutschen Epoche», Wien–München–Basel 1957
Ryszka, Franciszek, «Noc i mgła» (Nacht und Nebel), Wrocław 1962
Ryszka, Franciszek, »Państwo stanu wyjątkowego» (Ein Staat des Ausnahmezustands), Wrocław/Warszawa/Kraków 1964
Schnabel, Reimund, «Macht ohne Moral. Eine Dokumentation über die SS», Frankfurt am Main 1957
«Schuldig im Sinne des Rechts und des Völkerrechts», Berlin 1966
Sehn, Jan, Konzentrationslager Oświęcim-Brzezinka, (Auschwitz-Birkenau), Warschau 1957
Sehn, Jan, Einleitung zu «Wspomnienia Rudolfa Hössa, komendanta obozu oświęcimskiego» (Autobiographische Aufzeichnungen des Auschwitzer Lagerkommandanten Rudolf Höß), Warszawa 1965
Smoleń, Kazimierz, «Auschwitz 1940–1945. Ein Gang durch das Museum», Oświęciem 1975
Smoleń, Kazimierz, «Die Widerstandsbewegung im Konzentrationslager Auschwitz», Hefte von Auschwitz, Oświçiem 1964, Nr. 7
«SS im Einsatz. Eine Dokumentation über die Verbrechen der SS», Berlin 1967
Stryj, Franciszek, «W cieniu kremtoriów» (Im Schatten der Krematorien), Katowice 1960
Strzelecki, Andrzej, «Wyzwolenie KL Auschwitz» (Befreiung des KZ Auschwitz), in «Zeszyty Oświęcimskie» (Auschwitzer Hefte), Sondernummer III, Oświęcim 1974
Szmaglewska, Seweryna, «Smoke over Birkenau», New York 1947
Verba, Rudolf, «Ich kann nicht vergeben», München 1964
Wormser-Migot, Olga, «Le système concentrationnaire nazi 1933–1945», Paris 1968
Zaboczeń, Michał, «Antifaschistkoje podpolje Oswenzima» in «Nowa i nowjejschaja istorija», Moskau 1965
Zywulska, Krystyna, «I came back», London 1951
Zywulska, Krystyna, «Za Wolność i Lud» (Für Freiheit und Volk), 1955, Nr. 8

Verzeichnis der Spiel- und Dokumentarfilme,

die den Zweiten Weltkrieg und die Konzentrationslager betreffen und in der Bundesrepublik Deutschland zugänglich sind:

1. «Aus dem deutschen Leben»
   Regie Theodor Kotulla – Fernsehfilm in Farbe, Prod. Westdeutscher Rundfunk Köln / Iduna-Film München. Produzent Volker Canaris, Nils Nilson, Dauer etwa 150 Min.

2. «Die Ermittlung»
   Regie Peter Weiss, Prod. Norddeutscher Rundfunk Hamburg, Schwarzweißfilm

3. «Im Namen des Führers»
   Regie Lydia Chagoll, Prod. Films Lyda, Hamerstraat 59, 1040 Brüssel, Dauer etwa 90 Min.

4. «Völkermörder»
   schwedische Prod., Realis. Tosjoberg, Zusammenarbeit: I. Eive, E. Holm, Dauer etwa 80 Min.

5. «Nacht und Nebel»
   in Farbe, französische Prod., Realis. Alain Resnais, Dauer etwa 31 Min.

6. «Volksgerichtshof»
   Filmreportage, gestützt auf nazistische Archivmaterialien aus dem Jahre 1944, deutsche Herstellung (erhalten von der Landeszentrale für politische Bildungsarbeit Berlin), Dauer etwa 36 Min.

Das Verzeichnis wurde auf Grund der Sammlungen in der polnischen Filmothek angefertigt.

Schallplatten

Alex Kulisiewicz, «Lieder aus der Hölle». DA CAMERA-Tonstudio Heidelberg, September 1968

Maximilian Kolbe, «Symbol der Versöhnung zwischen Polen und Deutschen». Publik Forum Phono. Auslieferung: Publik Forum, Schnekkenhofstraße 28, 6000 Frankfurt, Postfach 700771

Fotos aus dem KZ Auschwitz mit Erläuterungen kann man bestellen bei: Aktion Sühnezeichen Friedensdienste e. V., Jebensstraße 1, 1000 Berlin 12

Die Autoren

KAZIMIERZ SMOLEŃ, geboren am 19. April 1920, war politischer Häftling im Konzentrationslager Auschwitz (vom 6. 7. 1940 bis zum 18. 1. 1945), wurde dann zu Fuß und per Bahn nach Mauthausen evakuiert und im Nebenlager Ebensee (Oberösterreich) am 6. 5. 1945 befreit. Nach der Rückkehr nach Polen studierte er an der juristischen Fakultät der Katholischen Universität Lublin. Nach Abschluß des Studiums war er Referendar am Gericht und arbeitete dann in der Dokumentationsabteilung des Staatlichen Museums in Oświęcim, deren Leitung er 1955 übernahm. Er organisierte viele Ausstellungen, kommentierte Dokumentarfilme und ist der Verfasser wissenschaftlicher und populärwissenschaftlicher Arbeiten. Er war Zeuge beim Prozeß Nr. 12 in Nürnberg und Sachverständiger bei vielen anderen Prozessen gegen die Verbrecher von Auschwitz. Langjähriges Mitglied des Präsidiums des Internationalen Auschwitz-Komitees und seit 1972 dessen Generalsekretär.

DR. FRANCISZEK PIPER, geboren 1941, studierte Geschichte an der Jagiellonen-Universität Kraków. Nach Beendigung des Studiums 1965 wurde er im Staatlichen Museum in Oświęcim als wissenschaftlicher Mitarbeiter der Abteilung Lagergeschichte angestellt. 1979 errang er den wissenschaftlichen Grad eines Doktors der Geisteswissenschaften an der Śląski-Universität in Katowice. Er hat über zehn Abhandlungen und wissenschaftliche Artikel geschrieben, u. a. sieben Monographien über die Nebenlager des KZ Auschwitz. 1980 erscheint eine umfangreiche Arbeit dieses Verfassers über die Arbeitsorganisation und die Methoden zur Ausbeutung der Arbeitskraft der Häftlinge im KZ Auschwitz «Organizacja pracy i metody eksploatacji siły roboczej więźniów obozu koncentracyjnego w Oświęcimiu».

TADEUSZ IWASZKO, geboren am 27. März 1935. Absolvent der Fakultät für Philosophie und Geschichte der Jagiellonen-Universität in Kraków. Historiker und langjähriger Mitarbeiter des Staatlichen Museums Oświęcim-Brzezinka, Leiter des Archivs. Er hat verschiedene Abhandlungen und Artikel zur Geschichte des ehemaligen KZ Auschwitz verfaßt.

DANUTA CZECH, geboren 1922. Im Zweiten Weltkrieg gehörte sie zu der Widerstandsbewegung in der Wojewodschaft Tarnów. Erlernter Beruf: Soziologin. Ihr Studium beendete sie 1952 an der Geisteswissenschaftlichen Fakultät der Jagiellonen-Universität in Kraków. Seite 1955 ist sie im Staatlichen Museum in Oświęcim als Leiterin der Wissenschaftlichen

Forschungsabteilung tätig. Verfasserin des «Kalendariums der Ereignisse im Konzentrationslager Auschwitz-Birkenau» sowie vieler wissenschaftlicher Arbeiten und Artikel.

Barbara Jarosz, geboren am 27. Oktober 1940. Erlernter Beruf: Historikerin. Sie absolvierte ihr Geschichtsstudium an der Fakultät für Philosophie und Geschichte der Jagiellonen-Universität in Kraków. Seit 1963 arbeitet sie im Staatlichen Museum in Oświęcim. Sie befaßt sich mit der Untersuchung der Widerstandsbewegung im KZ Auschwitz und in der Umgebung des Lagers. Sie ist Verfasserin von Abhandlungen zu diesem Thema sowie zur Geschichte des KZ Auschwitz.

Dr. Andrzej Strzelecki, geboren 1938. Seit Abschluß seines Studiums an der Fakultät für Philosophie und Geschichte der Jagiellonen-Universität in Kraków (1964) ist er im Staatlichen Museum in Oświęcim in der Abteilung Lagergeschichte tätig. 1979 errang er an der Śląski-Universität in Katowice den wissenschaftlichen Grad eines Doktors der Geisteswissenschaften.

Bisher hat er über zehn wissenschaftliche Abhandlungen und Artikel geschrieben und veröffentlicht, u. a. 1974 die umfassende Arbeit über die Befreiung des KZ Auschwitz «Wyzwolenie KL Auschwitz». Er hat auch die zur Veröffentlichung vorbereitete Arbeit über die Pläne zur Evakuierung und Liquidierung des KZ Auschwitz und ihre Verwirklichung «Plany ewakuacji i likwidacji obozu oświęcimskiego oraz ich realizacja» verfaßt.